Familie im Zentrum

Waldemar Stange, Rolf Krüger, Angelika Henschel

Familie im Zentrum
Präventive Familienförderung

Bibliografische Informationen der Deutschen Nationalbibliothek
Die Deutsche Nationalbibliothek verzeichnet diese Publikation in der deutschen Nationalbibliografie;
detaillierte bibliografische Angaben sind im Internet unter http://dnb.ddb. abrufbar

Alle Rechte vorbehalten

Dieses Werk, einschließlich aller seiner Teile, ist urheberrechtlich geschützt. Jede Verwertung außerhalb der engen Grenzen des Urheberrechtsgesetzes ist ohne Zustimmung des Verlages oder der Herausgeber unzulässig und strafbar. Das gilt insbesondere für Vervielfältigungen, Übersetzungen, Mikroverfilmungen, Verfilmungen und die Einspeicherung und Verarbeitung auf DVDs, CD-ROMs, CDs, Videos, in weiteren elektronischen Systemen sowie für Internetplattformen

Gestaltung, Satz, Logo FiZ: butenschoendesign.de

(c) Lehmanns Media - Abt. Verlag
Helmholtzstraße 2-9 - 10587 Berlin

Druck und Bindung: Docupoint Magdeburg

ISBN: 978-3-86541-544-8

Waldemar Stange
Rolf Krüger
Angelika Henschel

Familie im Zentrum – ‚FiZ'

Präventive Familienförderung

Positionsbestimmung und Konzeptentwurf

| Vorwort | 7 |

A. Kurzfassung des Buches

Präventive familienfördernde Angebote und Leistungen der Jugendhilfe
Problemlagen – Lösungsversuche – Neuausrichtung

1. Vorbemerkung	8
2. Der Argumentationsrahmen: Thesen zur Präventiven Familienförderung in der Jugendhilfe	8
3. Das Konzept ‚FiZ – Familie im Zentrum' im Überblick: Erläuterung der Thesen	10

B. Familie heute

1. Familie heute – zwischen Überforderung und Anspruch	54
2. Familien mit besonderem Unterstützungsbedarf	56
2.1 Kindliche Entwicklung und Familienphasen	56
2.1.1 Übergang zu Elternschaft	56
2.1.2 Familien mit Säuglingen und Kleinkindern	56
2.1.3 Familien mit Kindergarten- und Vorschulkindern	57
2.1.4 Familien mit Schulkindern	57
2.1.5 Familien mit Jugendlichen	57
2.1.6 Junge Erwachsene (Vorbereitung auf Familie)	58
2.2 Familiale Lebenslagen und Belastungssituationen	58
2.2.1 Sozial benachteiligte Familien	58
2.2.2 Familien in Trennung und Scheidung	60
2.2.3 Familien mit Kindern mit Behinderung	60
2.3.4 Familien mit Migrationshintergrund	61
2.3 Familienformen	62
2.3.1 Stief- und Patchworkfamilien	62
2.3.2 Adoptiv- und Pflegefamilien	62
2.3.3 Teenager-Schwangerschaften und minderjährige Eltern	64
2.3.4 Alleinerziehende Eltern	64
2.4 Gesundheitsbelastungen Alleinerziehender	65
2.5 Armutsrisiken Alleinerziehender	65
2.6 Bildungs- und Erziehungspartnerschaften zum Wohle des Kindes und zur Unterstützung Alleinerziehender	66

C. Gesellschaftliche Folgen – Kostenentwicklung

1. Entwicklung der Jugendhilfekosten — 68
2. Folgekosten in der Arbeitsverwaltung — 68
3. Die Folgekosten unterlassener Früher Hilfen — 69

D. Weitere Begründungszusammenhänge für die Bedeutung der Familie und ihrer Förderung — 74

E. Rechtliche und institutionelle Rahmenbedingungen der Familienorientiertheit der Jugendhilfe

1. Grundsätze — 84
2. Rechtsquellen für familienorientierte Angebote der Jugendhilfe — 84
3. Vorschriften mit Rechtsanspruchscharakter — 84
4. Vorschriften ohne subjektiven Rechtsanspruch — 85
5. Programme ohne Rechtsgrund im Jugendhilferecht — 85
6. Mögliche Organisationsformen der familienorientierten Angebote — 86
7. Anhang zu Teil E. — 87

F. Vertiefung und Erweiterung: Skizze eines Gesamtsystems

1. Vorbemerkung — 90
2. Die wichtigsten Bausteine der Präventiven Familienförderung ‚FiZ – Familie im Zentrum' — 92
2.1 Allgemeine Förderung der Erziehung in der Familie: Überblick zu § 16 SGB VIII — 92
2.2 Beratung in Fragen der Partnerschaft, Trennung und Scheidung (§ 17 SGB VIII) — 98
2.3 Beratung und Unterstützung bei der Ausübung der Personensorge und des Umgangsrechts bei Müttern und Vätern, die allein für ein Kind oder einen Jugendlichen zu sorgen haben (§ 18 SGB VIII) — 100
2.4 Förderung von Kindern in Tageseinrichtungen und in Tagespflege – familienbezogener Teil (§ 22 ff. SGB VIII) — 102
2.5 Förderung in Kindertagespflege (§ 23 SGB VIII) – kein Beitrag zu den ergänzenden präventiven familienfördernden Angeboten der Jugendhilfe — 104
2.6 Unterstützung selbst organisierter Förderung von Kindern (§ 25 SGB VIII) — 105
2.7 Schule – insb. Kooperation der Jugendhilfe mit der Schule im Bereich Familie — 105
2.8 Gesundheitswesen — 108
2.9 Schwangerschafts- und Konfliktberatung — 108
2.10 Frühe Hilfen — 109
3.11 Die besondere Rolle der kreisangehörigen Gemeinden – die kinder- und familienfreundliche Kommune — 111
3.12 Ehrenamtliche Tätigkeit (§ 73 SGB VIII) — 114
2.13 Ausklammern der Hilfen zur Erziehung — 114
2.14 Schnittstellen zu den anderen Teilsystemen der Jugendhilfe und zu den an die Jugendhilfe angrenzenden kooperierenden Systemen — 114
2.15 Zusammenfassung: Präventive Familienförderung — 116

G. Problematische Lösungsversuche – schleichende strategische Fehlentwicklungen: Schlussfolgerungen

1. Derzeitige Bewältigungsversuche – typische Lösungsstrategien in der Jugendhilfe   118
2. Leitlinien und Eckpfeiler einer Umakzentuierung: Prinzipen der strategischen Neuausrichtung   119
   2.1 Die Grundrichtung: strategische Prinzipien   119
   2.2. Das Gesamtkonzept der Präventiven Familienförderung – der übergeordnete Rahmen auf der Kreisebene   134
   2.2.1 Das Jugendhilfe-Konzept ‚FiZ – Familie im Zentrum' als Schwerpunktbereich der mittel- und langfristigen Politik des Kreises – starkes politisches Mandat   134
   2.2.2 Gesamtplanungsverantwortung der öffentlichen Jugendhilfe und ihre Steuerungsaufgabe   135

H. Das Konzept der Präventiven Familienförderung auf der Sozialraumebene

1. Orientierung an den im Rahmenkonzept des Kreises formulierten strategischen Prinzipien   143
2. Lokale Aktionspläne: Verfahren zum Aufbau von Präventions- und Bildungsketten   143
   2.1 Baustein 1 – Schritte der Bedarfsanalyse und Baustein 2 – Konzeptentwicklung, Präventive Familienförderung   144
   2.2 Anmerkungen zur Bedarfsanalyse und Konzeptentwicklung   145
   2.3 Baustein 3 des Verfahrens: die Entwicklung kommunaler Netzwerke ‚Präventive Familienförderung – FiZ – Familie im Zentrum' in jedem Sozialraum   146
   2.4 Baustein 4 des Verfahrens: Maßnahmen zur Zugänglichkeit und Niedrigschwelligkeit   147
3. Das Ergebnis (Produkt) der Konzeptentwicklung: Das sozialräumliche Angebotsportfolio des Lokalen Aktionsplans und unterschiedliche Programm-Muster   148
4. Organisationsformen und Orte für die ‚Präventive Familienförderung' – Planungsverantwortung und Steuerung im Sozialraum   176
   4.1 Der Rahmen   176
   4.2 Orte, Organisationsformen und Steuerungsinstrumente für die Maßnahmen der Präventiven Familienförderung   180
   4.3 Implementierung von effektiven Instrumenten des Netzwerkmanagements durch die Sozialraumbüros   183
   4.4 Fokussierung des Konzeptes und der Angebote und Maßnahmen: Konzentration auf drei zentrale strategische Stützpfeiler der kommunalen ‚Präventiven Familienförderung' – institutionelle Profilbildung   185
   4.5 Die Gesamtstruktur: der Stellenwert der verschiedenen Planungsebenen und das Verhältnis der strategischen Stützpfeiler zu anderen Institutionen im Sozialraum   189
   4.6 Zwischenbemerkung: Wer darf was anbieten? Differenzierung   197
   4.7 Die große Verbundlösung: das Familienzentrum i.w.S.   198
5. Ausreichende förderliche Rahmenbedingungen   202
   5.1 Sicherstellung der erforderlichen Ressourcen auf der sozialräumlichen Ebene   202
   5.2 Qualifizierungsprogramme   202

I. Qualitätskriterien für Gesamtkonzepte zur Präventiven Familienförderung im Ansatz ‚FiZ – Familie im Zentrum'

Leitlinien für die Planung und Umsetzung und Maßstab für die Beurteilung von Angeboten, Programmen und Maßnahmen

1. Qualitätskriterien zum Verhältnis von Kreisebene (bzw. die gesamtstädtischer Ebene) und Sozialraumebene — 203
1.1 Starkes politisches Mandat auf der Ebene des Kreises bzw. der kreisfreien Stadt — 203
1.2 Ganzheitliches Denken in Gesamtkonzepten und integrierten Handlungsstrategien – — 203
1.3 Der Kreis (bzw. die kreisfreie Stadt) sorgt für Ausbau, Sicherung und Kontrolle der Fachlichkeit — 204
1.4 Gesamtverantwortung für Strategie, Planung, Steuerung bei der öffentlichen Jugendhilfe — 204
1.5 Sicherung der Fachlichkeit — 205
1.6 Normative Vorgaben durch den Landkreis (bzw. die kreisfreie Stadt): Verwaltungs- und Ausführungsrichtlinien — 206
1.7 Sicherstellung der notwendigen Rahmenbedingungen auf der Kreisebene (bzw. gesamtstädtischer Ebene) und auf sozialräumlicher Ebene — 206

2. Qualitätskriterien für die Arbeit auf der sozialräumliche Ebene — 207
Planung, Steuerung und Vernetzung auf der lokalen Ebene von Sozialraum, Stadt und Samtgemeinde
2.1 Organisationsformen und Orte für den Bereich ‚Präventive Familienförderung' (‚FiZ – Familie im Zentrum') im Sozialraum — 207
2.2 Ausrichtung des Angebotes auf den Sozialraum auf der Basis von kleinräumigen Informationen — 208
2.3 Aufbau einer verbindlichen Zusammenarbeit mit den relevanten Einrichtungen und Diensten — 209
2.4 Entwicklung lokaler sozialräumlicher Netzwerke für den Bereich Präventive Familienförderung (‚FiZ – Familie im Zentrum') — 210
2.5 Leitlinien der Angebotsstrukturierung des Verbundes "Familie im Zentrum" — 211
2.6 Die Leistungen der kooperierenden Kitas des Verbundes im Einzelnen – das sozialräumliche und gemeindliche Angebots-Portfolio — 212
2.6.1 Das Angebotsportfolio I: Beratungs- und Unterstützungsangebote für Kinder und Familien — 212
2.6.2 Das Angebotsportfolio II: Förderung von Familienbildung und Erziehungspartnerschaft — 213
2.6.3 Das Angebotsportfolio III: Unterstützung bei der Kooperation mit der Kindertagespflege — 215
2.6.4 Das Angebotsportfolio IV: Verbesserung der Vereinbarkeit von Beruf und Familie — 216
2.7 Das Angebotsportfolio V: Beratungs- und Unterstützungsangebote des Sozialraumbüros selber — 217
2.8 Das Angebotsportfolio VI: Beratungs- und Unterstützungsangebote der Schulen des Verbundes — 217
2.9 Ausreichende förderliche Rahmenbedingungen — 219
2.9.1 Ressourcen — 219
2.9.2 Qualifizierungsprogramme — 219
2.9.3 Öffentlichkeitsarbeit, Marketing (Bekanntmachung des Angebotes durch zielgruppenorientierte Kommunikation) — 220
2.10 Qualitätsentwicklung und Qualitätssicherung auf der Ebene des Sozialraums (der Samtgemeinde/ Stadt): - Sicherung der Qualität des Angebotes durch Leistungsentwicklung und Selbstevaluation — 220

J. Literatur

1. Literaturverzeichnis — 222

Vorwort

Die Situation von Familien und deren Kindern ist in den letzten Jahren zunehmend in den Fokus gerückt und damit zum Schwerpunkt wissenschaftlicher, sozialpolitischer und sozialarbeiterischer Auseinandersetzungen geworden. Dieses Buch möchte den Versuch unternehmen, auf dem Hintergrund der Debatte um die Familienzentren und auf Basis vorhandener gesetzlicher Bestimmungen einen weitergefassten Ansatz für die generelle Präventive Familienförderung, aber auch die Arbeit mit problembelasteten Familien und ihren Kindern zu skizzieren und zur Diskussion zu stellen. Die AutorInnen sehen hierin die Chance, strukturverändernde und auf den Sozialraum bezogene Ansätze von Hilfen für durch die Jugendhilfe unterstützte Familien vorzustellen und ein Gesamtkonzept zu entwickeln, das die Möglichkeit zur stärkeren Vernetzung von öffentlichen und freien Trägern ebenso wie eine Umsteuerung von der Intervention zur Prävention ermöglichen könnte.

Neben der Darstellung von Lebens- und Problemlagen von Familien heute, aber auch insbesondere von den Zielgruppen, die zum Klientel der Jugendhilfe aufgrund vielfältiger Risiken werden können, soll im Folgenden gezeigt werden, dass Rechtsquellen für familienfördernde Angebote der Jugendhilfe bereits vorhanden sind und zukünftig besser genutzt werden sollten. Hierbei wird der Schwerpunkt neben der Darstellung der allgemeinen Situation von Familien auch auf den verschiedenen Problemlagen von Familien (z.B. den Alleinerziehenden und ihren Kindern, Familien mit Migrationshintergrund, Familien mit behinderten Kindern und von Armut betroffenen Familien) liegen, die als exemplarisch für gesellschaftliche Gruppierungen angesehen werden können, weil sie mit typischen Lebenslagen und Problemlagen konfrontiert sind. Die von diesen Familien benötigten spezifischen Unterstützungsbedarfe gelten jedoch auch für Familien generell. Auch sie sind Zielgruppen sozialarbeiterischer Präventionsmaßnahmen. Denn auch sie könnten irgendwann ebenfalls von gesellschaftlichen Exklusionsprozessen betroffen sein und deshalb für ihre Kinder und für die Bewältigung ihres familiären Alltags universeller präventiver Unterstützungs- und Hilfeangebote bedürfen. Wir benötigen also ein Gesamtsystem für alle. Dieses wird in diesem Positionspapier Schritt für Schritt entfaltet und begründet.

Empfehlungen für sich daraus ergebende Veränderungen in den Organisationsstrukturen der Jugendhilfeangebote werden darüber hinaus ebenso dargestellt wie Verfahren zu deren Implementation. Schließlich werden auch noch – gerade wenn präventive Angebote stärker als bisher in den Fokus gerückt werden sollen – spezifische pädagogische, aber auch kommunalpolitische Qualitätskriterien benötigt, die ebenfalls dargelegt und diskutiert werden.

Die vorliegende Positionsbestimmung und der integrierte Konzeptionsentwurf möchten aufzeigen, welche Chancen und Möglichkeiten sich durch eine kontinuierliche Präventive Familienförderung durch die Jugendhilfe eröffnen könnten, wenn die vorhandenen rechtlichen und institutionellen Rahmenbedingungen systematisch genutzt würden. Das in diesem Positionspapier entwickelte Konzept ‚FiZ – Familie im Zentrum' versucht die überall aufflammende Diskussion um Familienzentren auf eine völlig neue und breitere Basis auf dem Hintergrund von Gesamtkonzepten zu stellen. Das Konzept ‚FiZ – Familie im Zentrum' ist mit Förderung durch und in enger Kooperation mit dem Team des Niedersächsischen Instituts für frühkindliche Bildung und Entwicklung (nifbe) – Regionalnetzwerk NordOst – wie schon andere vorangegangene Forschungs-, Entwicklungs- und Transferprojekte – entstanden. Wir wünschen den AutorInnen, dass diese Positionsbestimmung zu einem breiten öffentlichen Diskurs in den Kreisen und kreisfreien Städten führen möge, der die Familienzentren an Kindertagesstätten besser einordnen lässt in umfassendere Gesamtkonzepte im Sinne ‚Präventiver Familienförderung' nach dem Konzept ‚FiZ – Familie im Zentrum'.

Jörg Hartwig   *Dan Jörn*   *Mirela Schmidt*

Die folgende Kurzfassung des Buches ist für eilige Leser gedacht. Es ist eine komprimierte Wiederholung des Haupttextes ab Teil B. Wer am ausführlichen Teil interessiert ist, kann diese Kurzfassung überspringen.

A. Kurzfassung des Buches

*Präventive familienfördernde Angebote und Leistungen der Jugendhilfe:
Problemlagen – Lösungsversuche – Neuausrichtung*

1. Vorbemerkung

Der Familienbegriff unseres Zusammenhanges bezieht sich auf Eltern, Alleinerziehende und andere Sorgeberechtigte, die sich um ihre minderjährigen Kinder kümmern (also solche, die durch Gesetz oder durch Vertrag Erziehungsrechte innehaben).

Das Kinder- und Jugendhilfegesetz nimmt zwar in den Blick, dass alle Hilfen und die Wahrnehmung anderer Aufgaben der Jugendhilfe letztlich den Minderjährigen zugute kommen sollen, erkennt aber gleichzeitig, dass Eltern der zentrale Bezugspunkt von Kindern und Jugendlichen sind. Es sieht aber auch, dass Eltern der staatlichen Stützung und ggf. auch der staatlichen Kontrolle bedürfen. So gehören zu den rechtlichen Grundsätzen die Regeln des Verhältnisses von Elternrecht und staatlichem Wächteramt – Art. 6 GG, § 1, Abs. 1 SGB VIII – aber auch der Grundsatz des Förderns vor einem möglichem Eingriff – § 1666a BGB.

Nun werden Jugendhilfeaufgaben nicht nur von öffentlichen Trägern wahrgenommen, sondern unter Berücksichtigung des institutionellen Subsidiaritätsgebotes, in bestimmten Bereichen sogar vorrangig, von freien Trägern. In Landkreisen treten nach den Regeln des § 13 Nds. Ausführungsgesetzes zum SGB VIII auch noch die kreisangehörigen Gemeinden ggf. als Akteure hinzu. Gerade weil das Gesamtfeld durch diese Regelungen relativ unübersichtlich wird, ist die Verpflichtung des öffentlichen Jugendhilfeträgers aus § 79 SGB VIII zur Gesamtverantwortung eine ganz zentrale Vorschrift. Gesamtverantwortung bedeutet u.a., dass der öffentliche Jugendhilfeträger sowohl die Planungsverantwortung als auch die Gewährleistungsverantwortung für alle Leistungen der Jugendhilfe auch in Bezug auf die Einhaltung fachlicher und qualitativer Standards innehat (Münder u.a.).

2. Der Argumentationsrahmen: Thesen zur Präventiven Familienförderung* in der Jugendhilfe

These 1 **Die Probleme von Familien und Kindern verschärfen sich im gesellschaftlichen Durchschnitt seit Jahren!**

These 2 **Die Folgekosten sind gewaltig und in diesem Umfang überhaupt nicht notwendig!**

---

* Wir sprechen von Präventiver Familienförderung (gelegentlich auch von familienfördernden Diensten – auch wenn dies nicht so ganz glücklich ist, weil ja bestimmte Leistungen sich auf verschiedene Dienste verteilen können). Zu schwach wäre der Begriff ‚Familienorientierte Angebote der Jugendhilfe'. Denn Familienorientiertheit gilt eigentlich für sämtliche Leistungen der Jugendhilfe! Auch der Begriff Familienunterstützende Angebote trifft den gemeinten Sachverhalt nicht genau genug. Denn die schließen die Betreuungsangebote selber mit ein (die ja zunächst einmal nur eher familienentlastend und nicht per se familienfördernd sind. Dies sind meistens erst die zusätzlichen Angebote! Eine so weite Bestimmung hätte die Entfaltung des Themas ins Uferlose steigen lassen und den gemeinten Fokus und handlungsleitenden Kern verfehlt. Es sind im folgenden Text also nicht die Leistungen gemeint, die sich direkt an die Kinder wenden (Kita, Tagespflege), sondern die ergänzenden Angebote, die sich an die Eltern bzw. Personensorgeberechtigten bzw. die Familie als Ganzes richten, also sämtliche präventiv-familienfördernden Maßnahmen und Angebote (Leistungen) der Jugendhilfe. Kita, Krippe und Tagespflege gehören aber selbstverständlich in ein Gesamtkonzept der Familienunterstützung. Eine zweite Abgrenzung besteht zu allen interventiven (und indizierten) Maßnahmen der Jugendhilfe. Es soll hier nur um die präventive Perspektive gehen! Mit einem leichten Widerspruch werden wir leben müssen: Wenn wir von präventiven familienfördernden Leistungen und Angeboten der Jugendhilfe sprechen, ist das natürlich nicht ganz korrekt. Es geht ja nicht nur um die Jugendhilfe, sondern auch – etwa bei den Frühen Hilfen – um Leistungen der angrenzenden Systeme wie denen des Gesundheitswesens. Dies dürfte aber vertretbar sein, weil eine der Hauptthesen dieses Textes ja das Postulat des Anspruchs der Jugendhilfe ist, die Gesamtverantwortung und die Gesamtsteuerung zu übernehmen, die durch das Gesetz abgesichert ist (§ 79 SGB VIII).

These 3	Es gibt weitere volkswirtschaftliche, pädagogische und psychologische Gründe dafür, sich um die Familie zu sorgen angesichts ihres wichtigen Stellenwertes!
These 4	Wir haben seit langem ein wirklich gut geeignetes Instrumentarium der Problemlösung – das SGB VIII!
These 5	Präventive Familienförderung ist in der Praxis zersplittert und bedarf der Neuordnung, Systematisierung und Bündelung in einem Gesamtkonzept unter Federführung der öffentlichen Jugendhilfe!
These 6	Die typischen Bewältigungs- und Lösungsstrategien in der Jugendhilfe der Vergangenheit zeichnen sich aus durch schleichende strategische Fehlentwicklungen!
These 7	Es gibt wissenschaftlich und fachlich gebotene Leitlinien und Eckpfeiler einer Umakzentuierung: Prinzipen der strategischen Neuausrichtung!
These 8	Auf der Ebene des örtlichen öffentlichen Jugendhilfeträgers muss es ein Gesamtkonzept für den Bereich ‚Präventive Familienförderung' geben! Der Ansatz ‚FiZ – Familie im Zentrum' muss ein Schwerpunktbereich der mittel- und langfristigen Politik des Kreises mit einem starken politischen Mandat sein!
These 9	Systemübergreifende Gesamtkonzepte als Lösung für die aufgetretenen Probleme funktionieren nur, wenn die Gesamtplanungsverantwortung der öffentlichen Jugendhilfe und ihre Steuerungsaufgabe Kern aller Erneuerungsversuche ist!
These 10	Der handlungsrelevante Kern des Gesamtkonzeptes ‚Präventive Familienförderung' liegt auf der sozialräumlichen Ebene: Handeln auf lokaler Ebene – Aktionspläne zu ‚FiZ – Familie im Zentrum' für Sozialräume, Stadtteile, Samtgemeinden und Gemeinden!
These 11	Es sind systematische Verfahren zum Aufbau von Präventions- und Bildungsketten für die sozialräumliche Ebene (Stadtteil-, Samtgemeinde- und Gemeindeebene) anzuwenden: Bedarfsanalysen auf der Basis von Gebietsprofilen, Konzeptentwicklung durch Lokale Aktionspläne!
These 12	Ergebnis und Produkt der Konzeptentwicklung muss ein sozialräumliches Angebotsportfolio mit bedarfsdifferenzierenden, maßgeschneiderten Programm-Mustern sein!
These 13	Die Organisationsformen und Orte für die ‚Präventive Familienförderung' folgen jeweils ‚maßgeschneidert' den besonderen lokalen und regionalen Bedingungen. Sie orientieren sich dennoch im Hinblick auf die Planungsverantwortung und Steuerung im Sozialraum streng an den normativen Vorgaben des Jugendhilferechts und am strategischen Gesamtkonzept des örtlichen öffentlichen Jugendhilfeträgers (§ 79 – Gesamtplanungsverantwortung des öffentlichen örtlichen Trägers der Jugendhilfe)!
These 14	Es müssen belastbare Mindest-Rahmenbedingungen für die Arbeit auf der sozialräumlichen Ebene vorhanden sein (Sicherstellung der erforderlichen Ressourcen)!
These 15	Maßstab und Leitlinie für die Planung und Umsetzung der Angebote, Programme und Maßnahmen für die ‚Präventive Familienförderung' und den Ansatz ‚FiZ – Familie im Zentrum' ist ein systematischer Katalog von Qualitätskriterien!

Diese Thesen werden im Folgenden erläutert. Der gesamte folgende Text ist die Kurzfassung des Buches. Die für die Planung und die konkrete Umsetzungsebene wichtigsten Abschnitte sind die Thesen 5 und 11 bis 13.

3. Das Konzept ‚FiZ – Familie im Zentrum' im Überblick: Erläuterung der Thesen

These 1: Die Probleme von Familien und Kindern verschärfen sich im gesellschaftlichen Durchschnitt seit Jahren!

Veränderte gesellschaftliche Bedingungen, die sich u.a. in einer Zunahme von Individualisierung und in der Pluralisierung von Lebensstilen ausdrücken, nehmen in Globalisierungs- und Krisenzeiten auch Einfluss auf die Institution Familie und die alltägliche Gestaltung von Familienleben. So stellt sich Familie heute weniger denn je als einheitliche und ausschließlich traditionell orientierte Institution dar, die bestimmte Funktionen und einheitliche Werte und Normen an die nachwachsende Generation vermittelt, sondern sie zeichnet sich eher durch eine Vielfalt und Uneinheitlichkeit aus. Die mit diesen gesellschaftlichen Transformationsprozessen verbundenen Chancen, aber auch Herausforderungen und Probleme, mit denen Familien und die in ihnen aufwachsenden Kinder konfrontiert werden, können Überforderungen und Erziehungsschwierigkeiten bis hin zur Kindeswohlgefährdung beinhalten, denen präventiv und durch Intervention begegnet werden muss.

Es ist erforderlich, die sich verschlechternden Lebens- und Problemlagen vieler Familien, insbesondere auch die Problemlagen der Zielgruppen, die zum Klientel der Jugendhilfe aufgrund vielfältiger und zunehmender Risiken zählen (z.B. Alleinerziehende und ihre Kinder, vor allem auch die Familien mit Migrationshintergrund, die Familien mit behinderten Kindern und von Armut betroffene Familien, die ebenfalls von gesellschaftlichen Exklusionsprozessen betroffen sein können und deshalb für ihre Kinder und für die Bewältigung ihres familiären Alltags besonderer Unterstützungs- und Hilfeangebote bedürfen könnten), noch aufmerksamer in den Fokus zu nehmen.

Wenn die Familien einen steigenden Hilfebedarf aufweisen und ihre spezifischen Problemlagen und Bedarfe durch angemessene Unterstützungsangebote nicht aufgefangen werden, hat dies unübersehbare langfristige Folgen.

These 2: Die Folgekosten sind gewaltig und in diesem Umfang überhaupt nicht notwendig!

1. Entwicklung der Jugendhilfekosten

Die gesellschaftlichen Folgen der zunehmenden Probleme von Familien äußern sich in immer hilfloseren und umfangreicheren Lösungsversuchen der Sozialpolitik (von der Jugendhilfe und Sozialhilfe bis zum Gesundheitswesen und der Arbeitsverwaltung) und immer höheren Folgekosten. Das lässt sich am Beispiel der Steigerung der Jugendhilfekosten eindrucksvoll zeigen:

Die Kostenentwicklung der Jugendhilfeeinrichtungen (bundesweit) für den Zeitraum seit Einführung des KJHG hatte folgenden Verlauf:

1991 **6,175** Milliarden

2010 **16, 013** Milliarden

(Statistisches Bundesamt 2012: 39-41)

2. Folgekosten in der Arbeitsverwaltung

Die gleiche Aussage gilt für die Entwicklung der Kosten im Bereich der Arbeitsverwaltung. Auch wenn hier noch viele andere makroökonomische Faktoren eine Rolle spielen, kann man doch annehmen, dass ein Bündel familiärer Defizite nicht nur zu Bildungs- und Ausbildungsdefiziten führt, sondern auch wesentliche Ursache erhöhter Arbeitslosigkeit ist. So zeigte etwa die Entwicklung jugendlicher Arbeitslosigkeit von 2008 bis 2009 folgenden Umfang:

Entwicklung der Zahl junger Arbeitsloser (U 25)

2008: **339900**

2009: **377000**

(Bundesagentur für Arbeit 2010: 22)

Auch wenn sich mittlerweile positivere Entwicklungen auf dem Arbeitsmarkt durchgesetzt haben mögen, ist dies doch eher Ausdruck von äußeren makro-ökonomischen Trends. Der für unsere Thematik eigentlich interessante Zusammenhang ist aber ein anderer: Es gibt nämlich einen Zusammenhang von mangelndem Schulabschluss und dem Grad der Arbeitslosigkeit – und damit eine große Bedeutung des Faktors Familie, der aufs engste mit dem Schulabschluss korreliert.

„Gerade bei Jugendlichen ist eine geringe schulische Bildung einer der wichtigsten Risikofaktoren für Arbeitslosigkeit im SGB II ... : Knapp ein Viertel der arbeitslosen Jugendlichen im SGB II ist ohne Schulabschluss, fast die Hälfte hat einen Hauptschulabschluss erworben – nur einer von vierzehn eine Hochschulreife. In der gesamten Bevölkerung dieser Altersgruppe, die nicht mehr im Bildungssystem ist, haben dagegen nahezu drei Viertel mindestens eine mittlere Reife und nur 6 % haben keinen Schulabschluss erworben." (Bundesagentur für Arbeit 2012: 17)

3. Die Folgekosten unterlassener Früher Hilfen

Die Folgekosten der zunehmenden Probleme von Familien und der damit verbundenen Lösungsversuche der Sozialpolitik von der Jugendhilfe und Sozialhilfe bis zum Gesundheitswesen, der Arbeitsverwaltung usw. sind gewaltig, aber überhaupt nicht notwendig! Sie wären bedeutend geringer, wenn rechtzeitig und an den richtigen Stellen präventiv gehandelt worden wäre.

„Welche Kosten mit Kindesvernachlässigung und/oder Misshandlung verbunden sind, lässt sich anhand von Ergebnissen aus dem englischsprachigem Raum verdeutlichen. So errechneten Wang und Holton bezogen auf das Jahr 2007 Kosten von 103,8 Milliarden US-Dollar, die in den USA jährlich infolge von Kindesvernachlässigung und -misshandlung aufgewendet werden müssen, und zwar in Form von direkten Kosten im Bereich der Jugendhilfe, Justiz und dem Gesundheitssystem und indirekten Kosten, z.B. besondere Sonderpädagogikangebote, Jugendkriminalität, Kriminalität im Erwachsenenalter und Produktivitätsverluste." (Meier-Gräwe/Wagenknecht 2011: 20)

Sehr eindrucksvoll lässt sich die These von den massiven langfristigen Folgen unterlassenen rechtzeitigen Handelns und den positiven Wirkungen bei rechtzeitigem Eingreifen (positives Kosten-Nutzen-Verhältnis) am Beispiel der ‚Frühen Hilfen' zeigen:

Dazu ist zuletzt sehr überzeugend die Analyse von Meier-Gräwe/Wagenknecht für das Nationale Zentrum für Frühe Hilfen zu den Kosten und zum Nutzen Früher Hilfen (im Sinne früher selektiver Prävention, also bei noch nicht eingetretener Kindeswohlgefährdung) in mehreren Szenarien durchgeführt worden, die – bezogen auf eine Gesamtrechnung aller Kosten im Lebenslauf von Betroffenen – teilweise spektakuläre Folgekosteneinsparungen von über einer Million Euro pro Fall im Lebenslauf errechnete.

Unterlassende präventive Maßnahmen als Frühe Hilfen in den ersten drei Lebensjahren (z.B. Familienhebammen, Krippenbesuch), in der Kita-Zeit (mit paralleler sozialpädagogische Familienhilfe usw.) oder erst in der Schulzeit wirken sich ganz unterschiedlich aus. Maßnahmen erst in der Kita-Zeit erhöhen die Kosten um das Dreizehnfache. Maßnahmen erst in der Schulzeit um den Faktor 34!

Die Folgekosten für unterlassene frühe (selektive) Präventionsmaßnahmen „werden insbesondere in den Bereichen der tertiär-präventiven/interventiven Jugendhilfe, für kurative Angebote (Behandlung von Folgeerkrankungen wie z.B. psychische Störungen) sowie durch Delinquenz und Wertschöpfungsverluste im Erwerbssystem (Arbeitslosigkeit, Wertschöpfungsverluste durch geringe Qualifikation) erwartet". (Meier-Gräwe/Wagenknecht 2011: 9 f.)

> **These 3: Es gibt weitere volkswirtschaftliche, pädagogische und psychologische Gründe dafür, sich um die Familie zu sorgen angesichts ihres wichtigen Stellenwertes!**

1. **Die Bildungsbedeutung des familiären Systems**

   Es wird vielfach darauf hingewiesen, dass es sehr wichtig sei, bei allen pädagogischen und sozialpolitischen Strategien den Faktor ‚Familie' zu berücksichtigen, weil Familie und Eltern alles in allem der wichtigste Sozialisations- und Erziehungsfaktor seien – möglicherweise wichtiger als Gesellschaft, Umfeld, Medien und vielleicht auch wichtiger als die vergesellschafteten Bildungs- und Erziehungsinstitutionen Krippe, Kita und Schule.

2. **Die Bedeutung der Familie und der Kooperation mit den Eltern nimmt zu aufgrund des gestiegenen gesellschaftlichen Stellenwertes der vorschulischen Betreuung, Bildung und Erziehung.**

   Die starke, vermutlich noch zunehmende Ausweitung der vorschulischen Betreuung, Bildung und Erziehung verlangt nach vermehrter Kooperation der Familie (sogar der Betriebe) mit den Einrichtungen und eröffnet damit ein neues großes Feld von ‚Erziehungs- und Bildungspartnerschaften' (insb. im Krippen- und Tagesmütterbereich).

   Der Stellenwert der vorschulischen Betreuung, Bildung und Erziehung wird nicht zuletzt erhöht durch die neueren Erkenntnisse zur enorm gestiegenen entwicklungspsychologischen Bedeutung der frühkindlichen Phase. So hat z.B. der Nobelpreisträger für Ökonomie, James Heckman, die Kosten für frühkindliche Bildungsprogramme den Folgekosten im Sozial-, Gesundheits- und Justizhaushalt gegenübergestellt, die einer Gesellschaft im weiteren Lebenslauf benachteiligter Kinder entstehen, wenn solche Investitionen in frühe Förderung und Bildung nicht vorgenommen werden. Seine Bilanz ist beeindruckend: Die größte Rendite ist bei kind- und familienunterstützenden Programmen zu erwarten, die dem Schulbesuch zeitlich bereits deutlich vorgelagert sind. Außerdem sind solche Erträge bei Kindern aus benachteiligten sozialen Herkunftsmilieus deutlich höher als bei Kindern, die über einen bildungsstarken Familienbackground verfügen. Plakativ lassen sich die Erkenntnisse von Heckman in der Aussage bündeln: 1 Dollar, der in die frühkindliche Bildung investiert wird, ergibt eine spätere volkswirtschaftliche Rendite bei Erwachsenen von 4 Dollar. Bei prekären Zielgruppen (z.B. Migranten) ist dieses Verhältnis 1:7! (Heckman & Masterov 2007; Cunha, Heckman 2007; Heckman 2008: 21; Ziegenhain u.a. 2010: 37)

3. **Das familiäre System, insb. die Eltern, benötigen mehr Hilfe als früher, weil sich ihre Lebensbedingungen verändert haben.**

4. **Der klassische Diskurs über die Vereinbarkeit von Beruf und Familie erfordert mehr Kooperation der Bildungs- und Erziehungseinrichtungen mit den Eltern.**

   Der Wunsch nach Ausweitung der Berufstätigkeit der Frauen und die damit verbundene Ausweitung der vergesellschafteten Kleinkinderziehung erzeugen automatisch einen erheblich steigenden Bedarf nach Koordination und Abstimmung zwischen den Einrichtungen für Betreuung, Bildung und Erziehung und den Familien, aber auch den Betrieben und anderen Netzwerkkomponenten – also einen Bedarf nach Erziehungs- und Bildungspartnerschaften, die um die Familie herum organisiert werden müssen.

5. **Der volkswirtschaftliche Nutzen der Kinderbetreuung lässt den Faktor ‚Familie' verstärkt in den Fokus geraten.**

   Die Nutzeffekte der Unterstützung der Familie in Form öffentlicher Kinderbetreuung aus volkswirtschaftlicher Sicht sind erheblich:

   a) Es könnte durch die Schaffung von Arbeitsplätzen in den Betreuungseinrichtungen (Ausdehnung der marktwirtschaftlichen Wertschöpfung durch Übertragung der bislang unbezahlten Familienarbeit in marktrelevante Transaktionen) ein erheblicher volkswirtschaftlicher Nutzen entstehen. Laut Deutschem Institut für Wirtschaft könnte die Beschäftigung zusätzlichen Personals 5,6 Mrd. € pro Jahr an zusätzlichen Steuer- und Beitragseinnahmen einbringen (vgl. Sell 2004: 57 f.).

   b) Es würde auch eine deutliche Verringerung der transferleistungsbedingten Haushaltsbelastungen des Staates bzw. der Sozialversicherungen eintreten, z.B. durch erhöhte Erwerbstätigkeit von Frauen, die sonst im Sozialhilfe- und Harz-IV-Bezug stünden (sei es durch Berufstätigkeit direkt in diesem Bereich oder durch die so ermöglichte Vereinbarkeit von Berufstätigkeit und Kindeswunsch).

6. **Die Ergebnisse der Resilienz-Forschung sensibilisieren für zusätzliche sozialökologische Netzwerkpartner von Familien nach dem Muster von ‚Erziehungs- und Bildungspartnerschaften'.**

   Als Schutzfaktoren im sozialen Umfeld haben sich u.a. Ressourcen auf kommunaler Ebene, insbesondere der Zugang zu sozialen Einrichtungen und professionelle Hilfsangebote (z.B. Angebote der Eltern- und Familienbildung, Beratungsstellen, Frühfördereinrichtungen, Gemeindearbeit, Sportvereine), das Vorhandensein prosozialer Rollenmodelle, Normen und Werte in der Gesellschaft (gesellschaftlicher Stellenwert von Kindern, Erziehung, Familie) sowie positive Erfahrungen in der Schule herausgestellt.

7. **Kooperationen mit Familien in der Form von Erziehungs- und Bildungspartnerschaften sind sinnvoll, weil sie wirksam sind.**

   Es liegt eine Vielzahl von empirischen Untersuchungen zur Wirksamkeit der Kooperation mit Familien bzw. von Elternarbeit – insb. auch zur Wirksamkeit von Eltern- und Familienbildung – vor.

8. **Die enge Kooperation der Bildungs- und Erziehungseinrichtungen, einschl. der Jugendhilfe, mit den Familien in der Form von Erziehungs- und Bildungspartnerschaften sind rechtlich geboten!**

   Rechtsnormen wie z.B. das seit 1.1.2012 gültige Bundeskinderschutzgesetz – BKiSchG mit dem erweiterten § 16 SGB VIII („Allgemeine Förderung der Erziehung in der Familie") und dem damit verbundenen Gesetz zur Kooperation und Information im Kinderschutz – KKG (z.B. § 2 „Information der Eltern über Unterstützungsangebote in Fragen der Kindesentwicklung" und § 3 „Rahmenbedingungen für verbindliche Netzwerkstrukturen im Kinderschutz") oder § 22 und § 22a SGB VIII (zu den Kindertagesstätten), die vielfältigen Kooperationshinweise in den Schulgesetzen oder die Liste der Kooperationspartner in § 81 SGB VIII oder die Ausführungen zu § 78 SGB VIII (Arbeitsgemeinschaften) legen dies deutlich nahe.

9. **Das Kosten-Argument**

   Die Behauptung ist, dass die konsequente Umsteuerung der Jugendhilfe-Ausgaben (insb. im Bereich der kostenintensiven Hilfen zur Erziehung) in flächendeckende präventive Angebote für Familien und Kinder (wie z.B. über Eltern- und Familienbildung) für sämtliche Hauptphasen des Elternseins oder in breit angelegte Netzwerkaktivitäten zur frühesten Förderung von Kindern und Familien (und die Integration solcher intensiven Erziehungs- und Bildungspartnerschaften in präventive Gesamtkonzepte) mit einer gewissen Phasenverschiebung mittel- und langfristig die Steigerung der Jugendhilfekosten stoppen und auf einem akzeptablen Niveau halten würden.

These 4: Wir haben seit langem ein wirklich gut geeignetes Instrumentarium der Problemlösung – das SGB VIII!

Welche Instrumentarien stehen uns nun für die Lösung der genannten Probleme zur Verfügung? Im Prinzip haben wir seit langem alles Erforderliche in Form des SBG VIII – insb. über seine familienorientierten Angebote

> um diese Probleme nachträglich zu bearbeiten, abzumildern

> oder abzubauen oder gar nicht erst entstehen zu lassen – über eine breite Palette von Angeboten zur Prävention und Bildung.

Wir setzen diese Instrumente allerdings häufig strategisch falsch – zumindest nicht integriert und ganzheitlich im Rahmen eines Gesamtkonzeptes und unter sorgfältiger Gestaltung der wichtigen Schnittstellen – ein. Wir setzen diese Instrumente in vielen Fällen auch ineffektiv und ineffizient ein.

Wir haben im Kernbereich der Präventiven Familienförderung einerseits Vorschriften mit Rechtsanspruchscharakter wie den § 17, Abs.1 SGB VIII (Rechtsanspruch auf Beratung in Fragen der Partnerschaft) oder den § 18 SGB VIII (Anspruch von Alleinerziehenden auf Beratung und Unterstützung bei der Ausübung der Personensorge) oder die Hilfen zur Erziehung (z.B.: Erziehungsberatung – § 28 SGB VIII, Sozialpädagogische Familienhilfe – § 31 SGB VIII, Elternarbeit bei Erziehung in einer Tagesgruppe – § 32 SGB VIII, Verbesserung der Erziehungsbedingungen in der Herkunftsfamilie bei Heimerziehung – § 34 SGB VIII).

Andererseits spielen auch Vorschriften ohne subjektiven Rechtsanspruch eine Rolle wie der § 16 SGB VIII, in dem festgelegt ist, dass Müttern, Vätern und anderen Erziehungsberechtigten und jungen Menschen Leistungen der allgemeinen Förderung der Erziehung angeboten werden sollen. Angebote der Familienbildung, Angebote der Beratung in allgemeinen Fragen der Erziehung und Entwicklung junger Menschen (nicht zu verwechseln mit der Erziehungsberatung nach § 28 SGB VIII), Angebote der Familienfreizeit und der Familienerholung. Angebote für Mütter, Väter, schwangere Frauen und werdende Väter kommen hinzu.

Ein Gesamtsystem der Präventiven Familienförderung muss zwar den hier betonten klassischen Kern der Präventiven Familienförderung im SGB VIII (Jugendhilfe) sozusagen als Dreh- und Angelpunkt enthalten, aber noch durch weitere Elemente des Jugendhilfesystems (z.B. die Aufgaben der Kita in diesem Bereich oder einige Programme ohne Rechtsgrund im Jugendhilferecht wie z.B. die Programme zu den Frühen Hilfen oder ‚Anschwung') und durch etliche Teilsysteme außerhalb der Jugendhilfe (z.B. Schule, Gesundheitswesen, Kommune usw.) ergänzt werden. Bei der Darstellung dieses breit interpretierten Gesamtsystems werden die Grundaussagen dieses Abschnitts noch einmal aufgegriffen und erweitert.

> **These 5: Präventive Familienförderung ist in der Praxis zersplittert und bedarf der Neuordnung, Systematisierung und Bündelung in einem Gesamtkonzept unter Federführung der öffentlichen Jugendhilfe!**

Vorbemerkung:

Präventive Familienförderung ist in der Praxis zersplittert. Eine Vielzahl an Anbietern aus den unterschiedlichsten Subsystemen (Jugendhilfe, Gesundheitswesen, Sozialhilfe), ein Wirrwarr aus freien Trägern und öffentlichen Trägern bietet eine unkoordinierte Vielzahl ähnlicher oder widerstreitender Angebote an. Hinzu kommt eine nicht mehr zu überschauende Anzahl an Projektförderungen des Bundes oder der Länder, die sich in der Regel überhaupt nicht um die zugrunde liegenden rechtlichen Strukturen und die wichtigen Schnittstellen zwischen den Systemen kümmern, sondern in den unterschiedlichsten Formen des Aktionismus unsystematisch in die Welt gesetzt werden. Maßnahmen wie die Einführung von Familienhebammen (mal beim freien Träger mal beim Jugendamt), die Förderung von Familien-Service-Büros in Konkurrenz zu den Familienzentren oder die stark vom Gesundheitswesen geprägten Initiativen zu den Frühen Hilfen (mit den typischen Schnittstellenproblemen zur Jugendhilfe) usw. sind Beispiele für völlig unkoordinierte und widersprüchliche Versuche, die großen Problemlagen der Praxis im Bereich des Schutzes und der Förderung von Kindern und Familien in den Griff zu bekommen. Präventive Familienförderung bedarf deshalb der Neuordnung, Systematisierung und Bündelung in einem Gesamtkonzept unter Federführung der Jugendhilfe. Deshalb wird im folgenden Abschnitt der Versuch unternommen eine rechtlich und praktisch tragfähige Strukturierung aller Angebote der Präventiven Familienförderung herzustellen.

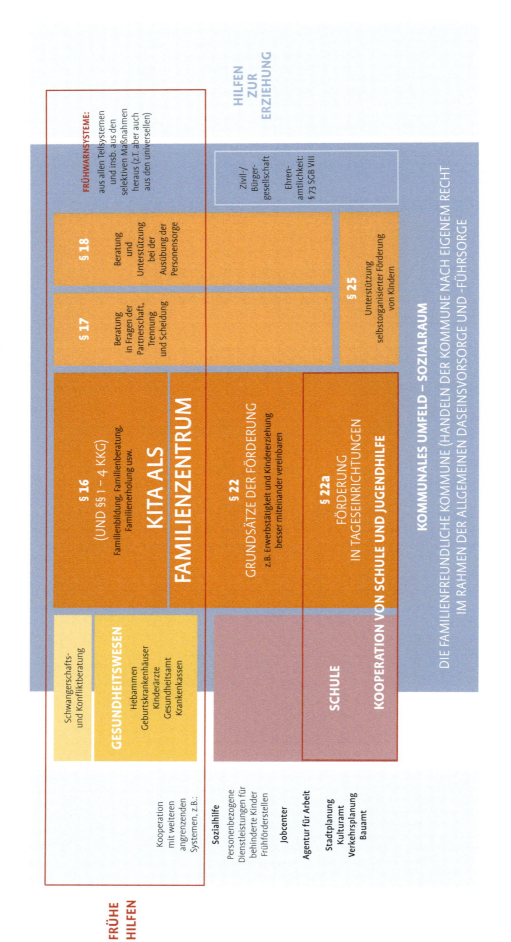

Abb. Nr. 1: ‚FiZ – Familie im Zentrum'

1. **Der Kern des Konzeptes ‚FiZ' – Familie im Zentrum: § 16 SGB VIII zur „Allgemeinen Förderung der Erziehung in der Familie"**

   Das Konzept ‚FiZ' bildet sämtliche präventiven familienfördernden Leistungen (Maßnahmen und Angebote) der Jugendhilfe ab. Es geht vor allem um den erweiterten § 16 SGB VIII zur „Allgemeinen Förderung der Erziehung in der Familie" (insb. mit den Schwerpunkten Familienbildung, Familienberatung). Die ‚Frühen Hilfen' sind im Kern hier anzusiedeln. Dabei ist jedoch zu berücksichtigen, dass es in der Definition von ‚Frühen Hilfen' ein weiteres und ein engeres Verständnis gibt. Das gleiche gilt für den Begriff „Kinderschutz". Dazu mehr unter Pkt. 9. Aber: Es geht um mehr als § 16 und die Frühen Hilfen!

2. **§ 17 (Beratung in Fragen der Partnerschaft, Trennung und Scheidung) und § 18 (Beratung und Unterstützung bei der Ausübung der Personensorge und des Umgangsrechts)**

   Wichtig sind auch die §§ 17 und 18 SGB VIII. Sowohl § 17 (Beratung in Fragen der in Fragen der Partnerschaft, Trennung und Scheidung) und § 18 (Beratung und Unterstützung bei der Ausübung der Personensorge und des Umgangsrechts bei Alleinerziehenden) gewähren individuelle Rechtsansprüche von Eltern/Personensorgeberechtigten. Beide (insbesondere der § 17) haben zunächst einmal universell-präventiven Charakter, weil sie ja für alle Eltern gelten. Es geht ja nicht nur um Trennung und Scheidung, sondern auch um Partnerschaft im Allgemeinen. Im Übrigen kann man ja schwerlich von rein selektiver Prävention reden, wenn das Problem der Trennung und Scheidung über die Hälfte der Familien trifft. Diese Leistungen sind andererseits aber doch auch in dem Sinne selektiv, dass sie sich vor allem an Personen mit eindeutig definierten aktuellen Problemlagen wenden und nicht an die anderen, die dieses Problem aktuell nicht haben.

3. **Kindertagesstätten (Familienzentren an Kitas)**

   Den für unser Thema ‚Familie im Zentrum' neben dem § 16 zweiten entscheidenden Kern liefern die §§ 22 und 22a SGB VIII. Hier gewinnen wir deutliche Hinweise auf den besonderen Stellenwert der Kindertagesstätten bei der Organisation der präventiven familienfördernden Leistungen und Angebote der Jugendhilfe. Neben der zentralen Stellung des ASD im Zusammenhang mit dem § 16 liegt hier der zweite organisatorische Kristallisationspunkt von Leistungen und Angeboten. Die §§ 22 und 22a sind – ergänzend zur fachlichen und wissenschaftlichen Debatte zum ‚Early-Excellence-Ansatz' – die wichtigsten Argumente für die flächendeckende Einrichtung von Familienzentren an Kindertagesstätten.

   § 22 SGB VIII Grundsätze der Förderung

   > (2) *Tageseinrichtungen für Kinder und Kindertagespflege sollen*
   >
   > *die Entwicklung des Kindes zu einer eigenverantwortlichen und gemeinschaftsfähigen Persönlichkeit fördern,*
   >
   > *die Erziehung und Bildung in der Familie unterstützen und ergänzen,*
   >
   > *den Eltern dabei helfen, Erwerbstätigkeit und Kindererziehung besser miteinander vereinbaren zu können.*

   Auch hier sind im Konzept der Präventiven Familienförderung ‚FiZ' immer nur die Leistungen gemeint, die sich direkt an Eltern oder die Familie als Ganze richten. Nicht gemeint sind also auch hier die Leistungen, die sich allein an Kinder und Jugendliche richten (wie eben das Regelangebot der Kindertagesstätten), sondern nur der Teil der „die Erziehung und Bildung in der Familie unterstützt und ergänzt" bzw. den Eltern dabei hilft, „Erwerbstätigkeit und Kindererziehung besser miteinander vereinbaren zu können".

Dies wird noch viel deutlicher, wenn man sich den § 22a SGB VIII anschaut:

§ 22a (2)

Die Träger der öffentlichen Jugendhilfe sollen sicherstellen, dass die Fachkräfte in ihren Einrichtungen zusammenarbeiten

1. *mit den Erziehungsberechtigten und Tagespflegepersonen zum Wohl der Kinder und zur Sicherung der Kontinuität des Erziehungsprozesses,*
2. *mit anderen kinder- und familienbezogenen Institutionen und Initiativen im Gemeinwesen, insbesondere solchen der Familienbildung und -beratung,*
3. *mit den Schulen, um den Kindern einen guten Übergang in die Schule zu sichern und um die Arbeit mit Schulkindern in Horten und altersgemischten Gruppen zu unterstützen.*

Die Erziehungsberechtigten sind an den Entscheidungen in wesentlichen Angelegenheiten der Erziehung, Bildung und Betreuung zu beteiligen.

Das Angebot soll sich pädagogisch und organisatorisch an den Bedürfnissen der Kinder und ihrer Familien orientieren. Werden Einrichtungen in den Ferienzeiten geschlossen, so hat der Träger der öffentlichen Jugendhilfe für die Kinder, die nicht von den Erziehungsberechtigten betreut werden können, eine anderweitige Betreuungsmöglichkeit sicherzustellen.

Hier wird also klar, dass über das eigentliche Kerngeschäft der Kindertagestätten hinaus zusätzliche familienbezogene Aufgaben zu bewältigen sind und die Kooperation mit anderen Erziehungs- und Bildungsinstitutionen und dem Gemeinwesen (Erziehungs- und Bildungspartnerschaften) ausgestaltet werden muss. Dies ist ein wesentlicher Kern des Konzeptes der Präventiven Familienförderung ‚FiZ – Familie im Zentrum'. Soweit Kindertagesstätten zu Familienzentren ausgebaut werden, werden noch weitere Überlegungen erforderlich hinsichtlich der Angebote, die diese Kita dann noch machen weitere Personen, die über die Eltern der Kita-Kinder hinausgehen. Dazu These 13 und Abschnitt H 4.5.2.2 (S. 192 f.).

4. Kindertagespflege

Die Tagespflege wird zwar gesetzlich im § 22 SGB VIII gleichrangig mit den Kindertagesstätten behandelt, wird aber – was ihre ergänzenden familienfördernden Leistungen betrifft – gleichwohl im Rahmen des Konzeptes ‚FiZ' eher zurückhaltend einbezogen. Sie stellt zwar per se ein familienunterstützendes Angebot dar und zweifellos ist es die Aufgabe auch der Tagespflege, in enger Kooperation mit den Familien zusammenzuarbeiten. Das sollte sich unserer Meinung nach aber eher auf die standardmäßige Notwendigkeit begleitender Elternarbeit beziehen, aber nicht bedeuten, dass hier wirklich ergänzende familienfördernde Leistungen erbracht werden könnten (wie sie von den Kindertagesstätten – zumal in der Form von Familienzentren – in Zukunft erwartet werden). Dies würde das Instrument der Tagespflege, das ohnehin im Hinblick auf qualitative Gesichtspunkte unter Druck steht, viel zu sehr belasten. Wir denken nicht, dass die Tagespflege dies leisten kann und werden deshalb auch keine Vorschläge dazu unterbreiten.

5. § 25 SGB VIII (Unterstützung selbst organisierter Förderung von Kindern)

Am Rande mitgedacht werden muss noch der § 25 SGB VIII (Unterstützung selbst organisierter Förderung von Kindern), der vielleicht nicht mehr den Stellenwert hat, den er in früheren Jahren hatte, als es noch wesentlich mehr selbst organisierte Elterninitiativen gab. Gleichwohl handelt es sich beim Auftrag nach diesem Paragraphen ganz klar um einen solchen zur intensiven Förderung und Unterstützung von Familien.

6. **Kooperation der Jugendhilfe mit der Schule im Bereich Familie**

Welche Rolle spielt nun die Kooperation der Jugendhilfe mit der Schule im Bereich Familie? Der Teil der Kooperation von Jugendhilfe und Schule, der die Präventive Familienförderung betrifft, ist selbstverständlicher Teil von ‚FiZ'. Dies lässt sich zwar grundsätzlich begründen mit dem Kooperationsgebot nach § 81 SGB VIII, stützt sich aber in unserem Zusammenhang noch viel nachdrücklicher auf den § 22a SGB VIII.

Der § 22a bezieht sich im Hinblick auf die Kooperation mit der Schule in unserem Kontext zunächst einmal allein auf die Schnittfläche von Themen, die für die Zusammenarbeit von Kindertagesstätten und Schulen, die in der Übergangsphase zur Schule relevant sind. Die Kindertagesstätten sollen zusammenarbeiten „mit den Schulen, um den Kindern einen guten Übergang in die Schule zu sichern und um die Arbeit mit Schulkindern in Horten und altersgemischten Gruppen zu unterstützen" (Pkt. 3). Alle anderen Stellen des 22a (2) bringen aber insbesondere Erziehungsberechtigte und die Familien herausgehoben ins Spiel.

Allerdings wird hier auch deutlich, dass der Auftrag zur Kooperation von Schule und Jugendhilfe – auch im familienfördernden Kontext – nicht allein Aufgabe der Kindertagesstätten sein kann, sondern in den älteren Altersgruppen auch noch durch andere Instanzen übernommen werden muss, insbesondere durch den ASD – was in unserem Vorschlag zu einem Gesamtorganisationsmodell weiter unten (siehe These 13, S. 35) klarer werden wird. Für diese Sichtweise spricht im Übrigen auch eine selten beachtete Formulierung im § 16 SGB VIII, wenn es dort heißt, dass neben Müttern und Vätern auch „anderen Erziehungsberechtigten" – und dazu zählen ganz ohne Zweifel auch Lehrerinnen und Lehrer – „Leistungen der allgemeinen Förderung der Erziehung in der Familie" angeboten werden sollten und dass dies dazu beitragen solle, dass auch diese „anderen Erziehungsberechtigten" ihre doch eindeutig gegebene „Erziehungsverantwortung besser wahrnehmen" können!

7. **Angebote im Gesundheitswesen als Teil der Präventiven Familienförderung**

Die Zusammenarbeit mit dem Gesundheitswesen ist sicher von großer Bedeutung, allerdings auch nicht ganz einfach, da seine Struktur – ähnlich wie die der Jugendhilfe – etwas unübersichtlich ist. Zunächst wären in diesem Zusammenhang die Gesundheitsämter als Einrichtungen der Landkreise und kreisfreien Städte zu nennen. In unserem Zusammenhang haben die Gesundheitsämter folgende Aufgaben:

Kinder- und Jugendgesundheitsdienst – er untersucht und berät in Gemeinschaftseinrichtungen wie Schule und Kita (§ 5 NGÖGD)

Sozialpsychiatrischer Dienst – er berät und bietet Hilfen für psychisch kranke Menschen an

Prävention und Gesundheitsförderung (§ 4 NGÖGD)

Hygieneüberwachung von Einrichtungen, die Kinder betreuen

Die eigentliche Gesundheitsversorgung wird in Deutschland durch niedergelassene Ärzte, Krankenhäuser und sonstige Anbieter gewährleistet. Von besonderer Bedeutung sind für das Konzept ‚FiZ', die Geburtskliniken (z.B. wegen möglicher Scanning-Funktionen), die Kinderärzte, ggf. auch die Fachärzte für Psychiatrie und Neurologie, sowie Kinder- und Jugendtherapeuten, ambulante sozialpsychiatrische Zentren, Geburtskliniken, Kinderkliniken, Kinder- und Jugendpsychiatrische Kliniken, aber auch psychiatrische Kliniken für Erwachsene (wegen der Kinder psychisch erkrankter Eltern). Die öffentlich-rechtlichen Krankenkassen sind Hauptfinanzier der individuellen Gesundheitsversorgung. Sie haben daneben aber auch den Auftrag zur präventiven Gesundheitssorge über Prävention und Gesundheitsförderung (Gesundheitskurse, Förderung der gesundheitsbezogenen Selbsthilfe usw.).

8. Schwangerschafts- und Konfliktberatung als Teil der Präventiven Familienförderung

Als relevanter Teil der Präventiven Familienförderung und der Frühen Hilfen werden in der Diskussion um die Familienzentren gelegentlich die Schwangerschafts(konflikt)beratungsstellen vergessen. Sie „sind als ‚Beratungsstellen nach den §§ 3 und 8 des Schwangerschaftskonfliktgesetzes' aufgeführt (…) Sowohl was die Adressatinnen als auch das Themenspektrum angeht, gibt es große Schnittstellen zu den Frühen Hilfen (…). Das Aufgabenspektrum der Schwangerschaftsberatung betrifft auch die – gesetzlich nicht befristete – Nachbetreuung nach der Geburt des Kindes (§ 2 Abs. 3 SchKG). Noch ist ein starkes Abgrenzungsbedürfnis der Schwangerschaftsberatung gegenüber dem Kinderschutz der Jugendämter wahrzunehmen (…). Die – nicht einzelfallbezogene, sondern fallübergreifende – Mitwirkung an den Netzwerken Frühe Hilfen kann sicherlich dazu beitragen, die Hürden für die Kooperation zu bearbeiten. (…) Bei der Frage einer Kooperation mit der Kinder- und Jugendhilfe handelt es sich vor allem um ein methodisches Problem (…)" (Meysen 2013, in Münder u.a. 2013 FK SGB VIII, Anhang § 8b, Rn 48, S. 150). Die Finanzierung der Beratungsstellen ist nicht in einem Leistungsgesetz auf Bundesebene geregelt. Die Beratungsstellen erhalten Zuschüsse nach Programmen der Bundesländer, deren gesetzliche Grundlage letztlich das jeweilige Haushaltsgesetz ist. Daneben findet häufig eine Mitfinanzierung aus kommunalen Zuschüssen auf dem Hintergrund von § 5, Abs. 3 SGB XII statt. Träger der Beratungsstellen sind die Verbände der freien Wohlfahrtspflege, insbesondere aber Pro Familia. Es ist sehr wichtig, dass die Schwangerschafts- und Konfliktberatung in den Netzwerken Frühe Hilfen und der Präventiven Familienförderung vertreten sind.

9. Frühe Hilfen als Teil der Präventiven Familienförderung

Der Frankfurter Kommentar definiert die Frühen Hilfen wie folgt:

„Mit dem Gesetz zur Kooperation und Information im Kinderschutz (KKG) hat der Gesetzgeber im Zuge des BKiSchG (Einl. Rn 47) der Rechtsordnung ein neues, nur vier Paragrafen zählendes Gesetz hinzugefügt. Rechtssystematisch ist das KKG ‚freischwebend', dh, es lässt sich nicht ohne Weiteres den üblichen Kategorien zuordnen. Es ist insb. nicht Teil des Sozialgesetzbuchs, allerdings dürften die Regelungsinhalte (Angebot der Daseinsfürsorge, § 2 KKG; Netzwerkbildung zur Kooperation im Kinderschutz, § 3 Abs. 1 bis 3 KKG; Bundesförderung für Familienhebammen und Netzwerke Frühe Hilfen, § 3 Abs. 4 KKG; Aufgaben und Datenschutz bei Kindeswohlgefährdung, § 4 KKG) dem öffentlichen Recht zuzuordnen sein. Der Bundesgesetzgeber hat seine Gesetzgebungskompetenz für das KKG aus dem Kompetenztitel der öffentlichen Fürsorge im Bereich der konkurrierenden Gesetzgebung (Art. 74 Abs. 1 Nr. 7 GG) abgeleitet (…). Aufgrund der regen Aktivitäten der Länder seit 2008 im Bereich der Kinderschutzgesetzgebung (…) bezweckt das KKG eine bundesweite Vereinheitlichung der höchst disparaten und in der Kinderschutzpraxis für Verwirrung sorgenden Regelungen zum Datenschutz bei Kindeswohlgefährdung (…) und eine bundesweit verbindliche Verstetigung einzelner landesgesetzlicher und -politischer Aktivitäten zum Aufbau von Lokalen Netzwerken" (Meysen 2013, in Münder u.a. 2013, FK-SGB VIII, Rn 1, 140).

Es erscheint uns sehr wichtig, bei der Begriffsbestimmung der ‚Frühen Hilfen' eine Differenzierung gegenüber dem üblichen Gebrauch vorzunehmen. Dies ist erforderlich, wenn man einerseits die reale Praxis betrachtet und andererseits den Wortlaut des Gesetzes intensiver liest und auslegt. Dabei ergibt sich ganz klar, dass eigentlich nicht nur Kinderschutz im engeren Sinne und der Fokus Kindeswohlgefährdung und die entsprechenden Interventionen im Fokus stehen, sondern ganz stark auch der präventive Gedanke.

Wenn man nun Überlegungen zu den Grundkategorien der Prävention heranzieht, nämlich die Systematisierung nach

1. Universell-präventiv (für alle)

2. Selektiv-präventiv (für ausgewählte Gruppen, die ein Belastungsrisiko haben)

3. Indiziert-präventiv, (für Personen, die bereits Belastungen oder Störungen aufweisen – was z.T. schon als erste Intervention zu verstehen ist, z.B. bei Hilfen zur Erziehung)

4. Massiver Eingriff Intervention i.e.S. – wenn Kinder akut gefährdet sind: Kindeswohlgefährdung) (wobei dann 1. – 3. nur bei „erzieherischem Bedarf" und 4. bei Kindeswohlgefährdung greifen)

könnte man im Sinne einer erweiterten Auslegung „Frühen Hilfen i.w.S." etwa in folgender Systematik denken:

1. Frühe Förderung (für alle)

2. Frühe Hilfen (i.e.S., selektiv)

3. Frühe Interventionen (Intensiv-Hilfen)

4. Massiver Eingriff (Kindeswohlgefährdung)

Dabei wären 1. – 4. dann Kinderschutz i.w.S. und 3. und 4. Kinderschutz im engeren Sinne.

Schon die Diskussion um sogenannte ‚Frühwarnsysteme', bei denen es in weiten Teilen ja um Situationen geht, in den noch gar nichts passiert ist, aber passieren könnte, sieht man, dass ein starker präventiver Anteil immer mitgedacht ist. Zwar operieren diese Frühwarnsysteme im Wesentlichen aus den selektiven und indizierten Maßnahmen heraus, aber durchaus auch aus den universellen.

Das derzeitige praktische Problem im Bereich der Frühen Hilfen besteht darin, dass vielfach die Zuständigkeit für die Koordination der Angebote unklar geregelt ist. Die Krippe kann sich nicht zuständig fühlen. Sie setzt ja meistens erst im 2. Lebensjahr ein. Es bleibt also ganz klar eine Aufgabe des ASD, hier zu koordinieren. Das gilt insb. auch für das Netzwerkmanagement. Im Diskurs um die Frühen Hilfen spielt der Netzwerkgedanke ja eine zentrale Rolle. Im KKG heißt es:

§ 3 KKG (2)

In das Netzwerk sollen insbesondere Einrichtungen und Dienste der öffentlichen und freien Jugendhilfe, Einrichtungen und Dienste, mit denen Verträge nach § 75 Absatz 3 des Zwölften Sozialgesetzbuches Sozialgesetzbuch bestehen, Gesundheitsämter, Sozialämter, Gemeinsame Servicestellen, Schulen, Polizei- und Ordnungsbehörden, Agenturen für Arbeit, Krankenhäuser, Sozialpädiatrische Zentren, Frühförderstellen, Beratungsstellen für soziale Problemlagen, Beratungsstellen nach den §§ 3 und 8 des Schwangerschaftskonfliktgesetzes, Einrichtungen und Dienste zur Müttergenesung sowie zum Schutz gegen Gewalt in engen sozialen Beziehungen, Familienbildungsstätten, Familiengerichte und Angehörige der Heilberufe einbezogen werden.

10. **Die besondere Rolle der kreisangehörigen Gemeinden – die kinder- und familienfreundliche Kommune**

Die kreisangehörigen Gemeinden haben eine besondere Rolle. Sie sind ja in der Regel nicht örtlicher öffentlicher Träger der Jugendhilfe. Die von der Gemeinde freiwillig übernommenen Aufgaben im Rahmen der allgemeinen Daseinsvorsorge für ihre Einwohner sind nicht nur für die angemessene aktuelle Versorgung der Einwohner notwendig, sondern auch für eine längerfristige Entwicklung der Gemeinde im Sinne einer bürgerfreundlichen Zukunftsentwicklung (orientiert am Leitbild der Gemeinde).

Die rechtliche Schnittmenge mit dem Recht der allgemeinen Daseinsvorsorge und -fürsorge der Kommunen wird insb. durch den § 1 (2) 4. SGB VIII („positive Lebensbedingungen für junge Menschen und ihre Familien sowie eine kinder- und familienfreundliche Umwelt erhalten oder schaffen") gebildet. Wenn sich die kreisangehörigen Gemeinden mit dem örtlichen Jugendhilfeträger „ins Benehmen setzen", können sie sich aus eigenem Recht (§ 3 Nds. AG zu SGB VIII) in der Jugendhilfe betätigen.

Zum Leitbild einer modernen Gemeinde zählt heute nicht zuletzt ein möglichst optimaler Grad der Kinder- und Familienfreundlichkeit. Dies gilt nicht nur auf dem Hintergrund politischer und demokratietheoretischer Werte und sozialpolitischer Notwendigkeiten (Gerechtigkeit, Konfliktreduzierung, Integration und Inklusion), sondern durchaus auch aufgrund ökonomischer Vorteile (leichtere Ansiedelung von Dienstleistungsunternehmen, die familienfreundliche Rahmenbedingungen für ihre Mitarbeiter wünschen, Wirtschaftskraft von Familien usw.).

Aus diesem Grunde gibt es seit etlichen Jahren ambitionierte systematische Kinderfreundlichkeitsprüfungen von Kommunen, die Entwicklung von Kriterienkatalogen und die Vergabe von Prüfsiegeln „Familienfreundliche Kommune" – zuletzt das Projekt von Unicef und DKHW zur kinderfreundlichen Kommune mit der Vergabe des Siegels ‚Kinderfreundliche Kommune'.

11. § 73 SGB VIII (‚Ehrenamtliche Tätigkeit')

Zunächst ebenfalls am Rande mitgedacht muss der § 73 SGB VIII (‚Ehrenamtliche Tätigkeit'): „In der Jugendhilfe ehrenamtlich tätige Personen sollen bei ihrer Tätigkeit angeleitet, beraten und unterstützt werden". Diese Norm gilt zwar für ehrenamtliche Personen jeglicher Art in der Jugendhilfe, kann aber durchaus bei Maßnahmen im Bereich ‚Präventive Familienförderung' (‚FiZ – Familie im Zentrum') von Bedeutung sein (etwa im Zusammenhang mit Konzepten wie ‚Erziehungslotsen', ‚Familienhelfer' oder ‚Familienbesucherinnen') – zumal wenn das Konzept ‚FiZ' in der Organisationsform von Familienzentren umgesetzt wird, das ja häufig auch Mehrgenerationen-Ansätze, bürgerschaftliche und ehrenamtliche Komponenten enthält.

12. Ausklammern der Hilfen zur Erziehung

Die Hilfen zur Erziehung stehen nicht im Zentrum des Konzeptes ‚FiZ' (selbst als SPFH oder wenn eine prinzipiell ja mögliche eigenständige H.z.E.-Form ‚Elternbildung' praktiziert werden sollte im Sinne des § 27 [2,3] mit der Formulierung „insbesondere…" – was andere Formen, z.B. Elterntrainings möglich macht), da sie sich bereits im indizierten und interventiven Bereich befinden. Selbstverständlich muss aber immer bewusst bleiben, dass bei allen Formen der H.z.E. (§ 28 Institutionelle Erziehungsberatung, § 29 Soziale Gruppenarbeit, § 30 Erziehungsbeistand, § 31 SPFH, § 32 Tagesgruppe, § 33 Vollzeitpflege, § 34 Heimerziehung, § 35 Intensive sozialpädagogische Einzelbetreuung) die Familienorientierung und die begleitende Elternarbeit schon immer elementarer Bestandteil der Leistung waren. Deshalb werden bei ‚FiZ' die Schnittstellen zu diesem Teilsystem genau benannt, da es auch bei ‚FiZ' im Einzelfall ja sehr schnell zu einem Übergang in den indizierten und interventiven Bereich kommen kann. Dabei müssen die niedrigschwelligen Zugänge benannt und erleichtert werden.

13. Schnittstellen zu den anderen Teilsystemen der Jugendhilfe und zu den an die Jugendhilfe angrenzenden kooperierenden Systemen

Die mit dem vorliegenden Konzept intendierten Leistungen und Angebote sind alles in allem und im Kern von der Kinder- und Jugendhilfe her gedacht (,FiZ' als Bündelung aller präventiven familienfördernden Maßnahmen, Leistungen und Angebote der Jugendhilfe). Allerdings sind auch die Schnittstellen zu den Leistungen und Angeboten kooperierender angrenzender Systeme außerhalb der Kinder- und Jugendhilfe (Gesundheitswesen, Sozialhilfe, Arbeitsverwaltung usw.) einzubeziehen. Denn im konkreten Kooperationsfall zerfließen die Grenzen oft und es ist es unter Praxisgesichtspunkten oft gleichgültig, aus welchem System die Leistung bezogen wird (wenn man einmal von Finanzierung und Rechtsstatus absieht). Viele der bundes- oder landesweit geförderten Maßnahmen zu den Frühen Hilfen leiden im Übrigen häufig an unklaren, Ineffizienz fördernden Schnittstellendefinitionen (z.B. Familienhebammen, Familien-Service-Büros, Bildungsbegleiter, Erziehungslotsen usw.). Viele dieser Förderprogramme sind von vorherein ohne Not zu ungenau und unscharf in die bereits vorhandene rechtliche Jugendhilfestruktur eingepasst worden mit der Folge von Reibungsverlusten, Datenschutzproblemen usw.

Die Gestaltung der Schnittstellen ist in weiten Teilen genuine Aufgabe des Jugendamtes (insb. des sozialräumlichen ASD).

Diese Aspekte der Schnittstellen und der Gesamtsteuerungsfunktion der Jugendhilfe werden in einem gesonderten Abschnitt (These 13) detaillierter wieder aufgenommen.

14. Zusammenfassung: Präventive Familienförderung

Alles in allem ist der Kern dessen, was wir mit „präventiven familienfördernden Maßnahmen, Angeboten und Leistungen der Jugendhilfe" meinen, rechtlich sicher am ehesten abgebildet durch den § 16 SGB VIII (Allgemeine Förderung der Erziehung in der Familie, Familienbildung, Familienberatung, Frühe Hilfen usw.) und durch die familienfördernden Leistungen der Kindertagesstätten nach § 22 ff. und ergänzend noch durch die Beratungsaufträge nach §§ 17 und 18!

In jedem dieser Teilsysteme geht es im Allgemeinen immer um drei Hauptstrategien:

1. Die Förderung der Erziehung in der Familie,
2. die Verbesserung der Vereinbarkeit von Beruf und Familie,
3. die Abstimmung der Erziehungsbemühungen der Familie und der gesellschaftlichen Institutionen, die die Kinder außerhalb der Familien betreuen, bilden und erziehen: Erziehungs- und Bildungspartnerschaften.

Der erste Punkt hat es zu einem eigenen Paragrafen im SGB VIII geschafft (§ 16). Die anderen sind – das ist in den vorangegangenen Ausführungen deutlich geworden – mehr oder weniger deutlich an den verschiedensten Stellen in den anderen genannten gesetzlichen Grundlagen als Aufträge verankert. Diese Gesichtspunkte werden zum Schluss dieses Positionspapiers nochmals deutlich gebündelt (in den Qualitätskriterien – These 15).

Innerhalb eines Gesamtkonzeptes für einen Sozialraum hat die Präventive Familienförderung den in der folgenden Abbildung Nr. 2 gekennzeichneten Stellenwert. Schulen und Kindertagesstätten als Familienzentren (was weiter unten noch genauer erläutert werden wird) wiederum stellen eine Teilmenge dieses Konzeptes dar.

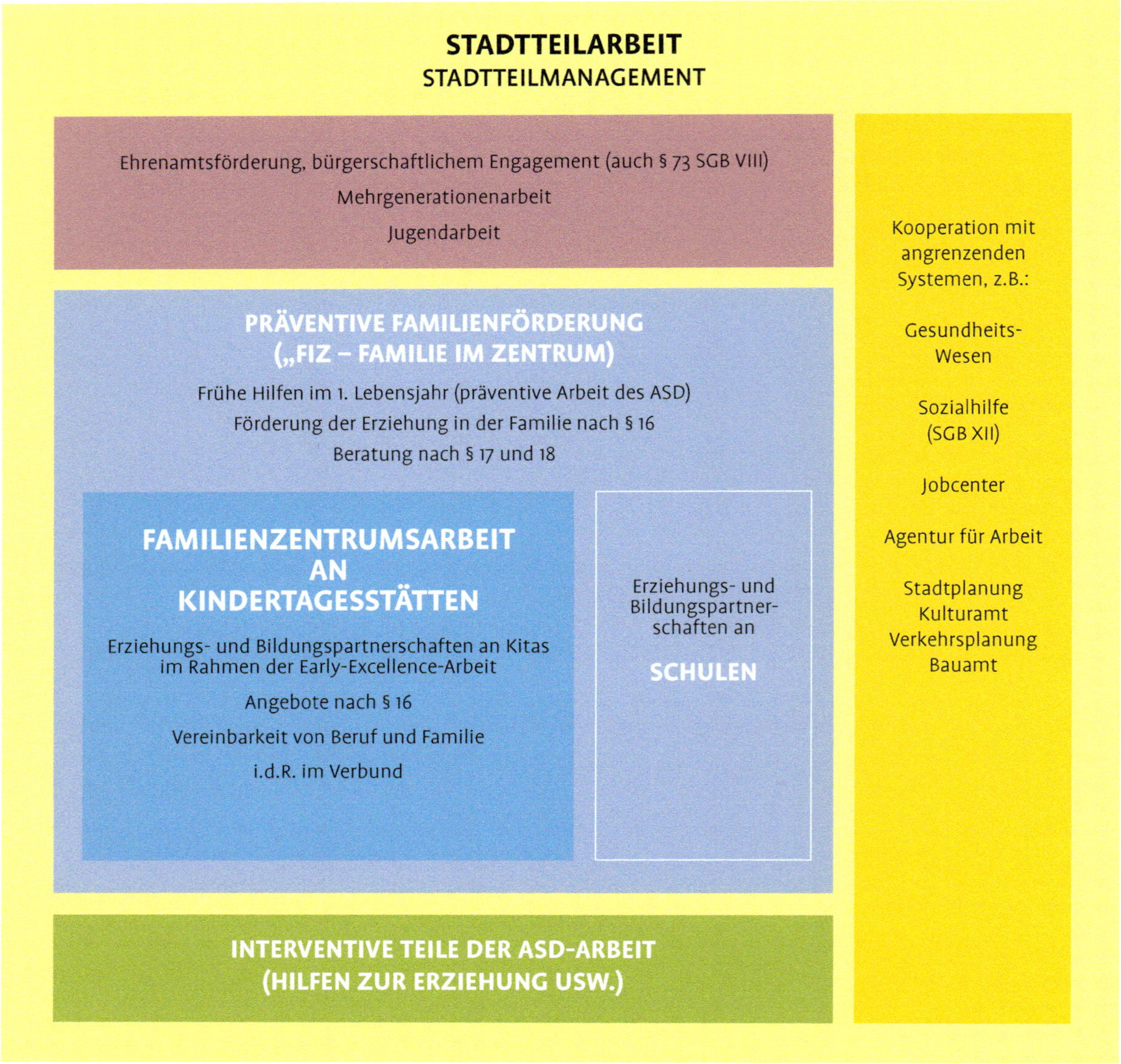

STADTTEILARBEIT
STADTTEILMANAGEMENT

Ehrenamtsförderung, bürgerschaftlichem Engagement (auch § 73 SGB VIII)

Mehrgenerationenarbeit

Jugendarbeit

PRÄVENTIVE FAMILIENFÖRDERUNG
(„FIZ – FAMILIE IM ZENTRUM)

Frühe Hilfen im 1. Lebensjahr (präventive Arbeit des ASD)
Förderung der Erziehung in der Familie nach § 16
Beratung nach § 17 und 18

FAMILIENZENTRUMSARBEIT AN KINDERTAGESSTÄTTEN

Erziehungs- und Bildungspartnerschaften an Kitas im Rahmen der Early-Excellence-Arbeit

Angebote nach § 16

Vereinbarkeit von Beruf und Familie

i.d.R. im Verbund

Erziehungs- und Bildungspartnerschaften an

SCHULEN

**INTERVENTIVE TEILE DER ASD-ARBEIT
(HILFEN ZUR ERZIEHUNG USW.)**

Kooperation mit angrenzenden Systemen, z.B.:

Gesundheits-Wesen

Sozialhilfe (SGB XII)

Jobcenter

Agentur für Arbeit

Stadtplanung
Kulturamt
Verkehrsplanung
Bauamt

Abb. Nr. 2: Stellenwert der Präventiven Familienförderung ‚FiZ' innerhalb eines Sozialraum-Gesamtkonzeptes

> **These 6: Die typischen Bewältigungs- und Lösungsstrategien in der Jugendhilfe der Vergangenheit zeichnen sich aus durch schleichende strategische Fehlentwicklungen!**

Zunahme der Komplexität und Menge der Probleme – schwieriger werdende Lösungsversuche – schleichende strategische Fehlentwicklungen!

„Die Sensibilität und Aufmerksamkeit für das Thema Kindeswohlgefährdung ist in den letzten Jahren in Deutschland deutlich gestiegen. Vielerorts sind Programme und Projekte zur Verbesserung des Kinderschutzes entstanden, in denen die Vernetzung und Kooperation zwischen Gesundheits- und Jugendhilfe gestärkt und Angebote für junge Familien ausgebaut wurden. Gleichwohl werden präventive, niedrigschwellige Angebote gegenüber den Pflichtaufgaben in der Kinder- und Jugendhilfe faktisch immer noch als nachrangig behandelt, insbesondere bei prekärer kommunaler Haushaltslage." (Meier-Gräwe/Wagenknecht 2011: 9)

Im Umgang nicht nur mit diesem neuen Instrumentarium, sondern auch mit dem im Prinzip ja reichhaltigen, geeigneten und bewährten Standard-Instrumentarium der Jugendhilfe (siehe Kapitel E) haben sich in den letzten Jahrzehnten sind allerdings einige strategische Fehlentwicklungen und unsachgemäße Schwerpunktsetzungen entstanden. Dies geschah teils durch den schleichenden Bedeutungsverlust der wichtigen Steuerungsfunktion der öffentlichen Jugendhilfe (§ 79 SBG VIII) und dem im Prinzip geduldeten Niedergang der Jugendhilfeplanung und ihrer zukunftsgerichteten strategischen Zukunftsplanung (siehe dazu These 7 zu den strategischen Prinzipien), teils aufgrund von erheblichem politischen Druck und der öffentlichen Wahrnehmung, teils von Sachzwängen, teils von fachlichen Fehlentwicklungen.

> **These 7: Es gibt wissenschaftlich und fachlich gebotene Leitlinien und Eckpfeiler einer Umakzentuierung: Prinzipen der strategischen Neuausrichtung!**

Die Grundrichtung: strategische Prinzipien

Die durch die die Fachdiskussion der letzten Zeit vorgetragene (und zuletzt über das BKiSchG angestoßene) Argumentation geht im Großen und Ganzen in die folgende Richtung:

Prävention vor Intervention, Frühe Hilfen, langfristige Orientierung, sämtliche Hilfen für Kinder/Jugendliche und ihre Familien aus einer Hand, Erziehungs- und Bildungspartnerschaften (Netzwerkarbeit), Denken und Planen in Gesamtkonzepten.

Auch hier handelt es sich um Essentials, die – für sich genommen – nicht neu sind, aber diesmal offensichtlich strategisch fokussierter angegangen werden. Sie scheinen auch technisch innovativer angelegt zu sein – zum Beispiel durch die Einbeziehung von Modellen wie denen des Familienzentrums. Sie scheinen auch auf ein sensibilisierteres Bewusstsein der Gesellschaft zu diesen Fragen zu treffen. Im Übrigen sind sie auch anschlussfähiger an komplementäre Diskurse in benachbarten Sachgebieten, zum Beispiel in der Bildung, was etwa die Diskussion um die Lokalen Bildungslandschaften eindrucksvoll zeigt.

Die strategische Grundrichtung sollte auf der Ebene des örtlichen öffentlichen Trägers (Kreis bzw. kreisfreie Stadt) vorgegeben werden. Sie zeigt ihre operative Wirkung dann auf der Sozialraum- und Gemeindeebene. Die folgenden strategischen Prinzipien bilden sozusagen das Scharnier zwischen den beiden Haupt-Handlungsebenen ‚Kreis' und ‚Sozialraum'.

Strategisches Prinzip 1: Denken in Gesamtkonzepten

> Ganzheitlicher Blick

Strategisches Prinzip 2: Gesamtverantwortung und Gesamtsteuerung durch die öffentliche Jugendhilfe

> Rechtliche und inhaltliche Gesamtzuständigkeit des örtlichen öffentlichen Trägers der Jugendhilfe

Strategisches Prinzip 3: Präventionsvorrang und langfristige Orientierung

> Gestaltung des Verhältnisses von Prävention und Intervention – langfristige Orientierung und Umsteuerung der Ressourcen

Strategisches Prinzip 4: Frühe Hilfen

> Integration der Maßnahmen und Netzwerke von ‚FiZ – Familie im Zentrum' (insb. § 16 SGB VIII mit der Familienbildung, Familienberatung usw.) und der Frühen Hilfen

Strategisches Prinzip 5: Die Einheit von Prävention und Bildung

> Bildungsfunktion der Leistungen und Angebote der Jugendhilfe und Präventionsfunktion aller Bildung

Strategisches Prinzip 6: Sozialraum- und Lebensweltorientierung

> Vom großräumigen, zentralistischen Blick zur dezentralen, kleinräumigen Betrachtung (unter besonderer Berücksichtigung der Zugänglichkeit und Niedrigschwelligkeit)

Strategisches Prinzip 7: Fokussierung und Systematisierung der Konzepte

> Konzentration der Angebote und Maßnahmen auf drei zentrale strategische Stützpfeiler (Schwerpunkte) der sozialräumlichen Förderung für ‚FiZ – Familie im Zentrum': Sozialraum-ASD, Kita, Schule – institutionelle Profilbildung. Systematischer Aufbau der Maßnahmen, Angebote und Programme in der Form von Präventions- und Bildungsketten

Strategisches Prinzip 8: Leitlinien für die inhaltliche Planung

> 8.1 Bedarfsorientierung
> 8.2 Selbsthilfeorientierung
> 8.3 Inklusion und Umgang mit Heterogenität

Strategisches Prinzip 9: Kooperation und Vernetzung

> Aufbau und Pflege Lokaler Netzwerke – Beachtung wichtiger Prinzipien der Kommunikation aller Akteure

Strategisches Prinzip 10: Partizipation

> Beteiligung der betroffenen Zielgruppen und aller relevanten Akteure bei der Konzeptentwicklung und Umsetzung des Ansatzes ‚FiZ – Familie im Zentrum'

Strategisches Prinzip 11: Qualitätsentwicklung und Evaluation

> Kriteriengesteuerte Qualitätssicherung, Monitoring

Diese strategischen Prinzipien sind bei den im Folgenden beschriebenen Schwerpunkten des sozialräumlichen Konzeptes – sozusagen als Hintergrundfolie – immer mitgedacht.

> **These 8:** Auf der Ebene des örtlichen öffentlichen Jugendhilfeträgers muss es ein Gesamtkonzept für den Bereich ‚Präventive Familienförderung' geben! Der Ansatz ‚FiZ – Familie im Zentrum' muss ein Schwerpunktbereich der mittel- und langfristigen Politik des Kreises mit einem starken politischen Mandat sein!

‚FiZ – Familie im Zentrum' als wichtige und herausgehobene Aufgabe

Der Ansatz ‚FiZ – Familie im Zentrum' (insb. § 16 SGB VIII „Allgemeine Förderung der Erziehung in der Familie/Familienbildung, Familienberatung, Frühe Hilfen usw.") muss ein strategischer Schwerpunktbereich der mittel- und langfristigen Politik und Planung des örtlichen öffentlichen Jugendhilfeträgers und seiner Jugendhilfeplanung sein.

Der Ansatz ‚FiZ – Familie im Zentrum' muss als wichtige und herausgehobene Aufgabe gesehen werden. Ein angemessener Stellenwert dieses Teilsegmentes innerhalb der Kinder- und Jugendhilfe sollte glaubwürdig vertreten werden – sich äußernd z.B. in einem Haushaltsvolumen, das deutlich über die 0,5 % des Jugendhilfehaushaltes hinausgeht, die aktuell in der Bundesrepublik üblich sind und fachlich völlig unzureichend sind. Eine ernst zu nehmende Präventionsstrategie mit dem Kernbereich ‚FiZ – Familie im Zentrum' wird mit mindestens 10 % der heutigen Kosten der Jugendhilfe auszustatten sein. Dieser Ansatz wird z.B. im Frankfurter Kommentar für Bereiche ohne subjektive Rechtsansprüche wie zum Beispiel die Jugendarbeit angesetzt („angemessener Anteil" an den gesamten Jugendhilfekosten). Angesichts der großen Bedeutung, die im Bereich § 16 die Frühen Hilfen gewonnen haben, ist eher von der im 11. Kinder- und Jugendbericht empfohlenen Anteilsgrenze der Mittel im Bereich der Jugendarbeit von 15 % (BMFSFJ) auszugehen. Das hätte natürlich auch entsprechende personelle Konsequenzen zur Folge für einen angemessenen Stellenplan im Bereich § 16, der in weiten Teilen der Republik derzeit gar nicht bis schlecht ausgestattet ist.

Starkes politisches Mandat

In der Verwaltung – sowohl des Jugendamtes wie auch des Bildungsdezernats (bzw. des Bildungsbüros, der Lernenden Region u.ä.) – muss der Wille gegeben sein, diesen Bereich zu stärken. Dennoch ist für die Entwicklung und Umsetzung eines Konzeptes der Präventiven Familienförderung ‚FiZ – Familie im Zentrum' auch ein starkes Mandat auf der politischen Kreisebene erforderlich (Landrat, Kreistag, Jugendhilfeausschuss). Es muss entsprechende Grundsatzbeschlüsse und später auch Beschlüsse zur Umsetzung des Rahmenkonzeptes für den Kreis in den zuständigen Gremien geben.

> **These 9:** Systemübergreifende Gesamtkonzepte als Lösung für die aufgetretenen Probleme funktionieren nur, wenn die Gesamtplanungsverantwortung der öffentlichen Jugendhilfe und ihre Steuerungsaufgabe Kern aller Erneuerungsversuche ist!

1. Aus dem Strategischen Prinzip 2 ‚Gesamtverantwortung und Gesamtsteuerung durch die öffentliche Jugendhilfe' und aus den rechtlichen Grundlagen ergibt sich, dass der Landkreis (bzw. die kreisfreie Stadt) die Funktion der Planung, Gesamtsteuerung und Koordination wahrnehmen muss und auch alle Planungen der kreisweiten Präventiven Familienförderung ‚FiZ – Familie im Zentrum' auf dem Hintergrund von § 79 SGB VIII (Gesamtverantwortung) und § 80 SGB VIII (Jugendhilfeplanung) interpretieren und insbesondere seine strategische Verantwortung wahrnehmen muss.

Elemente der Gesamtplanungsverantwortung:

a) Zielorientierung

b) Koordination aller Akteure auf Kreisebene – Kooperation

c) Sicherung des Einflusses und der Steuerungsfunktionen des öffentlichen Trägers auch auf der sozialräumlichen Ebene

d) Regelung des Verhältnisses von Kreisebene, sozialräumlicher Ebene und Gemeindeebene: Abgrenzung der Aufgaben

2. Das Rahmenkonzept für die Kreisebene (Grundrichtung, Rahmenvorgaben)

Die eigentliche Handlungsebene aller Konzepte zur präventiven Förderung der Familie ist die Sozialraum- und Gemeindeebene (dazu im Einzelnen These 10). Allerdings gibt es für die konkrete Handlungsebene eine Reihe von Voraussetzungen und Essentials, die auf der Kreisebene sichergestellt werden müssen.

a) Der örtliche öffentliche Jugendhilfeträger muss über ein auf die Zukunft gerichtetes großes strategisches Gesamtkonzept für die Jugendhilfe verfügen. Außerdem muss ein Konzept für die Teilfachplanung des Bereiches Präventive Familienförderung ‚FiZ – Familie im Zentrum' (Allgemeine Förderung der Erziehung in der Familie nach § 16 SGB VIII, Familienbildung, Familienberatung, Frühe Hilfen, Familienzentren usw.) integraler Bestandteil der Jugendhilfeplanung sein. Diese Teilfachplanung hat die Funktion eines systematischen Rahmenkonzeptes, das die Grundrichtung auch für die Sozialräume vorgibt und an die fachliche Gesamtverantwortung und Gesamtsteuerungsfunktion des Kreises anbindet. Es steuert übergreifend die einheitliche Entwicklung in den Sozialräumen eines Kreises bzw. einer kreisfreien Stadt (u.a. über für alle gleiche zentrale Qualitätskriterien) und gibt die entscheidende für alle Sozialräume (Samtgemeinden/Städte) gleichermaßen geltende Orientierungsrichtung vor.

b) Dieses systematische Rahmenkonzept muss transparent regeln, welche Aufgaben auf der Kreisebene liegen und welche auf der Sozialraumebene bzw. der Samtgemeinde-/Stadtebene.

c) Das verallgemeinerte Rahmenkonzept des Kreises enthält auch ein verbindliches Format für die Entwicklung von Bedarfsanalysen und Lokalen Aktionsplänen auf der sozialräumlich-gemeindlichen Ebene (einheitliches Muster-Konzept für alle Sozialräume, vergleichbares und standardisiertes Verfahren – einschl. eines verallgemeinerten Modells für Präventions- und Bildungsketten)

d) Der Kreis dokumentiert über ein Musterportfolio fachlich anerkannte Programme, deren Wirksamkeit auch wirklich nachgewiesen ist – wie sie z.B. in der auf dem CTC-Ansatz (Communities That Care) beruhenden Datenbank SPIN des Landespräventionsrates Niedersachsen empfohlen werden.

e) Auch die grundsätzliche Verantwortlichkeit für Ausbau, Sicherung und Kontrolle der Fachlichkeit kann nur auf der Kreisebene liegen. Das gilt auch für die Entwicklung von Qualitätskriterien und Standards, die Verfahren der Qualitätsentwicklung und -sicherung, die Qualitätskontrolle und die Evaluation – auch der der sozialräumlichen Arbeit.

3. Der Ausbau, die Sicherung und Kontrolle der Fachlichkeit muss von der Kreisebene her gesichert werden. So sorgt öffentliche Jugendhilfe (von der Kreisebene her) auch auf der sozialräumlichen Ebene für eine ausreichende zusätzliche Qualifizierung und Fortbildung.

4. Normative Vorgaben durch den Kreis (die kreisfreie Stadt)

Der Landkreis (die kreisfreie Stadt) ist gut beraten, wenn er als Steuerungsinstrument normative Vorgaben entwickelt, z.B. Förderrichtlinien zur Präventiven Familienförderung ‚FiZ – Familie im Zentrum'.

5. Sicherstellung der erforderlichen Rahmenbedingungen durch den Kreis

> **These 10: Der handlungsrelevante Kern des Gesamtkonzeptes ‚Präventive Familienförderung' liegt auf der sozialräumlichen Ebene: Handeln auf lokaler Ebene – Aktionspläne zu ‚FiZ – Familie im Zentrum' für Sozialräume, Stadtteile, Samtgemeinden und Gemeinden!**

Die eigentliche Angebotsplanung für die Maßnahmen der Präventiven Familienförderung ‚FiZ – Familie im Zentrum' und deren Umsetzung erfolgen auf der Sozialraum- und Gemeindeebene. Die Verantwortung und Zuständigkeit für ein qualitativ wie quantitativ vollständiges und lückenloses bedarfsdeckendes Angebot im Bereich Präventive Familienförderung im Sozialraum und für die Koordination und Steuerung liegt beim Sozialraumbüro des ASD. Dort wird das jeweilige sozialräumliche oder gemeindliche Gesamtangebot (Gesamtportfolio) koordiniert und für eine flächendeckende Realisierung gesorgt.

In den Organisationsformen der sozialräumlichen Arbeit und den Prozessen und Verfahren zum Aufbau von Präventions- und Bildungsketten und Lokalen Aktionsplänen, aber auch in ihrem Ergebnis – dem Portfolio der Angebote und Maßnahmen – erfolgt eine konsequente Orientierung an den im Rahmenkonzept des Kreises formulierten strategischen Prinzipien (z.B. Denken in Gesamtkonzepten, Präventionsvorrang und langfristige Orientierung, Frühe Hilfen, Sozialraum- und Lebensweltorientierung, Fokussierung der Konzepte).

> **These 11: Es sind systematische Verfahren zum Aufbau von Präventions- und Bildungsketten für die sozialräumliche Ebene (Stadtteil-, Samtgemeinde- und Gemeindeebene) anzuwenden: Bedarfsanalysen auf der Basis von Gebietsprofilen, Konzeptentwicklung durch Lokale Aktionspläne!**

1. **Vorbemerkung**

Die jeweils konkreten sozialräumlichen oder gemeindlichen Präventions- und Bildungsketten werden in der Form partizipativ entwickelter Lokaler Aktionspläne zusammengefasst und dienen in dieser Form der sozialräumlichen (ggf. kommunalen) Steuerung.

Der Aufbau von ‚Präventions- und Bildungsketten' in der Form von ‚Lokalen Aktionsplänen' für die Präventive Familienförderung ‚FiZ – Familie im Zentrum' setzt moderne, fachlich fundierte Entwicklungsverfahren voraus. Dazu gehören sorgfältige, sozialräumlich maßgeschneiderte Bedarfsanalysen und des Weiteren Konzeptionsentwicklungen. Dabei kann mit der Bezeichnung ‚sozialräumlich' je nach den regionalen und lokalen Bedingungen ganz Unterschiedliches gemeint sein. Es sind also nicht immer einfach die Gebiete der Sozialraumbüros gemeint, sondern – z.B. bei sehr großen Sozialräumen – ggf. auch die kleineren Gebiete der Samtgemeinden und Städte.

In sämtlichen Sozialräumen (bzw. auf Samtgemeinde- oder Stadtebene) sollten diese systematischen Bedarfsanalysen und Konzeptionsentwicklungen – am besten in der Form von Workshops mit allen relevanten Akteuren (also partizipativ) – durchgeführt werden und dabei die folgenden Bausteine durchlaufen werden:

2. Baustein 1 des Verfahrens: Bedarfsanalyse

(Sozialräumliche Bedarfsanalysen auf der Ebene der Samtgemeinde/Stadt)

2.1 Sozialraum- und Lebensweltanalyse (Zielgruppenanalyse, Erhebung von Bedürfnissen und Problemlagen/Defiziten): Gebietsprofil

2.2 Bestandsermittlung (Was gibt es bereits an Angeboten [Programmen, Maßnahmen] in diesem Bereich?)

2.3 Zielbestimmung

2.3.1 Einschätzung und Bewertung der Sozialraum- und Lebensweltanalyse (Zusammenfassung, Besonderheiten)

2.3.2 Zielformulierung (Methode z.B. Umkehrung von Problemlagen/Defiziten: „Wie wäre der Zustand, wenn das Defizit beseitigt wäre?", außerdem Orientierung an fachlichen Standards und politischen Vorgaben

2.4 Bedarfsermittlung

2.4.1 Bestandsbewertung (Abgleich der Ziele mit dem Bestand)

2.4.2 Bedarfsfeststellung (Was fehlt? Wo gibt es Lücken? – Angebots- und Qualitätslücken im Hinblick auf Zielgruppen, Themen und Methoden feststellen)

Auf der Basis der obigen Bedarfsanalyse erfolgen dann – möglicherweise sogar in demselben Workshop – im nächsten Baustein die Schritte zur Konzeptentwicklung (Entwicklung Lokaler Aktionspläne als sozialräumliche oder gemeindliche Handlungspläne):

3. Baustein 2 des Verfahrens: Konzeptentwicklung (Lokale Aktionspläne)

3.1 Strategische Grundsatzentscheidungen

(Grundansatz und Richtung, Profil- und Schwerpunktentscheidungen, Zugänge usw.)

3.2 Sammlung und Beschreibung von ersten groben Maßnahmen und Projekten

3.3 Prioritätenfestlegung und Auswahl

3.4 Lokaler Aktionsplan (Handlungsplan als Zusammenfassung und Bündelung der Ergebnisse zu 3.1 – 3.3, enthält weiterhin das sozialräumliche Angebotsportfolio und den vorläufigen Umsetzungs- und Zeitplan für Nr. 3.5)

3.5 Umsetzung und Realisierung: Projektmanagement. Es wird für Umsetzungstreue des lokalen Konzeptes (Handlungsplans/Aktionsplans) gesorgt. Die Implementation des Programms wird mit Qualifizierung und Schulung wichtiger Akteure verbunden.

3.6 Qualitätssicherung und kontinuierliche Evaluation der Angebote und Programme (Monitoring)

3.7 Kontinuierliche Fortschreibung der Angebote und Programme, Verstetigung des Angebotes

4. Weitere Bausteine des Verfahrens

Es gibt weitere Bausteine im systematischen Verfahren zum Aufbau von Präventions- und Bildungsketten:

   a) die Entwicklung Kommunaler Netzwerke ‚Präventive Familienförderung (FiZ – Familie im Zentrum)' in jedem Sozialraum

   b) gezielte Maßnahmen zur Verbesserung der Zugänglichkeit und Niedrigschwelligkeit sämtlicher Angebote

Dazu sei auf die ausführliche Langform des Konzeptes ‚FiZ – Familie im Zentrum' (im Kapitel H. 2.3 und 2.4) verwiesen.

> **These 12: Ergebnis und Produkt der Konzeptentwicklung muss ein sozialräumliches Angebotsportfolio mit bedarfsdifferenzierenden, maßgeschneiderten Programm-Mustern sein!**

In der sozialräumlichen Konzeptentwicklung wird zunächst Bezug genommen auf das verallgemeinerte Gesamt-Portfolio der Programme und Angebote, das im Rahmenprogramm des Kreises vorgehalten wird.

Übergeordnete Leitlinien für die inhaltliche Planung des sozialräumlichen Angebots-Portfolios sind die aus dem strategischen Prinzip 8 (siehe These 7) abgeleiteten Kriterien

   1. Bedarfsorientierung

   2. Selbsthilfeorientierung

   3. Beachtung des Prinzips Inklusion und angemessene Berücksichtigung der Heterogenität

Dabei muss das sozialräumliche Portfolio der Angebote und Maßnahmen immer maßgeschneidert sein. Es gilt das fachliche Prinzip der ‚Differenzierung der Angebote', weil bereits die konkreten Bedürfnisse und Bedarfe im Sozialraum und auch die zur Verfügung stehenden begrenzten Ressourcen stark variieren. Wie also auswählen? Dazu bedarf es geeigneter Kriterien wie z.B.:

> lebenslagen-differenziert

> zielgruppen-differenziert (je nach Familiensituation)

> altersgruppen-differenziert (bezogen auf die Kinder der Eltern) bzw. familienphasen-orientiert

> methoden-differenziert

> themen-differenziert

> nach Präventionsniveaus differenziert (universelle Prävention – für alle, selektive Prävention – nur für potenziell belastete Gruppen, indizierte Prävention – für besonders belastete Gruppen, bei denen schon mal etwas passiert ist)

> nach Bedarfsgenauigkeit differenziert (nach Graden, in dem die lokalen Bedürfnisse und Bedarfe durch das Angebot zielgenau getroffen werden können)

> Differenzierung der Angebote nach Nähe zum gewählten strategischen Stützpfeiler (Schwerpunkt) des Gesamtkonzeptes (Sozialraum-ASD, Kindertagesstätte, Schule)

Ein Gesamtkonzept zur Präventiven Familienförderung auf Sozialraumebene sollte das Qualitätskriterium „Vollständiges Angebots- und Programmportfolio" erfüllen. Es sollte alles angeboten werden, was „erforderlich, geeignet, rechtzeitig, ausreichend" ist.

Im Angebotsportfolio erscheinen markante typische Programm-Muster, die spezifische Kombinationen und Bündelungen von Merkmalen sind. In der Praxis kann man im Prinzip die folgende nach Familienphasen geordnete Struktur von Angebots- und Programmtypen feststellen:

I. Vorbereitung auf Familie

1. Maßnahmen zur Vorbereitung auf Familie (Schüler, junge Erwachsene)

II. Übergang zur Elternschaft (Schwangerschaft/Geburt)

2. Allg. Angebote in der Schwangerschaft (im Sinne des neu gefassten § 16 b SGB VIII, Absatz 3 und des KKG)
3. Erstkontakte zu jungen Familien, z.B. Baby-Besuchsdienst für alle (Begrüßungsprogramme für Neugeborene)
4. Hilfen in belastenden Situationen vor und direkt nach der Geburt, z.B. Familienhebammenbetreuung

III. Erstes Lebensjahr (Säuglinge)

5. Angebote für Eltern/Familien mit Kindern im 1. Lebensjahr, insb. Eltern-Kind-Gruppen

IV. Zweites, drittes Lebensjahr (Kleinkinder)

6. Angebote für Eltern/Familien mit Kindern im 2. – 3. Lebensjahr neben der Krippe und Tagespflege, insb. Eltern-Kind-Gruppen
7. Institutionelle, einrichtungsbezogene Elternarbeit in der Krippe und in der Tagespflege: Erziehungs- und Bildungspartnerschaften

    a) Information, b) Abstimmung, Koordination, Austausch, c) Kontaktpflege, soziale Kommunikation (z.B. offene Elterntreffs, Elterncafés), d) Beratung in Lern- und Entwicklungsfragen des eigenen Kindes, e) Elternmitarbeit in der Einrichtung usw., f) Partizipation und Verhandlung i.e.S. (Entscheidungen usw.)

8. Elternkurse, Training von allgemeinen Erziehungskompetenzen für alle (einschl. Eltern-Coaching) für Eltern von Kleinkindern
9. Besondere Maßnahmen zur Vereinbarkeit von Familie und Beruf in der Krippe und Tagespflege

V. Kindergartenalter

10. Institutionelle, einrichtungsbezogene Elternarbeit im Kindergarten/Familienzentrum: Erziehungs- und Bildungspartnerschaften

    a) Information, b) Abstimmung, Koordination, Austausch, c) Kontaktpflege, soziale Kommunikation (z.B. offene Elterntreffs, Elterncafés), d) Beratung in Lern- und Entwicklungsfragen des eigenen Kindes, e) Elternmitarbeit in der Einrichtung usw., f) Partizipation und Verhandlung i.e.S. (Entscheidungen usw.)

11. Elternkurse, Training von allgemeinen Erziehungskompetenzen für alle (einschl. Eltern-Coaching) für Eltern von Kindergartenkindern

12. Besondere Maßnahmen zur Vereinbarkeit von Familie und Beruf im Kindergarten-Bereich

13. Angebote für Eltern gemeinsam mit ihren Kindern von 4 – 6 außerhalb der Kita

VI. Grundschulalter

14. Institutionelle, einrichtungsbezogene Elternarbeit in der Grundschule und im Hort: Erziehungs- und Bildungspartnerschaften
    a) Information, b) Abstimmung, Koordination, Austausch, c) Kontaktpflege, soziale Kommunikation (z.B. offene Elterntreffs, Elterncafés), d) Beratung in Lern- und Entwicklungsfragen des eigenen Kindes, e) Elternmitarbeit in der Einrichtung usw., f) Partizipation und Verhandlung i.e.S. (Entscheidungen usw.)

15. Schulbezogene Elternkurse: Home-based Trainings

16. Besondere Maßnahmen zur Vereinbarkeit von Familie und Beruf in der Grundschule

17. Angebote für Eltern von Schulkindern und Jugendlichen außerhalb der Schule

VII. Sekundarschulalter (Jugendliche)

18. Institutionelle, einrichtungsbezogene Elternarbeit in der Sekundarschule: Erziehungs- und Bildungspartnerschaften a) Information, b) Abstimmung, Koordination, Austausch, c) Kontaktpflege, soziale Kommunikation (z.B. offene Elterntreffs, Elterncafés), d) Beratung in Lern- und Entwicklungsfragen des eigenen Kindes, e) Elternmitarbeit in der Einrichtung usw., f) Partizipation und
    Verhandlung i.e.S. (Entscheidungen usw.)

19. Schulbezogene Elternkurse zu phasenbezogenen Themen, insb. auch Kurse und andere Maßnahmen zum Übergang Schule – Beruf

VIII. Nachelterliche Phase

20. Großeltern-Kurse

IX. Phasenübergreifend

21. Informationsangebote für Eltern/Familien für sämtliche Entwicklungs- und Familienphasen (elektronische Medien, Internet-Seiten, Elternbriefe usw.)

23. Beratungsangebote (insb. § 16 – 18 SGB VIII)

23. Hilfen für Familien mit behinderten Kindern

24. Bildungsangebote für besonders belastete Eltern (selektive Prävention, vom ASD aus organisiert – z.B. mit einer neuen Hilfeform nach § 27 SGB VIII „Elternbildung/Familienbildung" oder bes. Angebote für migrantische Eltern)

25. Aufsuchende Hilfen (Familienbesucherinnen)

26. Zivilgesellschaftliche und ehrenamtliche Angebote, Laienkonzepte (z.B. Familienhelfer, Erziehungslotsen, Integrationslotsen usw.)

27. Materielle Hilfen im Rahmen der gesetzlichen Ansprüche und auch außerhalb der gesetzlichen Ansprüche (Bundesstiftung Mutter und Kind, Tafeln, Sozialkaufhäuser usw.)
28. Gesundheitsförderung (Gesundheitskurse, Informationen, Beratung usw. z.B. im Bereich Baby-Ernährung)
29. Freizeit- und familienpädagogische Maßnahmen (z.B. Familienerholung, Eltern-Kind-Wochenenden, Ausflüge)
30. Angebote zur Förderung der Alltagskompetenz (z.B. Haushaltsführung, Zeitmanagement)
31. Generationenübergreifende Angebote
32. Netzwerkarbeit
33. Elternselbstorganisation, -selbsthilfe, -selbstverwaltung
34. Öffentlichkeitsarbeit
35. Besondere Maßnahmen zur Vereinbarkeit von Familie und Beruf außerhalb von Krippe, Tagespflege, Kita und Schule
36. Lotsen- und Vermittlungsinstrumente (wenn Maßnahmen weitervermittelt werden)
37. Umfassende Gesamtangebote mit einer Vielfalt kombinierter Angebote und Maßnahmen

In der Langfassung des vorliegenden Konzeptes ‚FiZ – Familie im Zentrum' werden im Kapitel H. 3 des Buches konkrete Beispiele für jede dieser Kategorien genannt.

Außerdem wird das Angebot dieser Programmmuster meistens nochmals gebündelt, konzentriert und systematisch so geordnet, dass vereinfachte schematische Abläufe in der Form von ‚Präventions- und Bildungsketten' entstehen, wie es zum Beispiel in Monheim (‚Mo.Ki – Monheim für Kinder') geschehen ist:

> ‚Mo.Ki 0': Frühes Fördern von Anfang an; Unterstützung und Begleitung ‚unter 3'

> ‚Mo.Ki I': Frühes Fördern in Kitas als Familienzentrum; Unterstützung und Begleitung im Alter von 3-6 Jahren

> ‚Mo.Ki II': Grundschule; Unterstützung und Begleitung im Alter von 6-10 Jahren

> ‚Mo.Ki III': Sekundarstufe I; Unterstützung und Begleitung im Alter 10-14 Jahren

> ‚Mo.Ki IV': Übergang Schule – Beruf; Unterstützung und Begleitung im Alter von 14-18 Jahren plus

(Holz/Stallmann/Hock 2012: 16)

> **These 13: Die Organisationsformen und Orte für die ‚Präventive Familienförderung' folgen jeweils ‚maßgeschneidert' den besonderen lokalen und regionalen Bedingungen. Sie orientieren sich dennoch im Hinblick auf die Planungsverantwortung und Steuerung im Sozialraum streng an den normativen Vorgaben des Jugendhilferechts und am strategischen Gesamtkonzept des örtlichen öffentlichen Jugendhilfeträgers (§ 79 – Gesamtplanungsverantwortung des öffentlichen örtlichen Trägers der Jugendhilfe)!**

1. Vorbemerkung

Es stellt sich die Frage, wie ein so komplexes Gesamtkonzept gesteuert und organisiert werden könnte. Wer ist für was zuständig? Wer steuert in welchem Bereich? Wer kontrolliert? Wer gibt Geld an wen? Hier muss man idealtypische, optimale Modelle von den realistischen Modellen abgrenzen, die jeweils an den realen Ausgangs- und Rahmenbedingungen anknüpfen.

Wie bereits dargelegt, muss man eine Steuerungs- und Koordinierungsfunktion in diesem Gesamtkomplex von der Jugendhilfe erwarten. Denn im Gegensatz zur Schule verfügt sie über eine eigene Zuständigkeit für Familien und für den Bereich der Frühen Hilfen (in dem die Familie eine erhöhte Bedeutung hat). Aus gutem Grund hat der Gesetzgeber deshalb in § 79 SGB VIII dem örtlichen Träger der öffentlichen Kinder- und Jugendhilfe auch die Gesamtplanungsverantwortung für Kinder, Jugendliche und Familien (außerhalb der Schule) zuerkannt – für die ersten sechs Lebensjahre sogar die alleinige. Die meisten der in diesem schwierigen und komplexen Gesamtfeld tätigen Professionen wären von der Ausbildung her auf diese vielfältigen strukturellen und rechtlichen Zusammenhänge auch nicht vorbereitet (z.B. Psychologen, Mediziner, Lehrer usw.). Von daher wird verständlich, dass im vorliegenden Konzeptentwurf die gesetzlich ohnehin eindeutige Regelung der Zuständigkeit regelmäßig auch als inhaltlich sinnvoll begründet wird und deshalb dann auch auf der Sozialraumebene die Gesamtverantwortung und Steuerungs- und Netzwerkfunktionen im Sozialraum allein dem Sozialraumbüro des ASD zugetraut werden.

Wenn auch die modernen Konzeptionen der Jugendhilfeorganisation sich im Allgemeinen für eine sozialräumliche Organisation des ASD entscheiden, so fehlt Ihnen doch faktisch häufig die reale Zuständigkeit für das über den üblichen Kernbereich der Jugendhilfe hinausgehende Gesamtkonzept für den Bereich ‚Präventive Familienförderung im Sozialraum'.

Darüber hinaus gilt die Regel, dass auf diesem Hintergrund immer realistische, gut angepasste, spezifische lokale Konzepte für die konkreten Orte, Organisationsformen und Steuerungsinstrumente der ‚Präventiven Familienförderung' im Sozialraum und in den Gemeinden zu entwickeln sind. Und das heißt für Niedersachsen beispielsweise: Weil das Land stark ländlich geprägt ist, müssen die besonderen und heterogenen Bedingungen des ländlichen Raumes bedacht werden. Weil die Verhältnisse in den großen Städten sehr spezifisch sind und eine eigene Konzeption erfordert hätten, werden deshalb die folgenden Überlegungen zur Präventiven Familienförderung am Beispiel des ländlichen Raumes durchdekliniert.

Im ländlichen Raum sind dezentralisierte Angebote der Präventiven Familienförderung besonders wichtig. Dies ist allerdings in der Jugendhilfe seit langem ein selbstverständlicher Gedanke. Das Paradigma der Sozialraum- und Lebensweltorientierung, der Dezentralisierung und Regionalisierung ist seit dem 8. Jugendbericht eine der entscheidenden Maximen der Jugendhilfe und viele Landkreise haben seitdem ihre Jugendhilfeplanung sozialräumlich konzipiert und dabei die unterschiedlichsten Modelle entwickelt.

2. Fokussierung des Konzeptes: Konzentration auf drei zentrale strategische Stützpfeiler der sozialräumlichen ‚Präventiven Familienförderung' (institutionelle Profilbildung) und systematische Strukturierung (Präventions- und Bildungsketten)

Es ist nicht sinnvoll, die vorhandenen begrenzten Ressourcen nach dem ‚Gießkannenprinzip' zu verteilen. Ebenso wichtig ist die Frage, an welchen Stellen des Systems man mit seinen Maßnahmen die größte Hebelwirkung entfalten könnte. Die im Fachdiskurs hervorgehobenen und empfohlenen drei zentralen strategischen ‚Stellschrauben' und Handlungsschwerpunkte sind:

1. die Kinder- und Jugendhilfe in Form des Allgemeinen Sozialdienstes (ASD) als erstem großen strategischen Stützpfeiler und Schwerpunkt für die ‚Präventive Familienförderung' in umfassenden Präventions- und Bildungsketten, insb. für alle frühen und präventiven Hilfen des ASD/der Bezirkssozialarbeit und die Aufgaben nach § 17 und § 18 SGB VIII

2. die Kindertagesstätten als zweiter strategischer Stützpfeiler und Schwerpunkt (rechtlich zwar als Teil der Kinder- und Jugendhilfe, aber doch mit einer gewissen Eigenständigkeit und Bildungsspezialisierung): § 22, § 22a und § 25

3. die Schulen als dritter strategischer Stützpfeiler und Schwerpunkt in lokalen Präventions- und Bildungsketten ‚Präventive Familienförderung'

Die Stützpfeiler lokaler Präventions- und Bildungsketten ‚Präventive Familienförderung'

STEUERUNGSFUNKTION:
Öffentliche Jugendhilfe – insbes. Jugendhilfeplanung
Schulverwaltung auf Kreisebene (Schulentwicklungsplanung), sonstige Sozialplanung

JUGENDHILFE
insb. ASD
(u.a. HzE, Kinderschutz, Frühe Hilfen, Förderung von Familien, Gesamtverantwortung)

KINDERTAGES-STÄTTEN
(Tagespflege, Krippen, Kindergärten, Horte)

SCHULEN
(alle Typen und Rechtsformen)

Gestaltung gemeinsamer Themen und Aufgaben: Transitionen usw.

Kommunikations- und Kooperationsprozesse, Netzwerkarbeit
Arbeitsgemeinschaften nach § 78, SGB VIII, Lokale Bildungslandschaften,
Lokale Bündnisse für Familie, Sozialraumbüros, Familien-Service-Büros, Familienzentren

Koordination und Gesamtverantwortung der öffentlichen Jugendhilfe

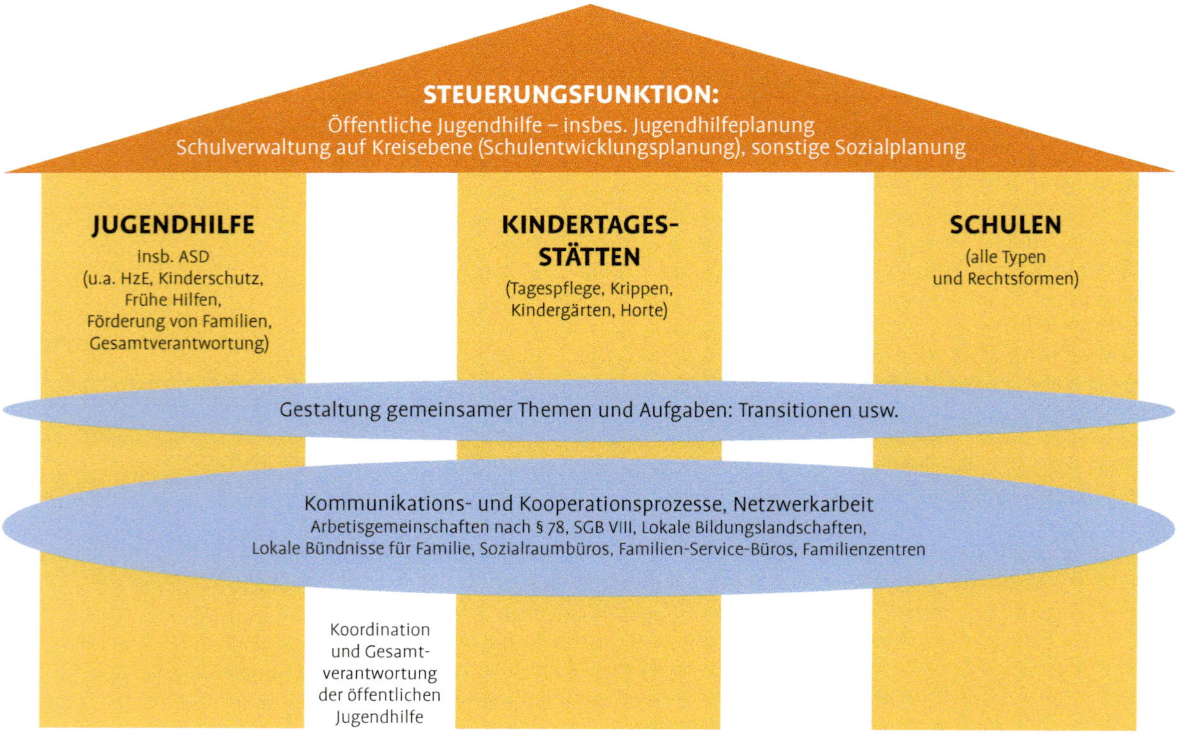

Abb. Nr. 3: Die Stützpfeiler lokaler Präventions- und Bildungsketten zur ‚Präventiven Familienförderung'

Diese drei Stützpfeiler einer umfassenden Gesamtstrategie der präventiven Arbeit mit Eltern und Familien im Rahmen des § 16 SGB VIII verfügen jeweils über typische Vorzüge, die sie strategisch einsetzen müssen:

1. Kindertagesstätten, weil sie sehr früh intervenieren können, fast alle Eltern erreichen und wohnraumnah mit sozialräumlich kleinem Aktionsradius arbeiten

2. der Allgemeine Sozialdienst (auch wenn er für mehrere Gemeinden im Sozialraum zuständig ist), weil er besonders qualifiziert ist im Umgang mit den Eltern prekärer Kinder- und Jugendgruppen (selektive und indizierte Prävention, massive Intervention), aber auch, weil er die Lücke zwischen der Geburt und der Krippe im ersten Lebensjahr schließen kann (in diesem Fall nun für *alle* Eltern, Kinder und Jugendlichen – also universell ausgerichtet) und im Übrigen auch die gesetzlich definierte Gesamtverantwortung der Jugendhilfe am besten abbildet

3. die Schule, weil sie von allen Einrichtungen die Kinder am längsten betreut und weil in diesen langen Biografieabschnitt wichtige krisenhafte Phasen im Jugendleben (Adoleszenz, Pubertät, Übergang zum Beruf usw.) fallen und vor allem weil – was die empirische Forschung zumindest für die Bildungswirkungen i.e.S. zeigt – die Leistungen, die vorschulisch erzeugt wurden, sich in Teilen wieder verflüchtigen, wenn sie im Schulbereich nicht gefestigt und ausgebaut werden.[1]

Die Fokussierung auf genau diese drei strategischen Stützpfeiler und Schwerpunkte ist wichtig, weil alle anderen Sozialisations- und Erziehungsinstanzen viel weniger Hebelwirkung und Änderungschancen versprechen. Diese können aber in diese Hauptlinien integriert werden. Es geht nicht nur darum, die Ressourcen, Energien und Kräfte zu bündeln und zu konzentrieren, sondern auch endlich mit langfristiger Orientierung diese drei Schwerpunktbereiche fokussiert auszubauen und mit viel Geduld verlässlich und längerfristig bei dieser Strategie zu bleiben, statt ständig neue Ansatzpunkte – insbesondere isolierte Einzelmaßnahmen – zu erproben.

Realität ist, dass zurzeit die Anbieter von Maßnahmen im Bereich ‚Präventive Familienförderung' gar nicht überwiegend aus diesen strategischen Schwerpunkten kommen, sondern häufig aus dem Bereich der Erwachsenenbildung (Volkshochschulen und Familienbildungsstätten), nur ab und zu aus dem Kindertagesstätten-Bereich, hin und wieder aus dem Bereich der Schule (wenn auch viel zu wenig) und gelegentlich auch aus dem Bereich der zivilgesellschaftlichen Organisationen. Eher selten steht der ASD hinter entsprechenden Angeboten – zumindest soweit universell-präventive Angebote gemeint sind –, obwohl es gute ASD-spezifische Elterntrainings gibt.

Zukünftige Konzepte müssen die enge Kooperation mit den drei strategischen Stützpfeilern und Schwerpunkten im Bereich der ‚Präventiven Familienförderung' systematisch organisieren, um hier Ressourcen nutzen, Energien bündeln und konzentrieren zu können – statt sich zu verzetteln. Die Wirksamkeit ist dann nachhaltiger. Insbesondere der – wegen der frühen Präventionschancen – besonders wichtige Kindertagesstätten-Bereich (etwa über das Konstrukt der Familienzentren) muss als Ausgangspunkt für Maßnahmen der ‚Präventiven Familienförderung' viel intensiver ausgebaut werden.

---

[1] Diese Stützpfeiler haben also nicht dieselben Aufgaben und machen nicht dasselbe Angebot: So wäre es zum Beispiel völlig verkehrt wenn man die allgemeinen Erziehungskompetenz-Trainings an Schulen (vielleicht sogar durch Lehrer) durchführen ließe. Schulen können aber sehr wohl sogenannte ‚Home-based Elterntrainings durchführen, die speziell auf die Schule zugeschnitten sind und das schulische Lernen im Elternhaus unterstützen.)

Der ASD hat sich in der Vergangenheit traditionell stärker im interventiven Bereich und im Rahmen der indizierten Prävention engagiert, aber vergleichsweise wenig in der universellen Prävention. Hier wäre es wichtig, dass es insbesondere im ersten Lebensjahr – für das derzeit keine echte Zuständigkeit vorliegt – zu einer Ausweitung der universell-präventiven Arbeit des ASD kommt. Moderne Allgemeine Sozialdienste engagieren sich inzwischen stärker im Bereich der – weit gefassten – „Allgemeinen Förderung der Erziehung in der Familie" (z.B. über Baby-Besuchsdienste/Willkommens-Besuche), organisieren Fördermaßnahmen von anderen Einrichtungen in diesem Bereich, vermitteln Angebote weiter usw. Sie sind über diese universellen und selektiven Präventionsangebote ‚Früher Hilfen' selbstverständlich weiterhin zuständig für den klassischen Bereich der begrifflich enger gefassten Frühen Hilfen i.e.S. (also die indizierte Prävention und den massiven Eingriff bei Kindeswohlgefährdung) im ersten Lebensjahr. Letzteres ist aber nicht mehr Bestandteil des Konzeptes ‚Präventive Familienförderung'.

Die Sozialraumbüros des ASD könnten aber schon die entsprechenden Anteile der ‚Netzwerke Frühe Hilfen' koordinieren – soweit sie auf sozialräumlicher Ebene vorhanden sind (siehe unten).

Fokussierung der Angebote bedeutet, außer der Orientierung an den drei strategischen Stützpfeilern und Schwerpunkten der ‚Präventiven Familienförderung' auch noch, dass die Strukturierung des Gesamtangebotes in der Form von Präventions- und Bildungsketten erfolgen sollte. Über alle Entwicklungs- und Bildungsphasen von Kindern und Jugendlichen hinweg sollte sich also ein gestufter, systematischer und geplanter Aufbau der Maßnahmen und Angebote ergeben. Man konzentriert die Kräfte und Ressourcen auf jeweils anschlussfähige Programmelemente, die sich im zeitlichen Verlauf systematisch auseinander ergeben und sich lückenlos aufeinander beziehen. Dies ist die Form von in sich stimmigen und schlüssigen Präventions- und Bildungsketten, die die Kinder, Jugendlichen und ihre Familien spiralförmig wiederholt erreichen und zu einem Gesamtsystem zusammenfügen (siehe Strategisches Prinzip 7).

Die jeweils konkreten sozialräumlichen oder gemeindlichen Präventions- und Bildungsketten werden in der Form partizipativ entwickelter Lokaler Aktionspläne zusammengefasst und dienen in dieser Form der kommunalen Steuerung.

Ein Gesamtsystem müsste alles in allem die in der folgenden Grafik enthaltenen Elemente berücksichtigen, die anschließend im Detail dargestellt werden:

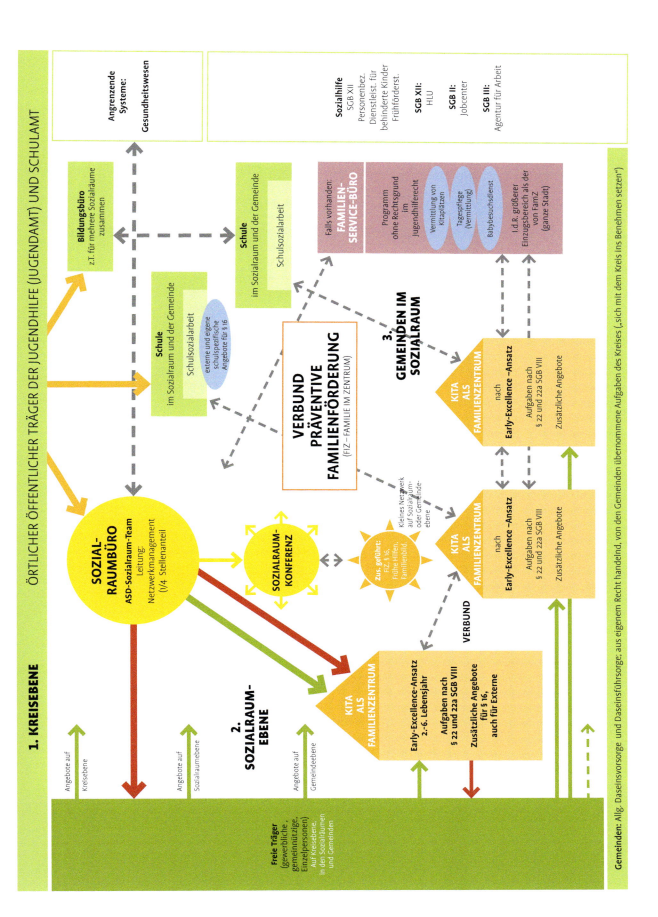

Abb. Nr. 4: Organisationsstruktur Präventions- und Bildungskette ‚FiZ – Familie im Zentrum' Gesamtverantwortung und Netzwerksteuerung im Sozialraum – Strukturvorschlag

→ Grüne Pfeile: Angebote → rote Pfeile: Beauftragung und Vergütung → gestrichelte Pfeile: intensive Kommunikation und Abstimmung

Der Stellenwert der verschiedenen Planungsebenen und die Organisationsformen sind selbstverständlich auch abhängig von der Größe der Sozialräume – mit z.T. sehr unterschiedlicher Anzahl an Gemeinden, Familienzentren, Kitas, Schulen, mit und ohne Familien-Service-Büro usw. Sie muss deshalb ggf. den örtlichen und regionalen Bedingungen angepasst werden. Die Kooperation der Sozialraumbüros, der Familienzentren (Kindertagestätten) und der Schulen ist dabei eine Schlüssel-Aufgabenstellung im Sozialraum. Im Grundsatz kann man sagen, dass die Aufgaben wie folgt verteilt sein sollten:

3. Das Jugendhilfesystem auf Kreisebene (bzw. der Ebene der kreisfreien Stadt)

Aufgaben, die von der öffentlichen Jugendhilfe bzw. dem Jugendamt auf Kreisebene (bzw. auf der Ebene der kreisfreien Stadt) und nicht im Sozialraum erledigt werden müssen, sind insbesondere:

> die Strategische Gesamtkonzeption Jugendhilfe

> die Jugendhilfeplanung

> die Gesamtsteuerung

> die übergeordnete kreisweite Gesamtkoordination für die Präventive Familienförderung, insb. § 16

> das Vorhalten von Leistungen und Angeboten, die wegen der geringeren Fallzahlen nur auf Kreisebene vorgehalten werden können, z.B.: Adoptionen, Pflegekinder, Amtsvormundschaften, Amtspflegschaft, Amtsbeistandschaft, Jugendgerichtshilfe (z.T. sozialräumlich), Inobhutnahme (Bereitschaftsdienst), Pflegeerlaubnis für die Tagespflege usw.

> wichtige, aber seltener nachgefragte und vorgehalten Programme für § 16 (z.B. sehr spezifische Elterntrainings)

> Kooperation mit den anderen Systemen (Gesundheit, Sozialhilfe, Arbeitsverwaltung, Schulverwaltung usw.) auf der übergeordneten strategischen Ebene (operativ dann aber auf der Sozialraumebene)

> interne Kooperation mit den anderen Sachgebieten auf derselben oberen Steuerungsebene (insb. Schule, Stadt- und Raumplanung, Verkehr, Kultur, Sozialamt), ressortübergreifende Arbeits- oder Steuerungsgruppen, insb. zu Regionalen Bildungslandschaften oder Bildungsbüros

> Finanzsteuerung/Controlling, Leistungsvereinbarungen mit den freien Trägern (auch für § 16)

4. Die Sozialraumebene: vom Kindergarten als Familienzentrum zum großen Verbund ‚Präventive Familienförderung' nach dem Modell ‚FiZ – Familie im Zentrum'

4.1 Das Sozialraumbüro

Das Sozialraumbüro und das ASD-Sozialraum-Team nehmen eine Schlüsselstellung im Gesamtkonzept wahr. Denn die eigentliche Angebotsplanung (und das Angebotsmonitoring und -controlling) für die Maßnahmen der ‚Präventiven Familienförderung' erfolgt nicht auf der Kreisebene, sondern im Wesentlichen innerhalb der Sozialräume (ggf. bei sehr großen Sozialräumen auch auf Samtgemeinde- oder Stadtebene). Hier wird das jeweilige Gesamtangebot (Gesamtportfolio) des Sozialraums (Samtgemeinde/Stadt) koordiniert und für ein qualitativ und quantitativ vollständiges und lückenloses Angebot an ‚Präventiver Familienförderung' gesorgt. Die Zuständigkeit des örtlichen öffentlichen Trägers der Jugendhilfe (des Landkreises) für ein bedarfs- und flächendeckendes Angebot im Bereich ‚Präventive Familienförderung' geht in dieser Frage auf die Sozialraumbüros des ASD über. Sie überprüfen vor Ort regelmäßig, ob der Bedarf an Angeboten der ‚Präventiven Familienförderung' (insb. der „Allgemeinen Förderung der Erziehung in der Familie einschl. der Familienbildung") ausreichend gedeckt ist. Sie verhindern Lücken, Fragmentierungen, Doppelungen, Überschneidungen im Angebotsspektrum. Da es auch innerhalb des einzelnen Sozialraums selber häufig zwischen einzelnen Gemeinden bzw. Teilgemeinden erhebliche Unterschiede gibt, ist es auch Aufgabe des öffentlichen Trägers, hier für eine gleichmäßige Angebotsstruktur zu sorgen. Dies alles kann man als Ausdruck einer nach unten verlagerten sozialräumlichen Jugendhilfeplanung interpretieren.

Wichtig ist, dass das konkrete sozialräumliche Gesamtangebot für das jeweilige Jahr nicht nur auf den mittelfristigen Vorgaben des Lokalen Aktionsplans beruht, sondern auch dem Musterportfolio des Kreises (bzw. der kreisfreien Stadt).

Darüber hinaus sollte das sozialräumliche Angebotsportfolio auch als System von aufeinander aufbauenden Elementen konstruiert sein im Sinne von Präventions- und Bildungsketten mit wiederholten spiralförmigen Angeboten für die relevanten Zielgruppen (siehe dazu auch das Strategische Prinzip 7 „Fokussierung").

Das Sozialraumbüro steuert neben den sonstigen Planungsaufgaben auch die allgemeine Netzwerkarbeit im Sozialraum (nach § 81 SGB VIII und §§ 78 SGB VIII und KKG § 3) und das Netzwerk ‚Präventive Familienförderung' (und – soweit dies ggf. noch separat bestehen und noch nicht integriert werden soll – auch das ‚Netzwerk Frühe Hilfen'). Dies kann aber im lokalen Einzelfall auch anders geregelt werden. Jedenfalls muss man im Auge behalten, dass Netzwerke je nach Größe des Sozialraums und thematischem Bereich ggf. nur auf Kreis- bzw. gesamtstädtischer Ebene (als ‚Großes Netzwerk') sinnvoll sind und im Sozialraum oder der Gemeinde dann eher pragmatische kleine Praxisnetzwerke (bzw. reine Anbieternetzwerke nach § 78) praktikabel sind. Das Sozialraumbüro des ASD ist im Übrigen auch für die Betreuung der Sozialraumkonferenz verantwortlich.

Für alle diese Aufgaben ist natürlich die Implementierung von effektiven Instrumenten des Netzwerkmanagements in den Sozialraumbüros erforderlich, wozu gesonderte ausreichende Verwaltungsressourcen (Netzwerkbüro, Personalanteile – z.B. als Aufgabe der Teamleitung mit ¼ oder ½ Stellenanteil usw.) gehören. Das alles wird auch nur dann funktionieren, wenn das Netzwerkmanagement nicht nur die grundsätzliche Fähigkeit zur Mobilisierung von persönlichen und finanziellen Ressourcen besitzt, sondern immer über eigene, zusätzliche Förder- und Unterstützungsressourcen (eigenes freies Budget) steuernden Einfluss ausüben kann und mit dem es z.B. zusätzliche Angebote für die ‚Präventive Familienförderung' (insb. § 16 SGB VIII) in den Kitas als Familienzentren i.e.S.[2] oder bei daneben agierenden freien Trägern fördern kann. Notwendig ist es auch, dass das Sozialraumbüro über angemessene eigene Räume für die eigenen Angebote (insb. der Beratung) verfügt.

Das Sozialraumbüro hält ggf. auch Leistungen vor, die nur einmal im Sozialraum angeboten werden müssen (z.B. Sozialberatung oder die Öffentlichkeitsarbeit und das Marketing für das Sozialraumangebot – einschl. der Pflege der Homepage zum „Fachinformationssystem Frühe Hilfen"). Das Sozialraumbüro wird vor allem aktiv in der Kooperation mit den anderen Einrichtungen im Falle der Interventionen zur Kindeswohlgefährdung.

Ansonsten koordiniert es die präventive Arbeit der anderen Kooperationspartner. Dabei geht es vor allem um die Vermittlung, Organisation und Finanzierung von Angeboten (insb. zu den Frühen Hilfen im 1. Lebensjahr), die in den Kitas als Familienzentren i.e.S. und von freien Trägern angeboten werden. Aber auch der Einsatz der Familienhebammen sollte möglichst durch den ASD koordiniert werden. Der Sozialraum-ASD beauftragt und vergütet im Rahmen seines Budgets die Maßnahmen

---

[2] Wir unterscheiden im Folgenden Familienzentren i.e.S. (das sog. ‚Kleine Familienzentrum'), womit wir eine einzelne Kindertagesstätte meinen, die erweiterte Funktionen als Familienzentrum übernimmt und Familienzentren i.w.S. (das sog. ‚Große Familienzentrum'), womit wir einen größeren Verbund mehrerer Kindertagesstätten eines Sozialraumes meinen. Ein Familienzentrum wäre dann also nicht eine einzelne Einrichtung sondern immer ein Verbund (Familienzentrum i.w.S.). Dagegen ist ein Verbund der ‚Präventiven Familienförderung' (nach dem Modell ‚FiZ – Familie im Zentrum') ein noch größerer ‚Gesamtverbund', zu dem auch mindestens eine Schule und – ganz zentral – das ASD-Büro gehören.

der Präventiven Familienförderung, insb. alle Maßnahmen nach § 16 und die Familienbildung, die die Kitas, Schulen und die freien Träger durchführen.

Im Einzelfall sehr unterschiedlich geregelt werden kann – je nach den konkreten lokalen Verhältnissen – das zunächst einmal unklare Verhältnis zwischen Familien-Service-Büros, dem Sozialraumbüro des ASD und den Kitas als Familienzentrum.

Das Sozialraumbüro übernimmt auch selber eigene Anteile der Präventiven Familienförderung: Elternberatung nach § 16 als Funktionale Erziehungs- und Jugendberatung, Beratung nach § 17 und 18 SGB VII, möglichst auch den Baby-Besuchsdienst (als Chance für die Entstigmatisierung und Imageförderung des Jugendamtes, aber auch für die sanften Screening-Funktionen), im Einzelfall auch Kurse zur Familienbildung als HzE nach § 27 usw. Wenn Angebote wie der Baby-Besuchsdienst, die Familienhebammen und weitere Angebote im Bereich der Frühen Hilfen nicht selber vorgehalten werden, muss aber in diesen Fragen intensiv kooperiert werden mit den freien Trägern und auch den Familien-Service-Büros.

Für die im novellierten § 16 hervorgehobenen Formen der Elternberatung müsste noch ein eigenes Konzept entwickelt werden, in dem geklärt wird, wer welchen Anteil und welche Form wo anbietet (z.B. die funktionelle Erziehungsberatung eher durch den ASD, durch freie Träger, durch Sprechstunden der Erziehungsberatungsstelle im Sozialraum, in der Kindertagesstätte bzw. dem Familienzentrum an einer Kita, aber nicht durch letztere selber. Deren Auftrag bezieht sich eher auf die Gestaltung des Lernens und der Entwicklung des Kindes in der Kindertagesstätte und die Abstimmung der Erziehungs- und Bildungsprozesse mit den Eltern. Zwar heißt es in § 22 (1) 1, dass die Kindertagesstätten „die Erziehung und Bildung in der Familie unterstützen und ergänzen" sollen. Damit ist aber sicher nicht gemeint, dass hier Erziehungsberatung bei massiven Erziehungsproblemen in der Familie – zumal bei Geschwistern – zu leisten wäre. Auch die Beratung nach § 17 und § 18 SGB VIII beinhaltet Leistungen, die nicht von den Kindertagesstätten oder Familienzentren i.e.S. angeboten werden dürfen, sondern vom Sozialraumbüro des ASD bzw. einem fachlich ausgewiesenen freien Träger.

Schließlich gehört auch die Ehrenamtsförderung und Koordinierung zu den Aufgaben des Sozialräumlichen ASD – jedenfalls soweit sie die Präventive Familienförderung betrifft (Erziehungslotsen, Familienhelfer, Familienbesucher, Migrationslotsen usw.).

Ein wichtiger Bereich, der häufig ein wenig aus dem Auge gerät, ist die Koordinierung der Schulsozialarbeit durch den sozialräumlichen ASD und eine intensive Kooperation in diesem Bereich – soweit sie relevant ist für die ‚Präventive Familienförderung' (also weniger den Hauptteil der eigentlichen Jugendarbeit in der Schule nach § 11 SGB VIII oder die Jugendsozialarbeit nach § 13 SBG VIII):

> Jugendberatung nach § 11

> Elternberatung nach § 16

> Lehrerberatung nach § 16 („andere Erziehungsberechtigte") und nach § 4, Abs. 2 KKG

> Koordinierung der nach § 81 SGB VIII vorgeschriebenen Kooperation von Schule und Jugendhilfe

Dabei ist es unerheblich, welche rechtliche Anbindung der Schulsozialarbeit gewählt wird (freier Träger oder Jugendamt oder Schulträger Gemeinde) und welche Finanzierung zugrunde liegt (durch öffentlichen Träger, z.B. aus dem Bildungs- und Teilhabepaket, z.T. durch Gemeinden, z.T. durch Sonderprogramme des Landes).

Das Sozialraumbüro sollte eher nicht räumlich integriert werden in eine Familienzentrums-Kita. Denn Niedrigschwelligkeit kann sich auch auf psychologische Schwellen beziehen, die entstehen, wenn es um angst- und schambesetzte Themen geht (§ 17, § 18, Sozial- und Schuldnerberatung, vielleicht sogar in Teilen Erziehungsberatung). Je nach Situation, Ausgangslage und Bedarf kann es aber Angebote des ASD im Familienzentrum geben. Zumindest sollte es dort aber eine Vermittlung von Sozial-, Erziehungs- und Jugendberatung in Richtung des ASD geben.

Auch die Kooperation mit den angrenzenden Systemen durch den ASD kann in vielen Fällen ein wichtiger Beitrag zur Präventiven Familienförderung sein:

> Gesundheitswesen:
– Geburtskliniken, Hebammen, Kinderärzte, Krankenkassen

> Sozialhilfe
– SGB XII (Personenbezogene Dienstleistungen für behinderte Kinder, Frühförderstellen)
– SGB XII: HLU, Grundsicherung für dauerhaft Erwerbsgeminderte
– SGB II: Jobcenter, Arbeitslosengeld II, personenbezogene Eingliederungshilfen in Arbeit (z.B. Schuldner- Suchtberatung, Psychosoziale Betreuung usw.)
– SGB III: Agentur für Arbeit, Arbeitslosengeld I usw.

4.2 Kitas als Familienzentren[3]

Bereits im Rahmenkonzept des Kreises (bzw. der kreisfreien Stadt) sollte ein Vorschlag für die Integration dieser Familienzentren in eine Gesamtstrategie für den Bereich ‚Präventive Familienförderung' (insb. § 16 SGB VIII) unterbreitet werden. Jede größere Samtgemeinde/Stadt sollte über mindestens ein Familienzentrum i.e.S. verfügen. Dabei sollte das Familienzentrum nach dem Early-Excellence-Ansatz arbeiten und auch eine Krippe haben. Ein erheblicher Teil der Organisation von Erziehungs- und Bildungspartnerschaften (insbesondere die Arbeit im Bereich ‚Präventive Familienförderung' und § 16 SGB VIII) kann Aufgabe der Familienzentren i.e.S. sein.

Das Familienzentrum nimmt vor allem – wie die ‚Normal-Kita' auch – die vorgeschriebenen Aufgaben nach § 22 und § 22a SGB VIII zur Kooperation mit den Eltern und Familien wahr. Typisch ist es auch, dass ein echtes Familienzentrum zusätzliche Angebote, die über die Familien der eigenen Kinder und die entsprechende EEC-Arbeit für die eigenen Kinder hinausgehen, anbietet bzw. Angebote für einen erweiterten räumlichen Einzugsbereich macht, insb. auch Angebote für eine breitere Palette nach § 16 SGB VIII. Familienzentren sind bestens geeignet, um Programme der Elternarbeit mit MigrantInnen (Rucksack-Projekt, Stadtteil-Mütter) umzusetzen. Für etliche Elternbildungsangebote (z.B. FuN, Marte Meo oder Rucksack-Projekt/Stadtteilmütter) gibt es sehr gute Qualifizierungsmöglichkeiten für Erzieherinnen, die unbedingt angeboten werden sollten.

Allerdings muss das Familienzentrum nicht alles selber machen. Es kann auch nach dem Galerie-Modell Angebote hereinholen oder nach dem Lotsen-Modell weitervermitteln.

Die Familienzentren sollten über die Förderung durch das Sozialraumbüro hinaus i.d.R. noch über eigene zusätzliche Mittel verfügen, die sie für Elternarbeit und Familienbildung einsetzen können.

Es ist aus pragmatischen Gründen sicher sinnvoll, dass die jeweilige Kindertagesstätte die nicht Mitglied eines großen Familienzentrum-Verbundes ist, sondern ein einzelnes Familienzentrum i.e.S. ist, in der Samtgemeinde/Stadt eine Leitfunktion und Netzwerkfunktionen für die anderen Kindertagesstätten im Sozialraum übernimmt, die möglicherweise nach dem EEC-Ansatz (Early-Excellence-Ansatz) arbeiten, aber nur reduzierte Angebote für ihre eigenen Eltern machen (Vermittlung von ausgewählten Angeboten für diese Kitas-plus nach dem Galerie-Modell oder Lotsen-Modell, gemeinsames Veranstaltungsverzeichnis usw.). Zu größeren Verbundlösungen im Rahmen von Gesamtkonzepten der ‚Präventiven Familienförderung' (‚FiZ – Familie im Zentrum') wird weiter unten Stellung genommen.

---

[3] Siehe Anmerkung 2

Die Kindertagesstätten, die kein Familienzentrum sind, können in der Regel keine zusätzlichen Aufgaben übernehmen. Sie sollten sich aber dennoch in Richtung des Modells ‚Kindergarten-plus' weiter entwickeln. Das bedeutet, dass auch sie langfristig nach dem modernen EEC-Ansatz (Early-Excellence-Ansatz) arbeiten sollten. Dies heißt auch, dass sie im Rahmen ihrer Early-Excellence-Arbeit sehr intensive Elternberatung und Elternarbeit betreiben, aber eben nur in Bezug auf die Kinder und Eltern, die sich in ihrer Kindertagesstätte befinden. Sie machen also keine zusätzlichen inhaltlichen Angebote (z.B. bestimmte spezielle Elterntrainings, Angebote für Tagespflegepersonen, Stadtteilmütterprojekte usw.), die über die Arbeit an den eigenen Kindern hinausführen und auch keine Angebote für andere Personen im Sozialraum. Dies bleibt Aufgabe des echten Familienzentrums i.e.S. Unbenommen bleibt dabei ihre Verpflichtung, z.B. auch externe Angebote an Eltern nach dem sog. Lotsen-Modell zu vermitteln.

Es gibt im Übrigen sehr gute Gründe dafür, große Teile des Angebotes zur ‚Präventiven Familienförderung' gerade an die Kindertagesstätten bzw. Familienzentren zu geben. Das zahlenmäßige Verhältnis spricht einfach für sich: So gibt es in Niedersachsen zwar über 300 Familien-Service-Büros, aber ca. 5.000 Kindertagesstätten. Die ca. 100 relevanten Einrichtungen der Erwachsenenbildung (25 Familienbildungsstätten, 57 Volkshochschulen und 22 Heimvolkshochschulen in Niedersachsen) fallen hier ebenfalls nicht ins Gewicht. Wenn man wirklich an der Stellschraube ‚Präventive Familienförderung' und Familienbildung drehen will, kann man große Hebelwirkung nur über die Kindertagesstätten erwarten. Die Schulen kommen für eine übergreifende Leitfunktion nicht infrage (siehe die Anmerkungen unter Pkt. 4.3).

Das klassische Familienzentrum sollte möglichst nicht nach dem großen Sozialzentrums-Modell (mit einem großen Träger, der alles selber vorhalten kann) – wie es teilweise in Großstädten existiert – organisiert werden. Erstens übernimmt in unserem Modell das Sozialraumbüro des ASD-Teams viele der dort traditionell vorgehaltenen Leistungen und zweitens sind die Wege im ländlichen Raum für ein solches Modell viel zu weit (fehlende Niedrigschwelligkeit und Erreichbarkeit).

Zur Aufgabenabgrenzung ist noch festzuhalten, dass die Familienzentren zwar intensiv in die Netzwerkarbeit des Sozialraums einbezogen sind und hier auch vielfältige Impulse entfalten, aber nicht die Steuerungsfunktion innehaben sollten. Das ist Aufgabe des Sozialraum-ASDs. Der ASD vermittelt und finanziert ansonsten vielfältige Leistungen, die im Familienzentrum durch freie Träger erbracht werden (insbesondere Familienbildung).

Das Familienzentrum an Kitas sollte für seine zusätzlichen Aufgaben (insbesondere in der Planung und Organisation und in der Netzwerkbeteiligung) ein besonderes Budget erhalten. Soweit ein Familien-Service-Büro vorhanden ist, muss – gerade im Tagespflegebereich – eine systematische Kooperation implementiert werden.

Der Early-Excellence-Ansatz ist – anders als bei der ‚Normal-Kita' – Standard-Voraussetzung eines Familienzentrums. Die Familienzentren sind im Regelfall zuständig für das 2. – 6. Lebensjahr von Kindern. Sie sollten aber anderen Anbietern – auch aus dem Gesundheitsbereich, von freien Trägern, Selbsthilfegruppen, dem ASD usw. – die Angebote für das 1. Lebensjahr vorhalten, im Familienzentrum Räume und Infrastruktur zur Verfügung stellen und die Angebote auch bewerben.

4.3 Die Schulen

I.d.R. liegen nur die Gymnasien, die Berufsschulen und die Förderschulen formal und politisch in Kreisverantwortung. Oberschulen und alles andere liegen im Regelfall auf Gemeindeebene (Rechtsgrundlage: Schulgesetze der Länder und Organisationshoheit des Kreises). Die Handlungsebene (operative Ebene) der Schule ist aber meistens der Sozialraum bzw. die Gemeinde.

Einige der hier relevanten Themen können – gerade im Hinblick auf die Schule – an dieser Stelle nicht im Einzelnen durchdekliniert werden: der Übergang Schule – Beruf (§ 16 hat keine Altersbegrenzung!), die neueren Konzepte zur Elementarschule (Kindergarten und Grundschule, Angebote zur Familienbildung in der Schule usw.).

Das konkrete Verhältnis zu den Bildungsbüros, die häufig vollkommen andere Gebietszuschneidungen als der Sozialraum haben, bedarf einer gesonderten Untersuchung und muss im Einzelfall geklärt werden.

Im Rahmen unserer Überlegungen zum Komplex ‚Präventive Familienförderung' und § 16 SGB VIII sind bei einem weiten Begriff von „Allgemeiner Förderung der Erziehung in der Familie", den das Gesetz ja nahe legt, unbedingt die Elternberatung und die Lehrerberatung (als „andere Erziehungsberechtigte" nach § 16) zu berücksichtigen. Dies ist ein Punkt, der in der gesamten Debatte gerne übersehen wird.

Da Schulen derzeit eher nicht für die Übernahme von echten Familienzentrumsfunktionen geeignet sind, sollten sie – außer mit dem Sozialraumbüro des ASD – auch (sofern sie nicht Mitglied eines größeren Verbundes der ‚Präventiven Familienförderung' [‚FiZ – Familie im Zentrum'] sind) mit einem Kita-Familienzentrum in ihrer Nähe zusammenarbeiten, das für sie einige Aufgaben übernimmt (z.B. Vermittlung von Elternbildung nach dem Galerie-Modell, aber auch Lotsen-Aufgaben). Auf jeden Fall bleibt die Schule als einer der drei strategischen Stützpfeiler und Schwerpunkte für Präventions- und Bildungsketten ein wichtiger Ort auch für Maßnahmen nach § 16. Dies gilt ganz sicher mindestens für die Grundschule (§ 22a SBG VIII), aber auch für die Sekundarschule (über § 81, aber auch weil § 16 SGB VIII ja keine Altersbegrenzung vornimmt).

Die Schulen können die allermeisten Aufgaben, die ein Familienzentrum oder das Sozialraumbüro des ASD zu leisten haben, nicht erfüllen. So fallen sie z.B. als Frühe Hilfe und Frühe Förderung aus. Und auch für Netzwerkarbeit (etwa im Sinne des § 3 des KKG) ist das Personal nicht geeignet. Hinzu kommt, dass der Einzugsbereich der meisten Schulen wesentlich größer ist als der von Familienzentren und damit eine räumliche Niedrigschwelligkeit nicht gegeben ist. Schulen haben aber dennoch wichtige Aufgaben im Rahmen eines Gesamtkonzeptes zur Präventiven Familienförderung. Um ihren Bildungsauftrag angemessen erfüllen zu können, müssen sie nach allen fachlichen und wissenschaftlichen Erkenntnissen intensiv mit den Eltern zusammenarbeiten. Die enge Kooperation mit den Kindertagesstätten im Bereich des Übergangs Kindergarten – Grundschule (Brückenjahr) muss im Übrigen selbstverständlicher Bestandteil der Arbeit sein.

Ansonsten muss aber im Hinblick auf relevante Familien und im Hinblick auf die Schulsozialarbeit eine enge Kooperation mit dem Sozialraumbüro des ASD zum Standard gehören.

4.4 Die Familien-Service-Büros (falls vorhanden)

Vollkommen ungeklärt ist im Rahmen eines umfassenden Gesamtkonzeptes zur ‚Präventiven Familienförderung' die Rolle der Familien-Service-Büros. Bei den Familien-Service-Büros handelt es sich um ein öffentlich gefördertes Programm ohne Rechtsgrund im Jugendhilferecht. Die meisten Familien-Service-Büros sind auf kommunaler Ebene (Samtgemeinde, Stadt) angesiedelt. Sie haben deshalb im Allgemeinen auch einen größeren Einzugsbereich als das Familienzentren.

Das Land Niedersachsen hat dieses Modell in den letzten Jahren massiv gefördert. Dabei ist man insbesondere den Kommunen mit einer gezielten Förderung stark entgegengekommen. Dieses Modell ist auch in vielen Kommunen inzwischen ein durchaus akzeptiertes Service-Angebot. Allerdings hat man sich bei der Implementation dieses Modells – analog zur Einführung der Familienhebammen oder des Baby-Besuchsdienstes – viel zu wenig Gedanken gemacht, wie dieses Modell in die Gesamtstruktur der Jugendhilfe eingepasst werden könnte und wie man die Schnittstellen sauber definieren und gestalten könnte.

Wenn man sich die konkreten Angebote der Familien-Service-Büros anschaut, fällt auf, dass es in weiten Teilen um Vermittlung von Kitaplätzen, Vermittlung und Betreuung von Tagespflegepersonen, Angebote zur Vereinbarkeit von Familie und Beruf oder auch Elternarbeit geht. Hier handelt es sich ganz zweifellos um Angelegenheiten der Jugendhilfe. Sie berühren nicht nur Aufgaben des Jugendamtes, sondern auch der Tagespflege-Vereine, und auch – insbesondere wenn es um Angebote zur Vereinbarkeit von Familie und Beruf geht – im starken Maße um Angelegenheiten der Kindertagesstätten und Familienzentren. Im Prinzip könnten alle diese Aufgaben einerseits vom Sozialraumbüro des ASD und andererseits von den Kindertagesstätten/Familienzentren übernommen werden. Wobei gerade die Familienzentren wegen ihrer besonderen räumlichen Ausstattung hier viel bessere Möglichkeiten hätten. Die Sozialraumbüros wären auch formal viel besser abgesichert im Hinblick auf die rechtliche Gestaltung des Verhältnisses zu den Tagespflegepersonen. Sie wären auch viel geeigneter, Tagespflegepersonen in ihrer Arbeit zu beraten (siehe in § 16 [1] die Bezeichnung „andere Erziehungsberechtigte") und sind natürlich per se bereits bestens qualifiziert im Hinblick auf die funktionelle Erziehungsberatung. Da dieses Modell nun aber an vielen Stellen bereits fest verankert ist, wird man hier pragmatisch vorgehen müssen. Das bedeutet, dass die Schnittstellen einerseits von Sozialraumbüros und Familien-Service-Büros und andererseits von Kindertagesstätten/Familienzentren und Familien-Service-Büros sauber definiert und kooperativ ausgestaltet werden sollten.

Obwohl also im Tagespflegebereich die Vermittlung meistens bei den Familien-Service-Büros liegt, sollte dennoch eine enge Abstimmung mit dem Familienzentrum im Hinblick auf die praktische Einbeziehung von Tagespflegepersonen in das Familienzentrum oder andere Kindertagesstätten erfolgen. In den Fällen, in denen das Familien-Service-Büro auch den Baby-Besuchsdienst übertragen bekommen hat, ist die Schnittstelle zum ASD sehr genau zu definieren und zu gestalten. Im Prinzip aber sind Familien-Service-Büros als eigenständige Einrichtungen nicht unbedingt erforderlich, weil deren Aufgaben viel besser durch den Sozialraum-ASD und die Familienzentren zu erfüllen sind.

4.5 Die freien Träger (gewerbliche, gemeinnützige)

Die freien Träger machen prinzipiell Angebote auf Kreisebene, in den Sozialräumen und in den Gemeinden. Sie tun dies im Sozialraum mal auf der Basis einer Komm-Struktur, mal auf der Basis einer Geh-Struktur: Es gibt Sprechstunden und andere Angebote vor Ort. Aktiv sind Familienbildungsstätten, Erziehungsberatungsstellen, die Drogenberatung, Schwangerschafts- und Konfliktberatung, Schuldnerberatung, die Tagespflegevereine (Schulung, Beratung) und sonstige.

Besondere Leistungen, Maßnahmen und Angebote der freien Träger im Bereich der Präventiven Familienförderung liegen vor allem im Bereich der Familienbildung (auch der neuen H.z.E. – ‚Familienbildung' nach § 27) häufig – auch wenn dies nicht die optimale Lösung ist – beim Einsatz von Familienhebammen und vielen weiteren Angeboten der Frühen Hilfen im Bereich des § 16 SGB VIII. Dabei handelt es sich entweder um Angebote, die innerhalb der Kindertagesstätten oder Familienzentren erfolgen oder aber um eigene freie Angebote im Sozialraum. Die Aufgaben der freien Träger können nur in der Durchführung von Maßnahmen, aber niemals in der Gesamtplanung der Präventiven Familienförderung liegen (auch wenn manche Landkreise Sozialraumbüros durch freie Träger zulassen). Die Gesamtplanungsverantwortung ist und bleibt Aufgabe des öffentlichen Trägers, in diesem Fall des sozialräumlichen ASD.

4.6 Die Familienbildungsstätten

Auch wenn die Familienbildungsstätten von ihrer Zahl her nicht die zentrale Stellschraube der Familienbildung sein können (siehe oben), können sie aber doch ein wichtiger Kooperationspartner des Sozialraumbüros, des Familienzentrums oder des Familien-Service-Büros sein (Einkauf von Erziehungskompetenz-Trainings, Eltern-Kind-Gruppen usw., insb. aber im Bereich von übergeordneten Moderatoren- und Trainerausbildungen und anderen Fortbildungen). Analoges gilt für die Volkshochschulen und Heimvolkshochschulen. Man sollte dort mit diesen Einrichtungen kooperieren, wo sie ihre Stärke haben. Allerdings können sie nicht selber familienzentrumsähnliche Funktionen übernehmen. Das können sie nicht aufgrund ihrer Anzahl und ihres viel engeren inhaltlichen Spektrums (nur Teile des § 16 SGB VIII) im Vergleich zu den Familienzentren oder den Sozialraumbüros. Sie können auch keine sonstigen Netzwerkfunktionen übernehmen – vor allem wegen ihrer mangelnden Sozialraum- und Lebenswelt-Orientierung (Zugänglichkeit, räumliche Nähe usw.).

4.7 Die zivilgesellschaftlichen Organisationen

Die starke Betonung gemeinwesenbezogener Aspekte und sozialräumlicher Strukturen rückt automatisch die lokalen zivilgesellschaftlichen Strukturen in den Blick. Ein Gemeinwesen lebt nicht nur von den offiziellen, formal gesicherten sozialpolitischen Strukturen, sondern in nicht unerheblichem Maße auch vom Engagement seiner Bewohnerinnen und Bewohner. Insofern sollten Gesamtkonzepte auch zivilgesellschaftliche Strukturen und das bürgerschaftliche Engagement nutzen und die Ressourcen, die in diesem Bereich vorhanden sind, einbeziehen. Das bedeutet für unser Thema, dass nicht nur die professionellen Angebote, sondern auch Konzepte wie die der ehrenamtlichen Familienpaten, Familienhelfer, der Erziehungslotsen, Migrationslotsen, Stadtteilmütter, Familienbesucherinnen, Integrationslotsen usw. berücksichtigt und eingebaut werden müssen.

Dass die Nutzung und Förderung ehrenamtlicher Tätigkeit eine Aufgabe auch der öffentlichen Jugendhilfe ist, legt § 73 SGB VIII (Ehrenamtliche Tätigkeit) nahe: „In der Jugendhilfe ehrenamtlich tätige Personen sollen bei ihrer Tätigkeit angeleitet, beraten und unterstützt werden". Das Sozialraumbüro des ASD konzentriert sich bei der Koordination der Ehrenamtlichen aber nur auf die Integration des Teils der Ehrenamtlichen, der sich direkt auf die Jugendhilfe bezieht.

4.8 Gemeinden im Sozialraum

Eine räumliche Untergliederung des Sozialraums stellen – außer bei bestimmten kreisfreien Städten – die Gemeinden dar. Sie haben zunächst einmal keine eigenen Kompetenzen für die Jugendhilfe und die Präventive Familienförderung. Sie können aber tätig werden im Rahmen ihres Auftrages zur allgemeinen Daseinsvorsorge und Daseinsfürsorge für ihre Bürger. Sie können dabei – aus eigenem Recht handelnd – auch in jugendhilfe-relevanten Feldern aktiv werden – so in der Jugendarbeit oder bei familienfördernden Angeboten. Hier ist lediglich vorgeschrieben, „sich mit dem Kreis ins Benehmen zu setzen". Im Rahmen der Kooperation mit den angrenzenden Systemen der Jugendhilfe ist die Kommune natürlich ein sehr wichtiger Partner, da sie entscheidenden Rahmenbedingungen für Familien herstellt – so unter dem Label der ‚Kinder- und familienfreundlichen Kommune'.

4.9 Zwischenbemerkung: Wer darf was anbieten? – Differenzierung der Angebote nach Präventionsniveau

Von besonderer Bedeutung ist es, noch einmal deutlich zu machen, welche Art der Prävention (insb. im Bereich des § 16) die einzelnen Kooperationspartner eigentlich betreiben können. Nicht jeder sollte und darf (aus rechtlicher wie fachlicher Sicht) alles anbieten.

Die klassischen Präventionsniveaus sind:

1. Universelle Prävention (für alle)
2. Selektive Prävention (Angebote nur für ausgewählte potenziell belastete Gruppen)
3. Indizierte Prävention (Angebote für besonders belastete Gruppen, bei denen schon mal was passiert ist; teilweise auch schon als erste Intervention)
4. Massiver Eingriff (Intervention i.e.S.)

Dabei wird deutlich, dass bei den Angeboten zur ‚Präventiven Familienförderung' (insb. den Teilen nach § 16) Kindertagesstätten und Familienzentren, aber auch die Schulen nur universelle Prävention und im Ausnahmefall auch selektive Prävention (z.B. Stadtteilmütter an Kitas und Schulen mit hohem Migrationsanteil) betreiben können und dass allein das ASD-Team auch indizierte Prävention und den massiven Eingriff vornehmen kann. Die beiden intensiveren Niveaus bleiben also im Wesentlichen dem ASD vorbehalten, z.B. nicht nur im Rahmen seiner Tätigkeit bei den Hilfen zur Erziehung, sondern insb. bei den Aufgaben nach § 17 und § 18, die mindestens selektiven, aber meistens wegen massiver Problemlagen doch schon indizierten Charakter tragen (und weil im Übrigen Kindertagesstätten und Schulen in diesem Bereich ja fachlich nicht einschlägig qualifiziert sind). D.h., dass selbst beim 2. Niveau nicht für jede notwendige Maßnahme auch jede Einrichtung eine geeignete Durchführende ist.

Insgesamt wird also deutlich, dass das Familienzentrum, aber auch die Schulen im Wesentlichen universelle Prävention betreiben können und selektive Prävention nur im Einzelfall (z.B. bei besonderen Angeboten für MigrantInnen oder Alleinerziehende) und dass allein das ASD-Team auch indizierte Prävention sowie den massiven Eingriff vornehmen kann.

4.10 Die große Lösung: der Verbund ‚Präventive Familienförderung (FiZ – Familie im Zentrum)'

Prinzipiell sind aber auch andere Lösungen denkbar als die bisher beschriebenen Ansätze, bei denen meistens ein Sozialraumbüro mit einer Kita (Familienzentrum) und ggf. auch einer Schule auf eine eher schlichte, aber nicht wirklich integrierte Weise kooperiert. Dass bei der derzeit am meisten verbreiteten Lösung eine einzelne Kita vollkommen alleine und ohne echte Einbeziehung des Sozialraumbüros ein ‚Kleines Familienzentrum' bildet, ist nach bisherigen Ausführungen sicher so nicht akzeptabel (selbst wenn sich mehrere Kitas zusammenschließen). Man sollte ein Familienzentrum grundsätzlich ganz anders definieren, nämlich immer als eine Verbundlösung von mehreren Kindertagesstätten, mindestens einer Schule und – im Zentrum – dem ASD-Sozialraumbüro. Dieser Gesamtverbund ist aber etwas vollkommen Anderes als die derzeit diskutierten Verbundlösungen allein von reinen Kitas.

Es mag auf den ersten Blick komfortabler erscheinen, wenn in einem Sozialraum tendenziell nur ein Familienzentrum vorhanden ist, weil dies organisatorisch, finanziell einfacher ist und die Abstimmung mit den angrenzenden Systemen und möglichen Kooperationspartnern einfacher zu gestalten ist. Andererseits werden die Wege für viele Eltern dadurch länger (Gefährdung der Zugänglichkeit). Deshalb ist die große Verbundlösung (‚Präventive Familienförderung' nach dem Muster ‚FiZ – Familie im Zentrum') aus fachlicher und wissenschaftlicher Sicht sicher die bessere.

Diese Lösung ist hat eine Reihe von Vorteilen: Da immer mehrere Kitas und möglichst auch mehrere Schulen beteiligt sind, ist die räumliche Niedrigschwelligkeit und Zugänglichkeit (Sozialraumorientierung, Alltagssetting) gewährleistet. Außerdem werden die einzelnen Kitas und Schulen nicht überfordert mit zu vielen neuen Aufgaben. Die Last kann auf mehrere Schultern verteilt und die Qualität der Angebote durch Spezialisierung gesteigert werden. Der Charme dieses Modells liegt auch darin, dass man – zumindest vom Prinzip her – alle Kitas mitnimmt und eine flächendeckende Versorgung möglich macht. Außerdem dürfte dieses Modell gerade für ländliche Räume wie in Niedersachsen besonders geeignet sein. Hier stellt sich ja das Problem der räumlichen Erreichbarkeit in besonderer Weise. Bei einer annähernd flächendeckenden Versorgung wäre diese Schwierigkeit ausgeräumt.

Allerdings hätten die beteiligten Einrichtungen und Anbieter von Leistungen auch bestimmte Qualitätskriterien (siehe dazu These 15) zu erfüllen, um sich die Beteiligung am Verbund und die Verleihung des entsprechenden Gütesiegels zu sichern.

Alle diese Gründe führen dazu, dass die große Verbundlösung alles in allem das von der Autorengruppe bevorzugte und empfohlene Modell ist. Es wird in Abbildung Nr. 3 zusammenfassend dargestellt.

Abweichende Lösungen vom Idealtypus – Sonderfälle

Eine Besonderheit könnte sich ergeben, wenn die gewählte Größe der Sozialräume so umfangreich ist, dass die Kindertagesstättenverbünde zu groß werden würden oder wenn innerhalb des Sozialraums mehrere größere Samtgemeinden oder Städte vorhanden wären, die selber eigentlich eine ideale Größe und Geschlossenheit hätten. Dann bliebe nur die Möglichkeit, die Verbünde in diesen Einheiten zu bilden und das Sozialraumbüro nochmals zu untergliedern, um zu geeigneten Größen zu kommen.

Zu berücksichtigen ist noch, dass sich in einigen Landkreisen und Sozialräumen weitere organisatorische Speziallösungen entwickelt haben. Die Rücksicht auf die historisch gewachsenen Strukturen und politische Vorgaben führten dazu, dass teilweise auch andere Einrichtungen die Funktion des Familienzentrums übernehmen und übernehmen: z.B. Mehrgenerationen-Häuser, Stadtteilzentren, Sozialzentren.

Eine der vorzufindenden Lösungen, nämlich Maßnahmen gemäß § 16 zur ‚Präventiven Familienförderung' an einem bereits vorhanden Mehrgenerationen-Haus statt am Familienzentrum durchzuführen, kann Vor- und Nachteile haben: Die lebensalterübergreifende Konstruktion (Kita und Seniorenarbeit), die systematische Einbeziehung von Ehrenamt und bürgerschaftlichem Engagement (teilweise Aufgaben von Freiwilligenagenturen übernehmend), ihr Angebot einer Plattform für Selbsthilfegruppen, ihre Funktion als zentraler Bürgertreffpunkt im Gemeinwesen usw. sind nicht zu übersehende Vorzüge. Allerdings stehen dem häufig auch Nachteile gegenüber wie die häufig fehlende Kindertagesstätte (und damit das Fehlen des präventiven Schlüsselkonzeptes ‚Early Excellence').

Wenn man aber in ein Mehrgenerationen-Haus eine Kindertagesstätte integriert (wegen des Early-Excellence-Ansatzes), liegen – jedenfalls vom Prinzip her – keine gravierenden Unterschiede zum klassischen Familienzentrum vor. Eine solche Konstruktion kann man sicher als Abweichung vom Idealtypus gut tolerieren.

Im Übrigen darf man sich keine Illusionen machen: Die Mehrgenerationen-Häuser fallen quantitativ kaum ins Gewicht. Es gibt ca. 450 Mehrgenrationen-Häuser in ganz Deutschland Aber es gibt bereits rund 52.000 Kindertagesstätten.

Vor dem Hintergrund solcher Grundsatz-Überlegungen könnte sich dann die auf Seite 39 verallgemeinerte Struktur ergeben.

> **These 14: Es müssen belastbare Mindest-Rahmenbedingungen für die Arbeit auf der sozialräumlichen Ebene vorhanden sein (Sicherstellung der erforderlichen Ressourcen)!**

Zu den erforderlichen Rahmenbedingungen und Ressourcen gehören finanzielle, personelle und räumliche Voraussetzungen für gute ‚Präventive Familienförderung' (z.B. niedrigschwellig zugängliche, dezentralisierte Räume), die im Wesentlichen von der Kreisebene gesichert werden müssen, auch eine gut funktionierende Öffentlichkeitsarbeit und systematisches Marketing. Eine besonders wichtige Rahmenbedingung und Voraussetzung guter Qualität ist die Professionalität der Fachkräfte. Die Konzeptentwicklung und Praxis zur Neuorientierung im Bereich ‚Präventive Familienförderung' (§ 16 SGB VIII/Familienbildung/Frühe Hilfen usw.) wäre durch intensive Qualifizierung und Fortbildung zu begleiten – für die ASD-Sozialraumteams, aber auch für die Leitungen der Familienzentren und Familien-Service-Büros und ggf. auch für Netzwerkpartner und kooperierende freie Träger (Qualifizierung und Coaching speziell für die Konzeptentwicklung und Praxis auf der sozialräumlichen Ebene zur Erleichterung der Implementation von Familienbildung).

Außerdem sollten – z.B. zu ausgewählten Familienbildungskonzepten (Programmen), deren Verbreitung in den Sozialräumen und Gemeinden aus fachlichen und wissenschaftlichen Gründen gezielt gefördert werden soll – zertifikatsgestützte Trainer- und Moderatorenschulungen durchgeführt werden. Es muss nebenamtliches Personal akquiriert und ausgebildet werden, das dann im gesamten Landkreis (auf Honorarbasis) zur Verfügung steht.

> **These 15: Maßstab und Leitlinie für die Planung und Umsetzung der Angebote, Programme und Maßnahmen für die ‚Präventive Familienförderung' und den Ansatz ‚FiZ – Familie im Zentrum' ist ein systematischer Katalog von Qualitätskriterien!**

1. Qualitätskriterien zum Verhältnis von Kreisebene (bzw. gesamtstädtischer Ebene) und Sozialraumebene

1.1 Starkes politisches Mandat auf der Ebene des Kreises bzw. der kreisfreien Stadt

1.2 Ganzheitliches Denken in Gesamtkonzepten und integrierten Handlungsstrategien

1.3 Gesamtverantwortung für Strategie, Planung, Steuerung bei der öffentlichen Jugendhilfe (§ 79 SGB VIII)

1.4 Strategisches Gesamtkonzept (Rahmenkonzept) auf der Ebene des Landkreises (bzw. der kreisfreien Stadt)

> Essentials der strategischen Gesamtkonzeption sind u.a. die strategisches Prinzipien

– ‚Präventionsvorrang und langfristige Orientierung'

– Gestaltung des Verhältnisses von Prävention und Intervention – langfristige Orientierung und Umsteuerung der Ressourcen

– ‚Frühe Hilfen'

– Integration der Maßnahmen und Netzwerke für Präventive Familienförderung ‚FiZ – Familie im Zentrum' und der Frühen Hilfen

– ‚Die Einheit von Prävention und Bildung'

- Bildungsfunktion der Leistungen und Angebote der Jugendhilfe und Präventionsfunktion aller Bildung
- ‚Sozialraum- und Lebensweltorientierung'
- ‚Fokussierung und Systematisierung der Konzepte'
- Konzentration auf drei zentrale strategische Stützpfeiler, Entwicklung von Präventions- und Bildungsketten: Systematischer Aufbau der Maßnahmen, Angebote und Programme
- ‚Partizipation'
- Beteiligung der betroffenen Zielgruppen und aller relevanten Akteure bei der Konzeptentwicklung und Umsetzung des Ansatzes der Präventiven Familienförderung (‚FiZ – Familie im Zentrum')

> Der Landkreis/die kreisfreie Stadt stellt ein verallgemeinertes Muster-Konzept (Verfahren) zur Verfügung für die systematische Entwicklung von sozialräumlichen Bedarfsanalysen und die Lokalen Aktionspläne.

> Der Landkreis/die kreisfreie Stadt verfügt über ein verallgemeinertes Muster-Portfolio (Angebotsplan, Gesamtportfolio) für den Landkreis (die kreisfreie Stadt) als Orientierungsrahmen für alle Sozialräume gemeinsam.

1.5 Sicherung der Fachlichkeit

> Qualitätskriterien und Standards für die Programme und Maßnahmen zum Bereich ‚FiZ – Familie im Zentrum'.

> System der Qualitätsentwicklung und -sicherung, der Qualitätskontrolle und Evaluation

> Ausbau und Sicherung der Fachlichkeit und Professionalität der eigenen Fachkräfte durch gute Ausbildung und Fortbildung

1.6 Normative Vorgaben durch den Landkreis (bzw. die kreisfreie Stadt): Verwaltungs- und Ausführungsrichtlinien

1.7 Sicherstellung der notwendigen Rahmenbedingungen auf Kreisebene (bzw. gesamtstädtischer Ebene) und sozialräumlicher Ebene (z.B. sichere Finanzierungsgrundlage, Personalressourcen)

2. Qualitätskriterien für die Arbeit auf der sozialräumlichen Ebene – Planung, Steuerung und Vernetzung auf der lokalen Ebene von Sozialraum, Stadt und Samtgemeinde

2.1 Organisationsformen und Orte für den Bereich ‚Präventive Familienförderung' (‚FiZ – Familie im Zentrum') im Sozialraum

> Moderne, sozialräumliche Organisationsformen der öffentlichen Jugendhilfe (Sozialraumbüros des ASD) – Ausrichtung des Angebotes am Sozialraum – Kooperation mit anderen Einrichtungen, insb. den Kitas und Familienzentren

> Eine Schlüsselstellung im sozialräumlichen Gesamtkonzept hat die Integration mindestens einer Kindertagesstätte mit Krippe

> Diese Mindestlösung sollte möglichst erweitert werden zur sog. Verbundlösung: Möglichst viele Kitas und Schulen (am besten irgendwann alle) werden Mitglied im Verbund und bilden zusammen mit dem Sozialraumbüro den Verbund ‚Präventive Familienförderung'. Verbund bedeutet also nicht einfach Verbund von Kitas, sondern immer Einschluss des Sozialraumbüros und von Schulen.

> Der Verbund integriert mindestens eine Grundschule im Umfeld, so dass Familien mit Grundschulkindern Angebote nutzen können. Die Kooperation mit mindestens einer Grundschule (intensiv), besser mit allen Grundschulen (flächendeckend, aber weniger intensiv) ist im Bereich der Präventiven Familienförderung grundlegend. Aus Gründen der anders fokussierten strategischen Grundrichtung (frühe Prävention) ist sie mit den Sekundarschulen i.d.R. etwas weniger breit.

> Die Sozialraumbüros übernehmen das Angebotsmonitoring und -controlling und sorgen im Rahmen der sozialräumlichen Jugendhilfeplanung dafür, dass in den Sozialräumen ein qualitativ und quantitativ vollständiges und lückenloses Angebot zum Bereich ‚Präventive Familienförderung (FiZ – Familie im Zentrum)' vorhanden ist. Sie sorgen dafür, dass in den Sozialräumen die erforderlichen, notwendigen und geeigneten Angebote rechtzeitig und ausreichend zur Verfügung stehen (Gesamtangebot).

2.2 Ausrichtung des Angebotes auf den Sozialraum auf der Basis von kleinräumigen Informationen

2.3 Aufbau einer verbindlichen Zusammenarbeit mit den relevanten Einrichtungen und Diensten

2.4 Entwicklung lokaler sozialräumlicher Netzwerke für den Bereich Präventive Familienförderung (‚FiZ – Familie im Zentrum')

2.5 Beachtung der Kriterien und Leitlinien aus dem Rahmenplan für die Angebotsstrukturierung des Verbundes

2.6. Die kooperierenden Kitas des Verbundes erbringen zusätzliche Leistungen in einem besonderen Angebotsportfolio

> Beratungs- und Unterstützungsangebote für Familien

> Förderung von Familienbildung und Erziehungspartnerschaft

> Unterstützung bei der Kooperation mit der Kindertagespflege

> Angebote zur Verbesserung der Vereinbarkeit von Beruf und Familie

2.7 Beratungs- und Unterstützungsangebote des Sozialraumbüros selber

> Gestaltung der Kooperation mit der Schulsozialarbeit (Koordinierung) im Sozialraum

> Elternberatung nach § 16

> Beratung nach § 17 und § 18 SGB VIII

2.8 Beratungs- und Unterstützungsangebote der Schulen des Verbundes 'Präventive Familienförderung'

> Besondere Angebote für wichtige Biografieabschnitte und krisenhafte Phasen im Jugendleben (Adoleszenz, Pubertät, Übergang zum Beruf usw.)

> Institutionelle, einrichtungsbezogene Elternarbeit im Sinne von Erziehungs- und Bildungspartnerschaften, z.B. Home-based Elterntrainings, die speziell auf die Schule zugeschnitten sind und das schulische Lernen im Elternhaus unterstützen

2.9 Ausreichende förderliche Rahmenbedingungen (Personal, Finanzierung, niedrigschwellige, dezentralisierte Raumangebote, Fortbildungs- und Qualifizierungsprogramme, Öffentlichkeitsarbeit)

2.10 Qualitätsentwicklung und Qualitätssicherung auf der Ebene des Sozialraums

B. Familie heute[1]

1. Familie heute – zwischen Überforderung und Anspruch

Gestiegene Ansprüche an verantwortliche Elternschaft sowie veränderte gesellschaftliche und soziale Bedingungen, die nicht nur Einfluss nehmen auf Paar- und Geschlechterbeziehungen, sondern auch auf Eltern und ihre Beziehungen zu den eigenen Kindern, prägen somit auch die Sozialisationserfahrungen von Mädchen und Jungen. Dabei gilt die Familie noch immer als die Sozialisationsinstanz, die als die beste für das Wohl und Aufwachsen der Kinder angesehen wird. Dass dies im Zuge einer Zunahme von Individualisierung und einer Pluralisierung von Lebensstilen, in Globalisierungs- und Krisenzeiten mitunter auch Herausforderungen und Risiken in der alltäglichen Gestaltung von Familienleben mit sich zu bringen vermag, zeigt u.a. der Anstieg von Jugendhilfemaßnahmen. Gesellschaftliche Transformationsprozesse lassen Familie heute weniger denn je als einheitliche und ausschließlich traditionell orientierte Institution erscheinen, die bestimmte Funktionen und einheitliche Werte und Normen an die nachwachsende Generation vermittelt, sondern sie zeichnet sich eher durch eine Vielfalt und Uneinheitlichkeit aus.

Das bürgerliche Ideal von der Familie als privatem Ort, als Hort des Vertrauens, der Liebe, Behütung und des Schutzes, so wurde spätestens mit der Thematisierung von häuslicher Gewalt seit Ende der siebziger Jahre deutlich, bröckelt zunehmend. Dauerhafte eheliche Lebensgemeinschaften, verbunden mit einer strikten Arbeitsteilung zwischen den Geschlechtern, die für Frauen und Männer mit traditionellen Geschlechtsrollenzuweisungen einhergingen, stellen heute keine Selbstverständlichkeit mehr dar. Auch der Autoritätsanspruch des Mannes und Familienoberhauptes, der sich aus der Arbeitsteilung der Geschlechter, also aus der Unterteilung von produktiver und reproduktiver Tätigkeit ableitete, blieb zwar noch bis in die Mitte des 20. Jahrhunderts dominant, erlebte seitdem jedoch einen tief greifenden Wandel.

Da Lebens- und Familienformen heute durch einen kontinuierlichen Wandel, durch eine Zunahme von Individualisierung und eine Pluralisierung von Lebensformen sowie der sozialen Milieus gekennzeichnet sind, bilden z.B. Patchwork-Familien heute keine Seltenheit mehr. Dennoch wächst der überwiegende Teil der minderjährigen Kinder noch immer bei den verheirateten leiblichen Eltern auf (vgl. Statistisches Bundesamt 2007 in Informationen zur politischen Bildung Nr. 301/2008: 4f). Auch eine Zunahme an Regenbogenfamilien lässt sich wahrnehmen, wie auch ein Anwachsen von nicht ehelichen Lebensgemeinschaften, in denen Kinder aufwachsen (vgl. ebenda), zu verzeichnen ist.

Wenn bis heute Familie[2] in Deutschland vom überwiegenden Teil der Bevölkerung als wichtigster Lebensbereich angesehen wird (vgl. BMFSFJ 2009) und die traditionelle Familienform noch immer überwiegt – 74 % der in Deutschland lebenden Familien zeichnen sich durch Eheschließung aus – (vgl. BMFSFJ 2009: 30), so ist dennoch festzustellen, dass sich sowohl Familienbilder in der Bevölkerung wie auch der Familienbegriff in den Wissenschaften gewandelt haben und traditionelle Familienformen insgesamt im Abnehmen begriffen sind (vgl. BMFSFJ 2009: 29).

Dass sich diese familiäre Vielfalt und die gewachsenen gesellschaftlichen Ansprüche an Familienleben heute nicht immer einfach gestalten lassen, zeigen Untersuchungen wie z.B. die Studie „Eltern unter Druck" (2008). Ein funktionierender Familienalltag stellt sich nicht mehr ohne Weiteres automatisch ein, sondern muss immer wieder aufs Neue im Sinne von „Doing Family" hergestellt werden (vgl.

---

[1] Erläuterungen zu These 1 aus Teil A. ‚Kurzfassung des Buches': „Die Probleme von Familien und Kindern verschärfen sich im gesellschaftlichen Durchschnitt seit Jahren!"

[2] Der Begriff der „Familie" entspricht hier demjenigen des Statistischen Bundesamtes, wie er seit 2005 benutzt wird. Hierunter sind „Eltern-Kind-Gemeinschaften" unterschiedlichster Zusammensetzung zu verstehen. Zum Beispiel Ehepaare oder nicht eheliche Lebensgemeinschaften mit Kindern, aber auch allein erziehende Mütter oder Väter. Es kann sich hier um die Sorge für leibliche Stief-, Pflege- oder Adoptivkinder handeln oder aber um Ein-Eltern-Familien, in denen Kinder von Beginn an beim partnerlosen Elternteil bzw. nach einer Trennung vom Partner aufwachsen (vgl. Informationen zur politischen Bildung Nr.301/2008:5).

Schier/Jurczyk 2007), wie Familienforschungsergebnisse zeigen (vgl. Allensbach 2008; Wiss. Beirat für Familienfragen 2005; World Vision Deutschland e. V. 2008; Bertelsmann Stiftung 2008a etc.). Die mit heutiger Elternschaft einhergehenden Belastungen sind durch einen gesamtgesellschaftlichen Wandel, durch ökonomische Interessen und zunehmende Anforderungen hinsichtlich Flexibilität und Mobilität von ArbeitnehmerInnen ebenso geprägt wie durch politische und demografische Veränderungen, die sich auf Familien in unterschiedlichen sozialen Milieus different auswirken. Darüber hinaus zeigt der aktuelle achte Familienbericht „Zeit für Familie. Familienzeitpolitik als Chance einer nachhaltigen Familienpolitik" (BMFSFJ 2012), dass Familien nicht nur auf angemessene finanzielle, sondern auch auf Zeitressourcen angewiesen sind, wenn Bindung, Fürsorge, Be- und Erziehung sowie Pflegeleistungen für die eigene Elterngeneration gelingen sollen. Insbesondere die Vereinbarungsproblematik von Familie und Erwerbstätigkeit, die heute nicht länger als ausschließliches Problem von Müttern diskutiert werden kann, macht deutlich, dass strukturelle Veränderungen und ganzheitliche Konzepte zur Unterstützung von Familien erforderlich sind. Ganztagsbetreuungsangebote in Kita und Schule gehören hierzu ebenso wie eine erhöhte Flexibilität von Arbeitszeiten, qualitativ und flexibel gestaltete Bildungs- und Betreuungsangebote sowie gleichberechtigte und partnerschaftliche Elternschaft, die auf die Notwendigkeit veränderter Geschlechterverhältnisse verweist. Kommune und weitere soziale Akteure sind hier in besonderer Weise gefordert, wie auch Arbeit- und Gesetzgeber. So kommen die AutorInnen des achten Familienberichts u.a. zu der Forderung:

„Eine moderne Familienzeitpolitik ermöglicht es der Familie und ihren Mitgliedern, mit Zeit so umzugehen, wie es ihren Wertehaltungen und Zielsetzungen entspricht. Auch muss sie eine Benachteiligung der Familie im Zeitgebrauch gegenüber anderen Institutionen verhindern. Es geht um gesellschaftliche Zeitstrukturen und Zeitnormen, in denen Familie ihren Platz hat. Familie darf nicht zum Hindernis für die Teilhabe am sozialen, beruflichen und kulturellen Leben werden. Dazu ist die Vorstellung, dass staatliche Familienpolitik in erster Linie und unter Umständen alleine durch die Zuteilung finanzieller Ressourcen funktioniert, weiterzuentwickeln. Sie muss um ein weiteres Standbein der Familienpolitik – die Familienzeitpolitik ergänzt werden" (BMFSFJ 2012: 185).

Da Elternschaft für Männer und Frauen bis heute mit unterschiedlichen Verantwortlichkeiten und Familienrollen als Mutter oder Vater einhergeht, Frauen sich auch heute noch überwiegend der Betreuung und Erziehung der Kinder widmen, während sich Vaterschaft für Männer primär durch außerfamiliale berufliche Aktivitäten als Familienernährer auszeichnet, überrascht es auch nicht, dass sich die Arbeitsteilung innerhalb der Familie weiterhin traditionell gestalten kann[3]. So geht mit der Geburt des ersten Kindes i.d.R. eine Traditionalisierung der Paarbeziehung einher, die auch bewirken kann, dass ein vor der Familiengründung bestehendes partnerschaftliches Verhältnis aufgegeben wird. Nicht selten kommt es zu einseitigen Belastungen im Haushalt und in den Fürsorgebeziehungen aufseiten der Frauen und dies selbst dann, wenn die Frauen einer eigenen Erwerbstätigkeit nachgehen.

Doch auch wenn sich gesellschaftliche Rahmenbedingungen geändert haben und dazu führen, dass patriarchale Familienformen, Einstellungen und Werte hinsichtlich der Institution Familie brüchig werden und zunehmende Scheidungszahlen zu verzeichnen sind, bedarf es dennoch weiterhin einer Institution und Organisationsform, die die Verantwortung für die gesellschaftliche Reproduktion, die Sozialisation und Erziehung der nachwachsenden Generation übernimmt. Da Eltern einen wichtigen Beitrag zur Betreuung, Bildung und Erziehung ihrer Kinder leisten, bedürfen insbesondere die Familien besonderer Unterstützungsangebote, die aufgrund von Armut und/oder anderweitigen vielfältigen Problemlagen (Sucht- bzw. Gesundheitsproblemen, Migration, etc.) bzw. aufgrund der Tatsache des Alleinerziehens mit spezifischen Problemen belastet sind. Ein Zugang, der die Familie ins Zentrum der Betrachtung rückt und im Sinne von sozialräumlich-gemeinwesenorientierter und vernetzter Sozialer

---

[3] So verweist Meuser in Anlehnung an das BMBFSFJ (2003:114) darauf hin, dass: „ Der Anteil der Männer, die 36 Stunden und mehr arbeiten, (…) bei Männern ohne Kind 56 % beträgt (Umstellg. d. Verfass.), er steigt auf 75 % bei denen, die ein Kind haben, und auf 82 % bei Vätern mit zwei und mehr Kindern" (Meuser in Heitkötter et al (Hrsg.) 2009: 216).

Arbeit tätig wird, kann hier, wie auch Bildungs- und Erziehungspartnerschaften zwischen Familien, Jugendhilfe und Schule, einen Beitrag zur Entlastung dieser Familien leisten und das Aufwachsen der Kinder, ihren Sozialisations- und Bildungsverlauf sowie ihre Entwicklung unterstützen.

2. Familien mit besonderem Unterstützungsbedarf

Um Familien mit besonderen Unterstützungsbedarf ins Zentrum zu rücken und passgenaue Angebote für sie zu planen und zu realisieren, müssen die Strukturen wie auch Veränderungen in der Familie, die Phasen, die die Familien durchlaufen und die durch die kindliche Entwicklung bestimmt sind, sowie individuelle Lebenslagen und Belastungssituationen der Familien beachtet werden, da diese unterschiedliche Interessenlagen und spezifische Unterstützungsbedarfe ergeben können (vgl. Rupp et al. 2010: 173 f.).

2.1 Kindliche Entwicklung und Familienphasen

Im Familienzyklus gibt es verschiedene Übergänge und Phasen, die mit spezifischen Anpassungsleistungen einhergehen. Mit dem Alter der Kinder ändern sich z.B. die Anforderungen an die Erziehung sowie die familialen Beziehungen. So stehen junge Eltern vor der Aufgabe, ihr Beziehungssystem umzugestalten, Raum für das Kind zu schaffen und die Erziehung, den Haushalt und den Beruf zu koordinieren. Eltern mit Kindergartenkindern müssen sich mit der Suche nach der geeigneten Betreuung auseinandersetzen und Eltern mit Schulkindern stellen sich die Frage nach der richtigen Unterstützung der Bildung ihrer Kinder etc. Zudem durchlaufen Familien verschiedene Passagen, die zum einen normativ vorgegeben sind und die fast alle Familien durchlaufen, wie z.B. Heirat, Geburt eines Kindes, zum anderen nichtnormative wie Scheidung, Tod eines Angehörigen, für die es weniger gesellschaftliche Regeln und Verhaltensmuster gibt. Hierdurch ergeben sich unterschiedliche Bedarfe, Themen, Interessen, Anknüpfungspunkte und Ansprachemöglichkeiten (vgl. Rupp et al. 2010: 174).

2.1.1 Übergang zu Elternschaft

Mit der Geburt des ersten Kindes gehen große Änderungen einher. In vielen Familien setzt ein Traditionalisierungseffekt ein, in dem Sinne, dass ein Großteil der Frauen zugunsten des Kindes aus dem Beruf aussteigt. Damit ist häufig eine Verschlechterung der Einkommenssituation verbunden. Zudem ändert sich durch die Abstimmung auf die kindlichen Bedürfnisse der gesamte Tagesablauf der jungen Eltern. Hiermit verbunden sind auch Änderungen im sozialen Netzwerk und in der Freizeitgestaltung. Kontakt zur Herkunftsfamilie und anderen Familien mit Kindern werden häufiger, Kontakt zu anderen Bezugspersonen geringer. Zudem kommt es zu einer „Verhäuslichung" der Freizeit und der Abnahme der Zeit für die Paarbeziehung zugunsten der Kinderbetreuung und der familialen Aufgaben. Die Art und Weise wie die jungen Eltern diese Umstellung und ihre neuen Rollen bewältigen wirken sich nicht unerheblich auf die Partnerschaftszufriedenheit und die Stabilität der Beziehung und somit auf die Bedingungen für die kindliche Entwicklung aus. Frühzeitige Abstimmungen, die Entwicklung gemeinsamer Strategien und Bewältigungsmöglichkeiten sowie eine zufriedenstellende Aufteilung von Familien- und Berufstätigkeit und der Austausch mit anderen Paaren können den jungen Eltern helfen, diese Phase adäquat zu gestalten und zu durchlaufen. Diese Faktoren bieten Ansatzpunkte für die familienbildende Unterstützung (vgl. Rupp et al. 2010: 175-177).

2.1.2 Familien mit Säuglingen und Kleinkindern

Der Übergang zur Elternschaft ist ein langwieriger Prozess, der nicht mit der Geburt des Kindes abgeschlossen ist. Der Verlauf dieses Prozesses hängt von Merkmalen des Kindes, von den Eltern und deren Partnerschaft, dem sozialen Umfeld sowie den gesellschaftlichen Rahmenbedingungen ab. Eltern entwickeln in der ersten Zeit ein intuitives Erziehungsverhalten, welches den Bedürfnissen und Fähigkeiten des Kindes entspricht. Sie lernen die kindlichen Signale wahrzunehmen, diese richtig zu interpretieren und prompt und angemessen darauf zu reagieren. Jedoch verfügen nicht alle Eltern über diese Fähigkeiten bzw. sie werden durch Belastungen eingeschränkt. Hier kann mit Angeboten angesetzt und Eltern in ihren Erziehungs- und Beziehungskompetenzen gestärkt werden, so dass eine gute Bindung zu ihrem Kind entstehen kann. Den Eltern sollte für die persönliche Entwicklung Raum gegeben werden, damit die Ressourcen auf individueller und Paarebene gestärkt werden (vgl. Rupp et al. 2010: 177-179).

2.1.3 Familien mit Kindergarten- und Vorschulkindern

Die Betreuung der Kinder ist gerade in Punkto Vereinbarkeit von Familie und Beruf für viele Eltern wichtig. Die Eltern stellen sich die Fragen: welche Einrichtung, welches pädagogisches Konzept, welcher Betreuungsumfang ist für unser Kind richtig und welche Betreuungsleistung möchten bzw. können wir selber noch erbringen und wie können wir die öffentliche und private Betreuung aufeinander abstimmen? Hinzu kommt das wichtige Thema der Vorbereitung des Kindes auf die Schule. Hier können besonders bei Familien mit Migrationshintergrund Sprachförderung und Informationen über das deutsche Schulsystem von Interesse sein. Die Förderung der Selbstständigkeit der Kinder und deren Konflikt- und Problemlösefähigkeit treten für die Eltern in den Vordergrund. Da in Deutschland nahezu alle Kinder die Kindertagesstätte besuchen, sind diese Einrichtungen besonders geeignete Kooperationspartner (vgl. Rupp et al. 2010: 179 f.).

2.1.4 Familien mit Schulkindern

Der Eintritt in die Schule fordert von den Kindern besondere Anpassungsleistungen und das Neuerlernen von Fertigkeiten für den Unterricht wie Arbeitstechniken und Selbstkontrolle. Für die Eltern heißt der Übergang in die Schule eine Umstrukturierung des Alltags, die Unterstützung der Kinder bei der Bewältigung der Schulanforderungen, eine Ausgestaltung der Beziehung zur Schule und die Abstimmung der Erziehungs- und Entwicklungsvorstellungen mit der Schule. Zudem nehmen die Kinder immer mehr Kontakt mit Personen außerhalb der Familie auf, mit denen die Eltern sich vertraut machen müssen. Hinzu kommt die Förderung der Medienkompetenz der Kinder. Neben der Vermittlung von technischen Fähigkeiten und Fertigkeiten geht es um den kritischen Umgang mit Computer, Fernseher, Internet, Spielkonsolen und Handy. Gerade bei den Fragen, wann und wie viel Kinder die Medien nutzen sollten, brauchen Eltern häufig Unterstützung. Der Unterstützungsbedarf der Eltern hört jedoch nicht mit dem Schuleintritt auf. Auch bei Übergängen in weiterführende Schulen haben die Eltern Informationsbedarf und müssen wichtige Entscheidungen treffen.

Durch die allgemeine Schulpflicht können durch die Schule eine Vielzahl an Eltern erreicht werden. Eine gute Zusammenarbeit von Familienbildung und Schule kann die Schule familienfreundlicher machen und die Zusammenarbeit mit den Eltern stärken sowie der Familienbildung einen selbstverständlicheren Charakter geben (vgl. Rupp et al. 2010: 180-182).

2.1.5 Familien mit Jugendlichen

Das Jugendalter wird als eigenständige Entwicklungsphase erachtet, in der der Übergang zwischen Kindheit und Erwachsenenalter stattfindet. Dieser Übergang ist durch zahlreiche Veränderungen im sozialen, biologischen und kognitiven Bereich geprägt, die spezifische Entwicklungsaufgaben ergeben. Diese stellen nicht nur die Jugendlichen, sondern auch die Eltern-Kind-Beziehung vor neue Herausforderungen. Ob die Jugendphase sich aufgrund der vielfältigen Aufgaben krisenhaft gestaltet, hängt stark von der Bewältigung dieser ab. Die Jugendlichen entwickeln ein größeres Bedürfnis nach Autonomie und fangen an sich vom Elternhaus abzulösen. Dies erfordert eine Auseinandersetzung mit den Interessen und Eigenarten des jeweils anderen, was zu Konflikten führen kann. Streitigkeiten nehmen in dieser Zeit nicht zu, sie erleben jedoch eine emotionale Intensivierung und nehmen dadurch an subjektiver Bedeutung zu. Daher haben die Eltern gerade in dieser Phase erhöhten Unterstützungsbedarf. Neben diesem Aspekt nimmt die Bedeutung der Peer-Group für die Jugendlichen zu. Sie trägt zur Identitätsbildung der Jugendlichen bei, hat eine wichtige Funktion für die Sozialisation und hilft den Jugendlichen bei der Ablösung vom Elternhaus.

Eltern in dieser Phase sollten Angebote gemacht werden, in denen ihnen vermittelt wird, dass es auch in dieser Phase gelingen kann einen positiven Kontakt zu dem Kind zu haben und dazu beitragen, dass die Eltern die Phase als vorübergehend und beeinflussbar wahrnehmen. Den Eltern sollten Hintergrundinformationen über die Entwicklungsaufgaben der Jugendlichen vermittelt werden. Zudem werden Themen wie Umgang mit Medien, Beziehungen, Sexualität, Freizeitverhalten, Familienregeln, Drogen und Alkohol relevant. Da in dieser Phase eine Vielzahl der Eltern berufstätig ist, sollte dies bei der Planung des Zeitpunktes der Angebote berücksichtigt werden (vgl. Rupp et al. 2010: 182 ff.).

2.1.6 Junge Erwachsene (Vorbereitung auf Familie)

Junge Erwachsene stehen verschiedenen Entwicklungsaufgaben gegenüber, wobei der Aufbau einer Partnerschaft, die Gründung eines eigenen Haushaltes und der Einstieg in die Berufstätigkeit als die bedeutsamsten eingestuft werden. Mit dem Aufbau einer Partnerschaft nimmt die Frage nach der Gründung einer eigener Familie an Bedeutung zu. So wünschen sich 65 % der kinderlosen männlichen Jugendlichen und 73 % der weiblichen zwischen 12 und 25 Jahren später eigene Kinder. 76 % der Jugendlichen sind zudem der Meinung, dass man eine Familie braucht, um glücklich zu werden (vgl. 16. Shell Jugendstudie 2010). Angebote für diese Zielgruppe sollten die jungen Erwachsenen unterstützen eine Familienform zu finden, die ihren Möglichkeiten, Fähigkeiten und Wünschen entspricht. Sie sollten die verschiedenen Möglichkeiten kennenlernen, wie sie Partnerschaft, Familie und Beruf in ihre Biografie einbauen und welche Prioritäten sie legen können bzw. wollen. Sie sollten zudem erfahren, mit welcher Verantwortung die Erziehung von Kindern verbunden ist, welche Rahmenbedingungen erforderlich sind ohne die Anforderungen zu erhöhen und negative Assoziationen zu wecken (vgl. Rupp et al. 2010: 184 f.).

2.2 Familiale Lebenslagen und Belastungssituationen

Familien durchleben nicht nur verschiedene Entwicklungs- und Familienphasen, sondern leben in unterschiedlichen Lebenslagen und Milieus. Familien, die sozial benachteiligt sind, haben andere Fragen an die Bewältigung der Erziehung ihrer Kinder sowie andere Unterstützungsbedarfe als Familien, die in Trennung oder Scheidung leben, oder deren Kind eine Behinderung hat. Zudem können Familien sich durch den Tod eines Angehörigen in einer Belastungssituation befinden. Da diese Zielgruppe besonders im ländlichen Raum in den meisten Fällen zu gering ist, wird in diesem Leitfaden nicht explizit auf diese Gruppe eingegangen. Sie sollte jedoch nicht aus dem Blickfeld verschwinden und ihre Beachtung in den vorhandenen Programmen und Angeboten finden.

2.2.1 Sozial benachteiligte Familien

Die soziale Position hat eine große Bedeutung für das Leben von Familien. „Die sozioökonomische Lebenssituation von Kindern und Jugendlichen leitet sich wesentlich aus der Betroffenheit von materieller Unterversorgung, Erwerbslosigkeit sowie an niedrigen Bildungsabschlüssen festgemacht weitgehend vom Bildungsniveau abhängigen Beteiligung und Stellung der Eltern im Erwerbssystem sowie – damit verbunden – deren Einkommen her und steht in einem engen Zusammenhang mit der Familienform, der Anzahl und dem Alter der Kinder" (BMFSFJ 2005: 75). Sie ist verantwortlich für einen unterschiedlichen Zugang zu Ressourcen und verändert Anforderungen sowie Bewältigungsaufgaben der Familien. Die verschiedenen Bereiche der sozialen Benachteiligung können in den Familien einzeln oder aber auch komprimiert auftreten, wobei sich die einzelnen Bereiche wechselseitig beeinflussen können. Viele Betroffene empfinden die soziale Benachteiligung nicht als gesellschaftliche Ungleichheit, sondern nehmen sie als individuelles Schicksal oder persönliches Merkmal wahr. Dies geht oft mit Empfindungen geringer Selbstwirksamkeit, Scham, Ausgegrenztheit einher (vgl. Rupp et al. 2010: 203-204).

Als zentrale Ressource für das Ausmaß an Lebensqualität und Teilhabechancen gilt das Einkommen. Ein gängiger Indikator für die materielle Situation ist die Armutsgefährdungsquote[4]. Im Jahr 2010 lag diese in Deutschland bei allen Haushalten bei rund 14,5 %. Aufgeteilt auf die Haushaltstypen zeigen sich in Deutschland jedoch große Unterschiede. So sind Haushalte von alleinstehenden Personen mit Kindern (38,6 %) und Haushalte mit drei oder mehr Kindern (23,3 %) öfter betroffen als z.B. Haushalte mit zwei Erwachsenen (8,7 %) oder mit zwei Erwachsenen und zwei Kindern (10,7 %) (vgl. Statistisches Bundesamt 2012). Die durch die Armut entstehenden Belastungen können sich negativ auf die Familienbeziehung, auf die Gesundheit und die Entwicklung der Kinder auswirken (vgl. Dragano/Lampert/Sigrist 2009). Studien zeigen jedoch auch, dass die Art und Weise der Stressbewältigung in der Familie ausschlaggebend dafür ist, ob diese Folgen eintreten oder nicht (vgl. AWO-ISS-Studie 2005).

Ein weiteres objektives sozioökonomisches Merkmal von sozialer Benachteiligung ist ein unterschiedlicher Zugang zu Bildung. Mittlerweile ist hinreichend bekannt, dass die Bildungskarriere der Kinder in Deutschland maßgeblich vom familiären Hintergrund beeinflusst wird. So zeigt die PISA-2-Studie eine straffe Kopplung von sozialer und kultureller Herkunft mit dem Schulerfolg und -abschluss der Jugendlichen (vgl. Prenzel et al. 2005: 36). Auch steigt bei Kindern von Eltern ohne Schulabschluss oder berufliche Ausbildung das Risiko der dauerhaften Armut an (vgl. Hock et al. 2000: 63).

Die ökonomische Benachteiligung beeinflusst häufig auch die soziale Integration. Damit verbunden sind auch das Wissen und die Fähigkeit zur Nutzung bestimmter Ressourcen. So nehmen sozial benachteiligte Familien weniger an sozialen Aktivitäten wie Sportangeboten teil (vgl. Piorkowsky 2004: 5).

Die ökonomische Unterversorgung kann sich auch im psychischen Bereich niederschlagen. So verfügen Kinder in Armutslagen über ein „deutlich niedrigeres Wohlbefinden (...), was sich in geringerer Lebenszufriedenheit, stärkeren Einsamkeitsgefühlen, größerer Niedergeschlagenheit sowie größeren Ängsten und Sorgen niederschlägt" (Butterwegge/Klundt 2002: 2).

Familien in sozial benachteiligten Lebenslagen benötigen zwar tendenziell häufiger, aber nicht per se Unterstützungsangebote. Das Unterschreiten einzelner Unterversorgungsschwellen führt nicht zwangsläufig zu defizitären Lebenslagen. Dies ist erst der Fall, wenn den Familien zusätzlich entsprechende Bewältigungsstrategien fehlen (vgl. Mengel 2007: 59). Viele Familien verfügen jedoch trotz der vielfältigen Belastungen über Potenziale und Ressourcen, um das Zusammenleben in der Familie positiv zu gestalten. Untersuchungen zeigen z.B., dass die Art und Weise der Stressbewältigung in der Familie einen großen Einfluss auf die kindliche Entwicklung hat (vgl. Walper 1999: 343) und die Alltagskompetenzen bei der Bewältigung eine Schlüsselrollen einnehmen (vgl. Meier et al. 2003: 308).

Angebote für sozial benachteiligte Familien unterscheiden sich nicht grundsätzlich von Angeboten für privilegierte Familien. Viele Bedarfe zum Thema Erziehung sind vergleichbar – nur unter erschwerten Bedingungen. Die Erziehung in der Familie ist eingebettet in ein komplexes Alltagshandeln. Die Familien sollten mit Angeboten unterstützt werden, um vorhandene Ressourcen zu identifizieren und zu nutzen. Die Eltern sollten dazu befähigt werden ihre alltägliche Lebenssituation zu verbessern, einen Zugang zu sozialen Netzen bekommen und in ihren familialen Beziehungen gestärkt werden (vgl. Mengel 2007: 61). Die Angebote sollten an den Lebenssituationen der Familien anknüpfen und

---

[4] Anteil der Personen mit einem Äquivalenzeinkommen von weniger als 60 % des Medianes der Äquivalenzeinkommen der Bevölkerung in Privathaushalten am Ort der Hauptwohnung. Das Äquivalenzeinkommen wird auf Basis der neuen OECD-Skala berechnet.

diese aufgreifen. So kann das Bildungs- oder Unterstützungsangebot mit einem kostengünstigen Essen oder einem gegenseitigen Austausch zum Thema Arbeitslosigkeit gekoppelt werden (vgl. Mengel 2007: 62). Studien haben zudem gezeigt, dass gerade diese Zielgruppe häufig nicht über Angebote der Familienbildung informiert ist, daher ist eine gezielte Ansprache von Bedeutung. Durch eine direkte Ansprache und ein vertrautes Setting ist nach Erfahrungen auch diese Zielgruppe erreichbar (vgl. Brixius et al. 2005). Somit sollten die Angebote an einem alltagsnahen Ort, wie z.B. in der die Kindertagesstätte, stattfinden. Angebote in Schulen werden von dieser Zielgruppe häufig mit negativen Erfahrungen verbunden. Den Lernvorlieben dieser Zielgruppe entsprechend sollten die Angebote informelle Lerngelegenheiten in offenen Settings bieten und ressourcenorientiert an den funktionierenden Bereichen der Familien ansetzen. Zudem muss der konkrete Nutzen des Angebotes deutlich werden. Selbstverständlich spielen die Kosten für diese Zielgruppe eine entscheidende Rolle, daher sollten besonders Angebote für sozial benachteiligte Familien Förderung erfahren (vgl. Rupp et al. 2010: 203-206).

2.2.2 Familien in Trennung und Scheidung

In Deutschland wurden 2011 187 640 Ehen geschieden, darunter 92 892 Ehescheidungen mit minderjährigen Kindern, somit waren 148 239 minderjährige Kinder von der Scheidung ihrer Eltern betroffen (vgl. Statistisches Bundesamt 2012). Wie viele Kinder zusätzlich die Trennung ihrer nicht verheirateten Eltern durchlaufen, ist unklar.

Der Übergang ist für die Eltern mit besonderen Anforderungen verbunden. Das bisherige gemeinsame Leben und die eingespielten alltäglichen Gewohnheiten sind dabei sich aufzulösen. Die Betroffenen müssen die Trennung bzw. Scheidung zum einen individuell verarbeiten, d.h. in den meisten Fällen eine Neudefinierung des Selbstwertgefühls und der eigenen Identität sowie eine Bewältigung der Schuldgefühle leisten. Auf der anderen Seite müssen sie sich mit den neuen Anforderungen an die kommende Lebensphase auseinandersetzen. Hierzu gehören Fragen der alltäglichen Lebensgestaltung, der finanziellen Versorgung und der Kinderbetreuung, aber auch die Frage, wie die Beziehung der Eltern neu gestaltet und eine neue Elternallianz und damit die gemeinsame Erziehung der Kinder trotz der vorangegangenen Verletzungen und Enttäuschungen realisiert werden kann.

Auch für Kinder ist die Trennung der Eltern belastend. Wie sich die Trennung und der danach folgende Übergang auf die kindliche Entwicklung auswirken, hängt dabei stark von inner- und äußerlichen Faktoren ab. Die Eltern wünschen sich daher in dieser Phase oft Informationen über die beeinflussenden Faktoren und über die Unterstützungsmöglichkeiten ihrer Kinder.

Die Unterstützungsangebote für Familien sollten gerade bei Trennungen bzw. Scheidungen frühzeitig ansetzen und die Familien in dem Prozess begleiten. Sie sollten die vorhandenen sozialen Netzwerke der Familien stärken und bei dem Aufbau neuer Netzwerke helfen. Zudem kann die Möglichkeit zum Austausch mit anderen betroffenen Eltern, die Familien unterstützen, genutzt werden. Bei gravierenden Partnerschaftsproblemen und Konflikten sollten die Familien aus den Angeboten heraus an spezifische Beratungsstellen weitervermittelt werden. Dies setzt eine gute Schnittstelle der Beratungsstellen und Hilfsangebote voraus (vgl. Rupp et al 2010: 207-208).

2.2.3 Familien mit Kindern mit Behinderung

Die Geburt eines Kindes mit Behinderung ist mit gravierenden Veränderungen verbunden. Zunächst tritt für die Eltern eine akute Phase der Bearbeitung ein, deren Gelingen eine Voraussetzung für spätere angemessene Bewältigungsstrategien ist. Der dauerhafte Pflege- und Betreuungsaufwand erfordert erhebliche und zeitaufwendige Umstellungen im Alltag, die nicht selten mit Änderungen der beruflichen Situation der Eltern einhergehen. Wie die Familien ihre neuentstandenen Aufgaben bewältigen, hängt u.a. von ihrer materiellen Ausstattung und den vorhandenen psychosozialen Ressourcen ab. Die Erhöhung der Belastungen kann bei ungünstigen Bedingungen zu chronischem Alltagsstress führen und sich negativ auf die familialen Beziehungen auswirken. Aus diesem Grund benötigen die Familien

Entlastung. Angebote für Eltern mit Kindern mit Behinderung sollten versuchen, bei den Betroffenen die Bereitschaft zur Entlastung zu wecken und sie über verfügbare Unterstützungsleistungen informieren. Die meisten Familien können sich in der Regel langfristig mit der Lebenssituation arrangieren und lernen mit den spezifischen Herausforderungen umzugehen. Jedoch kommt es in der Biografie von Kindern mit Behinderungen immer wieder zu normativ nicht geregelten Situationen, die die Eltern verunsichern und in denen individuelle Lösungen gefunden werden müssen. So stellen Übergangssituationen wie der Schuleintritt Eltern immer wieder vor neue Herausforderungen, in denen das Belastungsniveau erhöht ist.

Anliegen der Unterstützungsangebote sollte es in diesen Familien sein, den Eltern zu helfen die Situation zu akzeptieren und konstruktiv damit umzugehen. Sie sollte die Familien bei der Erarbeitung von Bewältigungsstrategien und deren Integration in den Alltag unterstützen. Außerdem sollte sie die Familien anregen am gesellschaftlichen Leben teilzunehmen und einen Weg zum schonenden Umgang mit ihren eigenen Ressourcen eröffnen. Hilfreich kann hier wiederum der Austausch mit anderen Betroffenen sein (vgl. Rupp et al. 2010: 210-212).

2.2.4 Familien mit Migrationshintergrund

Im Jahr 2010 lebten in Deutschland 2,3 Millionen Familien mit Kindern unter 18 Jahren, bei denen mindestens ein Elternteil ausländische Wurzeln hatte. Dies entspricht einem Anteil von 29 % gemessen an allen Familien mit minderjährigen Kindern in Deutschland (vgl. Statistisches Bundesamt Deutschland 2012: 1). Die Verteilung zeigt jedoch deutliche regionale Unterschiede. So leben in Städten oder industriell geprägten Regionen mehr Familien mit Migrationshintergrund als in ländlichen Regionen. Die traditionelle Familienform der Ehe war unter den Migrationsfamilien mit 80 % deutlich stärker verbreitet als unter den Familien ohne Migrationshintergrund (69 %). Nur 14 % der Familien mit Migrationshintergrund waren alleinerziehende Mütter und Väter. In Familien mit Migrationshintergrund leben häufiger drei und mehr minderjährige Kinder im Haushalt als in Familien ohne Migrationshintergrund. So betreuten im Jahr 2010 rund 15 % der Familien mit Migrationshintergrund drei und mehr minderjährige Kinder. Dieser Anteil betrug bei den Familien ohne Migrationshintergrund nur 9 %. Migrationsfamilien haben – trotz durchschnittlich mehr Familienmitgliedern – häufiger ein niedrigeres Familiennettoeinkommen als Familien ohne Migrationshintergrund. Während im Jahr 2010 mehr als die Hälfte (62 %) der Familien mit Migrationshintergrund mit weniger als 2 600 Euro im Monat auskommen mussten, waren es bei den Familien ohne Migrationshintergrund nur 44 %. In 59 % der Paarfamilien ohne Migrationshintergrund waren beide Elternteile, also sowohl der Vater als auch die Mutter, aktiv erwerbstätig, bei Paaren mit Migrationshintergrund traf das lediglich auf 39 % zu. Bei ihnen war die eher „traditionelle Rollenverteilung" – das heißt ausschließlich der Vater geht einer beruflichen Tätigkeit nach – mit 40 % deutlich häufiger verbreitet als bei den Paarfamilien ohne Migrationshintergrund (28 %) (vgl. Statistisches Bundesamt Deutschland 2012: 2f.).

Die Zielgruppe der Familien mit Migrationshintergrund ist sehr heterogen. Die Familien unterscheiden sich nach sozioökonomischen, kulturellen und religiösen Merkmalen sowie hinsichtlich ihres rechtlichen Status. Diese Heterogenität erfordert eine besonders genaue Bestimmung der Themen und Inhalte der Unterstützungs- und Familienbildungsangebote. Familien mit Migrationshintergrund haben häufig eine hohe Bildungsambition in Bezug auf ihre Kinder. Diese kollidiert jedoch mit unterdurchschnittlichen Bildungschancen, der Unkenntnis des deutschen Bildungssystems sowie den eigenen Ressourcen die Kinder zu unterstützen durch z.B. fehlende Sprachkompetenzen. Dies sollten Angebote der Familienbildung aufgreifen und Informationen über das Bildungssystem und Sprachkenntnisse vermitteln. Zudem ist es bei Familien mit Migrationshintergrund wichtig, ihre Integration in den konkreten Sozialraum zu fördern. Die Angebote müssen so konzipiert sein, dass sie die jeweiligen kulturellen Hintergründe und Wertesysteme anerkennen und darauf abgestimmt sind. Außerdem müssen sie die in vielen Fällen vorhandenen Berührungsängste gegen die staatlichen Einrichtungen und informellen Settings berücksichtigen und an den Ressourcen der Familien ansetzen. Hierzu gehört z.B. die Ansprache der Eltern in der jeweiligen Muttersprache. Zu diesem Zweck ist es sinnvoll mit z.B. Kulturvereinen zusammenzuarbeiten und ProjektmitarbeiterInnen und MultiplikatorInnen mit gleichem kulturellen Hintergrund anzuwerben (vgl. Rupp et al. 2010: 190-193).

2.3 Familienformen

Die Familienformen sind heutzutage vielfältig. Sie unterscheiden sich in Bezug auf die Personen, die mit Kindern zusammenleben und deren rechtliche Stellung untereinander sowie auf den Institutionalisierungsgrad der Beziehung. Weiter können die Formen differenziert werden nach der ethnischen Herkunft der Familie sowie deren Kinderanzahl. Je nach Form haben die Familien unterschiedliche Aufgaben und Herausforderungen zu bewältigen, wodurch ein heterogener Unterstützungsbedarf entsteht (vgl. Rupp et al. 2010: 187).

2.3.1 Stief- und Patchworkfamilien

Durch die Zunahme der Trennungen und Scheidungen entstehen neue Familienformen, sogenannte Fortsetzungsfamilien, in denen biologische und soziale Elternschaft nicht zusammenfallen und eine zusätzliche Person Elternaufgaben übernimmt. Da in den meisten Fällen der leibliche Elternteil noch existiert, kommt es zum einen zu primären Stieffamilien, in denen die Kinder überwiegend leben und zum anderem zu sekundären Stieffamilien, d.h. dem Haushalt des externen Elternteils. Bei zusammengesetzten Familien, in denen beide Eltern jeweils Kinder mitbringen, spricht man auch von Patchworkfamilien. Stief- und Patchworkfamilien sind jedoch eher selten, wobei sie in der Statistik nicht gesondert erfasst werden (vgl. Rupp et al. 2010: 194). Laut dem Generation and Gender Survey machten sie 2005 rund 14 % der bestehenden Familien aus (vgl. Steinbach 2008). Eine besondere Form der Stief- oder Patchworkfamilien sind die Regenbogenfamilien, bei denen mind. ein Elternteil homosexuell ist.

Stief- oder Patchworkfamilien haben im Gegensatz zu herkömmlichen Familien keine gemeinsame Geschichte. Das neue Elternteil stößt auf eine komplexe Teilfamilie, die ihre eigene Biografie hat und die Neuzusammensetzung erfordert von den Elternteilen einen hohen Gestaltungsaufwand. Sie müssen eine Balance finden zwischen ihrer Paarbeziehung und den kindlichen Ansprüchen. Sie müssen die Elternrolle des neuen Elternteils definieren und klären, in welchen Umfang und in welchem Tempo die neue Elternrolle übernommen werden soll. Hier benötigen die Familien zum einen Informationen über ihre rechtliche Situation, zum anderen Hilfestellung bei der Stärkung von Kompetenzen wie Zuhören, Absprachen treffen und Konfliktgespräche führen können. Damit die Elternteile auf die Aufgaben in der Gründungsphase vorbereitet und in diesem Prozess so gut wie möglich begleitet werden können, sollten die Angebote für die Familien frühzeitig – am besten schon vor der Gründung – ansetzen (vgl. Rupp et al. 2010: 194-196).

2.3.2 Adoptiv- und Pflegefamilien

Adoptionsfamilien sind eine eher seltene Familienform. Von 1994 bis 2009 hat sich zudem die Zahl der Adoptionen kontinuierlich, um insgesamt 45 %, verringert. Bei einer Adoption übernehmen Erwachsene die „soziale Elternschaft" für von ihnen nicht gezeugte Kinder. 2011 wurden in Deutschland insgesamt 4060 Minderjährige adoptiert. Die meisten (56 %) der Adoptionen erfolgte durch Stiefeltern. 33 % der Adoptierten waren unter drei Jahre alt (vgl. Statistisches Bundesamt 2011). Bei frühen Adoptionen stellen sich die Adoptiveltern häufig die Frage, wann der geeignete Zeitpunkt gekommen ist das Kind über die Herkunft aufzuklären, denn ein Entdecken durch das Kind selber kann zu einem erheblichen Vertrauensverlust führen (vgl. Rupp et al. 2010: 196).

Die Familienpflege ist eine Jugendhilfemaßnahme; sie wird dementsprechend weitgehend im Kinder- und Jugendhilfegesetz (SGB VIII) geregelt. In Pflegefamilien verbleibt das Sorgerecht bei den leiblichen Eltern oder wird vom Jugendamt als Vormund bzw. Pfleger ausgeübt (vgl. Rupp et al. 2010: 196). In der Regel handelt es sich um Kinder, die von ihren biologischen Eltern aus einer Vielzahl möglicher Gründe nicht selbst erzogen werden konnten (z.B. wegen Tod/Krankheit, Erziehungsunfähigkeit, Überforderung, fehlender Beziehung zum Kind, sozialer Notlagen u.v.a.m.) oder die wegen Vernachlässigung, Misshandlung, sexuellem Missbrauch oder anderen zwingenden Gründen aus ihren Herkunftsfamilien herausgenommen werden mussten (vgl. Textor 1998: 91). Durch die meist traumatischen Erfahrungen, einen häufigen Wechsel der Bezugspersonen etc., fällt es vielen Pflegekindern schwer neue Bindungen einzugehen. Dieses kann von den Pflegeeltern als schmerzlich oder als eigenes Versagen erlebt werden. Probleme in der Beziehung zwischen Pflegeeltern und Pflegekindern treten häufig dann auf, wenn es um die Gestaltung der Beziehung zu den leiblichen Eltern geht. Der Kontakt zu den leiblichen Eltern ist für die Kinder wichtig. Jedoch kommt es häufig zu Definitionsschwierigkeiten der Elternrollen und deren Aufgaben.

Pflegeeltern haben nicht wie leibliche Eltern die Möglichkeit in ihre Elternrolle hineinzuwachsen und müssen in kurzer Zeit eine Bindung zu den Kindern aufbauen. Hier sollte es Anliegen sein, die Pflegeeltern bei der Übernahme der Elternrolle zu unterstützen – besonders der Austausch mit anderen Pflegeeltern könnte eine gute Hilfestellung sein (vgl. Rupp et al. 2010: 197f.).

2.3.3 Teenager-Schwangerschaften und minderjährige Eltern

2010 wurden 677 947 Kinder in Deutschland geboren, von 4837 Kindern war die Mutter unter 18 Jahre alt (vgl. Statistisches Bundesamt 2012). Eine Schwangerschaft kann für Teenager ein großes Problem darstellen: eine ungenügende materielle Versorgung, nicht vorhandene Ausbildungsabschlüsse, keine tragfähige Paarbeziehung, die meist ungenügende eigene Reife und das nicht ausreichende Verantwortungsgefühl erschweren den Minderjährigen das Hineinwachsen in die Elternrolle. Diese vielfältigen Herausforderungen und die Angst, diesen nicht gewachsen zu sein, sind auch die häufigsten Gründe für einen Schwangerschaftsabbruch. Im Berichtsjahr 2011 wurden in Deutschland 108 867 Schwangerschaftsabbrüche an das Statistische Bundesamt gemeldet, davon waren 3,7 % der Frauen zum Zeitpunkt des Eingriffs minderjährig (vgl. statistisches Bundesamt 2012). Die minderjährigen Mütter kommen tendenziell häufiger aus sozial benachteiligten Lebenslagen, weshalb die Angaben zu dieser Zielgruppe auch auf diese Gruppe zutreffen – mit speziellem Blick auf das Alter der Mütter. Trotzdem sind gerade minderjährige Eltern keine homogene Zielgruppe, da sie aus sehr unterschiedlichen Lebensverhältnissen kommen können. Die Umstände, unter denen sie ihr Kind bekommen, ihre eigene Entwicklung und Reife, ihre sozialen und materiellen Lebensbedingungen, ihr Bildungsstand, ihr familialer Rückhalt und die Qualität der Beziehung zum Kindsvater sind sehr unterschiedlich. Diese Unterschiede verdeutlichen auch, dass minderjährige Eltern nicht gleich kategorisch als Problemgruppen zu sehen sind (vgl. Stucke 2004). Durch die heterogenen Hintergründe entsteht jedoch ein vielfältiger Unterstützungsbedarf.

Die minderjährigen Eltern werden in der Phase der eigenen Identitätsbildung vor die Herausforderung gestellt für ihr Kind Verantwortung zu übernehmen. Nicht selten bringt dabei die Schwangerschaft die eigene Lebensplanung durcheinander und zwingt die Jugendlichen ihre Lebensentwürfe neu zu überdenken. So müssen sie sich nicht nur der neuen Elternrolle stellen, sondern sich zudem mit ihrer eigenen Entwicklungsaufgabe auseinandersetzen. Diese vielfältigen Herausforderungen sollten bei der Angebotsplanung für diese Zielgruppe mitgedacht werden. Die Angebote sollten den minderjährigen Eltern Hilfestellung geben, damit sie ein selbstbestimmtes eigenverantwortliches Leben mit ihrem Kind führen können. Hier ist auch die Herkunftsfamilie eine große Ressource für die jungen Eltern, die in die Angebote einbezogen werden sollten. Da es häufig bei jungen Paaren zu Trennungen kommt, sollten Teenager bei der Verarbeitung der ersten Paarerfahrungen unterstützt werden. Zudem sollten Themen wie der Aufbau einer sicheren Mutter-Kind-Beziehung, die konkrete Alltagsbewältigung und die Entwicklung einer Berufsperspektive praktisch bearbeitet werden. Da diese Zielgruppe ähnlich wie die sozial benachteiligten Familien selten über die vorhandenen Beratungs- und Unterstützungsangebote informiert ist, sollte sie z.B. bei Kontakt mit Behörden oder Ämtern Unterstützung finden. Bei der Umsetzung der Angebote ist es zudem wichtig auf die jugendgemäße Aufmachung zu achten. Sie besuchen eher Angebote, bei denen die Mutterschaft/die Schwangerschaft nicht im Vordergrund steht. Zudem sollten die Angebote gut mit Schnittstellen und Kooperationspartnern zusammenarbeiten, da der Beratungs- und Unterstützungsbedarf in den meisten Fällen längerfristig ist (vgl. Rupp et al. 2010: 199 ff.).

2.3.4 Alleinerziehende Eltern

In der Bundesrepublik leben laut Statistischem Bundesamt annähernd 1,6 Millionen Alleinerziehende (vgl. Mikrozensus 2007, Statistisches Bundesamt in BMFSFJ 2009: 29), wobei der Anteil der Ein-Eltern-Familien in den neuen Bundesländern (26 %) um 9 % höher als in den alten Bundesländern (17 %) lag (vgl. BMBFSFJ 2009: 87). Insgesamt stellen Alleinerziehende damit einen Anteil an allen Familien von 18 %. Annähernd jede fünfte Familie gilt als Ein-Eltern-Familie, wobei der überwiegende Anteil der Alleinerziehenden (90 %) weiblich[5] (vgl. BMBFSFJ 2009: 87) ist. „Jede/jeder Zweite ist zwischen 35 und 45 Jahren alt. Fast jede/jeder Dritte ist unter 35 Jahren"(BMBFSFJ 2009:87). In diesen Familien leben 2,18 Millionen minderjährige Kinder, was jedem sechsten Kind in Deutschland entspricht (vgl. BMFSFJ 2009: 87).

Die Mehrheit der Alleinerziehenden war vor der Scheidung oder Trennung verheiratet, 42 % von ihnen sind geschieden, 17 % leben getrennt bzw. sind noch verheiratet, wobei jede zweite Trennung vor dem dritten Lebensjahr des Kindes erfolgte (vgl. BMBFSFJ 2009: 88). 5 % sind aufgrund einer Verwitwung allein erziehend.

Dennoch kann diese Familien- und Lebensform nicht als dauerhafte verstanden werden, da sich ein Drittel der Alleinerziehenden nach weniger als drei Jahren wieder in einer Beziehung oder Hausgemeinschaft befindet (vgl. BMBFSFJ 2009: 29).Viele von ihnen sind nicht nur einmal alleinerziehend (vgl. BMBFSFJ 2009: 88). So leben z.B. in den alten Bundesländern alleine 12 % zum zweiten oder dritten Mal in Ein-Eltern-Familien, in den neuen Bundesländern sind es sogar 37 % (vgl. BMBFSFJ 2009: 88). Das Leben ohne eine Partnerin oder ohne einen Partner entspricht lediglich bei 14 % den eigenen Wunschvorstellungen, wohingegen sich 83 % eine Partnerschaft wünschen. Als explizit unzufrieden mit ihrer Situation erleben sich ein Fünftel der Alleinerziehenden.

Wie bei herkömmlichen Familien auch, so handelt es sich bei der Personengruppe der Alleinerziehenden ebenfalls nicht um eine homogene[6]. Allerdings zeichnen sich diese Familien durch spezifische Bedarfe aus, müssen sie doch ihre Kinder ohne Unterstützung eines Partners erziehen und sind in der Regel alleine für den Lebensunterhalt ihrer Kinder verantwortlich. Häufig erleben die Alleinerziehenden vor allem die Trennungszeit als schwierig und schmerzhaft. Emotionen wie Zukunftsängste, Trauer und Scham, aber auch der Verlust des Vaters für das Kind, korrespondieren mitunter mit Schuldgefühlen oder aber Wut auf den Partner. Auch ein nicht unerheblicher Teil der Frauen, die die Trennung initiiert haben, erlebt darüber hinaus Gewalt durch den Expartner (vgl. Schröttle/ Müller 2004)[7].

---

[5] In der Folge wird deshalb auch überwiegend von allein erziehenden Müttern gesprochen.
[6] Auch wenn die Gruppe der Alleinerziehenden mit spezifischen Risikofaktoren konfrontiert sein kann, bzw. sich durch die Bewältigung vielfältiger Problemlagen auszeichnet, so muss auch sie in ihrer Heterogenität wahrgenommen werden, was auch bedeutet, dass nicht automatisch für jede Familie Hilfebedarf und Unterstützung durch z.B. Jugendhilfemaßnahmen besteht.
[7] Hieraus können sich auch spezifische Hilfebedarfe für Kinder ergeben, die durch Jugendhilfemaßnahmen bzw. anderweitige Angebote (z.B. Frauenhausaufenthalte, begleiteter Umgang, Erziehungsberatung, etc.) erbracht werden. Staatliche Unterstützungsangebote, die sich zwischen Unterstützung und Kontrolle bewegen und auf Basis individueller Rechtsansprüche bzw. Normen zu erbringen sind, können hierbei der Förderung und Unterstützung im Sinne des Kindeswohls dienen und Mädchen und Jungen in ihrer Entwicklung unterstützen und fördern.

2.4 Gesundheitsbelastungen Alleinerziehender

Die hiermit verbundenen physischen, psychischen und materiellen Probleme sowie konfliktbeladene Trennungs- bzw. Sorge- und Umgangsregelungen vermögen auch Belastungen zu beinhalten, die zu Gesundheitsbeeinträchtigungen führen können. So geben alleinerziehende Mütter zu 24,7 % an, unter psychischen Erkrankungen zu leiden. Hingegen nennen verheiratete Frauen diese Erkrankungen nur zu rund 11 %. 54,4 % der allein erziehenden berufstätigen Mütter fühlen sich abgeschlagen und matt, und beinahe jede fünfte (18,5 %) Alleinerziehende wurde wegen Depressionen von einem Arzt behandelt. Rund 55 % der Befragten sind oft gereizt, mehr als 52 % grübeln über ihre Probleme und 48,1 % berichten über innere Unruhe. Fast jede dritte Alleinerziehende (30,4 %) schläft schlecht, und auch die Anzahl der Raucherinnen liegt bei Alleinerziehenden fast doppelt so hoch (45,8 % im Vergleich zu 23,6 % der Kontrollgruppe) (vgl. DAK 2001, Europäische Agentur für Sicherheit und Gesundheitsschutz am Arbeitsplatz 2006, Bundesanstalt für Arbeitsschutz und Arbeitsmedizin 2005).

2.5 Armutsrisiken Alleinerziehender

Obwohl sich alleinerziehende Mütter in ihrem Bildungsstand und von ihrer beruflichen Ausbildung nicht wesentlich von Müttern in Paarbeziehungen unterscheiden, zwei Drittel der erwerbslosen Alleinerziehenden gerne einer Erwerbstätigkeit nachgehen würden und sich diese Personengruppe durch eine hohe Leistungsbereitschaft auszeichnet, haben sie große Probleme einer Berufstätigkeit nachzugehen, da es bis heute an verlässlichen und flexiblen Kinderbetreuungsmöglichkeiten fehlt (vgl. BMFSFJ 2009: 89 f.). Deshalb stellt sich ein erhöhtes Armutsrisiko als zusätzliches Problem dieser Familien dar. So erhalten mehr als 40 % der Alleinerziehenden Leistungen nach dem SGB II, und mit rund 660.000 stellen sie die Hälfte der Bedarfsgemeinschaften mit Kindern. Das bedeutet auch, dass die Hälfte aller Kinder im SGB II Bezug in Ein-Eltern-Familien (1 Mio.) lebt (vgl. BMBFSFJ 2009: 90). Insbesondere Alleinerziehende mit mehreren Kindern sowie mit Kindern unter drei Jahren gelten als besonders armutsgefährdet, so dass insgesamt 800.000 Kinder von Alleinerziehenden mit einem Armutsrisiko aufwachsen (vgl. BMFSFJ 2009: 91).

Die mit materieller Armut mitunter korrespondierenden vielfältigen Risiken, Stressoren und Probleme, die auch als Mangel an sozialem und kulturellen Kapital beschrieben werden können, vermögen das Aufwachsen von Kindern zu beeinträchtigen. Aufgrund von Überforderungen, unzureichenden Unterstützungsleistungen durch die eigene Familie und soziale Netzwerke, aber auch durch mangelnde Erziehungskompetenzen können so in der Folge massive Erziehungsprobleme entstehen, die bis hin zur Kindeswohlgefährdung führen können. Die mit materieller Armut häufig auch einhergehende verringerte Bildungspartizipation der Kinder lässt darüber hinaus besonderen Unterstützungs- und Förderbedarf für Mädchen und Jungen notwendig werden.

Unterstützungsangebote, die im Rahmen von Familienbildung das Zusammenleben der Eltern und ihrer Kinder befördern können, Beratung, aber auch familienentlastende Maßnahmen (z.B. Familienfreizeit- und Familienerholungsangebote), die der Gesetzgeber ermöglicht, aber auch insbesondere die auf individuellen Rechtsansprüchen beruhenden Hilfen zur Erziehung nach dem SGB VIII können einen Beitrag zur Entlastung und zur Verbesserung der Lebens- und Erziehungsbedingungen der Kinder leisten. Darüber hinaus bedarf es auch der Unterstützung durch die öffentliche Kleinkinderziehung, aber auch der Kooperation von Schule und Jugendhilfe, wenn die von besonderen Problemlagen betroffenen und durch spezifische Armutsrisiken belasteten Mädchen und Jungen und ihre Eltern im Sinne von Prävention angemessene Unterstützung und Förderung in ihrer Entwicklung und Bildung erfahren sollen. Einrichtungen wie Krippe, Kita, Hort und Schulen, aber auch anderen Bereichen der Jugendhilfe kommen dabei vielfältige Kompensationsleistungen zu, die die Familien in ihrer Sozialisationsfunktion unterstützen können und sollen[8].

Ein-Eltern-Familien sind aufgrund ihrer spezifischen Lebenslage und Bedarfe besonders auf funktionierende soziale Netzwerke angewiesen, die dann u.a. die mangelnden institutionellen Kinderbetreuungsmöglichkeiten kompensieren müssen. Insbesondere für erwerbstätige alleinerziehende Mütter sind diese Verwandtschafts- oder Freundschaftsnetzwerke von hoher Bedeutung, wobei Alleinerziehende aus unteren sozialen Milieus häufig auf einen geringeren sozialen Rückhalt zurückgreifen können (vgl. BMFSFJ 2009: 96). Eine dauerhafte Erwerbstätigkeit wird diesen Müttern deshalb besonders erschwert und kann in der Folge Armut begünstigen.

Ein Gesamtkonzept, dass auf Strukturveränderungen, Vernetzung und Prävention angelegt ist, um diesen Familien und vor allem ihren Kindern angemessene und gesetzlich auch vorgeschriebene Hilfen und Unterstützungsangebote zukommen zu lassen, bedarf, wie gezeigt werden soll, qualitativer und in der Kommune aufeinander abgestimmter und verorteter Maßnahmen. Einen Beitrag hierzu vermögen nicht nur die im SGB VIII vorgegebenen rechtlichen Bestimmungen zu leisten, sondern auch Bildungs- und Erziehungspartnerschaften, die neue Chancen ermöglichen können.

2.6 Bildungs- und Erziehungspartnerschaften zum Wohle des Kindes und zur Unterstützung Alleinerziehender

Nicht nur alleinerziehende Mütter weisen erhöhte Gesundheitsrisiken auf, sondern auch die Kinder, die bei nur einem Elternteil aufwachsen. So lassen sich auch hier Untersuchungen finden, die auf erhöhte psychiatrische Erkrankungen hinweisen, wie auch auf eine erhöhte Anzahl von Suiziden und Suizidversuchen und einen erhöhten Substanzmittelmissbrauch wie Alkohol-, Nikotin-, Tablettenabusus. Aber auch ein Anstieg von Unfällen, Verletzungen und Verhaltensauffälligkeiten sind bei Kindern, die in Ein-Eltern-Familien aufwachsen, verzeichnet worden (vgl. Centre for Epidemiology 2003: 126 ff.).

Da auch die Schulleistungen der Kinder von der Familien- und Unterstützungsstruktur abhängig sind und vor allem durch die elterliche Erziehung, ihre vertrauensvollen und wertschätzenden Beziehungen geprägt sind (vgl. Bartscher 2010: 9), kommt dem Alleinerziehen auch hinsichtlich des Schulerfolgs hohe Bedeutung zu. Denn nicht immer gelingt es den Alleinerziehenden, aufgrund der zahlreichen Belastungen, ihre Kinder angemessen auf ihrem Bildungsweg zu begleiten. Insbesondere dann, wenn einer Erwerbstätigkeit nachgegangen wird, erweist sich „Familienzeit als knappe Zeit" (vgl. Jurczyk 2009: 37 ff.), weshalb vor allem Alleinerziehende häufig (56 %) über Zeitmangel und Zeitstress (vgl. BMFSFJ 2009: 13) klagen.

Hier können Erziehungs- und Bildungspartnerschaften ansetzen, um die spezifischen Defizite und Benachteiligungen der Alleinerziehenden und ihrer Kinder auszugleichen. Deshalb sind Erziehungs- und Bildungspartnerschaften, in denen das Kind im Mittelpunkt steht, zwischen den verschiedenen sozialen Akteuren von besonderer Bedeutung. Können sie doch ermöglichen, dass den in diesen Familien aufwachsenden Kindern, die zudem von erhöhter Armut und häufig auch durch mangelnde Bildungsteilhabe betroffen sind, angemessene Unterstützungs- und Förderungsangebote zur Verfügung gestellt werden. Die Zusammenarbeit von Kindertageseinrichtungen, der Schule und anderen Akteuren der Jugendhilfe mit den alleinerziehenden Müttern und Vätern gilt es auch deshalb weiterzuentwickeln, um die intergenerationelle Weitergabe von Armut zu unterbinden. Politik und Soziale Arbeit sind hier gefordert, vernetzt und gemeinsam mit den Ein-Eltern-Familien und zum Wohl der Kinder Partnerschaften auf Augenhöhe zu initiieren, die tragfähig, vertrauensvoll und nachhaltig sind.

---

[8] Im Rahmen eines Gesamtkonzepts benötigen in dem dargestellten Sinn nicht nur Familien bzw. vor allem Alleinerziehende oder von Armut Betroffene umfassende Hilfestellungen, sondern auch weitere spezifische Zielgruppen, für die sich innerhalb der Kommune besonderer Unterstützungsbedarf ergeben kann. Zu nennen wären hier vor allem Familien mit Migrations- oder Fluchthintergrund oder auch Familien mit behinderten Kindern.

Diese Partnerschaften benötigen neben der gegenseitigen Wahrnehmung, Wertschätzung und Anerkennung der jeweiligen erzieherischen Kompetenz der an dem Aufwachsen der Kinder beteiligten unterschiedlichen Sozialisationsinstanzen aber auch Zeit. Doch dieses wichtige Gut, über das insbesondere Alleinerziehende nur sehr begrenzt verfügen, wie Untersuchungen zeigen (vgl. BMBFSFJ 2009), erschwert mitunter einen partnerschaftlichen, gleichberechtigten Umgang der am Bildungs- und Erziehungsprozess der Kinder und Jugendlichen Beteiligten. Insbesondere dann, wenn alleinerziehende Mütter neben der alleinigen Sorge für ihre Kinder auch noch einer Erwerbstätigkeit nachgehen und auf weitere familiäre oder soziale Netzwerkunterstützung verzichten müssen. Deshalb wird auch deutlich, dass Erziehungs- und Bildungspartnerschaften zwischen Jugendhilfe und Schule nicht nur der persönlichen Bereitschaft der an diesem Prozess Beteiligten bedürfen, sondern dass auch erleichternde strukturelle Rahmenbedingungen gefunden werden müssen, um dem vorhandenen mangelnden Zeitkontingent zu begegnen.

Für Alleinerziehende sind im Sinne gelungener Bildungs- und Erziehungspartnerschaften also nicht nur qualitativ hochwertige pädagogische Angebote von großer Bedeutung, sondern insbesondere strukturelle Veränderungen sind dringend erwünscht und werden von ihnen erwartet. Hierzu zählen z.B. die flächendeckende Einführung von Ganztagsschulen ebenso wie veränderte Öffnungszeiten und verbesserte pädagogische Angebote in der Kindertagesbetreuung. Aber auch eine Zunahme von Familienfreundlichkeit sowie Arbeitszeitflexiblisierungsmodelle in den Betrieben könnten Maßnahmen bilden, die zur Entlastung und zur besonderen Förderung von Ein-Eltern-Familien führen könnten.

Rückt also Familie ins Zentrum und werden hieran Maßnahmen der Jugendhilfe sowie Bildungs- und Erziehungspartnerschaftsmodelle orientiert, die sich als Gesamtkonzept verstehen und auf strukturelle Veränderungspotenziale sowie auf erweiterte Partnerschaftsmodelle fokussieren, so kann im Sinne von Prävention auch den Ein-Eltern-Familien und ihren Kindern angemessene Unterstützung und Förderung rechtzeitig zuteil werden. Rechtliche Rahmenbedingungen sind hierfür bereits vorhanden, wie gezeigt werden soll.

C. Gesellschaftliche Folgen – Kostenentwicklung[9]

1. Entwicklung der Jugendhilfekosten

Die gesellschaftlichen Folgen der zunehmenden Probleme von Familien äußern sich in immer hilfloseren und umfangreicheren Lösungsversuchen der Sozialpolitik (von der Jugendhilfe und Sozialhilfe bis zum Gesundheitswesen und der Arbeitsverwaltung) und immer höheren Folgekosten. Das lässt sich am Beispiel der Steigerung der Jugendhilfekosten eindrucksvoll zeigen:

Die Kostenentwicklung der Jugendhilfeeinrichtungen (bundesweit) für den Zeitraum seit Einführung des KJHG hatte folgenden Verlauf:

1991 **6,175** Milliarden Euro

2010 **16,013** Milliarden Euro (Statistisches Bundesamt 2012: 39-41)

2. Folgekosten in der Arbeitsverwaltung

Die gleiche Aussage gilt für die Entwicklung der Kosten im Bereich der Arbeitsverwaltung. Auch wenn hier noch viele andere makroökonomische Faktoren eine Rolle spielen, kann man doch annehmen, dass ein Bündel familiärer Defizite nicht nur zu Bildungs- und Ausbildungsdefiziten führt, sondern auch wesentliche Ursache erhöhter Arbeitslosigkeit ist. So zeigte etwa die Entwicklung jugendlicher Arbeitslosigkeit von 2008 bis 2009 folgenden Umfang:

Entwicklung der Zahl junger Arbeitsloser (U 25)

2008: **339 900**

2009: **377 000** (Bundesagentur für Arbeit 2010: S. 22)

Auch wenn sich mittlerweile positivere Entwicklungen auf dem Arbeitsmarkt durchgesetzt haben mögen, ist dies doch eher Ausdruck von äußeren makro-ökonomischen Trends. Der für unsere Thematik eigentlich interessante Zusammenhang ist aber ein anderer: Die folgende Grafik macht nämlich den Zusammenhang von mangelndem Schulabschluss und dem Grad der Arbeitslosigkeit deutlich – und damit die große Bedeutung des Faktors Familie, der aufs engste mit dem Schulabschluss korreliert.

---

[9] Erläuterungen zu These 2 aus Teil A. ‚Kurzfassung des Buches': „Die Folgekosten sind gewaltig und in diesem Umfang überhaupt nicht notwendig!"

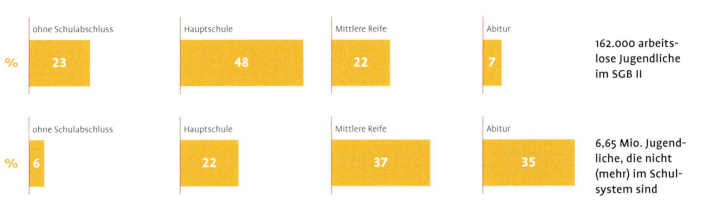

Abb. Nr. 5: Zusammenhang von mangelndem Schulabschluss und dem Grad der Arbeitslosigkeit (Bundesagentur für Arbeit 2012: 17)

„Gerade bei Jugendlichen ist eine geringe schulische Bildung einer der wichtigsten Risikofaktoren für Arbeitslosigkeit im SGB II … : Knapp ein Viertel der arbeitslosen Jugendlichen im SGB II ist ohne Schulabschluss, fast die Hälfte hat einen Hauptschulabschluss erworben – nur einer von vierzehn eine Hochschulreife. In der gesamten Bevölkerung dieser Altersgruppe, die nicht mehr im Bildungssystem ist, haben dagegen nahezu drei Viertel mindestens eine mittlere Reife und nur 6 % haben keinen Schulabschluss erworben." (Bundesagentur für Arbeit 2012: 17)

3. Die Folgekosten unterlassener Früher Hilfen

Die Folgekosten der zunehmenden Probleme von Familien und der damit verbundenen Lösungsversuche der Sozialpolitik von der Jugendhilfe und Sozialhilfe bis zum Gesundheitswesen, der Arbeitsverwaltung usw. sind gewaltig, aber überhaupt nicht notwendig! Sie wären bedeutend geringer, wenn rechtzeitig und an den richtigen Stellen präventiv gehandelt worden wäre.

Einen Hinweis darauf finden wir im Grünbuch der Europäischen Kommission: „Die Bedeutung früher und rechtzeitiger Angebote für Familien zeigt sich auch in den Folgekosten von nicht frühzeitig erkannten Verhaltensauffälligkeiten bzw. fehlenden präventiven Angeboten. Im Grünbuch Seelische Gesundheit der Europäischen Kommission wird darauf ausdrücklich verwiesen. Gemäß einer jüngeren Kosten-Nutzen-Analyse, die die finanziellen Belastungen bei zehnjährigen Kindern mit Verhaltensauffälligkeiten berechnete, zeigten sich erhebliche Folgekosten in allen gesellschaftlichen Bereichen. Insbesondere im Bereich der Justiz, des Bildungswesens und später der Sozialhilfe entstehen Folgekosten dann, wenn es nicht gelingt, frühe Verhaltensauffälligkeiten durch frühe Förderung zu vermeiden oder wenn gar aus Verhaltensauffälligkeiten diagnostizierbare und behandlungsbedürftige psychische Störungen im Kindes- und Jugendalter werden" (Grünbuch der Europäischen Kommission, 2005; Abb. 1, zit. n. Ziegenhain u.a. 2010: 35).

Die ‚Kosten der sozialen Ausgrenzung' sind in Langzeit-Follow-Ups gründlich erforscht worden. Die Langzeitkosten psychischer Gesundheitsprobleme sind danach in den Bereichen Kriminalität, Arbeitsplatzverlust, Beziehungen, Pflege/Heimversorgung, Gesundheit und Erziehung erheblich (bei Kindern mit Verhaltensproblemen mindestens 40.000 € und bei Kindern mit Verhaltensstörungen über 140.000 € (Ziegenhain u.a. 2010: 36). Dabei dürfte dies noch eine äußerst konservative Rechnung sein, wie im Folgenden anhand der unterlassenen Frühen Hilfen zu belegen sein wird.

„Welche Kosten mit Kindesvernachlässigung und/oder Misshandlung verbunden sind, lässt sich anhand von Ergebnissen aus dem englischsprachigem Raum verdeutlichen. So errechneten Wang und Holton bezogen auf das Jahr 2007 Kosten von 103,8 Milliarden US-Dollar, die in den USA jährlich infolge von Kindesvernachlässigung und -misshandlung aufgewendet werden müssen, und zwar in Form von direkten Kosten im Bereich der Jugendhilfe, Justiz und dem Gesundheitssystem und indirekten Kosten, z.B. besondere Sonderpädagogikangebote, Jugendkriminalität, Kriminalität im Erwachsenenalter und Produktivitätsverluste." (Meier-Gräwe/Wagenknecht 2011: 19) Dazu die folgende Tabelle:

GESCHÄTZTE KOSTEN DURCH KINDESVERNACHLÄSSIGUNG UND -MISSHANDLUNG IN DEN USA

Direkte Kosten	Geschätzte jährliche Kosten in US-Dollar (2007)
Krankenhausaufenthalte	6.625.959.263
Gesundheitssystem/Psychische Erkrankungen	1.080.706.049
Jugendhilfesystem/Kinderschutz	25.361.329.051
Justizsystem/Strafverfolgung bei Kindeswohlgefährdung	33.307.770
Summe direkte Kosten	**33.101.302.133**
Indirekte Kosten	
Sonderschulpädagogik	2.410.306.242
Jugenddelinquenz	7.174.814.134
Psychische Erkrankungen und medizinische Versorgung	67.863.457
Erwachsenenstrafsystem	27.979.811.982
Wertschöpfungsverluste/Einkommen	33.019.919.544
Summe indirekte Kosten	**70.652.715.359**
Gesamtkosten	**103.754.017.492**

Tabelle Nr. 1 (Quelle: Prevent Child Abuse America 2007, zit. n. der Darstellung von Meier-Gräwe/Wagenknecht 2011: 20)

„Grundsätzlich können zwei Arten von Folgen unterschieden werden: direkte und indirekte Folgen. Daraus resultieren direkte und indirekte Folgekosten, d. h. Kosten die unmittelbar infolge einer Vernachlässigung und/oder Misshandlung entstehen – z.B. Behandlungskosten in Krankenhäusern und Arztpraxen – und Kosten, die nicht unmittelbar mit der Kindeswohlgefährdung auftreten, jedoch dieser zuzuordnen sind. Hierzu zählen z.B. Beeinträchtigungen der kognitiven Fähigkeiten und damit einhergehende Produktivitätsverluste. Bezogen auf die beteiligten Systeme lassen sich zusammenfassend die folgenden direkten und indirekten Folgekosten benennen:

Ebene Gesundheitssystem

> Direkte Behandlungskosten durch Misshandlung und Vernachlässigung (u.a. körperlichen Verletzungen und Mangelerscheinungen, Schütteltraumata)

> Indirekte, langfristige Kosten durch Folgeerkrankungen (u.a. psychische Störungen, Suchtkrankheiten, erhöhtes Gesundheitsrisikoverhalten)

Ebene Kinder- und Jugendhilfe

> Direkte und indirekte, langfristige Kosten durch Kinderschutzmaßnahmen (Inobhutnahmen, Hilfen nach dem KJHG)

Ebene Bildung und Erwerbsbeteiligung

> Langfristige Kosten durch Vernachlässigungs- und Misshandlungsfolgen (u.a. verminderte kognitive Fähigkeiten und Schulleistungen, Störungen der Sprache, Schulabbruch, Schulversagen)

Ebene Justizsystem

> Direkte Kosten bei Kinderschutzfällen (Einschaltung des Familiengerichts)

> Indirekte, langfristige Kosten durch erhöhte Straffälligkeit, aggressives und kriminelles Verhalten."

(Meier-Gräwe/Wagenknecht 2011: 34)

Sehr eindrucksvoll lässt sich die These von den massiven langfristigen Folgen unterlassenen rechtzeitigen Handelns und den positiven Wirkungen bei rechtzeitigem Eingreifen (positives Kosten-Nutzen-Verhältnis) am Beispiel der ‚Frühen Hilfen' zeigen[10]:

Dazu ist zuletzt sehr überzeugend die Analyse von Meier-Gräwe/Wagenknecht für das Nationale Zentrum für Frühe Hilfen (Meier-Gräwe/Wagenknecht 2011) zu den Kosten und zum Nutzen Früher Hilfen (im Sinne früher selektiver Prävention, also bei noch nicht eingetretener Kindeswohlgefährdung) in mehreren Szenarien durchgeführt worden, die – bezogen auf eine Gesamtrechnung aller Kosten im Lebenslauf von Betroffenen – teilweise spektakuläre Folgekosteneinsparungen von über einer Million Euro pro Fall im Lebenslauf errechnete.

---

[10] „Ökonomische Analysen bezogen sich lange Zeit fast ausschließlich auf die Frage: Wie können Kosten, insbesondere in den kostenintensiven Bereichen der Jugendhilfe (z.B. der Heimerziehung), eingespart werden? Erst seit kurzem – insbesondere mit der durch PISA ausgelösten Bildungsdebatte – hat ein verändertes Verständnis von Ausgaben und Kosten für familienunterstützende Leistungen eingesetzt. Denn Angebote früher Förderung und Bildung tragen – so das Ergebnis vorhandener Studien – dazu bei, die Entwicklungschancen von Kindern erheblich zu verbessern und Kosten des Sozial-, Gesundheits- und Justizsystems im weiteren Lebenslauf dieser Kinder einzusparen. Die Renditen fallen dabei umso höher aus, je früher die Kinder erreicht werden und sind insbesondere für Kinder aus benachteiligten Familien bedeutsam (vgl. Heckman, Masterov 2007). Das Kosten-Nutzen-Verhältnis frühkindlicher Bildung beträgt nach einer Untersuchung der Bertelsmann Stiftung für Deutschland 1:2,7, d. h. die zu Beginn eingesetzten Kosten lösen volkswirtschaftlichen Nutzen in fast dreifacher Höhe aus (vgl. Bertelsmann Stiftung 2007). Die Kosten unzureichender Bildung heute geborener Kinder werden sich nach Angabe einer weiteren Studie der Bertelsmann Stiftung im Lebenslauf von 80 Jahren auf 2,8 Billionen Euro summieren (Bertelsmann 2009). Im Bereich der Frühen Hilfen weisen internationale Untersuchungen ebenfalls auf ein positives Kosten-Nutzen- Verhältnis hin. Ein Beispiel ist die Studie »Investing in our Children« (vgl. Karoly et al. 1998), welche die Kosten und den Nutzen des Home Visiting Program »Elmira PEIP« untersucht hat. Hier konnte gezeigt werden, dass den zu Beginn entstandenen Kosten von 6.000 US-Dollar Einsparungen in Höhe von 24.000 US-Dollar pro Familie gegenüberstanden.
In Deutschland fehlt es derzeit noch an vergleichbaren Untersuchungen. Im Rahmen der vom Bundesministerium für Familie, Senioren, Frauen und Jugend im Programm »Frühe Hilfen für Eltern und Kinder und soziale Frühwarnsysteme« geförderten Modellprojekte werden zwei Untersuchungen zu den Kosten und dem Nutzen Früher Hilfen erstellt – die vorliegende Arbeit, die im Projekt »Guter Start ins Kinderleben« entstanden ist und eine Kosten-Nutzen-Analyse, die innerhalb des Projekts »Pro Kind« durchgeführt wird." (Meier-Gräwe/Wagenknecht 2011: 12)

Unterlassende präventive Maßnahmen als Frühe Hilfen in den ersten drei Lebensjahren (z.B. Familienhebammen, Krippenbesuch), in der Kita-Zeit (mit paralleler sozialpädagogische Familienhilfe usw.), oder erst in der Schulzeit, wirken sich ganz unterschiedlich aus. Maßnahmen erst in der Kita-Zeit erhöhen die Kosten um das Dreizehnfache. Maßnahmen erst in der Schulzeit um den Faktor 34![11]

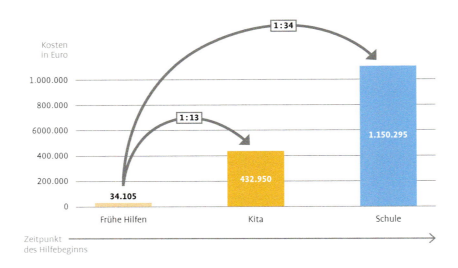

Abb. Nr. 6: (Meier-Gräwe/Wagenknecht 2011: 77)

Die Folgekosten für unterlassene frühe (selektive) Präventionsmaßnahmen
„werden insbesondere in den Bereichen der tertiär-präventiven/interventiven Jugendhilfe, für kurative Angebote (Behandlung von Folgeerkrankungen wie z.B. psychische Störungen) sowie durch Delinquenz und Wertschöpfungsverluste im Erwerbssystem (Arbeitslosigkeit, Wertschöpfungsverluste durch geringe Qualifikation) erwartet.

---

[11] „Die Arbeit enthält zunächst eine Kostenanalyse Früher Hilfen, die im Rahmen des Projekts »Guter Start ins Kinderleben« erstellt wurde. Diese analysiert die Ausgaben, welche durch konkrete Maßnahmen des Kinderschutzes am Projektstandort Ludwigshafen entstanden sind. Insbesondere im Bereich der Jugendhilfe und im Gesundheitswesen waren zunächst zusätzliche Ressourcen notwendig, um die Vernetzung und Kooperation zwischen den Akteuren aufzubauen und sicherzustellen, die Risikoeinschätzung im Krankenhaus zu finanzieren und die Familien mit angemessenen Hilfen zu unterstützen. Darüber hinaus mussten die beteiligten Personen im Kinderschutz geschult und für passgenaue Hilfen weitergebildet werden. Zudem wurde im Jugendamt eine Stelle »Fachdienst Guter Start ins Kinderleben« als Ansprechpartner für die Familien und die Akteure im Netz Früher Hilfen eingerichtet. Die Kosten betragen nach den Auswertungen dieser Studie 7.274 Euro pro Fall, bei dem eine erhöhte Risikobelastung festgestellt wurde. Bei über 60% der Fälle lagen die Kosten unter 1.000 Euro. Hinzu kommen Kosten, die durch das Screening insgesamt verursacht werden. Betrachtet man jedoch die Kosten, die entstehen, wenn ein Kind von Vernachlässigung und/oder Misshandlungen betroffen ist, zeigt sich, wie vergleichsweise minimal die Kosten der Prävention gegenüber den Folgekosten einer Kindeswohlgefährdung sind. Zur Darstellung dieser Folgekosten wurden – basierend auf vorhandenen Forschungsarbeiten und Expertengesprächen – vier verschiedene Szenarien gebildet (zwei moderate, zwei pessimistische Szenarien) und die Kosten berechnet. Diese zeichnen fallbezogen die Folgen von Kindesmisshandlung und -vernachlässigung im Lebenslauf nach und verdeutlichen, welche kumulativen Kosten hierdurch kurz- und langfristig entstehen. Solche Kosten werden insbesondere in den Bereichen der tertiär-präventiven/interventiven Jugendhilfe, für kurative Angebote (Behandlung von Folgeerkrankungen z.B. psychische Störungen) sowie durch Delinquenz und Wertschöpfungsverluste im Erwerbssystem (Arbeitslosigkeit, Wertschöpfungsverluste durch geringe Qualifikation) erwartet. (Meier-Gräwe/Wagenknecht 2011: 9)

Kontrastiert man die Folgekosten mit den Kosten Früher Hilfen, so zeigt sich, dass diese im moderaten Szenario 60-mal und beim pessimistischen Szenario 159-mal höher liegen als die Kosten der Prävention. Da sich die Präventionskosten ausschließlich auf die Frühen Hilfen beziehen, d.h. auf Hilfen von der Geburt bis zum dritten Lebensjahr der Kinder, wurden in einer ergänzenden Berechnung auch Kosten dargestellt, die den weiteren Lebenslauf mitbetrachten und dort entstehende (geschätzte) Aufwendungen berücksichtigen. Hier wird deutlich, dass auch unter Einbeziehung dieser zusätzlichen Ausgaben der Nutzen eindeutig positiv bleibt. Denn das Verhältnis der Kosten Früher Hilfen beträgt gegenüber den Kosten von Kindeswohlgefährdung unter den getroffenen Annahmen bei dem moderaten Szenario 1:13 und 1:34 beim pessimistischen Szenario.

Die erzielten Befunde der Studie sprechen – bei aller noch notwendigen begleitenden Evaluation über längere Zeiträume – für einen entschiedenen Paradigmenwechsel in den Finanzierungsstrukturen von Gesundheitswesen und Jugendhilfe: Gelingt es, kindliche Entwicklungsrisiken durch Frühe Hilfen zu erkennen, einen guten Zugang zu (gefährdeten) Familien herzustellen, Unterstützung und Hilfen im Sinne eines guten ‚Übergangsmanagements' anzubieten und damit eine mögliche Kindesvernachlässigung und Misshandlungen zu verhindern, ist das für das Wohlergehen der Kinder, aber auch für die Gesellschaft unermesslich und führt somit zu einer ‚doppelten Dividende'. Das derzeitige Wissen und der Forschungsstand in diesem Bereich verweisen bereits heute darauf, dass Frühe Hilfen als eine sinnvoll angelegte Zukunftsinvestition für die betroffenen Kinder und für die Gesellschaft insgesamt begriffen werden müssen. Die derzeitige Finanzierung mit Schwerpunkt in den späteren Lebensjahren sollte deshalb durch eine konsequente Umsteuerung zugunsten einer passgenauen Unterstützung von Geburt an verändert werden." (Meier-Gräwe/Wagenknecht 2011: 9f.)

Die Brisanz des vorangegangenen Gedankengangs wird noch einmal verschärft, wenn man sich vor Augen führt, dass eine ‚Rendite' nicht nur in der Verringerung der Folgekosten unterlassener Früher Hilfen liegt. Wenn man nicht nur interveniert bei bereits eingetretenen Problemen oder nicht nur etwas für eng umrissene Zielgruppen im Sinne selektive Prävention tut, sondern präventive Maßnahmen universell anlegt, die für alle Kinder gelten, dann erreicht man nicht nur mögliche gefährdete Gruppen mit höherer Sicherheit, sondern tut automatisch ganz viel für die Bildung aller Kinder. Dann sind sämtliche universell-präventiven Maßnahmen eben nicht nur reine Prävention, sondern ein groß angelegtes Bildungsprogramm, das die gesellschaftliche Rendite insgesamt nochmals erhöht! Deshalb sprechen wir auch – was im weiteren Fortgang der Argumentation noch zu belegen sein wird – von Präventions- und Bildungsketten! Dass unser Thema also nicht nur im Falle von Kindesvernachlässigung und Kindeswohlgefährdung bedeutsam ist, sondern von allgemeinerer Relevanz, soll im nächsten Abschnitt skizziert werden.

D. Weitere Begründungszusammenhänge[12] für die Bedeutung der Familie und ihrer Förderung

Um die Relevanz und den hohen Stellenwert der Familie und die daraus abgeleiteten Forderungen nach umfassenden Erziehungs- und Bildungspartnerschaften zu untermauern, gibt es im öffentlichen Fachdiskurs eine Vielfalt weiterer typischer Argumentationsfiguren. Die wichtigsten und markantesten werden im Folgenden kurz erläutert.

1. **Argumentationsmuster 1 – Die Bildungsbedeutung des familiären Systems: Warum es so wichtig ist, bei allen pädagogischen und sozialpolitischen Strategien den Faktor ‚Familie' und ‚Eltern' zu berücksichtigen**

   Das erste Argumentationsmuster weist darauf hin, dass Familien (Eltern) alles in allem der wichtigste Sozialisations- und Erziehungsfaktor sind – möglicherweise wichtiger als Gesellschaft, Umfeld, Medien und vielleicht auch wichtiger als die Bildungs- und Erziehungsinstitutionen Krippe, Kita und Schule. Für die Schule gelte sogar (etwas polemisch zugespitzt): Schulleistung werde im Ergebnis nicht überwiegend durch die Schule erzeugt, sondern durch die Familie (die Eltern)! Die Begleituntersuchungen zu PISA 2000 zeigten diesen aus früheren Untersuchungen (Coleman-Report, Plowden-Report) bereits bekannten Zusammenhang nochmals sehr deutlich auf. Es wurde gezeigt, dass z.B. in den Bereichen Lesekompetenz, mathematische und naturwissenschaftliche Kompetenz der Einfluss der Familie (sicher überwiegend auf der Basis von Sozialschichteffekten) doppelt so stark war wie der Einfluss von Schule, Lehrkräften und Unterricht (OECD 2001: 356 f.)

2. **Argumentationsmuster 2 – Die Bedeutung der Kooperation mit den Familien nimmt zu aufgrund des gestiegenen gesellschaftlichen Stellenwertes der vorschulischen Betreuung, Bildung und Erziehung und der fundamentalen lern- und die entwicklungspsychologischen Bedeutung der frühkindlichen Phase**

   Bei diesem Argumentationsmuster geht es um den breiten gesellschaftlichen, fachlichen und wissenschaftlichen Diskussionszusammenhang, der mittlerweile die Form eines breiten Konsenses angenommen hat: Die Bedeutung der ersten Lebensjahre für die Entwicklung von Kindern und Jugendlichen ist unbestritten. Hertzman konnte eindrucksvoll zeigen, dass die sensitiven Zeiträume in der frühen Entwicklung des Gehirns für die meisten geistigen Fähigkeiten (Sehvermögen, Hörvermögen, emotionale Kontrolle, Symbolverständnis, Sprache, Zahlenverständnis usw.) bereits in den Vorschuljahren liegen, insbesondere den ersten drei Lebensjahren (vgl. z.B. Hertzman 2008: 2 ff).

   „Die hohe Bedeutung, die Frühe Hilfen und frühe Förderung auch aus wirtschaftlicher Sicht haben, hat der Nobelpreisträger für Ökonomie, James Heckman, aus den Daten des Perry Preschool Project in Ypsilanti, Michigan, herausgearbeitet. Er hat die Kosten für frühkindliche Bildungsprogramme den Folgekosten im Sozial-, Gesundheits- und Justizhaushalt gegenübergestellt, die einer Gesellschaft im weiteren Lebenslauf benachteiligter Kinder entstehen, wenn solche Investitionen in frühe Förderung und Bildung nicht vorgenommen werden. Seine Bilanz ist beeindruckend: Die größte Rendite ist bei kind- und familienunterstützenden Programmen zu erwarten, die dem Schulbesuch zeitlich bereits deutlich vorgelagert sind. Außerdem sind solche Erträge bei Kindern aus benachteiligten sozialen Herkunftsmilieus deutlich höher als bei Kindern, die über einen bildungsstarken Familienbackground verfügen. In Deutschland werden gerade die Investitionen im Fotobereich und noch in den der Primar- und Sekundarstufe relativ zum OECD durchschnittlich deutlich unterschritten. Erstmal Investitionen in berufliche und weiterführende Bildung übersteigt dann das deutsche Engagement den OECD-Durchschnitt (…)." (Ziegenhain 2010: 36)

---

[12] Erläuterungen zu These 3 aus Teil A. ‚Kurzfassung des Buches': „Es gibt viele weitere volkswirtschaftliche, pädagogische und psychologische Gründe dafür, um sich um die Familie zu sorgen angesichts ihres wichtigen Stellenwertes!"

Die ersten Lebensjahre sind also die entscheidenden. Die Analysen des Ökonomie-Nobelpreisträgers James Heckman haben insgesamt folgendes zusammenfassendes Ergebnis erbracht[13]: Je früher pädagogische Programme einsetzen, desto höher ist ihre Wirkung und damit ihre volkswirtschaftliche ‚Rendite'. Das zeigt die folgende Übersicht.

Rendite für Investitionen in Humankapital in unterschiedlichen Lebensphasen:
Rendite eines zusätzlich ausgegebenen Dollars in unterschiedlichen Lebensphasen

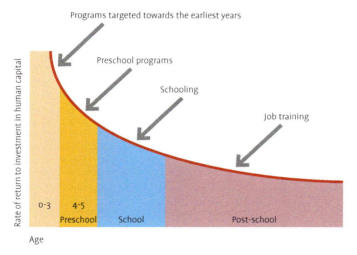

Abb. Nr. 7: Rendite für Investitionen in Bildungsprogramme (Heckman & Masterov 2007; Cunha, Heckman 2007; Heckman 2008: 21; Ziegenhain u.a. 2010: 37)

Von Heckman wird die folgende Faustregel kolportiert, die sich ja im Kern auch in dieser Grafik und in der folgenden Zusammenfassung seiner Erkenntnisse durch Heckman selber zeigt:
1 Dollar, der in die frühkindliche Bildung investiert wird, ergibt eine spätere volkswirtschaftliche Rendite bei Erwachsenen von 4 Dollar. Bei prekären Zielgruppen (z.B. Migranten) ist dieses Verhältnis 1:7!

Heckman fasst seine Überlegungen wie folgt zusammen:

> „Frühe Investitionen zahlen sich aus.

> Sie fördern die Wirksamkeit und bauen Ungleichheiten ab.

> Spätere Förderung zahlt sich weit weniger aus.

---

[13] „Wie sich die Förderung in unterschiedlichen Lebensphasen in finanzieller Hinsicht auswirkt, hat der Nobelpreisträger für Ökonomie James Heckman für den Bildungsbereich bereits eindrücklich aufgezeigt, indem er die Bildungsförderung in der Lebenslaufperspektive aus ökonomischer Sicht dargestellt hat. Das von ihm entwickelte ökonomische Modell gründet sich auf empirische Evidenz von Studien zu Bildungsinvestitionen in verschiedenen Lebensphasen und in verschiedenen Bildungsschichten. Es wird über zwei Kernannahmen modelliert: Dass einzelne Entwicklungsstufen aufeinander aufbauen und einmal erreichte Fähigkeiten die Rentabilität späterer Investitionen erhöhen – »Together, dynamic complementarity and self-productivity produce multiplier effects which are the mechanisms through which skills beget skills and abilities beget abilities« (Cunha, Heckman 2007: 35). Zudem werden kognitive und nicht-kognitive Fähigkeiten in einem untrennbaren Zusammenhang zueinander betrachtet. So weist eine neuere US-amerikanische Studie darauf hin, dass die aus guten selbstregulatorischen Fähigkeiten abgeleitete Selbstdisziplin eines Individuums für den akademischen Erfolg offenkundig sogar eine größere Rolle spielt als seine Intelligenz (Duckworth/Seligman 2005 in Pfeiffer, Reuß 2008). Im Ergebnis verdeutlicht Heckman in seiner Arbeit, welche Bedeutung der Zeitpunkt der Förderung auf die Effektivität und damit auf die Effizienz der eingesetzten Programme hat. Denn seine Berechnungen zeigen, dass Investitionen in kind- und familienunterstützende Programme die größte Rendite erbringen, wenn diese dem Schulbesuch deutlich vorgelagert sind (…). Die Erträge sind zudem bei Kindern aus benachteiligten Herkunftsfamilien deutlich höher als bei Kindern aus bildungsnahen Familien." (Meier-Gräwe/Wagenknecht 2011: 16 f.)

> Die Gründe liegen in der Art des Erwerbs von Fähigkeiten und Fertigkeiten.

> Durch erworbene Fähigkeiten treten neue zutage; alles frühe Gelernte erleichtert späteres Lernen.

> Förderprogramme für Jugendliche und junge Erwachsene sind, wenn die gleichen Fähigkeiten im Erwachsenenalter erreicht werden sollen, erheblich teurer.

> Die meisten dieser Programme sind wirtschaftlich ineffizient.

> Kinder aus privilegiertem Umfeld erfahren in aller Regel eine erhebliche Frühförderung.

> Kinder aus benachteiligten familiären Umfeld erfahren häufiger keine Frühförderung.

> Es spricht viel für öffentlich unterstützte frühkindliche Interventionsmaßnahmen für Kinder aus benachteiligten Familien." (Heckman 2008: 22 f.)

Die obigen Aussagen gelten im Übrigen nicht nur für den Einfluss der Familie, sondern auch für die öffentlichen Bildungsinstitutionen, wie es eindrucksvoll etwa die BASS-Studie (Fritschi/Oesch 2008) belegt hat. Die starke, vermutlich noch zunehmende Ausweitung der vorschulischen Betreuung, Bildung und Erziehung ist von den Eltern auf breiter Front gewollt. Diese Ausweitung verlangt nach vermehrter Kooperationen der Familien (Eltern) mit den Einrichtungen und eröffnet damit ein neues großes Feld der Erziehungs- und Bildungspartnerschaften (insb. im Krippen- und Tagesmütterbereich). Das steigende Bewusstsein über die lern- und entwicklungspsychologische Bedeutung der frühkindlichen Phasen bzw. die pädagogische Bedeutung der frühen Förderung und das steigende Gewicht von Erziehungs- und Bildungspartnerschaften stehen also in engem Zusammenhang.

Der Stellenwert dieses Argumentationsmusters wird zusätzlich noch dadurch untermauert, dass mittlerweile eine Reihe von Hinweisen vorliegt, die die Erhöhung der langfristigen Bildungschancen durch den Krippenbesuch und die besonders wirksamen Möglichkeiten für eine spezielle Förderung von Kindern von Eltern in prekären Lebenslagen (Eltern mit niedrigem Bildungsgrad und Einkommen, Arbeitslose, Eltern mit Migrationshintergrund usw.) belegen (vgl. Fritschi/Oesch 2008: 5, 13 ff.).

Die frühkindliche Bildung in Form der Krippe hat einen hohen Einfluss auf die Bildungswege der Kinder. Für den Durchschnitt der Kinder erhöht sich die Wahrscheinlichkeit, ein Gymnasium zu besuchen von 36 % auf rund 50 %, wenn sie eine Krippe besuchen (vgl. Fritschi/Oesch 2008: 4, 13 ff.). Die Verbesserung der Bildungschancen durch den Krippenbesuch liegt jedoch für benachteiligte Kinder noch höher als für den Durchschnitt. Rechnet man nämlich die Werte für die Teilgruppen getrennt, ergibt sich: „Von den benachteiligten Kindern, welche eine Krippe besucht haben, gehen rund zwei Drittel mehr aufs Gymnasium. Bei den nichtbenachteiligten Kindern gehen von den Kindern, die eine Krippe besucht haben, fast zwei Fünftel mehr auf das Gymnasium als ‚Nicht-Krippenkinder'" (Fritschi/Oesch 2008: 4).

3. Argumentationsmuster 3 – Familien benötigen mehr Hilfe als früher, weil sich ihre Lebensbedingungen verändert haben

Ein typischer Begründungszusammenhang für die Notwendigkeit von Erziehungs- und Bildungspartnerschaften in kommunalen Netzwerken ist das Argumentationsmuster, dass Eltern heute mehr Hilfen als früher benötigten, weil sich ihre Lebenslage verändert habe. Für dieses Muster spricht eine Reihe von Befunden (vgl. dazu etwa Beck-Gernsheim 1999, Hill/Kopp 2002, Nave-Herz 2002, Nickel/Quaiser-Pohl 2001, Peuckert 2002, Schneewind 1998, Schneewind 1999, Schneewind/von Rosenstiel 1992). Es werden gesellschaftliche Trends wie die Individualisierung und Pluralisierung mit ihren widersprüchlichen Optionen, die Zunahme sozialer Ungleichheit und ökonomischer Risiken und der familiale Wandel (steigende Scheidungsraten, Zunahme von Stief- bzw. Patchwork-Familien), sinkende Geburtenraten, steigende Erwerbsbeteiligung von Müttern, aber auch massive Probleme in der Erziehung) genannt (vgl. Walper 2006: 3)[14].

4. **Argumentationsmuster 4 – Der volkswirtschaftliche Nutzen der Kinderbetreuung lässt den Faktor Familie verstärkt in den Fokus geraten**

Die internationale volkswirtschaftliche und bildungsökonomische Forschung zu den Folgen unterlassener Bildungsinvestitionen im Bereich frühkindlicher Betreuung, Bildung und Erziehung unterstützt ein weiteres Argumentations- und Begründungsmuster. Die Nutzeffekte der Unterstützung der Familie in Form öffentlicher Kinderbetreuung aus volkswirtschaftlicher Sicht sind erheblich:

a) Es könnte durch die Schaffung von Arbeitsplätzen in den Betreuungseinrichtungen (Ausdehnung der marktwirtschaftlichen Wertschöpfung durch Übertragung der bislang unbezahlten Familienarbeit in marktrelevante Transaktionen) ein erheblicher volkswirtschaftlicher Nutzen entstehen. Laut Deutschem Institut für Wirtschaft könnte die Beschäftigung zusätzlichen Personals 5,6 Mrd. € pro Jahr an zusätzlichen Steuer- und Beitragseinnahmen einbringen (vgl. Sell 2004: 57 f.).[15]

b) Es würde auch eine deutliche Verringerung der transferleistungsbedingten Haushaltsbelastung des Staates bzw. der Sozialversicherungen eintreten, z.B. durch erhöhte Erwerbstätigkeit von Frauen, die sonst im Sozialhilfe- und Harz-IV-Bezug stünden (sei es durch Berufstätigkeit direkt in diesem Bereich oder durch die so ermöglichte Vereinbarkeit von Berufstätigkeit und Kindeswunsch).

5. **Argumentationsmuster 5 – Der Diskurs über die Vereinbarkeit von Beruf und Familie erfordert mehr Kooperation der Bildungs- und Erziehungseinrichtungen mit den Familien**

Finkelnburg (2004) greift die Tatsache auf, dass insbesondere Frauen sich immer noch zwischen Beruf und Familie entscheiden müssen: 44 % der Akademikerinnen im Alter von 35 bis 39 Jahren seien kinderlos, 45 % der männlichen und 75 % der weiblichen Führungskräfte in deutschen Unternehmen ebenfalls. Nur etwa die Hälfte der 400.000 Frauen, die in Deutschland jährlich in Elternzeit gingen, kehrten an ihren Arbeitsplatz zurück. 70 % der Frauen, die ihren Beruf aus familiären Gründen eingeschränkt oder aufgegeben hätten, wünschten sich bessere Betreuungsmöglichkeiten für ihre Kinder. Mittlerweile würden auch 78 % der Männer eine flexiblere Arbeitsgestaltung fordern, um mehr Zeit für das Familienleben zu haben (vgl. Finkelnburg 2004: 78). Der internationale Vergleich zeige, dass sich durch eine familienfreundliche Personalpolitik wichtige gesellschaftliche Probleme entschärfen ließen: So würde Berufstätigen die Entscheidung für die Familiengründung erleichtert. Eine Entscheidung zwischen Karriere und Elternschaft sei im Idealfall nicht mehr nötig (vgl. ebd.).

Die letzten beiden Argumentationsfiguren weisen deshalb eine hohe Relevanz für das Thema Erziehungs- und Bildungspartnerschaften mit Familien auf, weil der in diesen Mustern enthaltene Wunsch nach Ausweitung der Berufstätigkeit der Frauen und der damit verbundenen vergesellschafteten Kleinkinderziehung automatisch einen erheblich steigenden Bedarf nach Koordination und Abstimmung zwischen den Einrichtungen für Betreuung, Bildung und Erziehung und den Familien, aber auch den Betrieben und anderen Netzwerkkomponenten – also nach Erziehungs- und Bildungspartnerschaften – erzeugt.

---

[14] „Walper weist noch auf folgende Zusammenhänge hin: In Deutschland werden schätzungsweise 8 – 12 % der Kinder von ihren Eltern körperlich misshandelt. 10 – 20 % aller Kinder und Jugendlichen entwickeln klinisch relevante psychische Störungen (z.B. Hyperaktivität, Aggressivität, Angst- oder Essstörungen). Geschätzte Folgekosten inkompetenten Erziehungsverhaltens in den USA: jährlich 38,6 Mrd. $ (vgl. Walper 2006: 3).

[15] Fritschi/Oesch stellen ein interessantes Gedankenspiel zu den verpassten Ertragschancen durch unzureichende Investitionen in den 1990er Jahren an: Um ein Ausbauszenario, dass 35 % des Jahrgangs damals eine Krippe besucht hätten (Erhöhung der Anzahl der Kinder um das 2,18-fache. In Wirklichkeit haben lediglich 16 % eine Krippe besucht) zu erreichen, hätten pro Jahr rund 181.000 zusätzliche Krippenplätze zur Verfügung gestellt werden müssen, welche pro Jahrgang von 155.000 Kindern beansprucht worden wären. Dabei wäre ein Nettonutzen von 2,1 Milliarden Euro pro betrachteten Geburtsjahrgang generiert worden. Das wären allein für die Zeit von 1990 bis 1995 12,6 Mrd. €. Dabei muss man die Kosten für den Ausbau mit dem Gewinn (erhöhter Lebensverdienst, Reduzierung von Transferleistungen usw.) verrechnen (Fritschi/Oesch 2008: 15 ff.).

6. Argumentationsmuster 6 – Die Resilienz-Forschung sensibilisiert für zusätzliche sozial-ökologische Netzwerkpartner der Familien

Gründe, die speziell für breit angelegte Bildungs- und Präventionsstrategien im sozial-ökologischen Umfeld unter Beteiligung möglichst vieler Partner sprechen, liefert (im Hinblick auf die multifaktoriellen Bedingungen des Aufwachsens von Kindern) u.a. die Resilienz-Forschung.

Hinweise aus der berühmten Kauai-Studie und aus ähnlichen Studien (vgl. zum Folgenden: Werner/Smith 1982, 1992, 2001; Wustmann 2007: 147 ff.) besagen, dass resiliente Kinder auch außerhalb ihrer Familien über entscheidende Quellen emotionaler und sozialer Unterstützung verfügen: Großeltern, Verwandte, NachbarInnen, Pfarrer bzw. PastorInnen, ErzieherInnen, LehrerInnen. Viele Kinder konnten z.B. Lehrerinnen oder Lehrer benennen, die ihnen Aufmerksamkeit entgegenbrachten, sich für sie einsetzten und sie herausforderten (LehrerInnen wurden sogar am häufigsten als Vertrauenspersonen außerhalb der Familie genannt). Unterstützende Personen außerhalb der Familie trugen nicht nur zur unmittelbaren Problemreduzierung bei, sondern dienten gleichzeitig auch als Modelle für ein aktives und konstruktives Bewältigungsverhalten sowie für prosoziale Handlungsweisen.

Ein weiteres wirksames Unterstützungssystem stellten in der Kauai-Studie Peer-Kontakte und positive Freundschaftsbeziehungen dar, die nicht zuletzt auch in den vergesellschafteten Formen der Erziehung ermöglicht werden.

Als weitere Schutzfaktoren im sozialen Umfeld haben sich Ressourcen auf kommunaler Ebene, insbesondere der Zugang zu sozialen Einrichtungen, und professionelle Hilfsangebote (z.B. Angebote der Eltern- und Familienbildung, Beratungsstellen, Frühfördereinrichtungen, Gemeindearbeit, Sportvereine), das Vorhandensein prosozialer Rollenmodelle, Normen und Werte in der Gesellschaft (gesellschaftlicher Stellenwert von Kindern, Erziehung, Familie) sowie positive Erfahrungen in der Schule herausgestellt.

Man konnte auch spezifische Qualitäten z.B. in der schulischen Umgebung – und dies gilt im Prinzip analog auch für die Kindertagesstätten – identifizieren, die eine Funktion als Schutzfaktor hatten. Das waren Schulen, in denen Möglichkeiten des kooperativen Lernens und der Partizipation bestanden, LehrerInnen sich um ihre SchülerInnen sorgten und aktives Interesse an ihnen signalisierten, von denen eine enge Zusammenarbeit mit dem Elternhaus und anderen sozialen Einrichtungen angestrebt wurde, Schulsozialarbeit und weitere Förderangebote verankert waren, außerschulische Aktivitäten organisiert wurden (z.B. Projekttage, Exkursionen, Sportveranstaltungen/Wettbewerbe), bei denen die SchülerInnen gemeinsame Ideen und Interessen teilen konnten, in denen insgesamt ein wertschätzendes Schulklima vorherrschte (vgl. Julius/Prater 1996, Wustmann 2007: 147 ff.). Diese Hinweise sind deckungsgleich mit den Grundsätzen umfassender Erziehungs- und Bildungspartnerschaften mit den Familien bzw. breit angelegter Präventions- und Bildungsketten. Wer Schutzfaktoren aufbauen und Resilienzförderung betreiben will, braucht dafür Erziehungs- und Bildungspartnerschaften.

7. Argumentationsmuster 7 – Erziehungs- und Bildungspartnerschaften mit Familien sind sinnvoll, weil sie wirksam sind – empirische Erkenntnisse zur Wirksamkeit von Elternprogrammen

Es liegt eine Vielzahl von empirischen Untersuchungen zur Wirksamkeit von Elternarbeit – insb. auch zur Wirksamkeit von Eltern- und Familienbildung[16] – vor. Diese Ergebnisse empirischer Forschung werden z.B. von Westphal und Kämpfe (2012: 244 ff. – zur Elternarbeit im Bereich Kita), von Sacher (2012: 232 ff. – Erziehungs- und Bildungspartnerschaften in der Schule), von Vossler (2012: 255 ff. – Erziehungs- und Familienberatung) sowie Lösel und Runkel (2012: S. 267 ff. – Elternbildung national und international) dargelegt. Zudem gibt es diverse Berichte zu Evaluationen einzelner Eltern-Kompetenz-Trainings, so zum EFFEKT-Elterntraining (Lösel et al. 2013: 384 ff.) oder zu Triple P – Positive Parenting Program (Born/Dirscherl 2013: 361).

Diese empirischen Forschungsansätze haben allesamt ausreichende empirische Evidenz zur grundsätzlichen Wirksamkeit von Elternprogrammen erbracht. Es scheint sich also durchaus zu lohnen, in Elternprogramme zu investieren. Allerdings muss man sich eine Einschränkung sehr bewusst machen: Die (Rahmen-)Bedingungen, unter denen diese Aussage gilt, sind dermaßen heterogen, dass man genau hinsehen muss, wann Maßnahmen wirken und wann nicht – was im Umkehrschluss allerdings auch bedeutet, dass sich aus diesen Untersuchungen i.d.R. auch recht gut Hinweise destillieren lassen, wie Programme und Maßnahmen in ihren konkreten Bedingungen im Einzelnen auszugestalten sind.

Walper fasst die Befunde einer Meta-Analyse von Layzer et al. aus 665 Studien, durch die 260 Eltern-Programme evaluiert wurden (vgl. Layzer et al. 2001), knapp zusammen: Es wurde der Nachweis erbracht, dass die Eltern-Kind-Interaktion mehr von Programmen profitiert, die frühzeitig ansetzen, professionelles Personal haben, Gruppenarbeit anbieten statt nur auf Hausbesuche zu rekurrieren, gegenseitige Unterstützung der Eltern fördern und auch Angebote für die Kinder einbeziehen. Ein kombiniertes Vorgehen erzielt die besten Effekte (vgl. Walper 2008: 29).

Allerdings kann es hier leicht die eine oder andere Überraschung geben. Konsequenzen aus den Forschungsergebnissen zur Elternarbeit (es ist nicht nur Elternbildung gemeint) können z.B. auf dem Hintergrund folgender Tendenzen gezogen werden:

a. Wenn Elternarbeit praktiziert wird, wird sie oft strategisch falsch platziert oder schlecht ausgeführt.

b. Elternarbeit hat oft – obwohl sie fachgerecht durchgeführt wird – ganz andere Wirkungen als angenommen und gewünscht.

Eltern-LehrerInnen-Kontakte sind für sich allein wenig effektiv. Sie werden häufig nur problemveranlasst aufgenommen. Die Effektivität von Kontakten wird dadurch beeinträchtigt, dass sie meistens auf Sprechstunden, Sprechtage und Elternabende beschränkt bleiben. Auch Eltern-Mithilfe in der Schule trägt kaum etwas zum eigentlichen Bildungserfolg der Kinder bei. Sogar die derzeitige Mitwirkung in Elterngremien ist weitgehend bedeutungslos für den Lernerfolg der Kinder. Zahlreiche Untersuchungen zeigen darüber hinaus, dass heimbasiertes Engagement der Eltern (Interesse, Motivation,

---

[16] Die Wirksamkeit von Elterntrainings ist in vielen internationalen (Layzer et al. 2001) und nationalen Studien eindrucksvoll nachgewiesen worden. Exemplarisch hier einige Aussagen aus der Studie für das BMFSFJ Bestandsaufnahme und Evaluation von Angeboten im Elternbildungsbereich (Lösel 2006) durch die Universität Erlangen-Nürnberg (repräsentative Untersuchung zu den Angeboten familienbezogener Bildungsmaßnahmen und ihrer Wirksamkeit, bundesweite schriftliche Befragung von 2083 Einrichtungen zu den dort vorgehaltenen Angeboten im Elternbildungsbereich im Jahr 2004): „Über 2 Millionen TeilnehmerInnen werden in rund 200 000 Elternbildungsangeboten erreicht. Der Schwerpunkt der Angebote liegt bei Eltern-Kind-Gruppen für junge Familien (50 %). Die Palette der weiteren Angebote ist breit gefächert: Sie reichen von Geburtsvorbereitungskursen über Erziehungskurse zur Stärkung der Erziehungskompetenz bis hin zu Kursen zur Vermittlung von Alltagskompetenzen. 25 % der Angebote richten sich an Familien in besonderen Belastungssituationen (z.B. Trennung und Scheidung). Städtische Regionen verfügen über relativ mehr Angebote der Elternbildung als ländliche Regionen. Die TeilnehmerInnen sind überwiegend weiblich, Väteranteil 17 %, Tendenz steigend. 15 % der TeilnehmerInnen kommen aus sozial benachteiligten Familien. Bei einem Drittel der Maßnahmen finden sich aktive Rekrutierungsstrategien. Die evaluierten Angebote zeigen positive Effekte auf Erziehungseinstellungen und elterliches Erziehungsverhalten, die auch über einen längeren Zeitraum anhalten. Erfolgversprechend sind besonders gezielte Präventionsmaßnahmen, die sich speziell an Familien in besonderen Belastungssituationen richten, zeitlich und personell relativ intensiv ausgerichtet sind sowie übungs- und handlungsorientiert durchgeführt werden" (vgl. auch den Beitrag von F. Lösel und D. Runkel 2012 zu den Empirischen Forschungsergebnissen im Bereich Elternbildung national und international, 267 ff.).

Wertschätzung, Vertrauen, Interaktion, Unterstützung, die über eine einfache Hausaufgabenüberwachung hinausgeht), effektiver ist als rein schulbasiertes Engagement (Mitarbeit in der Schule) (vgl. Sacher 2012: 232 ff.).

Eine weitere Einschränkung der obigen Kernaussage zur grundsätzlichen Wirksamkeit von Elternprogrammen betrifft die berechtigte Rückfrage, inwieweit die diskutierten Untersuchungen die hochkomplexen Erziehungs- und Bildungspartnerschaften in Präventions- und Bildungsketten als Teil von regionalen und lokalen Gesamtkonzepten (großen ganzheitlichen Kommunalen Netzwerken) überhaupt widerspiegeln können, wie sie in diesem Buch forciert werden. Das können sie natürlich nicht.

Hier bestehen große Forschungsdesiderate. Es besteht Bedarf an geeigneten Forschungsstrategien für größere kommunale Systeme, Gesamtkonzepte und Netzwerke. Aber es gibt durchaus Hinweise. Die Wirkungsevaluation des komplexen gemeinwesenorientierten Präventionsprogramms CTC[17] in den USA konnte erstaunliche Effekte feststellen: eine Reduzierung z.B. von delinquenten Aktivitäten Jugendlicher um 31 % oder dem, was wir heute ‚Koma-Saufen' nennen, um 37 % (vgl. Hawkins et al. 2009: 789-98).

Man kann davon ausgehen, dass die vorliegenden empirischen Untersuchungen in etwa die Teilsysteme abbilden, sodass sich zumindest plausible Richtungsaussagen treffen lassen. Gerade beim Betrachten großer Netzwerke kann man sich behelfen, indem man sich – sozusagen nach dem Black-Box-Verfahren – weniger mit der detaillierten Ergründung von Kausalitäten aufhält und stattdessen versucht, mithilfe einiger einfacher, aber treffsicherer Indikatoren Veränderungen im Gesamtsystem zu erfassen. Im hochentwickelten Praxismodell ‚Mo.Ki – Monheim für Kinder' wurden die Veränderungen in einem besonders belasteten Stadtteil z.B. über die Veränderungen in Sprachtests, den Übergangsquoten ins Gymnasium, die Steigerung der Teilnahme an den kinderärztlichen Untersuchungen oder über die Veränderung der stationären Hilfen zur Erziehung erfasst (vgl. dazu Berg 2011: 23 f.), z.B.

> Steigerung der Teilnahme an den kinderärztlichen U-Untersuchungen von 76 % (2005) auf 95 % (2009)
> Verringerung des Sprachförderbedarfes (Delfin 4) von 59 % (2007) auf 27 % (2009)
> Verschiebung der Übergangsquoten im besonders belasteten Stadtteil Berliner Viertel zur Hauptschule von 29,1 % (2007/08) auf 18,2 % (2009/10) und zum Gymnasium von 30,4 % (2007/08) auf 37,9 % (2009/10)
> Rückgang der stationären Heimerziehung von über 50 Fällen auf ca. 30[18]

Ähnlich verfährt die Stadt Dormagen, wenn sie sich im Rahmen der Evaluation Ihres Dormagener Qualitätskataloges der Kinder- und Jugendhilfe – quasi in einem Benchmarking – über relevante Kennzahlen mit anderen Kommunen, aber auch mit ihren eigenen früheren Zahlen vergleicht. Hinter dem Konzept der Stadt Dormagen steckt ein sehr vielschichtiges Netzwerk früher präventiver Hilfen für Eltern und Kinder. Der Vergleich ergab u.a., ...

„dass in Dormagen der Zuschussbedarf für die erzieherischen Hilfen mit rd. 47 € pro Einwohner knapp 52 € unterhalb der ‚teuersten' und nur um 1 € über dem der ‚preiswertesten' Stadt liegt. Beispielhaft führt die Prüfungsanstalt aus, dass z.B. der Anstieg des finanziellen Aufwandes im letzten geprüften Jahr in Dormagen rund 7 % betrug, dagegen landesweit eine Steigerung rund 27,5 % zu verzeichnen war" (Jugendamt der Stadt Dormagen 2011: 8).

---

[17] Communities That Care
[18] Persönliche Mitteilung der Jugendamtsleiterin Annette Berg vom 25.10.2009

Prinzipiell lassen sich also auch Aussagen über netzwerkartige Gesamtangebote treffen, die dann durchaus Hinweise und Bestätigungen liefern für die Fortführung und Weiterentwicklung des Gesamtkonzeptes.

8. Argumentationsmuster 8 – Erziehungs- und Bildungspartnerschaften sind rechtlich geboten: Rechtsnormen und Rahmenbedingungen

In § 1 SGB VIII heißt es: „Jeder junge Mensch hat ein Recht auf Förderung seiner Entwicklung und auf Erziehung zu einer eigenverantwortlichen und gemeinschaftsfähigen Persönlichkeit". Gleichzeitig postuliert das Grundgesetz in Art. 6 das primäre Erziehungsrecht der Eltern („Pflege und Erziehung der Kinder sind das natürliche Recht der Eltern und die zuvörderst ihnen obliegende Pflicht"). Andererseits sind in Art. 7 des Grundgesetzes die Organisationsbefugnis des Staates und das Wächteramt des Staates – und damit klare schulrechtliche Befugnisse – definiert (z.B. Schulpflicht, Mitwirkungsrechte von Eltern und Schulen – geregelt in Landesschulgesetzen). So ergibt sich allein schon aus dem Widerspruchsverhältnis zum primären Erziehungsrecht der Eltern ein mehr als deutlicher Auftrag zur Kooperation der Schule mit den Eltern, der dann konsequenterweise auch in sämtlichen Schulgesetzen ausbuchstabiert wird.

Der Gesetzgeber hat an diversen Stellen zusätzlich Hinweise gegeben zur Unterstützung von Eltern und Familien. So heißt es im § 16 SGB VIII. im Abschnitt „Allgemeine Förderung der Erziehung in der Familie":

> „(1) Müttern, Vätern, anderen Erziehungsberechtigten und jungen Menschen sollen Leistungen der allgemeinen Förderung der Erziehung in der Familie angeboten werden. Sie sollen dazu beitragen, dass Mütter, Väter und andere Erziehungsberechtigte ihre Erziehungsverantwortung besser wahrnehmen können.
>
> (2) Leistungen zur Förderung der Erziehung in der Familie sind insbesondere
> 1. Angebote der Familienbildung, die auf Bedürfnisse und Interessen sowie auf Erfahrungen von Familien in unterschiedlichen Lebenslagen und Erziehungssituationen eingehen, die Familie zur Mitarbeit in Erziehungseinrichtungen und in Formen der Selbst- und Nachbarschaftshilfe besser befähigen sowie junge Menschen auf Ehe, Partnerschaft und das Zusammenleben mit Kindern vorbereiten,
> 2. Angebote der Beratung in allgemeinen Fragen der Erziehung und Entwicklung junger Menschen,
> 3. Angebote der Familienfreizeit und der Familienerholung, insbesondere in belastenden Familiensituationen, die bei Bedarf die erzieherische Betreuung der Kinder einschließen."

Die Novellierung des SGB VIII (KJHG) im Jahr 2005 hat im 3. Abschnitt „Förderung von Kindern in Tageseinrichtungen und Tagespflege" die Zusammenarbeit mit den Eltern nochmals konkretisiert. Kindertageseinrichtungen sollen danach ...

> die Erziehung und Bildung in der Familie unterstützen und ergänzen (§ 22 [2] 2.)

> den Eltern dabei helfen, Erwerbstätigkeit und Kindererziehung besser miteinander vereinbaren zu können (§ 22 [2] 3.)

> mit anderen kinder- und familienbezogenen Institutionen und Initiativen im Gemeinwesen, insbesondere solchen der Familienbildung und -beratung zusammenarbeiten (§ 22a [2] 2.)

> das Angebot pädagogisch und organisatorisch an den Bedürfnissen der Kinder und ihrer Familien orientieren (§ 22 [3])

Untermauert wurden diese gesetzlichen Aufträge noch durch einen wichtigen Beschluss der Jugendministerkonferenz (2003) zur Stärkung der Erziehungskompetenzen der Eltern. Die Kooperation mit den Eltern ist also rechtlich nicht nur der Tendenz nach geboten, sondern eine klare Pflichtaufgabe für die Kinder- und Jugendhilfe im Allgemeinen, Kindertageseinrichtungen bzw. für die Schulen im Besonderen. Damit sind bereits auf der rechtlichen und gesetzlichen Grundlage markante strategische Konsequenzen für die Organisation von Erziehungs- und Bildungspartnerschaften erkennbar. Hier liegen die entscheidenden strategischen Säulen für Gesamtkonzepte von Erziehungs- und Bildungspartnerschaft (siehe dazu Stange 2012b: 518 ff.). Der erforderliche Netzwerk-Blick für solche Gesamtkonzepte, auf den wir noch im Einzelnen zu sprechen kommen werden, ist nicht explizit definiert, wird aber durch den Hinweis auf „unterschiedliche Lebenslagen" in § 16 SGB VIII (2) 1. bzw. über die vielfältigen Kooperationshinweise in den Schulgesetzen oder über die Liste der Kooperationspartner in § 81 SGB VIII oder in den Ausführungen zu § 78 SGB VIII (Arbeitsgemeinschaften) deutlich nahegelegt.

Bereits an dieser Stelle lassen sich also schon strategische Folgen für die Konzeptionierung von Prävention, Intervention und Bildung in der gesamten Sozialen Arbeit, im Gesundheitswesen, aber auch im schulischen Bereich, erkennen! Durchgehend – und sich teilweise mehrfach wiederholend – wird auch im rechtlichen Bereich neben der Hervorhebung der zentralen Bedeutung von Familien und Eltern auf eine Vielfalt von Netzwerkpartnern (meistens milder als ‚Kooperationspartner' bezeichnet) hingewiesen. Es ist völlig klar, dass die formalisierten Betreuungs-, Bildungs- und Erziehungsinstitutionen auf der einen Seite und die informell agierenden Eltern und Familien auf der anderen Seite ohne intensive Kooperation – z.B. in der Form von Erziehungs- und Bildungspartnerschaften – keine zufriedenstellenden Ergebnisse erreichen können.

9. Argumentationsmuster 9 – Das Kosten-Argument

Das Kostenargument spielt in der aktuellen Diskussion eine wesentliche Rolle. Es gibt im Jugendhilfebereich, aber auch beim Arbeitslosengeld II und bei anderen Sozialleistungen einen großen Kostendruck, der die Kreise und Gemeinden an die Grenze ihrer finanziellen Handlungsfähigkeit bringt. Die häufig zu hörende Behauptung ist nun, dass die konsequente Umsteuerung der Jugendhilfeausgaben (insb. im Bereich der kostenintensiven Hilfen zur Erziehung) in flächendeckende präventive Angebote wie Elternbildung für sämtliche Hauptphasen des Elternseins oder in breit angelegte Netzwerkaktivitäten zur frühesten Förderung von Kindern und Familien[19], wie sie in Dormagen praktiziert werden, – mit einer gewissen Phasenverschiebung – mittel- und langfristig die Steigerung der Jugendhilfekosten stoppen und auf einem akzeptablen Niveau halten würden. So plausibel dieser Argumentationsgang sein mag, so schwierig ist es hier, belastbare Zahlen und Beweise zu finden. Die Evaluation solch umfassender kommunaler und sozialräumlicher Systeme und Netzwerke steht erst in den Anfängen. Allerdings gibt es eine Reihe von sehr plausiblen Einzelhinweisen. So kann man sicher unterstellen, dass sich die positiven Wirkungen der ungemein vielfältigen und breitflächigen Netzwerkangebote in

---

[19] Matthias Bartscher verlangte im Rahmen der Entwicklung der Hammer Elternschule (siehe dazu den Beitrag von Bartscher in Stange et al. 2013) 10 % der Kosten für die Hilfen zur Erziehung. Das entsprach damals in etwa den Gesamtkosten für die Jugendarbeit. Er verfolgte das Ziel, Eltern viermal in der Familienentwicklung zu erreichen. Er setzte pro TeilnehmerIn eines Elternkurses 100 – 600 € (Durchschnitt 200 €) an, womit die Kosten für die Eltern bei Teilnahme an vier Elternkursen bis zur Volljährigkeit 800 € betragen. Die Kosten, um alle Eltern zu erreichen setzte er pro Haushaltsjahr mit 2.000.000 € an (Kosten pro 1 % erreichter Eltern: 20.000 €). Das wären etwas weniger als 10 % der Kosten für die H.z.E (persönliche Mittteilung 2009).
Man könnte eine bescheidene Forderung anschließen: auch 10 % der Kosten für die Schule in die Elternarbeit! Diese Umsteuerung vorhandener Ressourcen würde sich so rechnen: Bis zum Abitur kostet ein Schüler den Staat ca. 64 000 €. Denn laut Statistischem Bundesamt 2005 kostete pro Haushaltsjahr ein Durchschnittsschüler einer allgemeinbildenden Schule 4.900 € (plus Sekretärinnen und Hausmeister, die von den Gemeinden bezahlt werden und Immobilienkosten, die ca. 1.500 € pro SchülerIn und Jahr betragen). Das wären bei 6.400 € x ca. 10 Jahren 64.000 €. Man wäre also nicht unbescheiden, wenn man 6000 € pro Kind für die Elternarbeit verlangen würde!

Monheim (Deutscher Präventionspreis), (z.B. Steigerung der Teilnahme an den kinderärztlichen U-6-Untersuchungen, Steigerung der Übergangsquoten zu den weiterführenden Schulen, Entwicklung der H.z.E-Zahlen, der Rückgang der stationären Heimeinweisungen von über 50 auf ca. 30, Verringerung des Sprachförderbedarfes von 59 % auf 27 %) auch auf der Kostenseite niederschlagen werden.

Die konzeptionellen Veränderungen in der Jugendhilfe in Dormagen haben sich nachweislich auf der Kostenseite bemerkbar gemacht:

„Z.B. stellt die Gemeindeprüfungsanstalt für Nordrhein-Westfalen im interkommunalen Vergleich fest, dass der Anteil ambulanter Hilfen zur Erziehung in Dormagen 83,18 % aller Hilfen ausmacht (Mittelwert: 53,18 %, Minimum 29,99 %, Benchmark: 70 %) im internen Zeitreihenvergleich liegt bezogen auf den Zeitraum 2004 – 2008 eine kontinuierlich ansteigende Entwicklung der ambulanten Hilfen vor; der Zuschussbedarf der Hilfen bis zum 21. Lebensjahr liegt in Dormagen bei 239 € je Einwohner (Mittelwert: 354 €, Minimum: 224 €, Maximum 495 €). Dormagen wird als beispielhaft für andere Kommunen und als ‚Best Practice' eingestuft" (Gemeindeprüfungsanstalt NRW, zit. n. Jugendamt der Stadt Dormagen 2011, S. 19).

E. Rechtliche und institutionelle Rahmenbedingungen der Familienorientiertheit der Jugendhilfe [20]

1. Grundsätze

Der Familienbegriff unseres Zusammenhanges bezieht sich auf Eltern, Alleinerziehende und andere Sorgeberechtigte, die sich um ihre minderjährigen Kinder kümmern.

Das Kinder- und Jugendhilfegesetz hat zwar im Fokus, dass alle Hilfen und die Wahrnehmung anderer Aufgaben der Jugendhilfe letztlich den Minderjährigen zugute kommen sollen, erkennt aber gleichzeitig, dass Eltern der zentrale Bezugspunkt von Kindern und Jugendlichen sind. Es sieht aber auch, dass Eltern der staatlichen Stützung und ggf. auch der staatlichen Kontrolle bedürfen. So gehören zu den rechtlichen Grundsätzen die Regeln des Verhältnisses von Elternrecht und staatlichem Wächteramt – Art. 6 GG, § 1, Abs. 1 SGB VIII –, aber auch der Grundsatz des Förderns vor einem möglichem Eingriff – § 1666a BGB.

Nun werden Jugendhilfeaufgaben nicht nur von öffentlichen Trägern wahrgenommen, sondern unter Berücksichtigung des institutionellen Subsidiaritätsgebotes, in bestimmten Bereichen sogar vorrangig, von freien Trägern. In Landkreisen treten nach den Regeln des § 13 Nds. Ausführungsgesetzes zum SGB VIII auch noch die kreisangehörigen Gemeinden ggf. als Akteure hinzu. Gerade weil das Gesamtfeld durch diese Regelungen relativ unübersichtlich wird, ist die Verpflichtung des öffentlichen Jugendhilfeträgers aus § 79 SGB VIII zur Gesamtverantwortung eine ganz zentrale Vorschrift. Gesamtverantwortung bedeutet u.a., dass der öffentliche Jugendhilfeträger sowohl die Planungsverantwortung als auch die Gewährleistungsverantwortung für alle Leistungen der Jugendhilfe auch in Bezug auf die Einhaltung fachlicher und qualitativer Standards innehat (Münder et al., 2006, § 79, Rz. 1ff).

Begriffe wie Lebensweltorientierung, Alltagsorientierung und Regionalisierung stammen zwar nicht aus den Normen des SGB VIII, sondern aus dem 8. Jugendbericht. Sie haben aber die Schaffung des Kinder- und Jugendhilfegesetzes mitgeprägt und die praktische Entwicklung der Jugendhilfe stark beeinflusst. Sie gelten heute als allgemein anerkannte Standards.

2. Rechtsquellen für familienorientierte Angebote der Jugendhilfe

Das Gesetz kennt sowohl Angebote mit Rechtsanspruchscharakter als auch Normen, die den öffentlichen Jugendhilfeträger zum Tätigwerden aufrufen, ohne jedoch einen subjektiven Rechtsanspruch zu begründen. Daneben gibt es auch Programme, die von Bund oder den Ländern ausgelobt werden, ohne dass es hierfür einen konkreten Rechtsgrund im SGB VIII gibt.

3. Vorschriften mit Rechtsanspruchscharakter

Der § 17, Abs.1 SGB VIII verschafft Müttern und Vätern einen Rechtsanspruch auf Beratung in Fragen der Partnerschaft, wenn sie für ein Kind oder Jugendlichen zu sorgen haben oder tatsächlich sorgen (Münder u.a., 2006, § 17, Rz. 21). Ziele der Beratung sind der Aufbau partnerschaftlichen Zusammenlebens in der Familie, die Bewältigung von Konflikten und Krisen sowie ggf. die Schaffung von Bedingungen, die es ermöglichen, die Elternverantwortung für die Minderjährigen bei Trennung oder Scheidung förderlich wahrzunehmen. Es sei der Hinweis gestattet, dass diese Norm also nicht nur der Rechtsgrund für die sogenannte Trennungs- und Scheidungsberatung ist.

Alleinerziehende haben Anspruch auf Beratung und Unterstützung bei der Ausübung der Personensorge einschließlich der Geltendmachung von Unterhaltsansprüchen und Unterhaltsersatzansprüchen der Kinder, sowie von Unterhaltsansprüchen der Mutter nach § 1615 l. Dies ergibt sich aus § 18 SGB

---

[20] Erläuterungen zu These 4 aus Teil A. ‚Kurzfassung des Buches': „Wir haben seit langem ein wirklich geeignetes Instrumentarium – das SBG VIII."

VIII. Auf die Ansprüche von Kindern, Jugendlichen und jungen Volljährigen aus dieser Norm soll hier nicht weiter eingegangen werden.

Weitere subjektive Rechtsansprüche für Eltern ergeben sich aus den unterschiedlichen Formen der Hilfen zur Erziehung, so z.B.: Erziehungsberatung – § 28 SGB VIII, Sozialpädagogische Familienhilfe – § 31 SGB VIII, Elternarbeit bei Erziehung in einer Tagesgruppe – § 32 SGB VIII, Verbesserung der Erziehungsbedingungen in der Herkunftsfamilie bei Heimerziehung – § 34 SGB VIII (Krüger/Zimmermann, 2006: 15 ff).

Über das Jugendhilferecht hinaus gibt es natürlich auch noch den allgemeinen sozialrechtlichen Beratungsanspruch von Eltern gegenüber dem öffentlichen Jugendhilfeträger aus § 14 SGB I.

4. Vorschriften ohne subjektiven Rechtsanspruch

Die zentrale Norm dieses Bereiches ist der § 16 SGB VIII (zur Frage des fehlenden subjektiven Rechtsanspruchs: Münder u.a., 2006, §16, Rz. 11). Er formuliert zunächst ganz allgemein, dass Mütter, Väter und andere Erziehungsberechtigte (also solche, die durch Gerichtsentscheid oder durch Vertrag Erziehungsrechte innehaben) und jungen Menschen Leistungen der allgemeinen Förderung der Erziehung angeboten werden sollen.

In Abs. 2 folgt dann ein nicht abgeschlossener Leistungskatalog, dieser umfasst:

> Differenzierte Angebote der Familienbildung, einschließlich der Vorbereitung junger Menschen auf Ehe, Partnerschaft und das Zusammenleben mit Kindern

> Angebote der Beratung in allgemeinen Fragen der Erziehung und Entwicklung junger Menschen (nicht zu verwechseln mit der Erziehungsberatung aus § 28 SGB VIII)

> Angebote der Familienfreizeit und der Familienerholung, insbesondere für Familien aus belasteten Familiensituationen.

Ausdrücklich hinzuweisen ist darauf, dass der Leistungskatalog grundsätzlich wegen der Formulierung „insbesondere" in § 16, Abs. 2, Satz 1 ergänzungsfähig ist.

Am 1.1. 2012 sind durch Einfügen eines 3. Absatzes Angebote für Mütter, Väter, schwangere Frauen und werdende Väter hinzugekommen. Diese umfassen Beratung und Hilfe in Fragen der Partnerschaft und des Aufbaus elterlicher Erziehungs- und Beziehungskompetenzen.

Im Rahmen der öffentlichen Kleinkinderziehung ist es Aufgabe der Kindertagesstätten die Erziehung in der Familie zu unterstützen. Dies ergibt sich aus § 22, Abs. 2, Nr.2 und § 2, Abs. 2 Nds. KiTaG.

5. Programme ohne Rechtsgrund im Jugendhilferecht

Bund und Länder loben immer wieder Programme, auch mit Berührung zur Präventiven Familienförderung aus, ohne dass es hierfür einen konkreten Rechtsgrund im SGB VIII oder in den Landesausführungsgesetzten gibt. Sie werden den örtlichen Jugendhilfeträgern über Förderrichtlinien, die rechtssystematisch Verwaltungsvorschriften sind, angeboten. Ihre einzige rechtlichen Verankerung findet sich in dem Haushaltsrecht von Bund oder Ländern. Die Zuschussgeber verbinden mit den Programmen in der Regel eine politische Absicht, die häufig ideologisch gefärbt ist. Ihre besondere Problematik liegt auch darin, dass sie fast nie eindeutig in die gesetzlich definierten Jugendhilfestrukturen passen. Will man sie vor Ort nutzen, ist es also auch Aufgabe des örtlichen Jugendhilfeträgers eine eigene, möglichst sinnvolle, Zuordnung vorzunehmen.

Nachfolgendes Schaubild versucht beispielhaft die Handlungsnotwendigkeit und Handlungsmöglichkeit deutlich zu machen.

Programm	Zuordnung zur Rechtssystematik	Durchführung/Nutzung durch: (soweit nicht im Förderprogramm geregelt)
Frühe Hilfen (Bundesprogramm entstand auf dem Hintergrund politischer Drucksituation, ausgelöst durch Presseberichte von Kindstötungen)	§ 16 und § 8a SGB VIII	Soweit § 16: Kitas Familienzentren Familienbüros Familienbildungsstätten u.a. soweit § 8a: Allgemeiner Sozialdienst im Jugendamt Ggf. Unterstützung durch freie Träger
Anschwung (gemeinsames Programm von Bund, ESF und Kinder- und Jugendstiftung zur Förderung des Ausbaus der öffentlichen Kleinkinderziehung)	§§ 22ff. SGB VIII i.V. mit § 72 und § 80 SGB VIII	Durchführung durch Mitarbeiter des Programmes – Nutzung durch Kommunen. Aufgabe des Jugendamtes wäre also die Heranführung der kreisangehörigen Kommunen an das Programm

Tabelle Nr. 2: Programme ohne Rechtsgrund im Jugendhilferecht

Für die Gesamtsteuerung ist es wichtig darauf zu achten, dass innerhalb des örtlichen Jugendhilfesystems durch diese Sonderprogramme nicht immer neue Institutionen und Subsysteme entstehen. Sinnvoll ist eine Zuordnung der Programmaufgaben zu bereits vorhandenen Strukturen.

6. Mögliche Organisationsformen der familienorientierten Angebote

Zur Klärung der Sachverhalte soll zunächst auf folgende systemleitende Strukturelemente verwiesen werden:

Normadressat der einschlägigen Vorschriften ist der örtliche öffentliche Jugendhilfeträger.

Der öffentliche Jugendhilfeträger hat die Gesamtverantwortung für die Erbringung aller Leistungen.

Soweit ein subjektiver Rechtsanspruch auf die Leistungen besteht, unterliegt ihre Erbringung dem institutionellen Subsidiaritätsgebot.

Bei Leistungen ohne subjektiven Rechtsanspruch ist der öffentliche Jugendhilfeträger frei in der Entscheidung, ob er die Leistung selber erbringen will oder ob er (öffentlich-anerkannte) freie Träger entsprechend fördert.

Die Finanzierung der Leistungen mit subjektivem Rechtsanspruch erfolgt über das sogenannte sozialrechtliche Dreiecksverhältnis. Der öffentliche Träger schließt zur Abwicklung einen Vertrag mit dem freien Träger, in dem die Leistung näher beschrieben wird, ein angemessener Preis bestimmt und eine Regelung über die Qualitätssicherung beschrieben wird. Zwischen den Nutzern der Leistung und dem freien Träger entsteht ein privatrechtliches Vertragsverhältnis und zwischen den Nutzern und dem öffentlichem Jugendhilfeträger eine sozialrechtliche Leistungsgewährung durch Verwaltungsakt (Krüger 2007: 52 f.). Soweit die Leistungen ohne individuellen Rechtsanspruch durch freie Träger erbracht werden, kann der öffentliche Träger diese Leistungen bezuschussen. Bei Beachtung des allgemeinen Gleichheitsgrundsatzes ist er frei in Bezug auf die Höhe des Zuschusses. Der Zuschuss kann über einen Verwaltungsakt oder über einen öffentlich-rechtlichen Vertrag erbracht werden (Krüger 2007: 51).

Eine inhaltliche Steuerung ist mithilfe von Nebenbestimmungen zum gewährenden Verwaltungsakt oder über entsprechende Regelungen in einem Vertrag möglich.

Einen rechtlichen Automatismus, nach dem Familienzentren, i.d.R. entwickelt aus Kindertagesstätten, für die Durchführung der familienorientierten Angebote der Jugendhilfe zuständig wären, ist dem Gesetz nicht zu entnehmen.

7. Anhang zu Teil E

Organisation der öffentlichen Jugendhilfe

BUND
Bundesgesetzgebung und Bundesjugendkuratorium
(strategische Ebene)

↓ Kein Weisungsrecht

LAND
Landesgesetzgebung und Sozialministerium
(öffentliche Kleinkinderziehung in Nds. beim Kultusministerium
(strategische Ebene)

↓ Weisungsrecht

LAND
Landesjugendamt
(ist nicht vorgesetzte Behörde der Jugendämter)
(strategische u. operative Ebene)

↓ Kein Weisungsrecht

LANDKREISE UND KREISFREIE STÄDTE
als Ausnahme auch kreisangehörige Städte
als Träger der Jugendämter
(strategische u. operative Ebene)

↓ Kein Weisungsrecht aber „Insbenehmensetzen"

KREISANGEHÖRIGE GEMEINDEN
als Träger von Einrichtungen
(operative Ebene ohne Rechtsverpflichtung)

Abb. Nr. 8: Organisation der öffentlichen Jugendhilfe

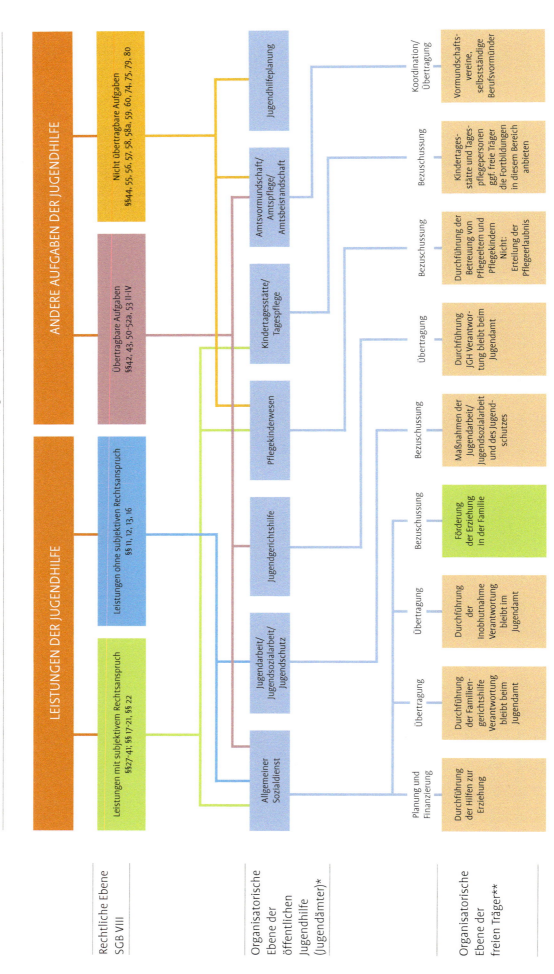

Erläuterung der Grafiken

* Aus dem SGB VIII folgt keine zwingende Organisationsstruktur der öffentlichen Jugendhilfe. Allerdings muss es ein Jugendamt geben. Die Gebietskörperschaften, die sich für eine sogenannte Fachbereichsorganisation entschieden haben, müssen zunächst durch Satzung regeln, welcher Fachbereich das Jugendamt in rechtlichem Sinne ist und welche Position die Aufgaben der Leitung der Jugendamtsverwaltung inne hat. Die Binnenstruktur ergibt sich lediglich aus langer Verwaltungsübung und Verwaltungserfahrung.

** Das Verhältnis vom öffentlichen Träger der Jugendhilfe und freien Trägern gestaltet sich grundsätzlich nach den Prinzipien der institutionellen Subsidiarität. Das bedeutet bei den Leistungen mit subjektivem Rechtsanspruch, dass der öffentliche Träger nur ausnahmsweise selber die Hilfen durchführen darf, nämlich dann, wenn kein geeigneter freier Träger zu angemessenen Kosten zur Verfügung steht. In diesem Bereich kommen auch die gewerblichen freien Träger zum Zuge. Im Feld der Leistung ohne subjektiven Rechtsanspruch haben die freien Träger die Möglichkeit der Bezuschussung. Unter Berücksichtigung des Gleichheitsgrundsatzes kann die Zuschusshöhe bis zu 100′% der tatsächlichen Kosten betragen. Die Zuschussvergabe ist möglich im Wege der Fehlbedarfs-, der Anteils- und der Vollfinanzierung. Sie erfolgt regelmäßig als Verwaltungsakt. Grundsätzlich haben nur die öffentlich anerkannten freien Träger die dauerhafte Möglichkeit Zuschüsse zu erhalten. Im Bereich der anderen Aufgaben der Jugendhilfe kann die Übertragung nur an anerkannte freie Träger erfolgen. Ob Aufgaben übertragen werden, unterliegt der politischen Entscheidung des öffentlichen Trägers. Die Übertragung hat zur Folge, dass der öffentliche Träger dem freien Träger die tatsächlich notwendigen Kosten zu erstatten hat. Die Übertragung kann technisch durch Verwaltungsakt oder durch öffentlich-rechtlichen Vertrag erfolgen.

F. Vertiefung und Erweiterung: Skizze eines Gesamtsystems [21]

1. Vorbemerkung

Im Folgenden wird nun der Versuch unternommen, ein Gesamtsystem zu skizzieren, in dem der klassische Kern der Präventiven Familienförderung[22] durch die Jugendhilfe sozusagen den Dreh- und Angelpunkt bildet, aber durch weitere wichtige Teilsysteme außerhalb der Jugendhilfe (z.B. Schule, Gesundheitswesen, Kommune usw.), aber auch noch durch andere Elemente des Jugendhilfesystems (z.B. die Kita) ergänzt wird. Bei der Darstellung dieses erweiterten Gesamtsystems werden die Grundaussagen des vorangegangenen Kapitels noch einmal aufgegriffen und erweitert..

Präventive Familienförderung ist in der Praxis zersplittert. Eine Vielzahl an Anbietern aus den unterschiedlichsten Subsystemen (Jugendhilfe, Gesundheitswesen, Sozialhilfe), ein Wirrwarr aus freien Trägern und öffentlichen Trägern offereriert eine unkoordinierte Vielzahl ähnlicher oder widerstreitender Angebote. Hinzu kommt eine nicht mehr zu überschauende Anzahl an Projektförderungen des Bundes oder der Länder, die sich in der Regel überhaupt nicht um die zugrundeliegenden rechtlichen Strukturen und die wichtigen Schnittstellen zwischen den Systemen kümmern, sondern in den unterschiedlichsten Formen des Aktionismus unsystematisch in die Welt gesetzt werden. Maßnahmen wie die Einführung von Familienhebammen (mal beim freien Träger, mal beim Jugendamt), die Förderung von Familien-Service-Büros in Konkurrenz zu Familienzentren oder die stark vom Gesundheitswesen geprägten Initiativen zu den Frühen Hilfen (mit den typischen Schnittstellenproblemen zur Jugendhilfe) usw. sind Beispiele für völlig unkoordinierte und widersprüchliche Versuche, die großen Problemlagen der Praxis im Bereich des Schutzes und der Förderung von Kindern und Familien in den Griff zu bekommen. Präventive Familienförderung bedarf deshalb der Neuordnung, Systematisierung und Bündelung in einem Gesamtkonzept unter Federführung der Jugendhilfe. Deshalb wird im folgenden Kapitel der Versuch unternommen, eine rechtlich und praktisch tragfähige Strukturierung aller Angebote der Präventiven Familienförderung im Sinne eines Gesamtsystems herzustellen.

---

[21] Erläuterung zu These 5 aus Teil A ‚Kurzfassung des Buches': „Präventive Familienförderung ist in der Praxis zersplittert und bedarf der Neuordnung, Systematisierung und Bündelung in einem Gesamtkonzept unter Federführung der öffentlichen Jugendhilfe."
[22] Zur Definition von Präventiver Familienförderung sei hier nochmals auf Anmerkung 1 verwiesen.

Vertiefung und Erweiterung: Skizze eines Gesamtsystems

Überblick: Struktur der Präventiven Familienförderung

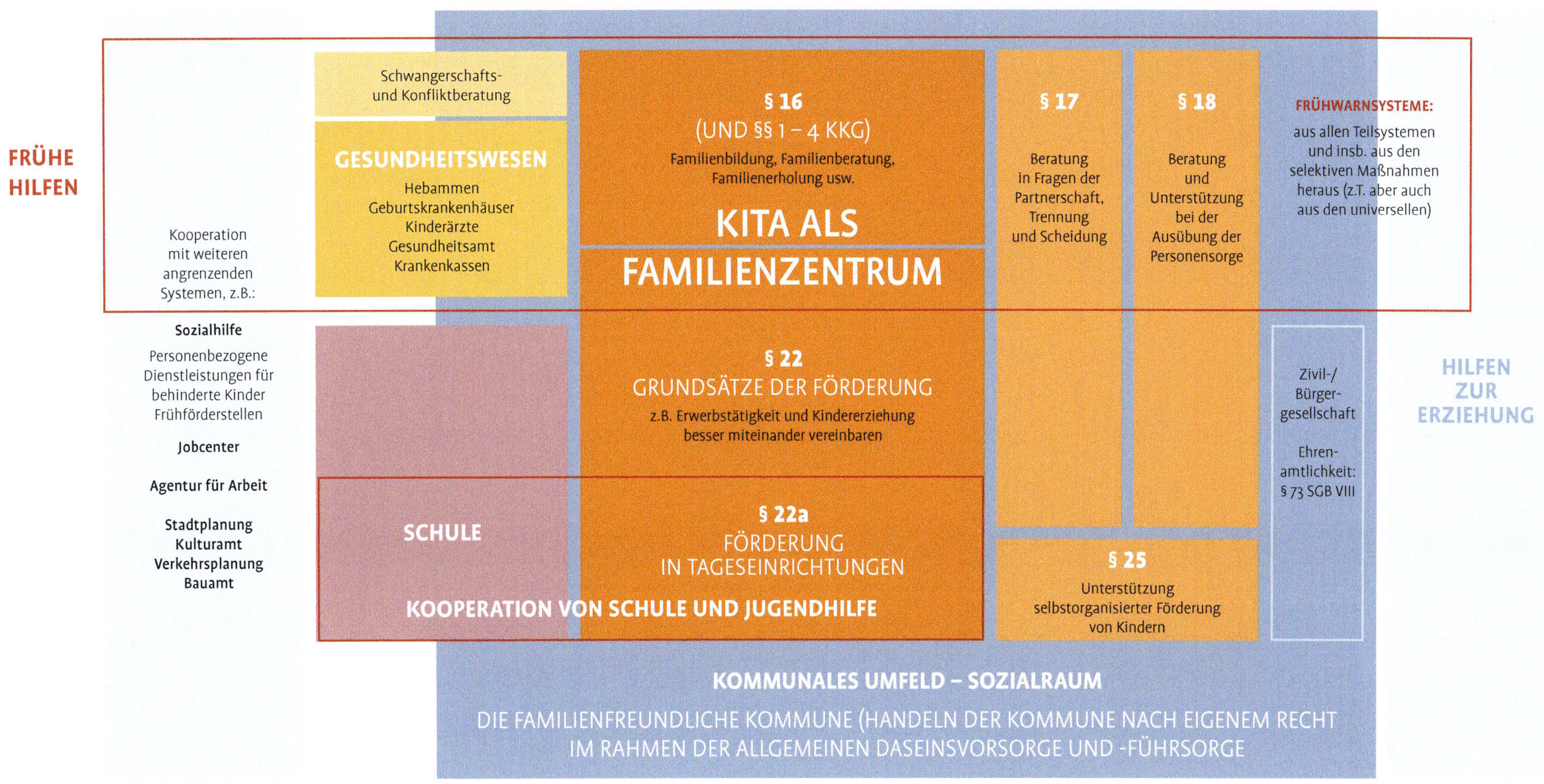

FRÜHE HILFEN

- Schwangerschafts- und Konfliktberatung
- **GESUNDHEITSWESEN**: Hebammen, Geburtskrankenhäuser, Kinderärzte, Gesundheitsamt, Krankenkassen
- Kooperation mit weiteren angrenzenden Systemen, z.B.:
  - Sozialhilfe
  - Personenbezogene Dienstleistungen für behinderte Kinder, Frühförderstellen
  - Jobcenter
  - Agentur für Arbeit
  - Stadtplanung, Kulturamt, Verkehrsplanung, Bauamt

KITA ALS FAMILIENZENTRUM

- **§ 16** (UND §§ 1–4 KKG): Familienbildung, Familienberatung, Familienerholung usw.
- **§ 22** GRUNDSÄTZE DER FÖRDERUNG: z.B. Erwerbstätigkeit und Kindererziehung besser miteinander vereinbaren
- **§ 17** Beratung in Fragen der Partnerschaft, Trennung und Scheidung
- **§ 18** Beratung und Unterstützung bei der Ausübung der Personensorge
- **§ 25** Unterstützung selbstorganisierter Förderung von Kindern

§ 22a FÖRDERUNG IN TAGESEINRICHTUNGEN

SCHULE — KOOPERATION VON SCHULE UND JUGENDHILFE

FRÜHWARNSYSTEME: aus allen Teilsystemen und insb. aus den selektiven Maßnahmen heraus (z.T. aber auch aus den universellen)

HILFEN ZUR ERZIEHUNG

Zivil-/Bürgergesellschaft — Ehrenamtlichkeit: § 73 SGB VIII

KOMMUNALES UMFELD – SOZIALRAUM

DIE FAMILIENFREUNDLICHE KOMMUNE (HANDELN DER KOMMUNE NACH EIGENEM RECHT IM RAHMEN DER ALLGEMEINEN DASEINSVORSORGE UND -FÜRSORGE)

Abb. Nr. 10: „FiZ" – Familie im Zentrum

Die Bausteine dieses Gesamtsystems werden im Folgenden nun genauer erläutert.

2. Die wichtigsten Bausteine der Präventiven Familienförderung ‚FiZ – Familie im Zentrum'

2.1 Allgemeine Förderung der Erziehung in der Familie: Überblick zu § 16 SGB VIII

Das Konzept ‚FiZ' bildet sämtliche präventiven familienfördernden Leistungen (Maßnahmen und Angebote) der Jugendhilfe ab. Es geht vor allem um den erweiterten § 16 SGB VIII zur „Allgemeinen Förderung der Erziehung in der Familie" (insb. mit den Schwerpunkten Familienbildung, Familienberatung). Die ‚Frühen Hilfen' sind im Kern hier anzusiedeln. Dabei ist jedoch zu berücksichtigen, dass es in der Definition von ‚Frühen Hilfen' ein weiteres und ein engeres Verständnis gibt. Das gleiche gilt für den Begriff ‚Kinderschutz'. Dazu weiter unten (Abschnitt F. 3.10)

Es lohnt sich, zunächst einmal einen Blick auf den genauen Wortlaut von § 16 SGB VIII zu richten:

§ 16 Allgemeine Förderung der Erziehung in der Familie

(1) [1] Müttern, Vätern, anderen Erziehungsberechtigten und jungen Menschen sollen Leistungen der allgemeinen Förderung der Erziehung in der Familie angeboten werden. [2] Sie sollen dazu beitragen, dass Mütter, Väter und andere Erziehungsberechtigte ihre Erziehungsverantwortung besser wahrnehmen können. [3] Sie sollen auch Wege aufzeigen, wie Konfliktsituationen in der Familie gewaltfrei gelöst werden können.

(2) Leistungen zur Förderung der Erziehung in der Familie sind insbesondere
1. Angebote der Familienbildung, die auf Bedürfnisse und Interessen sowie auf Erfahrungen von Familien in unterschiedlichen Lebenslagen und Erziehungssituationen eingehen, die Familie zur Mitarbeit in Erziehungseinrichtungen und in Formen der Selbst- und Nachbarschaftshilfe besser befähigen sowie junge Menschen auf Ehe, Partnerschaft und das Zusammenleben mit Kindern vorbereiten,
2. Angebote der Beratung in allgemeinen Fragen der Erziehung und Entwicklung junger Menschen,
3. Angebote der Familienfreizeit und der Familienerholung, insbesondere in belastenden Familiensituationen, die bei Bedarf die erzieherische Betreuung der Kinder einschließen.

(3) Müttern und Vätern sowie schwangeren Frauen und werdenden Vätern sollen Beratung und Hilfe in Fragen der Partnerschaft und des Aufbaus elterlicher Erziehungs- und Beziehungskompetenzen angeboten werden.

(4) Das Nähere über Inhalt und Umfang der Aufgaben regelt das Landesrecht.

Schon der Wortlaut des § 16 SGB VIII zeigt, dass die gelegentlich anzutreffende Reduzierung auf „Familienbildung" (wie sie z.B. von den Familienbildungsstätten angeboten wird) eine unzulässige Verkürzung wäre. Der Gesamtkomplex der „Allgemeinen Förderung der Erziehung in der Familie" (§ 16 SGB VIII) ist viel breiter angelegt und die Pflicht zur allgemeinen Förderung der Erziehung in der Familie (Abs. 1 Satz 1)[23] lässt sich eben nicht nur auf reine ‚Familienbildung' eingrenzen, sondern ist

---

23 „Leistungsberechtigte sind junge Menschen (§ 7 Abs. 1 Nr. 4), Mütter und Väter und - um der sozialen Wirklichkeit bei der Erziehung junger Menschen Rechnung zu tragen - andere Erziehungsberechtigte (§ 7 Abs. 1 Nr. 6), somit auch Stiefmütter, Stiefväter, Pflegeeltern, nichteheliche Lebenspartner sowie auch Partner aus gleichgeschlechtlichen eingetragenen Lebenspartnerschaften, soweit in dieser Partnerschaft Kinder leben(§ 9 LPartG, vgl § 7 Rn 3).
... Die Leistungsberechtigten haben zwar keinen individuell-subjektiven Rechtsanspruch auf entsprechende Leistungen. Sie haben aber ein Teilhaberecht auf gleichen Zugang und dürfen nicht von Angeboten aus unsachlichen Gründen ausgeschlossen werden. [Hervorh. WS] Der Verpflichtungsgrad ‚sollen' bestimmt (allein) die Verpflichtung der Träger der öffentlicher Kinder- und Jugendhilfe, die diese Leistungen erbringen müssen. Für sie sind Leistungen Pflichtaufgabe (‚ob'). Lediglich hinsichtlich der Wahrnehmung bzw Ausgestaltung der Leistungen (‚wie') besteht ein Gestaltungsspielraum im Rahmen der Gewährleistungs- und Planungspflicht gemäß §§ 79, 79a, 80. Angesichts der Bedeutung von Bildung und Erziehung für Kinder und Jugendliche, insb. in schwierigen Familienverhältnissen, haben die Träger öffentlicher Kinder - und Jugendhilfe bei der Jugendhilfeplanung (§§ 79, 80) dafür Sorge zu tragen, dass ‚die zur Befriedigung des Bedarfs', auch von ‚unvorhergesehenem Bedarf' (§ 80 Abs. 1 Nr. 3) notwendigen Angebote plural, rechtzeitig und ausreichend zur Verfügung stehen (...)." (Proksch, in Münder u.a. 2013 FK, § 16: 218)
Nach unserer Auffassung greifen selbst diese Positionen immer noch zu kurz: andere Erziehungsberechtigte sind z.B. auch Lehrer(innen) (geregelt durch die Länder Schulgesetze) und Erzieher(innen) geregelt durch die doppelten Vertragsbeziehungen zwischen Eltern und Kita-Träger einerseits und zwischen Kita-Träger und Erzieher(innen) andererseits.

sehr viel weiter zu fassen. Das sollen einige Passagen aus dem „Frankfurter Kommentar" deutlich machen:

„Mit Leistungsangeboten zur ‚allgemeinen Förderung der Erziehung in der Familie' öffnet der Gesetzgeber über die in Abs. 2 konkretisierten Angebote hinaus Spielraum für ergänzende, präventiv wirkende Angebote zur Ausgestaltung der Vorgaben gemäß § 1 Abs. 3 Nr. 2 und 4. Hierzu gehören neben individuellen Hilfen auch alltagsorientierte sowie gemeinwesen- bzw. sozialraumorientierte Ansätze. Als Teil allgemeiner Förderung enthält die Förderung der Erziehung in der Familie Elemente der Erwachsenenbildung, der Erziehungs- und Jugendberatung, der Jugendarbeit und der Arbeit mit Kindern ebenso wie Elemente der Familiengruppenarbeit und der Familienselbsthilfe" (Proksch, in Münder u.a. 2013, FK-SGB VIII, § 16, Rn 2: 218).

„Abs. 2 benennt beispielhaft, nicht abschließend, sondern aktuell ergänzbar („insb."), wesentliche Angebote zur Förderung von Familienarbeit, wie sie sich in der Praxis der Kinder- und Jugendhilfe herausgebildet haben. Die aufgezählten Angebote Familienbildung (…), Familienberatung und Familienfreizeit bzw Familienerholung skizzieren die ‚klassischen' Angebote der Kinder- und Jugendhilfe (…). In der Praxis sind hierzu in den letzten Jahren zahlreiche weitere Angebotsformen entstanden, die wichtige Anlaufstellen für Fragen der Erziehung geworden sind, so zB Mütterzentren, Gesprächskreise etc. Sie sind häufig stadtteil- bzw wohnbereichsbezogen angesiedelt. Der Erziehungs- und Bildungsauftrag von Schule (Art. 7 GG) bleibt davon unberührt" (Proksch, in Münder u.a. 2013, FK-SGB VIII, § 16, Rn 7: 219 f.).

„Insoweit erfassen Leistungen nach Nr. 1 im Rahmen der allgemeinen Förderung der Erziehung in der Familie sowohl die Erweiterung der Handlungskompetenzen von Erziehungsberechtigten für ihr Zusammenleben mit Kindern als auch ihre Vorbereitung darauf. Angebote der Gesundheitsbildung einschließlich Geburtsvor- und Geburtsnachbereitung (Stichwort Familienhebammen …) oder Hilfen für schwangere Frauen in prekären Lebenssituationen zählen zum Leistungsangebot der Gesundheitshilfe der insoweit zuständigen Stellen, Gesundheitsämter und Krankenkassen (…). Sie sind im Rahmen von verbindlichen Netzwerkstrukturen gemäß § 3 Abs. 4 KKG zu gestalten. Aus § 16 Abs. 2 sind sie nicht unmittelbar ableitbar (…). Ob Leistungsangebote in die Palette des § 16 aufgenommen und ggf gemäß §§ 74, 77 entsprechend gefördert werden, obliegt dem JA im Rahmen seiner JH-Planung gemäß § 80 (…)" (Proksch, in Münder u.a. 2013, FK-SGB VIII, § 16, Rn 8: 220).

„Abs. 2 Nr. 2 benennt mit Familienberatung funktionale Erziehungs- und Lebensberatung als allgemeines Angebot präventiv orientierter Erziehungsberatung. Im Unterschied zu Erziehungsberatung nach § 28 setzt sie keinen erzieherischen Bedarf iSd § 27 voraus. Damit soll deutlich werden, dass Erziehungsberatung eine wichtige Funktion hat im präventiven Bereich und sie nicht allein im Rahmen von H.z.E Bedeutung hat. Sie ist iRv § 16 grds. nicht einzelfallorientiert, sondern auf allgemeine Fragen bezogen. Wenn sich auch aus dieser Vorschrift zunächst nur die Beratung in Fragen der Erziehung und Entwicklung junger Menschen ableiten lässt, so zeigt die Praxis, dass die Beratung sich auch weit darüber hinaus auf die gesamte Bandbreite familialer Bedürfnisse und Problemlagen beziehen kann, so zB um Fragen der zwischenmenschlichen Beziehungen, um die Entwicklung von Lebensentwürfen und um Hilfe in konkreten Konfliktsituationen. Eine scharfe Trennung zwischen den verschiedenen Beratungsansätzen wird bewusst nicht vollzogen, da es bei dieser Beratungsform zahlreiche Schnittstellen zwischen den Bedürfnissen und Problemen der Erziehungsberechtigten und denen der Kinder gibt" (Proksch, in Münder u.a. 2013, FK-SGB VIII, § 16, Rn 9: 220).[24]

---

[24] „Das Gesetz verzichtet auf die Nennung bestimmter Beratungsangebote. Die Träger sind deshalb in ihrer Entscheidung über Beratungskonzepte und Methoden frei. Dies eröffnet die Chance die i.d.R. vorhandene klassische institutionelle Form der Beratung durch neue Ansätze der aufsuchenden Beratung zu ergänzen. In der Praxis findet die Beratung auch in neuen Formen, zB Begegnungszentren, Mütterzentren, stadtteilbezogene Angebote, kombinierte Treffs mir Tageseinrichtungen etc." (Proksch, in Münder u.a. 2013 FK, § 16, Rn 10: 220)

„Die zunehmende Orientierung der Kinder- und Jugendhilfe auf den Sozialraum eröffnet zudem die Möglichkeit direkter Verbindungen zwischen Regelangeboten wie z.B. Kinderbetreuung, Kinder- und Jugendschutz, Schuldnerberatung und der Beratung nach dieser Vorschrift" (Proksch, in Münder u.a. 2013, FK-SGB VIII, § 16, Rn 10: 220; sämtliche Hervh. d. A.).

Viele der genannten Erweiterungen im Verständnis des § 16 SGB VIII sind im Zuge der fachlichen, wissenschaftlichen und politischen Diskussion der letzten Jahre entstanden und durch markante gesetzliche Änderungen begleitet worden, die letztlich dazu führten, dass das ursprüngliche Profil des § 16 im Laufe der Zeit immer weiter interpretiert werden musste.

Wenn man nun also von ‚§ 16 Allgemeine Förderung der Erziehung in der Familie' redet, sind vor allem die Veränderungen, Erweiterungen und Präzisierungen mitzudenken, die im Rahmen des seit 1.1.2012 gültigen Bundeskinderschutzgesetzes (BKiSchuG) und des darin enthaltenen „Gesetzes zur Kooperation und Information im Kinderschutz (KKG)" formuliert worden sind. Das betrifft gerade den neuen § 16 (3) SGB VIII (Angebote für Mütter und Väter sowie schwangere Frauen und werdende Väter) und die Ausführungen des KKG zu den Frühen Hilfen und zur Vernetzung. Insofern werden im Folgenden insbesondere sämtliche Maßnahme für Eltern und Familien im 1. Lebensjahr (Frühe Hilfen) mitgedacht, wo traditionell ja unklare Zuständigkeiten vorherrschten. Es ist also inzwischen doch ein deutlich erweitertes Handlungsfeld in den Fokus geraten, hin zu den Frühen Hilfen im ersten Lebensjahr, wie es als präventiver Aufgabenbereich des ASD in der letzten Zeit verstärkt diskutiert wird. Die häufige Verkürzung auf reine Familienbildungsangebote wird deutlich gelockert in Richtung auf ein breiteres Spektrum von Beratung, Netzwerkarbeit bis hin zur Vermittlung materieller Hilfen – ein Spektrum, das die konventionelle Familienbildung etwa der Familienbildungsstätten nicht vorhält, wohl aber der sozialräumlich aktive ASD.

Die beschriebenen Tendenzen werden im „Gesetz zur Kooperation und Information im Kinderschutz (KKG)", das im Rahmen des Bundeskinderschutzgesetzes erlassen wurde, besonders deutlich. Dort heißt es:

§ 1 Kinderschutz und staatliche Mitverantwortung

(4) Zu diesem Zweck umfasst die Unterstützung der Eltern bei der Wahrnehmung ihres Erziehungsrechts und ihrer Erziehungsverantwortung durch die staatliche Gemeinschaft insbesondere auch Information, Beratung und Hilfe. Kern ist die Vorhaltung eines möglichst frühzeitigen, koordinierten und multiprofessionellen Angebots im Hinblick auf die Entwicklung von Kindern vor allem in den ersten Lebensjahren für Mütter und Väter sowie schwangere Frauen und werdende Väter (Frühe Hilfen).

§ 2 Information der Eltern über Unterstützungsangebote in Fragen der Kindesentwicklung

(1) Eltern sowie werdende Mütter und Väter sollen über Leistungsangebote im örtlichen Einzugsbereich zur Beratung und Hilfe in Fragen der Schwangerschaft, Geburt und der Entwicklung des Kindes in den ersten Lebensjahren informiert werden.

(2) Zu diesem Zweck sind die nach Landesrecht für die Information der Eltern nach Absatz 1 zuständigen Stellen befugt, den Eltern ein persönliches Gespräch anzubieten. Dieses kann auf Wunsch der Eltern in ihrer Wohnung stattfinden. Sofern Landesrecht keine andere Regelung trifft, bezieht sich die in Satz 1 geregelte Befugnis auf die örtlichen Träger der Jugendhilfe.

Wenn der Präventionsgedanke ernst genommen wird, der diesem Gesetz eindeutig zugrunde liegt, kann nicht erst gehandelt werden, wenn eine massive Intervention oder indizierte Prävention erforderlich wird. Das widerspräche allen fachlichen und wissenschaftlichen Überlegungen zu diesem Bereich und steht so auch mit keinem Wort im Gesetz. Deshalb kann man mit guten Gründen ein weites Verständnis von ‚Frühen Hilfen' (auf denen ja der Fokus liegt) unter Einschluss der universellen und selektiven Prävention zugrunde legen[25]. In der Praxis sind viele der Programme zu den Frühen Hilfen aber weniger universell-präventiv angelegt (was wünschenswert wäre[26]), sondern selektiv-präventiv, wenn z.B. beim Screening in Geburtskliniken potenzielle Problemfamilien herausgefiltert und ihnen gezielte Angebote gemacht werden.

Alle diese Überlegungen zeigen einmal mehr, dass es eindeutig nicht nur darum gehen kann, einfach nur klassische „Familienbildung" anzubieten, sondern in einem erweiterten Sinne auch „Information, Beratung und Hilfe" und darum, ein „möglichst frühzeitiges, koordiniertes und multiprofessionellen Angebot" vorzuhalten und über alle „Leistungsangebote im örtlichen Einzugsbereich zur Beratung und Hilfe in Fragen der Schwangerschaft, Geburt und der Entwicklung des Kindes in den ersten Lebensjahren" zu informieren. Diese neue Sichtweise hat als wesentliche Voraussetzung den Aufbau interdisziplinärer Netzwerke.

Hier dürften die Regelungen des KKG zu den äußeren Rahmenbedingungen und Netzwerkstrukturen wertvolle Hinweise geben:

§ 3 Rahmenbedingungen für verbindliche Netzwerkstrukturen im Kinderschutz

(1) In den Ländern werden insbesondere im Bereich Früher Hilfen flächendeckend verbindliche Strukturen der Zusammenarbeit der zuständigen Leistungsträger und Institutionen im Kinderschutz mit dem Ziel aufgebaut und weiterentwickelt, sich gegenseitig über das jeweilige Angebots- und Aufgabenspektrum zu informieren, strukturelle Fragen der Angebotsgestaltung und -entwicklung zu klären sowie Verfahren im Kinderschutz aufeinander abzustimmen.

(2) In das Netzwerk sollen insbesondere Einrichtungen und Dienste der öffentlichen und freien Jugendhilfe, Einrichtungen und Dienste, mit denen Verträge nach § 75 Absatz 3 des Zwölften Buches Sozialgesetzbuch bestehen, Gesundheitsämter, Sozialämter, Gemeinsame Servicestellen, Schulen, Polizei- und Ordnungsbehörden, Agenturen für Arbeit, Krankenhäuser, Sozialpädiatrische Zentren, Frühförderstellen, Beratungsstellen für soziale Problemlagen, Beratungsstellen nach den §§ 3 und 8 des Schwangerschaftskonfliktgesetzes, Einrichtungen und Dienste zur Müttergenesung sowie zum Schutz gegen Gewalt in engen sozialen Beziehungen, Familienbildungsstätten, Familiengerichte und Angehörige der Heilberufe einbezogen werden.

(3) Sofern Landesrecht keine andere Regelung trifft, soll die verbindliche Zusammenarbeit im Kinderschutz als Netzwerk durch den örtlichen Träger der Jugendhilfe organisiert werden. Die Beteiligten sollen die Grundsätze für eine verbindliche Zusammenarbeit in Vereinbarungen festlegen. Auf vorhandene Strukturen soll zurückgegriffen werden.

(4) Dieses Netzwerk soll zur Beförderung Früher Hilfen durch den Einsatz von Familienhebammen gestärkt werden. Das Bundesministerium für Familie, Senioren, Frauen und Jugend unterstützt den Aus- und Aufbau der Netzwerke Frühe Hilfen und des Einsatzes von Familienhebammen auch unter Einbeziehung ehrenamtlicher Strukturen durch eine zeitlich auf vier Jahre befristete Bundesinitiative, die im Jahr 2012 mit 30 Millionen Euro, im Jahr 2013 mit 45 Millionen Euro und in den Jahren 2014 und 2015 mit 51 Millionen Euro ausgestattet wird. Nach Ablauf dieser Befristung wird der Bund einen Fonds zur Sicherstellung der Netzwerke Frühe Hilfen und der psychosozialen Unterstützung von Familien einrichten, für

---

[25] Zwar ist dieses Gesetz ursprünglich aus dem Kinderschutz-Gedanken und Überlegungen zur Kindeswohlgefährdung heraus entstanden, aber keineswegs auf diesen Teilausschnitt beschränkt. Wenn man den Text genau liest, fällt auf, dass in den Formulierungen an keiner Stelle eine Einschränkung auf die Problematik der Kindeswohlgefährdung vorgenommen wird, sondern, dass die Formulierungen bewusst offen gehalten sind und insofern an alle Kinder und Familien gedacht ist und diese Regelungen zu den frühen Hilfen sehr wohl auch in einem universell-präventiven Sinne gelesen werden dürfen Dies entspricht auch dem neuen § 16 (3) SGB VIII (siehe oben). Das ist auch folgerichtig, weil man sonst nach den Graden der Kindeswohlgefährdung und der Präventionsintensität hätte unterscheiden müssen (universelle, selektive, indizierte Prävention bzw. massive Intervention auf dem Hintergrund der Kinderschutz-Diskussion).

[26] Und viele selektive Maßnahmen ja einschließen und ersetzen würde und außerdem auch Stigmatisierungseffekte vermeiden würde. Insofern sollte doch auf den massiven und breiten Ausbau universell-präventiver Angebote gesetzt werden (auch wenn immer ein gewisser Prozentsatz selektiver und indizierter Angebote bleiben wird, aber eben nicht das Hauptmerkmal einer Gesamtstrategie darstellen sollte).

den er jährlich 51 Millionen Euro zur Verfügung stellen wird. Die Ausgestaltung der Bundesinitiative und des Fonds wird in Verwaltungsvereinbarungen geregelt, die das Bundesministerium für Familie, Senioren, Frauen und Jugend im Einvernehmen mit dem Bundesministerium der Finanzen mit den Ländern schließt.[27]

Fazit:

Unter fachlichen und wissenschaftlichen Gesichtspunkten muss man zu einer umfassenden und integrierten Sichtweise des § 16 „Allgemeinen Förderung der Erziehung in der Familie" kommen. Deshalb sind in Zukunft sehr viel stärker als dies faktisch bisher der Fall war sowohl die klassische Familienbildung, aber auch die Familienberatung (funktionale Erziehungs- und Lebensberatung als allgemeines Angebot präventiv orientierter Erziehungsberatung und Jugendberatung) zu berücksichtigen. Im Unterschied zur Erziehungsberatung nach § 28 SGB VIII setzt sie keinen spezifischen erzieherischen Bedarf nach § 27 voraus. Es geht aber auch um Familienfreizeit bzw. Familienerholung, Elemente der Erwachsenenbildung, der Jugendarbeit und der Arbeit mit Kindern ebenso wie um Elemente der Familiengruppenarbeit und der Familienselbsthilfe.

Alles dies ist in Zukunft stärker im Kontext der Frühen Hilfen zu denken. Es geht dabei ja inzwischen viel intensiver als bisher ohnehin schon um die Vorbereitung auf das Leben mit Kindern, z.B. über Angebote der Gesundheitsbildung, einschließlich Geburtsvor- und Geburtsnachbereitung oder Hilfen für schwangere Frauen in prekären Lebenssituationen und um Konzepte wie die Familienhebammen oder die Baby-Besuchsdienste. Der Aspekt der Frühen Hilfen ist nicht nur auf dem Hintergrund der Kinderschutzdiskussion dringlicher geworden, sondern auch aufgrund der Tatsache, dass wir vor dem Kindergarten und der Krippe bisher für das erste Lebensjahr faktisch keine wirklich überzeugende und klar geregelte Zuständigkeit vorfinden, obwohl das SGB VIII hier schon immer eindeutige Vorgaben machte – worauf noch zu sprechen kommen sein wird.

Es wird in Zukunft darum gehen, alle diese Bereiche noch wesentlich stärker als bisher in den Fokus zu nehmen und sinnvoll in eine umfassendere, ganzheitliche Konzeption zur ‚Förderung der Erziehung in der Familie' (§ 16) zu integrieren und dies alles wiederum als Teil eines erweiterten Gesamtkonzeptes ‚Familie im Zentrum (FiZ)' zu sehen, das noch im Sinne der Abb. Nr. 10 (S. 91) vervollständigt wird. Dabei wird es neben individuellen Hilfen und institutionellen gruppenorientierten Familienbildungsangeboten vermehrt neue alltagsorientierte sowie gemeinwesen- bzw. sozialraumorientierte Ansätze (Netzwerkbildung), neue Angebotsformen und Anlaufstellen für Fragen der Erziehung geben (z.B. Eltern-Kind-Gruppen, Eltern-Cafés, besondere stadtteilbezogene Angebote, Begegnungszentren, Mütterzentren, kombinierte Treffs mit Tageseinrichtungen etc. – am sinnvollsten wohl in der Form von Familienzentren) und damit auch in Formen direkter Verbindungen zwischen Regelangeboten der Kindertagesstätten nach § 22 und 22a SGB VIII, der Kooperation mit der Schule –

---

[27] Ergänzend kann hier noch die Neuformulierung in der Novellierung des § 81 SGB VIII herangezogen werden:
§ 81 Strukturelle Zusammenarbeit mit anderen Stellen und öffentlichen Einrichtungen
Die Träger der öffentlichen Jugendhilfe haben mit anderen Stellen und öffentlichen Einrichtungen, deren Tätigkeit sich auf die Lebenssituation junger Menschen und ihrer Familien auswirkt, insbesondere mit
1. den Trägern von Sozialleistungen nach dem Zweiten, Dritten, Vierten, Fünften, Sechsten und dem Zwölften Buch sowie Trägern von Leistungen nach dem Bundesversorgungsgesetz,
2. den Familien- und Jugendgerichten, den Staatsanwaltschaften sowie den Justizvollzugsbehörden,
3. Schulen und Stellen der Schulverwaltung,
4. Einrichtungen und Stellen des öffentlichen Gesundheitsdienstes und sonstigen Einrichtungen und Diensten des Gesundheitswesens,
5. den Beratungsstellen nach den §§ 3 und 8 des Schwangerschaftskonfliktgesetzes und Suchtberatungsstellen,
6. Einrichtungen und Diensten zum Schutz gegen Gewalt in engen sozialen Beziehungen,
7. den Stellen der Bundesagentur für Arbeit,
8. Einrichtungen und Stellen der beruflichen Aus- und Weiterbildung,
9. den Polizei- und Ordnungsbehörden,
10. der Gewerbeaufsicht und
11. Einrichtungen der Ausbildung für Fachkräfte, der Weiterbildung und der Forschung im Rahmen ihrer Aufgaben und Befugnisse zusammenzuarbeiten.

insbesondere im Transitionsbereich und in der Zusammenarbeit mit der Grundschule, viel engere Kooperationen mit dem sozialräumlichen ASD, weiteren Einrichtungen des Kinder- und Jugendschutzes. Das Konzept der Sozialraumorientierung erleichtert hier die Kooperation. Relevant ist auch die Einbeziehung der Leistungen nach § 17 (Beratung in Fragen der Partnerschaft, Trennung und Scheidung) und § 18 SGB VIII (Beratung und Unterstützung bei der Ausübung der Personensorge und des Umgangsrechts) (die ja im Übrigen subjektive Rechtsansprüche definieren) oder den angrenzenden Hilfesystemen (z.B. der Schuldnerberatung und der Arbeitsverwaltung) und vor allem die häufig – irritierenderweise – nicht mitgedachten Angebote der Kommunen, die sie ja außerhalb der standardmäßigen Jugendhilfeangebote immer anbieten können (Handeln der Kommune nach eigenem Recht im Rahmen der allgemeinen Daseinsvorsorge und -fürsorge) – etwa im Rahmen ihrer vielfältigen Strategien und Konzepte zur kinder- und familienfreundlichen Kommune.

Das sich hier andeutende große ganzheitliche Konzept ‚FiZ – Familie im Zentrum' selber ist als Teil und Beitrag zu einem zukünftigen strategischen Gesamtkonzept der Jugendhilfe bzw. einer Jugendhilfeplanung aus einem Guss zu verstehen. Es ist aber wichtig, wenn der zentrale präventive Stellenwert eines Teilkonzeptes ‚Familie im Zentrum' auf dem Hintergrund und im Rahmens einer integrierten Gesamtkonzeption deutlich gemacht wird. Dabei sind sämtliche Angebote und Leistungen unter einem neuen Blickwinkel im Sinne von ‚Erziehungs- und Bildungspartnerschaften' (vgl. Stange et. al. 2012 und 2013) zu bündeln.

Vertiefend nun einige Definitionen von Familienbildung, die im Gesamtportfolio – trotz aller Erweiterungen und Öffnungen der Angebots- und Leistungspalette – ja nach wie vor eine Schlüsselfunktion einnehmen wird:

Vertiefung: Definitionen von Familienbildung

„Unter Familienbildung versteht man grundsätzlich Bildungsarbeit, die Kompetenzen für den Erziehungsalltag und das private Alltagsleben in der Familie vermittelt" (Deutscher Familienverband 2007: 6). Familienbildung

… greift Fragen und Probleme des familialen Zusammenlebens auf und ist ein Bildungsangebot, „Familienleben zu lernen" (Schymroch 1989: 9) und ist eine „soziale und teilnehmerorientierte Dienstleistung, deren Angebote auf die aktuellen gesellschaftlichen und sozialräumlichen Voraussetzungen abgestimmt sind und auf Veränderungen im Zusammenleben und in den Rahmenbedingungen von Familien Bezug nehmen" (Rupp/Mengel/Smolka 2009: 9).

„Familienbildung

> vermittelt frühzeitig und lebensbegleitend Wissen über familiale Belange

> unterstützt die Entwicklung bzw. den Aufbau von familienbezogenen Fähigkeiten

> regt zur Reflexion an und dient der Orientierung

> fördert die gesellschaftliche Teilhabe

> erweitert die familialen Handlungsspielräume" (Rupp/Mengel/Smolka 2009: 9)[28]

---

[28] Rupp, Mengel und Smolka (2010: 54) weisen darauf hin, dass bei vielen Definitionen „zwar von Familienbildung gesprochen wird, es den Autor(inn)en häufig aber letztendlich primär um Elternbildung geht". Auch Tan (2011: 169) und Minsel (2010: 865) betonen, dass im Alltag die Begriffe Familien- und Elternbildung annähernd synonym gebraucht werden. Textor bezeichnet Elternbildung als „… Teilbereich der Familienbildung (abgegrenzt von Ehevorbereitung, Ehebildung und Familienbildung im engeren Sinne). (Textor 2007: 369) Elternbildungsprogramme werden abgegrenzt von der reinen einzelfallbezogenen Beratungen (Lösel 2006: 23). Bäuerle grenzt sie von Elternberatung und Elternbehandlung ab und meint wie Lösel, dass Elternbildungsprogramme nicht einzelfallbezogen sind. Außerdem hätten sie nicht wie die Elternbehandlung therapeutischen Charakter (Bäuerle 1971: 75 ff.). Man kommt in der realen Praxis schnell in Abgrenzungsschwierigkeiten, wenn man etwa an Konzepte wie z.B. „Elterncoaching" denkt. Man sollte hier etwas breiter denken und die konventionelle Sichtweise von Eltern- und Familienbildung relativieren.

Diese klassischen Definitionen sind aber mit Blick auf den rechtlichen Hintergrund der Familienbildung nochmals durch den genauen Wortlaut des § 16 SGB VIII zu erweitern:

§ 16 Allgemeine Förderung der Erziehung in der Familie

(1) [1] Müttern, Vätern, anderen Erziehungsberechtigten und jungen Menschen sollen Leistungen der allgemeinen Förderung der Erziehung in der Familie angeboten werden. [2] Sie sollen dazu beitragen, dass Mütter, Väter und andere Erziehungsberechtigte ihre Erziehungsverantwortung besser wahrnehmen können. [3] Sie sollen auch Wege aufzeigen, wie Konfliktsituationen in der Familie gewaltfrei gelöst werden können.

(2) Leistungen zur Förderung der Erziehung in der Familie sind insbesondere
1. Angebote der Familienbildung, die auf Bedürfnisse und Interessen sowie auf Erfahrungen von Familien in unterschiedlichen Lebenslagen und Erziehungssituationen eingehen, die Familie zur Mitarbeit in Erziehungseinrichtungen und in Formen der Selbst- und Nachbarschaftshilfe besser befähigen sowie junge Menschen auf Ehe, Partnerschaft und das Zusammenleben mit Kindern vorbereiten …

„Der Begriff Familienbildung soll verdeutlichen, dass die Leistungsangebote für alle Familienmitglieder gelten, nicht allein für Eltern. Familienbildung kann institutionell erfolgen (z.B. in Bildungseinrichtungen), funktional (in Einrichtungen zur Kinderbetreuung und in Schulen), medial (z.B. Elternbriefe, Funk und TV) oder informell (z.B. durch Erfahrungsaustausch, in Selbsthilfe- und Nachbarschaftsgruppen). … Familienbildung … ist anlassunabhängig und präventiv orientiert" (Proksch, in Münder u.a., FK, § 16 Rn8: 220).

2.2 Beratung in Fragen der Partnerschaft, Trennung und Scheidung (§ 17 SGB VIII)

Es geht um mehr als § 16 und die Frühen Hilfen! Regelmäßig unterschätzt und vergessen werden bei Projekten und Maßnahmen der Präventiven Familienförderung die §§ 17 und 18 SGB VIII, z.B. bei den Familien-Service-Büros (was nicht zuletzt an dem ungeklärten Verhältnis zum ASD und der unsystematischen und rechtlich nicht durchdachten Konzipierung dieser Maßnahme liegt). Sowohl § 17 (Beratung in Fragen in Fragen der Partnerschaft, Trennung und Scheidung) und § 18 (Beratung und Unterstützung bei der Ausübung der Personensorge und des Umgangsrechts) gewähren individuelle Rechtsansprüche von Eltern. Beide (insbesondere der § 17) haben zunächst einmal universell-präventiven Charakter, weil sie ja für alle Eltern gelten. Es geht ja nicht nur um Trennung und Scheidung, sondern auch um Partnerschaft im Allgemeinen. Im Übrigen kann man ja schwerlich von rein selektiver Prävention reden, wenn das Problem der Trennung und Scheidung über die Hälfte der Familien trifft. Sie sind andererseits aber doch auch in dem Sinne selektiv, dass sie sich vor allem an Personen mit eindeutig definierten aktuellen Problemlagen wenden und nicht an die anderen, die dieses Problem aktuell nicht haben.

Zu bedenken ist auch die Besonderheit, dass die §§ 16 und 17 sich nicht an die Kinder und Jugendlichen wenden, sondern eine direkt auf die Eltern bezogene Leistung darstellen.

Im Rahmen eines umfassenden Konzeptes ‚FiZ – Familie im Zentrum' lohnt es sich, den § 17 SGB VIII mit seinem verbrieften Anspruch auf Beratung in Fragen der Partnerschaft einmal genauer anzusehen:

§ 17 Beratung in Fragen der Partnerschaft, Trennung und Scheidung

[1] Mütter und Väter haben im Rahmen der Jugendhilfe Anspruch auf Beratung in Fragen der Partnerschaft, wenn sie für ein Kind oder einen Jugendlichen zu sorgen haben oder tatsächlich sorgen.
[2] Die Beratung soll helfen,
1. ein partnerschaftliches Zusammenleben in der Familie aufzubauen,
2. Konflikte und Krisen in der Familie zu bewältigen,

3. im Fall der Trennung oder Scheidung die Bedingungen für eine dem Wohl des Kindes oder des Jugendlichen förderliche Wahrnehmung der Elternverantwortung zu schaffen.[29]

Im Frankfurter Kommentar wird die Bedeutung dieser Norm wie folgt skizziert:

„Die ungenügende Bewältigung elterlicher Partnerschaftsprobleme und familiärer Krisen führt zu einer krisenhaften Situation für das gesamte Familiensystem. Trennung und Scheidung erscheinen dann oft als der einzige Ausweg (…). Leidtragende dieser Situation sind vor allem die Kinder (…). Sie erleiden in aller Regel dabei die nachhaltigsten Schädigungen (…). Kinder aus Trennungs- und Scheidungssituationen stellen die große Mehrzahl an allen neu beginnenden Fremdunterbringungen (…). Konfliktbeladene Partnerschaften, Konfliktsituationen, die einer elterlichen Trennung oder Scheidung vorausgehen und ihr nachfolgen, führen oft zu Verhaltensauffälligkeiten von Kindern (…). Trennung und Scheidung sind offenbar „Leitfaktoren" (Indikatoren) auch für die Notwendigkeit erzieherischer Hilfen für Kinder und für einen höheren Bedarf an (Erziehungs-/Konflikt-) Beratung für Kinder und Eltern.

Beratungsangebote nach § 17 haben eine maßgebliche, präventive Schutz- und Unterstützungsfunktion für die betroffenen Kinder und Jugendlichen und ihre Eltern, gleichzeitig zielen sie auf eine Förderung bzw Verbesserung der jeweiligen elterlicher Handlungs- und Konfliktkompetenz…

… Zweck der Beratung nach § 17 ist … die Sicherung bzw Förderung elterlicher Autonomie und Befähigung der Eltern zu einer am Kindeswohl orientierten Wahrnehmung gemeinsamer Elternverantwortung von Mutter und Vater zur gewaltfreien, verantwortungsvollen Kommunikation und Kooperation miteinander sowie mit und gegenüber ihren Kindern (…).

§ 17 verfolgt dabei drei Ziele: die Verwirklichung eines partnerschaftlichen Familienmodells (Abs. l S Satz l, Satz 2 Nr. 1), die Befähigung zur Konfliktbewältigung in Ehe und Familie (Abs. l Satz 2 Nr. 2) …

Der Zweck der Vorschrift wird nur erreicht, wenn die Kinder- und Jugendhilfe insbesondere solche Beratungsangebote entwickelt und den Eltern anbietet, die sie schon vor [Hervh. d. V.] dem Beginn von Krisen und Konflikten zum Aufbau und Erhalt einer partnerschaftlichen Familienbeziehung befähigen, sie darin bestärken und unterstützen. Dem dienen insbesondere interdisziplinär und mediativ angelegte Beratungsangebote, die die Konfliktregelungsfähigkeit von Eltern und ihre Kommunikations- und Kooperationsfähigkeit auch präventiv fördern und unterstützen (…).

Mit den Leistungen zur Beratung und Unterstützung gemäß § 17 ergänzt der Gesetzgeber Angebote zur Förderung der Erziehung in der Familie gemäß §§ 16, 18, 27 ff als Regelaufgabe der Kinder- und Jugendhilfe und als Rechtsanspruch der Eltern. Insgesamt gründet die Beratung nach § 17 auf dem Recht von Eltern (Müttern und Vätern) auf Beratung in Fragen ihrer (eigenen) Elternschaft im Rahmen ihrer rechtlichen oder tatsächlichen (Pflicht-)Sorge für ihr Kind oder Jugendlichen nach Art. 6 Abs. 2 Satz l GG. Dieses „pflichtbestimmte Elternrecht" (…) verpflichtet sie, (die) Beratung und

---

[29] Der weitere Wortlaut des § 17:
(2) Im Fall der Trennung und Scheidung sind Eltern unter angemessener Beteiligung des betroffenen Kindes oder Jugendlichen bei der Entwicklung eines einvernehmlichen Konzepts für die Wahrnehmung der elterlichen Sorge und der elterlichen Verantwortung zu unterstützen; dieses Konzept kann auch als Grundlage für einen Vergleich oder eine gerichtliche Entscheidung im familiengerichtlichen Verfahren dienen.
(2) Die Gerichte teilen die Rechtshängigkeit von Scheidungssachen, wenn gemeinschaftliche minderjährige Kinder vorhanden sind, sowie Namen und Anschriften der beteiligte Eheleute und Kinder dem Jugendamt mit, damit dieses die Eltern über das Leistungsangebot der Jugendhilfe nach Absatz 2 unterrichtet.
(3) Im Fall der Trennung und Scheidung sind Eltern unter angemessener Beteiligung des betroffenen Kindes oder Jugendlichen bei der Entwicklung eines einvernehmlichen Konzepts für die Wahrnehmung der elterlichen Sorge und der elterlichen Verantwortung zu unterstützen; dieses Konzept kann auch als Grundlage für einen Vergleich oder eine gerichtliche Entscheidung im familiengerichtlichen Verfahren dienen.
(4) Die Gerichte teilen die Rechtshängigkeit von Scheidungssachen, wenn gemeinschaftliche minderjährige Kinder vorhanden sind, sowie Namen und Anschriften der beteiligte Eheleute und Kinder dem Jugendamt mit, damit dieses die Eltern über das Leistungsangebot der Jugendhilfe nach Absatz 2 unterrichtet.

Unterstützung wahrzunehmen, die zum Wohl ihrer Kinder erforderlich und geeignet ist (…) (Proksch, in Münder u.a. 2013 FK, § 17, Rn 1 -2, 4-6: 224 ff.).

Beratung nach § 17 SGB VIII kann – wie bei allen Leistungen mit subjektiven Rechtsansprüchen – auch von freien Trägern angeboten werden (mit Wunsch- und Wahlrecht). Der öffentliche Träger hat immer die Gewährleistungsverpflichtung und Planungsverantwortung für ein ausreichendes Angebot. Die Aufgabe wird in der Praxis häufig durch das Jugendamt (den ASD) selber übernommen dieses erscheint im Rahmen des vorgelegten Gesamtkonzeptes auch eher die funktionalere Variante. Die Beratung erfüllt dabei immer eine Doppelfunktion von akuter Krisenhilfe und echter Prävention[30], von begleitender ebenso wie nachsorgender Unterstützung. (Vgl. Proksch 2013, 226 ff.) Das Verhältnis der Beratung nach § 17 zu anderen Beratungsangeboten ist auf den ersten Blick etwas undurchsichtig, lässt sich aber wie folgt ‚sortieren': „Leistungen gemäß § 17 stehen in engem Zusammenhang mit §§ 16, 18, 28, die insgesamt ebenfalls jeweils auf Beratungsbedarf von/in Familien bezogen sind. Beratung nach § 17 bezieht sich dabei auf ‚konkreten, individuellen' Beratungsbedarf von Leistungsberechtigten zu Fragen ihrer Partnerschaft, Trennung und Scheidung, § 16 auf Beratung in ‚allgemeinen Fragen der Erziehung und Entwicklung junger Menschen'. Wird die Beratung nach § 17 nicht in Anspruch genommen oder führt sie nicht zum Erfolg, so bietet § 18 Müttern, Vätern sowie Kindern, Jugendlichen und jungen Volljährigen jeweils individuelle Rechtsansprüche auf Beratung und Unterstützung zur Personensorge, zum Recht auf Umgang und zum Unterhalt (§ 18 Rn 10). Beratung nach § 28 kann Eltern bei der Klärung und Bewältigung individueller und familienbezogener Probleme sowie bei Trennung und Scheidung unterstützen, ggf bei zeitgleicher weiterer H.z.E für ihr Kind." (Proksch, in Münder u.a. 2013, FK-SGB VIII, § 17, Rn 13: S. 227)

Die Tatsache, dass der § 17 SGB VIII als integraler Bestandteil des ergänzenden präventiven familienunterstützenden Angebotes ‚FiZ – Familie im Zentrum' verstanden wird, lässt sich dadurch begründen, dass es sich hier keineswegs prinzipiell um ein Angebot für wenige ausgewählte Personen handelt, sondern um ein Standardangebot mit einem subjektiven Rechtsanspruch für alle Eltern. Immerhin dürfte ja mindestens die Zielgruppe der getrennten bzw. geschiedenen Eltern bzw. der potenziell davon stark bedrohten über die Hälfte der Familien abbilden. Wir reden also nicht von einem Randphänomen, sondern im Prinzip schon von einem Standardfall. Ob das Jugendamt für diesen Regelfall bereits ein ausreichendes Angebot sicherstellt und dafür Sorge trägt, dass proaktiv, präventiv und offensiv auf die Eltern zugegangen wird, ist eine andere Frage. Zurzeit dürfte sicher noch die Beratung im Zuge des akuten Krisenmanagements dominieren.

2.3 Beratung und Unterstützung bei der Ausübung der Personensorge und des Umgangsrechts bei Müttern und Vätern, die allein für ein Kind oder einen Jugendlichen zu sorgen haben (§ 18 SGB VIII)

Im Zusammenhang mit der Präventiven Familienförderung geriet gelegentlich ein Aspekt in den Hintergrund, der inzwischen wegen der großen Fallmenge gesellschaftlich eine große Rolle spielt, nämlich die präventive Unterstützung von Menschen, die Kinder allein erziehen. Dazu gibt der § 18 des SGB VIII klare Hinweise.

---

[30] Insb. im Scheidungsfall „sind „pro aktive" Informationen der Eltern durch das JA gefordert. Eine Praxis, Eltern per „Formularbrief" zu informieren, ist angesichts des Gesetzeszwecks nicht ausreichend. Notwendig ist ein „offensives" und die Eltern in die Pflicht nehmendes Werben für die Annahme von Gesprächs- und Vermittlungsangeboten des JA (zB telefonische Kontaktaufnahme, persönliches Beratungsgespräch). Das JA muss die Eltern über alle Beratungsangebote im örtlichen Bereich informieren. Eine Pflicht der Eltern, Beratung anzunehmen, normiert Abs. 3 zwar nicht. Eine „unbegründete" Ablehnung dieser Möglichkeit einer kostenfreien Beratung kann aber Veranlassung sein, Anträge auf Verfahrenskostenhilfe (§ 78 FamFG) oder Beratungshilfe (§ 1 BerHG) abzulehnen (Rn 49) bzw bei nicht befolgten richterlichen Anordnungen gemäß § 156 FamFG Kostensanktionen nach S 81 Abs. 2 Nr. 5 FamFG (…) zu erfahren." (Proksch, in: Münder u.a. 2013: 235).

§ 18 Beratung und Unterstützung bei der Ausübung der Personensorge und des Umgangsrechts

(1) Mütter und Väter, die allein für ein Kind oder einen Jugendlichen zu sorgen haben oder tatsächlich sorgen, haben Anspruch auf Beratung und Unterstützung
   1. bei der Ausübung der Personensorge, einschließlich der Geltendmachung von Unterhalts- oder Unterhaltsersatzansprüchen des Kindes oder Jugendlichen,
   2. bei der Geltendmachung ihrer Unterhaltsansprüche nach § 16151 des Bürgerlichen Gesetzbuchs.

„Der Schwerpunkt der Hilfen nach § 18 liegt in der Beratung und Unterstützung bei der Ausübung der Personensorge einschließlich der Geltendmachung von Unterhalts- und Unterhaltsersatzansprüchen sowie bei der Ausübung des Umgangsrechts. ... Die Leistungen gemäß § 18 zählen zu den ‚Leistungen der Jugendhilfe' (§ 2 Abs. 2 Nr. 2). Sie werden gemäß § 3 Abs. 2 Satz l von Trägern der freien wie der öffentlichen Kinder- und Jugendhilfe erbracht. Hier ist auch das Wunsch- und Wahlrecht der Leistungsberechtigten nach § 5 zu beachten. Hierauf hat das JA hinzuweisen." (Proksch, in Münder u.a. 2013 FK, § 18, Rn 7: 248 f.)

Im Rahmen des präventiven Konzeptes ‚FiZ' (Familie im Zentrum) stehen nicht so sehr die Vermögenssorge oder das Geltendmachen von Unterhaltsansprüchen im Fokus, sondern vor allem der Anspruch auf Beratung und Unterstützung bei der Ausübung der Personensorge. Hierzu gehören aber auch Fragen des Unterhalts und Unterhaltsersatzansprüche, wie z.B. Unterhaltsvorschuss oder auch Leistungen nach dem SGB II, SGB XII und dem Bundeskindergeldgesetz. Die Beratung bei der Ausübung der Personensorge ist einerseits etwas anderes als die im § 17 SGB VIII gemeinte „Beratung in Fragen der Partnerschaft, wenn sie für ein Kind oder einen Jugendlichen zu sorgen haben oder tatsächlich sorgen" und die Hilfe beim „partnerschaftlichen Zusammenleben in der Familie" bzw. der Bewältigung von „Konflikten und Krisen in der Familie" und im Prinzip breiter angelegt. Andererseits wendet sich der § 18 SGB VIII einschränkend an „Mütter und Väter, die allein für ein Kind oder einen Jugendlichen zu sorgen haben". Auch hier besteht ein subjektiver Rechtsanspruch.

Was haben wir nun unter ‚Ausübung der Personensorge' im Einzelnen zu verstehen?

„Der Anspruch auf Beratung und Unterstützung bei der Ausübung der Personensorge nach Abs. l bezieht sich einmal auf die Ausübung der (gesamten) Personensorge. Damit sind alle entsprechenden Bereiche gemeint, die durch das Recht auf Personensorge gemäß S 1631 BGB erfasst werden. Gemeint sind allgemeine Hilfen insbesondere in Erziehungs- und Ausbildungsfragen, rechtlich, sozialpädagogisch, psychologisch, praktisch oder in Konfliktfällen mit dem anderen Elternteil. Im Zusammenhang mit der Ausübung der Personensorge ist Beratung nicht als allgemeine Familien- oder Erziehungsberatung zu verstehen. Beratung in allgemeinen Fragen der Erziehung regelt § 16, Erziehungsberatung als H.z.E § 28. Beratung bei der Ausübung der Personensorge gemäß § 18 Abs. l Nr. l ist als spezielle Vorschrift gerade für alleinerziehende und/oder alleinsorgende Eltern auszugestalten. Sie befasst sich mit allen Fragen, die mit der rechtlichen und tatsächlichen Ausübung der Personensorge verbunden sind. Die jeweils konkrete Situation, in der sich die alleinerziehende Person befindet, ist das ausschlaggebende Moment für die zu erbringende Beratungsleistung. Dem jeweiligen Elternteil soll die Möglichkeit geboten werden, sein Personensorgerecht mithilfe des öffentlichen Trägers der Jugendhilfe zum Wohl des Kindes oder Jugendlichen bestmöglich ausüben zu können" (Proksch, in Münder u.a. 2013, FK-SGB VIII, § 18, 248 f., Rn 13: 248 f.).

Wir haben also beim § 18 SGB VIII ein recht breites Spektrum an Themen vorliegen, die ohne Frage durch familienfördernde Beratungsangebote – auch wenn der Fokus auf der Familienkonstellation Alleinerziehende liegt – im Rahmen des Konzeptes ‚FiZ – Familie im Zentrum' bearbeitet werden müssen (siehe dazu die die Ausführungen zu den Alleinerziehenden im Abschnitt B. 2.3.4, 64 ff.). Ebenso klar dürfte sein, dass auch der § 18 nicht primär interventiv gedacht ist, sondern dass es sich auch hier um ein eindeutig präventiv und proaktiv angelegtes Instrument handelt, das durch rechtzeitige Beratung die Notwendigkeit echter Erziehungshilfen und das Eintreten von Kindeswohlgefährdungen verhindern soll.

2.4 Förderung von Kindern in Tageseinrichtungen – Familienzentren an Kindertagestätten

Den für unser Thema ‚Familie im Zentrum' neben dem § 16 zweiten entscheidenden Kern liefern die §§ 22 und 22a SGB VIII. Hier gewinnen wir deutliche Hinweise auf den besonderen Stellenwert der Kindertagesstätten bei der Organisation der präventiven familienfördernden Leistungen und Angebote der Jugendhilfe. Neben der zentralen Stellung des ASD im Zusammenhang mit dem § 16 liegt hier der zweite organisatorische Kristallisationspunkt dieser Leistungen und Angebote. Die §§ 22 und 22a sind – ergänzend zur fachlichen und wissenschaftlichen Debatte zum „Early-Excellence-Ansatz" – die wichtigsten Argumente für die flächendeckende Einrichtung von Familienzentren an Kindertagesstätten. Der Wortlaut der §§ 22 und 22a SGB VIII verdeutlicht dies ganz klar:

§ 22 Grundsätze der Förderung

(1) [1] Tageseinrichtungen sind Einrichtungen, in denen sich Kinder für einen Teil des Tages oder ganztägig aufhalten und in Gruppen gefördert werden. [2] Kindertagespflege wird von einer geeigneten Tagespflegeperson in ihrem Haushalt oder im Haushalt des Personensorgeberechtigten geleistet. [3] Das Nähere über die Abgrenzung von Tageseinrichtungen und Kindertagespflege regelt das Landesrecht. [4] Es kann auch regeln, dass Kindertagespflege in anderen geeigneten Räumen geleistet wird.

(2) Tageseinrichtungen für Kinder und Kindertagespflege sollen
1. die Entwicklung des Kindes zu einer eigenverantwortlichen und gemeinschaftsfähigen Persönlichkeit fördern,
2. die Erziehung und Bildung in der Familie unterstützen und ergänzen,
3. den Eltern dabei helfen, Erwerbstätigkeit und Kindererziehung besser miteinander vereinbaren zu können.

(3) [1] Der Förderungsauftrag umfasst Erziehung, Bildung und Betreuung des Kindes und bezieht sich auf die soziale, emotionale, körperliche und geistige Entwicklung des Kindes. [2] Er schließt die Vermittlung orientierender Werte und Regeln ein. [3] Die Förderung soll sich am Alter und Entwicklungsstand, den sprachlichen und sonstigen Fähigkeiten, der Lebenssituation sowie den Interessen und Bedürfnissen des einzelnen Kindes orientieren und seine ethnische Herkunft berücksichtigen.

Auch hier sind im Konzept der Präventiven Familienförderung ‚FiZ' immer nur die Leistungen gemeint, die sich direkt an Eltern oder die Familie als ganzer richten. Nicht gemeint sind also auch hier die Leistungen, die sich allein an Kinder und Jugendliche richten (wie eben das Regelangebot der Kindertagesstätten), sondern nur der Teil der „die Erziehung und Bildung in der Familie unterstützt und ergänzt" bzw. den Eltern dabei hilft, „Erwerbstätigkeit und Kindererziehung besser miteinander vereinbaren zu können".

Dies wird noch viel deutlicher, wenn man sich den § 22a SGB VIII anschaut:

§ 22a Förderung in Tageseinrichtungen

(1) [1] Die Träger der öffentlichen Jugendhilfe sollen die Qualität der Förderung in ihren Einrichtungen durch geeignete Maßnahmen sicherstellen und weiterentwickeln. [2] Dazu gehören die Entwicklung und der Einsatz einer pädagogischen Konzeption als Grundlage für die Erfüllung des Förderungsauftrags sowie der Einsatz von Instrumenten und Verfahren zur Evaluation der Arbeit in den Einrichtungen.

(2) [1] Die Träger der öffentlichen Jugendhilfe sollen sicherstellen, dass die Fachkräfte in ihren Einrichtungen zusammenarbeiten
1. mit den Erziehungsberechtigten und Tagespflegepersonen zum Wohl der Kinder und zur Sicherung der Kontinuität des Erziehungsprozesses,
2. mit anderen kinder- und familienbezogenen Institutionen und Initiativen im Gemeinwesen, insbesondere solchen der Familienbildung und -beratung,

> 3. mit den Schulen, um den Kindern einen guten Übergang in die Schule zu sichern und um die Arbeit mit Schulkindern in Horten und altersgemischten Gruppen zu unterstützen.
>
> ²Die Erziehungsberechtigten sind an den Entscheidungen in wesentlichen Angelegenheiten der Erziehung, Bildung und Betreuung zu beteiligen.
>
> (3) ¹Das Angebot soll sich pädagogisch und organisatorisch an den Bedürfnissen der Kinder und ihrer Familien orientieren. ²Werden Einrichtungen in den Ferienzeiten geschlossen, so hat der Träger der öffentlichen Jugendhilfe für die Kinder, die nicht von den Erziehungsberechtigten betreut werden können, eine anderweitige Betreuungsmöglichkeit sicherzustellen.
>
> (4) ¹Kinder mit und ohne Behinderung sollen, sofern der Hilfebedarf dies zulässt, in Gruppen gemeinsam gefördert werden. 2Zu diesem Zweck sollen die Träger der öffentlichen Jugendhilfe mit den Trägern der Sozialhilfe bei der Planung, konzeptionellen Ausgestaltung und Finanzierung des Angebots zusammenarbeiten.
>
> (5) Die Träger der öffentlichen Jugendhilfe sollen die Realisierung des Förderungsauftrages nach Maßgabe der Absätze l bis 4 in den Einrichtungen anderer Träger durch geeignete Maßnahmen sicherstellen.

Entscheidend sind hier die Hinweise, dass die Erziehung und Bildung in der Familie unterstützt und ergänzt werden soll, dass den Eltern dabei geholfen werden soll, ihre Erwerbstätigkeit und die Kindererziehung besser miteinander zu vereinbaren, dass das Angebot sich pädagogisch und organisatorisch an den Bedürfnissen der Kinder und ihrer Familien orientieren soll und dass die Kindertagesstätten schließlich auch mit anderen kinder- und familienbezogenen Institutionen und Initiativen im Gemeinwesen, insbesondere solchen der Familienbildung und -beratung, zu kooperieren habe. Dies ist nicht mehr und nicht weniger ein massiver gesetzlicher Hinweis in Richtung auf den organisatorischen Ausbau der Kindertagesstätten zu erweiterten Familienzentren. Noch nicht geklärt ist an dieser Stelle allerdings die genaue Positionierung und Abgrenzung der Aufgaben der Kindertagesstätten im Bereich § 16 SGB VIII im Verhältnis zu den Aufgaben des ASD in diesem Bereich und vor allem die doch sehr eingeschränkte Bedeutung der Kindertagespflege im Hinblick auf – über einfache Betreuung weit hinausgehende – zusätzliche und ergänzende präventive familienfördernde Leistungen und Angebote der Jugendhilfe, wie sie die Kindertagesstätten ja prinzipiell gut erfüllen können. Zu diesen Punkten sei auf Ausführungen in den Abschnitten 2.1, 2.5 und 2.10 verwiesen.

Alles in allem gilt: Neben den eigentlichen Maßnahmen der Betreuung und Bildung, die sich an die Kinder selber wenden, haben Kindertagesstätten eine Reihe sehr wichtiger, direkt auf Eltern und Familien bezogener Zusatzaufgaben (z.B. Erwerbstätigkeit und Kindererziehung besser miteinander zu vereinbaren; Zusammenarbeit mit Erziehungsberechtigten; mit Initiativen, Familienbildung und -beratung; mit den Schulen im Transitionsbereich zur Grundschule (insb. Elternarbeit).

Erwähnt werden muss auch noch, dass die Kindertagesstätten neben ihren Aufgaben im Krippenbereich und möglicherweise neuen Aufgaben als Ort für neue Frühe Hilfen im 1. Lebensjahr auch noch Schlüsselfunktionen bei der Kooperation mit der Sozialhilfe bei (drohender) geistiger und/oder körperlicher Behinderung (Frühförderstellen) nach § 54 SGB XII i.V.m. § 26, Abs. 2 SGB IX, bzw. mit der Jugendhilfe bei (drohender) seelischer Behinderung nach § 35a SGB VIII zu erfüllen haben, was gelegentlich im Zuge der Bildungsdiskussion aus dem Blick gerät.

Wenn Kindertagesstätten zu Familienzentren ausgebaut werden, sind weitere Überlegungen erforderlich hinsichtlich der Angebote, die diese Kitas dann zusätzlich vorhalten. Hier wird die Kooperation nötig sein mit Personen außerhalb des Kreises der Eltern der Kita-Kinder. Siehe dazu Kapitel H. 4.5.2.2.

2.5 Förderung in Kindertagespflege (§ 23 SGB VIII) – kein Beitrag zu den ergänzenden präventiven familienfördernden Angeboten der Jugendhilfe

Zweifellos ist auch die Kindertagespflege ein familienergänzendes und familienunterstützendes Angebot der Jugendhilfe. Das verdeutlicht der Wortlaut des § 23 SGB VIII:

> **§ 23 Förderung in Kindertagespflege**
>
> (1) Die Förderung in Kindertagespflege nach Maßgabe von § 24 umfasst die Vermittlung des Kindes zu einer geeigneten Tagespflegeperson, soweit diese nicht von der erziehungsberechtigten Person nachgewiesen wird, deren fachliche Beratung, Begleitung und weitere Qualifizierung sowie die Gewährung einer laufenden Geldleistung an die Tagespflegeperson.
>
> ...
>
> (3) [1] Geeignet im Sinne von Absatz 1 sind Personen, die sich durch ihre Persönlichkeit, Sachkompetenz und Kooperationsbereitschaft mit Erziehungsberechtigten und anderen Tagespflegepersonen auszeichnen und über kindgerechte Räumlichkeiten verfügen. [2] Sie sollen über vertiefte Kenntnisse hinsichtlich der Anforderungen der Kindertagespflege verfügen, die sie in qualifizierten Lehrgängen erworben oder in anderer Weise nachgewiesen haben.
>
> (4) [1] Erziehungsberechtigte und Tagespflegepersonen haben Anspruch auf Beratung in allen Fragen der Kindertagespflege. [2] Für Ausfallzeiten einer Tagespflegeperson ist rechtzeitig eine andere Betreuungsmöglichkeit für das Kind sicherzustellen. Zusammenschlüsse von Tagespflegepersonen sollen beraten, unterstützt und gefördert werden

Allerdings erscheint es mehr als fraglich, ob die Kindertagespflege auch ein zusätzliches und ergänzendes präventives familienförderndes Angebot der Jugendhilfe im Sinne des vorliegenden Konzeptes ‚FiZ – Familie im Zentrum' sein kann. § 22 (2) 2 verlangt ja zunächst einmal auch von den Tagespflegepersonen, „die Erziehung und Bildung in der Familie" zu „unterstützen" und zu „ergänzen". Der § 22a mit der besonderen Verpflichtung zur Zusammenarbeit, z.B. mit anderen familienbezogenen Einrichtungen oder der Schule, spricht aber nicht die Tagespflegepersonen an, sondern nur die Tageseinrichtungen (die aber wiederum mit den Tagespflegepersonen zusammenarbeiten sollen). Insofern sind die Ansprüche an die Tagespflegepersonen von vornherein geringer. Das bedeutet nun, dass trotz der in § 22 zwar grundsätzlich gesetzlich gleichrangigen Behandlung mit den Kindertagesstätten, diese dennoch im Hinblick auf die verlangte „Unterstützung" und „Ergänzung" der Erziehung und Bildung in der Familie von der Tagespflege nicht allzu viel abverlangt werden kann. Die Tagespflege wird deshalb im Rahmen des Konzeptes ‚FiZ' eher sehr zurückhaltend einbezogen. Auch wenn es – wie gesagt – die Aufgabe auch der Tagespflege ist, in enger Kooperation mit den Familien zusammenzuarbeiten, sollte sich das unserer Meinung nach aber eher auf die standardmäßigen Notwendigkeiten begleitender Elternarbeit beziehen und nicht bedeuten, dass hier wirklich ergänzende familienfördernde Leistungen erbracht werden könnten (wie sie von den Kindertagesstätten – zumal in der Form von Familienzentren – in Zukunft erwartet werden). Dies würde das Instrument der Tagespflege, das ohnehin im Hinblick auf qualitative Gesichtspunkte unter Druck steht, viel zu sehr belasten. Wir denken nicht, dass die Tagespflege dies leisten kann und werden deshalb auch keine Vorschläge dazu unterbreiten.

2.6 Unterstützung selbst organisierter Förderung von Kindern (§ 25 SGB VIII)

Am Rande mitgedacht werden muss noch der § 25 SGB VIII (Unterstützung selbst organisierter Förderung von Kindern):

> **§ 25 SGB VIII Unterstützung selbst organisierter Förderung von Kindern**
>
> Mütter, Väter und andere Erziehungsberechtigte, die die Förderung von Kindern selbst organisieren wollen, sollen beraten und unterstützt werden.

Dieser Passus des SGB VIII hat vielleicht nicht mehr den Stellenwert, den er in früheren Jahren hatte, als es noch wesentlich mehr selbst organisierte Elterninitiativen, z.B. Kinderläden gab. Gleichwohl handelt es sich beim Auftrag nach diesem Paragrafen ganz klar um einen solchen zur intensiven Förderung und Unterstützung von Familien. Man muss auch bedenken, dass in diesen Einrichtungen traditionell sehr intensive Elternarbeit betrieben wird.

2.7 Schule – insb. Kooperation der Jugendhilfe mit der Schule im Bereich Familie

Der § 22a SGB VIII liefert den entscheidenden Hinweis auf die Kooperation der Jugendhilfe mit der Schule im Bereich Familie.

Der § 22a bezieht sich im Hinblick auf die Kooperation mit der Schule in unserem Kontext zunächst einmal allein auf die Schnittfläche von Themen, die für die Zusammenarbeit von Kindertagesstätten und Schulen in der Übergangsphase zur Schule relevant sind. Die Fachkräfte in den Kindertagesstätten sollen zusammenarbeiten „mit den Schulen, um den Kindern einen guten Übergang in die Schule zu sichern und um die Arbeit mit Schulkindern in Horten und altersgemischten Gruppen zu unterstützen" (Pkt. 3). Alle anderen Stellen des 22a (2) bringen aber insbesondere Erziehungsberechtigte und die Familien herausgehoben ins Spiel.

Neben dem im engeren Sinne familien- und elternorientierten Teil des § 22 a ist hier also die fachlich angemessene Gestaltung des Transitionsbereichs zur Grundschule ganz klar als Auftrag der Kindertagesstätten festgelegt. Ergänzend sind hier noch die allgemein gehaltenen Hinweise zur Kooperation von Schule und Jugendhilfe in § 81 SGB VIII zu berücksichtigen. Auch die §§ 13 und 11 zur Schulsozialarbeit lassen sich in diesem Sinne interpretieren.

Allerdings wird hier auch deutlich, dass der Auftrag zur Kooperation von Schule und Jugendhilfe – auch im familienfördernden Kontext – nicht allein Aufgabe der Kindertagesstätten sein kann, sondern in den älteren Altersgruppen auch noch durch andere Instanzen, insbesondere durch den ASD, übernommen werden muss – was in unserem Vorschlag zu einem Gesamtorganisationsmodell (siehe Pkt. F 2.1 und F 2.15) klarer wird. Für diese Sichtweise spricht im Übrigen auch eine selten beachtete Formulierung im § 16 SGB VIII, wenn es dort heißt, dass neben Müttern und Vätern auch „anderen Erziehungsberechtigten" – und dazu zählen ganz ohne Zweifel auch Lehrerinnen und Lehrer – „Leistungen der allgemeinen Förderung der Erziehung in der Familie" angeboten werden sollten und dass dies dazu beitragen solle, dass auch diese „anderen Erziehungsberechtigten" ihre doch eindeutig gegebene „Erziehungsverantwortung besser wahrnehmen" könnten!

Im Übrigen gibt ja der § 81 SGB VIII der Jugendhilfe einen ganz klaren Auftrag zur Kooperation von Schule und Jugendhilfe, was in den meisten Schulgesetzen der Länder und entsprechenden Erlassen noch zusätzlich untermauert wird (auch wenn hier der familienunterstützende Auftrag meistens doch sehr blass ausbuchstabiert ist).

Erwähnt werden muss auch noch die Kooperation mit den Eltern bei Sonderpädagogischem Förderbedarf (als Aufgabe der Schule) und bei Behinderung (wobei hier wiederum nach geistiger und körperlicher Behinderung, die in den Zuständigkeitsbereich des SGB XII fällt, und nach seelischer Behinderung, die in die in den Bereich der Jugendhilfe fällt, zu unterscheiden wäre).

Wichtig ist auch der Unterschied zwischen sonderpädagogischem Förderbedarf und Behinderung. Nicht alle Kinder mit einem sonderpädagogischen Förderbedarf sind behindert und nicht alle Kinder mit Behinderung haben einen sonderpädagogischen Förderbedarf. Behinderung wird nach dem Sozialgesetzbuch wie folgt definiert:

> SGB IX, § 2, Abs. 1: „Menschen sind behindert, wenn ihre körperliche Funktion, geistige Fähigkeit oder seelische Gesundheit mit hoher Wahrscheinlichkeit länger als sechs Monate von dem für das Lebensalter typischen Zustand abweichen und daher ihre Teilhabe am Leben in der Gesellschaft beeinträchtigt ist. Sie sind von der Behinderung bedroht, wenn die Beeinträchtigung zu erwarten ist".

Ein Leistungsanspruch auf Leistungen der Eingliederungshilfe entsteht aber erst dann, wenn die Voraussetzungen des § 53, Abs. 1 SGB XII erfüllt sind.

> SGB XII, § 53, Abs. 1: Personen, die durch eine Behinderung im Sinne von § 2 Abs. 1Satz 1 des neunten Buches wesentlich in ihrer Fähigkeit, an der Gesellschaft teilzuhaben, eingeschränkt oder von einer solchen wesentlichen Behinderung bedroht sind, erhalten Leistungen der Eingliederungshilfe, wenn und solange nach der Besonderheit des Einzelfalles, insbesondere nach Art und Schwere der Behinderung Aussicht besteht, dass die Aufgabe der Eingliederungshilfe erfüllt werden kann. Personen mit andren körperlichen, geistigen oder seelischen Behinderungen können Leistungen der Eingliederungshilfe erhalten."

Bei einem sonderpädagogischen Förderbedarf handelt es sich nach dem niedersächsischen Schulverwaltungsblatt von 2005 dagegen um individuelle Förderbedürfnisse, die in erzieherischen und unterrichtlichen Prozessen erforderlich sind und die eine spezielle sonderpädagogische Unterstützung oder Intervention in der Schule verlangen.

„Sonderpädagogischer Förderbedarf ist bei den Schülerinnen und Schülern gegeben, die in ihren Entwicklungs-, Lern- und Bildungsmöglichkeiten so eingeschränkt sind, dass sie im Unterricht zusätzliche sonderpädagogische Maßnahmen benötigen. Sonderpädagogischer Förderbedarf wird von unterschiedlichen Faktoren bestimmt und ist vielfältig beeinflussbar. Körperliche oder kognitive Beeinträchtigungen und Behinderungen sowie soziale und wirtschaftliche Belastungen und Benachteiligungen können zu Verzögerungen oder Einschränkungen in der Entwicklung führen und einen sonderpädagogischen Förderbedarf zur Folge haben. Sonderpädagogischer Förderbedarf ist individuell unterschiedlich ausgeprägt und kann in verschiedenen Schwerpunkten vorliegen:

> Emotionale und Soziale Entwicklung,

> Geistige Entwicklung,

> Hören,

> Körperliche und Motorische Entwicklung,

> Lernen,

> Sehen,

> Sprache" (SVBl NI 2/2005: 50)

Die im Kapitel B geschilderten Problemlagen von Familien, von denen Kinder und Jugendliche in spezifischer Weise betroffen sein können, machen die Kooperation von Schule und Jugendhilfe mehr denn je notwendig. Denn nach wie vor bestimmen in der Bundesrepublik Herkunftsmilieu, ethnische Zugehörigkeit, Behinderung und Armut in erheblichem Maße über schulischen Erfolg oder Misserfolg.

Neben der Familie kommt deshalb der Institution Schule besondere Bedeutung bei der Entwicklung, Unterstützung und Förderung von Mädchen und Jungen zu. Die Komplexität der heutigen Wissensgesellschaft sowie die Zunahme von Kinderarmut mit ihren spezifischen problematischen Folgen machen Bildung und Erziehung zu einer gesellschaftlichen Herausforderung. Um Bildungsbenachteiligungen entgegenzuwirken, die sich in Deutschland vor allem aus dem Herkunftsmilieu ergeben, wie die PISA-Studien verdeutlichen, bedürfen vor allem diejenigen Kinder und Jugendlichen und ihre Familien der Unterstützung durch Schule und Jugendhilfe, die sich als gesellschaftlich Benachteiligte oder Ausgegrenzte erfahren. Damit auch sie die Chance erhalten, zu lernen, sich Wissen kritisch auszuwählen und anzueignen sowie selbstbestimmt und handlungsfähig nicht nur zukünftigen Qualifikationsanforderungen zu entsprechen, sondern neben der Weltaneignung auch Persönlichkeitsbildung zu erfahren, bedarf es einer verbesserten Kooperation von Schule und Jugendhilfe. Hierzu gehört auch, ein umfassenderes Bildungs- und Erziehungsverständnis zu entwickeln, das eben mehr als Wissensvermittlung meint und nicht nur auf Schule beschränkt ist. (Siehe dazu auch: Strategisches Prinzip 5 im Abschnitt G 2.1 zur Einheit von Prävention und Bildung.)

Eine gezielte Zusammenarbeit von Schule und Jugendhilfe, die unter Einbezug des jeweilgen Umfelds, der Lebenslagen und unterschiedlichen Lernbedingungen von Mädchen und Jungen und ihren Familien erfolgt, kann präventiv und integrativ wirken und somit Exklusionsprozessen vorbeugen bzw. diese verhindern. Sie trägt zur Kompetenzentwicklung und Persönlichkeitsbildung der Kinder und Jugendlichen bei und schafft neue Lern- und Erfahrungsräume. Dabei ist es notwendig, dass sich Schule für das Gemeinwesen öffnet und sich beide Bildungsinstitutionen aufeinander zu bewegen, sich strukturell und sachlich aufeinander beziehen sowie ihre jeweiligen Kompetenzen und Grenzen in der Zusammenarbeit erkennen, akzeptieren und respektieren.

Die Bildungsteilhabe und damit auch die gesellschaftliche Partizipation der nachwachsenden Generation ließe sich eher gewährleisten, wenn es gelänge, Schulentwicklungs- und Jugendhilfeplanung systematischer miteinander zu verzahnen. Ein neues Gesamtsystem, das – neben der Etablierung von Familienzentren im Hinblick auf die jüngeren Altersgruppen – sicherlich auch durch die Einrichtung der Ganztagsschulen entwickelt und somit der künstlichen Trennung der Lernorte entgegenwirkt, wird die zukünftige Herausforderung für die Sozial- und Bildungspolitik sein.

Dass beide Institutionen angesichts der bereits beschriebenen gesellschaftlichen Entwicklungen und Problemlagen von Mädchen und Jungen ihre Konzepte, Organisationsstrukturen und ihren Bildungs- und Erziehungsbegriff kritisch hinterfragen müssen, wenn sie denjenigen Kindern und Jugendlichen, die zu den Bildungsverlierern gehören, angemessene gesellschaftliche Teilhabe ermöglichen wollen, scheint dringend geboten. Dazu gehört es auch, die unterschiedlichen Strukturvorgaben von Schule und Jugendhilfe einerseits zu erkennen und sich mit diesen Strukturbedingungen auseinanderzusetzen, andererseits aber auch, sich im Rahmen verbesserter Kooperation auf die Aufgabe zu besinnen, Eltern und SchülerInnen Hilfestellungen zuteil werden zu lassen und damit auch die Familie ins Zentrum der Betrachtung zu nehmen, um sie bei der schwierig werdenden Aufgabe von Erziehung zu unterstützen.

Kurzum, es gilt, die mitunter noch immer unverbunden nebeneinander stehenden Systeme von Jugendhilfe und Schule stärker miteinander zu vernetzten und Kooperationen zwischen den Institutionen systematisch zu befördern bzw. auszubauen.

Eine spezielle Form der Zusammenarbeit von Jugendhilfe und Schule ist die Schulsozialarbeit. In ihrer originären Variante ist sie ein Teil der Jugendsozialarbeit nach § 13 SGB VIII. Daneben gibt es je nach Bundesland unterschiedliche programmfinanzierte Formen und Sozialarbeit an Schulen als Teil des Stellenplans der jeweiligen Schule. Wegen des sozialräumlichen Zusammenhanges sollte es Aufgabe des ASD sein, die Zusammenarbeit mit der Schulsozialarbeit im jeweiligen Sozialraum zu koordinieren. Bei größeren Jugendämtern wäre auch eine (zusätzliche) zentrale Koordinierung auf Jugendamtsebene denkbar[31].

2.8 Angebote im Gesundheitswesen als Teil der Präventiven Familienförderung

Die Zusammenarbeit mit dem Gesundheitswesen ist sicher von großer Bedeutung, allerdings auch nicht ganz einfach, da seine Struktur – ähnlich wie die der Jugendhilfe – etwas unübersichtlich ist. Zunächst wären in diesem Zusammenhang die Gesundheitsämter als Einrichtungen der Landkreise und kreisfreien Städte zu nennen. Ihre Rechtsgrundlage sind jeweils Landesgesetze (z.B. für Nds. NGÖGD). In Niedersachsen handelt es sich um eine übertragene Aufgabe des Landes. Die Finanzierung ist mit dem kommunalen Finanzausgleich abgegolten. In unserem Zusammenhang haben die Gesundheitsämter folgende Aufgaben:

> Kinder- und Jugendgesundheitsdienst, er untersucht und berät in Gemeinschaftseinrichtungen wie Schule und Kita (§ 5 NGÖGD)

> Sozialpsychiatrischer Dienst, er berät und bietet Hilfen für psychisch kranke Menschen an. Dieser Dienst kann je nach Landesrecht auch ganz oder teilweise an freie Träger übertragen werden. Es ist auch möglich, ihn organisatorisch eigenständig außerhalb des Gesundheitsamtes zu betreiben (§ 7 NPsychKG).

> Prävention und Gesundheitsförderung (§ 4 NGÖGD)

> Hygieneüberwachung von Einrichtungen, die Kinder betreuen

Die eigentliche Gesundheitsversorgung wird in Deutschland durch niedergelassen Ärzte, Krankenhäuser und sonstige Anbieter gewährleistet. Von besonderer Bedeutung sind für das Konzept ‚FiZ' die Geburtskliniken (z.B. wegen möglicher Scanning-Funktionen), die Kinderärzte, ggf. auch die Fachärzte für Psychiatrie und Neurologie sowie Kinder- und Jugendtherapeuten, ambulante sozialpsychiatrische Zentren, Geburtskliniken, Kinderkliniken, Kinder- und Jugendpsychiatrische Kliniken, aber auch psychiatrische Kliniken für Erwachsene (wegen der Kinder psychisch erkrankter Eltern). Die öffentlich-rechtlichen Krankenkassen sind Hauptfinanzier der individuellen Gesundheitsversorgung. Sie haben daneben aber auch den Auftrag zur präventiven Gesundheitssorge. Dies erfolgt über:

> Prävention und Gesundheitsförderung durch Finanzierung oder eigene Durchführung von Gesundheitskursen z.B. zu Fragen der Bewegung, der Ernährung und zum Stressabbau (§ 20 SGB V)

> Förderung der gesundheitsbezogenen Selbsthilfe (§ 20c SGB V)

2.9 Schwangerschafts- und Konfliktberatung als Teil der Präventiven Familienförderung

Als relevanter Teil der Präventiven Familienförderung und der Frühen Hilfen werden in der Diskussion um die Familienzentren gelegentlich die Schwangerschafts(konflikt)beratungsstellen vergessen. Sie „sind als Beratungsstellen nach den §§ 3 und 8 des Schwangerschaftskonfliktgesetzes" aufgeführt (auf Vorschlag des BRat, BT-Drucks. 17/6256, 37). „Sowohl was die Adressatinnen als auch das Themenspektrum angeht, gibt es große Schnittstellen zu den Frühen Hilfen (…). Das Aufgabenspektrum der

---

[31] Zwar haben wir betont, dass die Kooperation mit der Schule im Konzept ‚FiZ' besonders klar über den § 22a SGB VIII begründet kann. Allerdings lässt sich daraus nicht ableiten, dass die Schule derzeit eine herausgehobene Stellung bei der Organisation der ‚Präventiven Familienförderung' habe sollte und könnte. Prinzipiell könnte die Schule ja – wie im englischen Modell der Community Schools – auch echte Funktionen von Familienzentren übernehmen. Dafür ist aber die Situation in Deutschland zurzeit noch nicht wirklich reif. Deshalb werden in unserem Konzept zurzeit keine weiteren Vorschläge unterbreitet für zusätzliche ergänzende familienfördernde und familienunterstützende Angebote durch die Schule über die direkt schulbezogenen Programme (schul- und unterrichtsbezogene Elternarbeit) hinaus, die natürlich überaus wichtig bleibt und stark ausgebaut werden muss. Aber alles in allem profiliert sich das Konzept ‚FiZ' aber im Kern zunächst als Jugendhilfe-Konzept mit einem starken Fokus auf die Kindertagesstätten (Idee der Familienzentren) und den Allgemeinen Sozialdienst (insb. im 1. Lebensjahr). Für die Konzentration hierauf sprechen momentan vor allem der zentrale Vorteil des sehr frühzeitigen Einsetzens der Jugendhilfemaßnahmen und der in Praxis und Gesetzeslage viel weiter entwickelte Netzwerkgedanke. Mittelfristig könnte dann das Konzept ‚FiZ' aber auch in Richtung Schule ausgebaut werden.

Schwangerschaftsberatung betrifft auch die – gesetzlich nicht befristete – Nachbetreuung nach der Geburt des Kindes (§ 2 Abs. 3 SchKG). Noch ist ein starkes Abgrenzungsbedürfnis der Schwangerschaftsberatung gegenüber dem Kinderschutz der Jugendämter wahrzunehmen (…). Die – nicht einzelfallbezogene, sondern fallübergreifende – Mitwirkung an den Netzwerken Frühe Hilfen kann sicherlich dazu beitragen, die Hürden für die Kooperation zu bearbeiten. Angemessene Reaktionen des JA beim An knüpfen an den Hilfekontext der Schwangerschafts(konflikt)beratung nach einem erfolgreichen Werben für eine Inanspruchnahme der notwendigen weitergehenden Hilfen sowie ein Abbau der Vorurteile gegenüber der Institution JA sind hierbei sicherlich wesentliche Faktoren. Aus rechtlicher Perspektive stellen die von der Schwangerschafts-(konflikt)beratung immer wieder zur Betonung der Sonderstellung hervorgehobenen datenschutzrechtlichen Vorbehalte bei näherem Hinsehen keine Besonderheit dar. Bei der Frage einer Kooperation mit der Kinder- und Jugendhilfe handelt es sich vor allem um ein methodisches Problem (…)" (Meysen 2013, in Münder u.a. 2013 FK SGB VIII, Anhang § 8b, Rn 48, S. 150). Die Finanzierung der Beratungsstellen ist nicht in einem Leistungsgesetz auf Bundesebene geregelt. Die Beratungsstellen erhalten Zuschüsse nach Programmen der Bundesländer, deren gesetzliche Grundlage letztlich das jeweilige Haushaltsgesetz ist. Daneben findet häufig eine Mitfinanzierung aus kommunalen Zuschüssen auf dem Hintergrund von § 5, Abs. 3 SGB XII statt. Träger der Beratungsstellen sind die Verbände der freien Wohlfahrtspflege, insbesondere aber Pro Familia. Es ist sehr wichtig, dass die Schwangerschafts- und Konfliktberatung in den Netzwerken Frühe Hilfen und der Präventiven Familienförderung vertreten sind.

2.10 Frühe Hilfen als Teil der Präventiven Familienförderung

Der Frankfurter Kommentar definiert die Frühen Hilfen wie folgt:

„Mit dem Gesetz zur Kooperation und Information im Kinderschutz (KKG) hat der Gesetzgeber im Zuge des BKiSchG (Einl. Rn 47) der Rechtsordnung ein neues, nur vier Paragrafen zählendes Gesetz hinzugefügt. Rechtssystematisch ist das KKG „freischwebend", dh, es lässt sich nicht ohne Weiteres den üblichen Kategorien zuordnen. Es ist insb. nicht Teil des Sozialgesetzbuchs, allerdings dürften die Regelungsinhalte (Angebot der Daseinsfürsorge, § 2 KKG; Netzwerkbildung zur Kooperation im Kinderschutz, § 3 Abs. l bis 3 KKG; Bundesförderung für Familienhebammen und Netzwerke Frühe Hilfen, § 3 Abs. 4 KKG; Aufgaben und Datenschutz bei Kindeswohlgefährdung, § 4 KKG) dem öffentlichen Recht zuzuordnen sein. Der Bundesgesetzgeber hat seine Gesetzgebungskompetenz für das KKG aus dem Kompetenztitel der öffentlichen Fürsorge im Bereich der konkurrierenden Gesetzgebung (Art. 74 Abs. l Nr. 7 GG) abgeleitet (…). Aufgrund der regen Aktivitäten der Länder seit 2008 im Bereich der Kinderschutzgesetzgebung (…) bezweckt das KKG eine bundesweite Vereinheitlichung der höchst disparaten und in der Kinderschutzpraxis für Verwirrung sorgenden Regelungen zum Datenschutz bei Kindeswohlgefährdung (…) und eine bundesweit verbindliche Verstetigung einzelner landesgesetzlicher und -politischer Aktivitäten zum Aufbau von lokalen Netzwerken" (Meysen 2013, in Münder u.a. 2013, FK-SGB VIII, Rn 1, 140).

„Abs. 4 Satz 2 enthält eine Legaldefinition des Begriffs Frühe Hilfen, ist die erste bundesgesetzliche Erwähnung des Begriffs und ergänzt bzw überlagert damit die landesgesetzliche Erwähnung (…). Ausweislich der Gesetzesbegründung (BT-Drucks.17/6256, 17) handelt es sich um eine komprimierte Fassung der Begriffsbestimmung des Wissenschaftlichen Beirats des NZFH (…). Bei Frühen Hilfen handelt es sich danach um „regionale und lokale Unterstützungssysteme", zu denen lokale Netzwerke (§ 3 KKG) sowie die Zusammenarbeit im Einzelfall (vgl § 4 KKG) ebenso gehören, wie die in Abs. 4 hervorgehobene koordinierte, multiprofessionelle Angebotspalette der verschiedenen Akteure, die mit (werdenden) Eltern zu tun haben (zur Information hierüber § 2 KKG). Mit der bundesgesetzlichen Einführung des Begriffs Frühe Hilfen wird keine neue Hilfesäule auf den Weg gebracht, sondern eine Koordination der Regelangebote aus verschiedenen Leistungssystemen sowie deren abgestimmt-passgenauer Zuschnitt auf die Zielgruppe. Der Begriff ‚früh' in Frühe Hilfen umschreibt sowohl die Lebensphase, auf die sich die lokalen und regionalen Unterstützungssysteme beziehen (sollen), als auch den Zeitpunkt des Hilfebeginns. Die Lebensphase beginnt mit der Schwangerschaft und endet ungefähr, wenn die Kinder drei Jahre alt werden (…). Das System Frühe Hilfen fokussiert in erster Linie auf primäre und sekundäre Prävention und bezieht sich damit auf universelle Angebote an alle sowie selektive Angebote an (werdende) Eltern und Kinder in besonderen Lebenslagen, insb. wenn sie mit Belastungen verbunden sind oder Risikofaktoren in sich tragen. Bei der multiprofessionellen Koordination kommen aber auch Fälle der tertiären Prävention, also der Abwendung konkreter Gefährdung oder Beendigung von Schädigungen vor (…), denn in der Zusammenarbeit sind die Akteure im System Frühe Hilfen zwangsläufig auch mit konkreten Gefährdungssituationen befasst und auch für diese Kinder sowie Familien sollen sie ihre Angebote in der betreffenden Lebensphase aufeinander abstimmen und so frühzeitig wie möglich koordiniert zur Verfügung stellen (…). Um erkennen zu können, auf welcher der in Abs. 3 beschriebenen Stufen des „staatlichen Wächteramts" (…) sich die eigene Tätigkeit im Unterstützungssystem Frühe Hilfen im Einzelfall gerade bewegt, erscheint sowohl aus fachlicher als auch aus rechtlicher Perspektive eine begriffliche Differenzierung unbedingt erforderlich (…). Die schon mit der Überschrift eingeleitete denkbar weite Aufladung des Begriffs „Kinderschutz" im KKG (…) scheint zwar auf eine Gleichsetzung von Frühe Hilfen und Kinderschutz hinzudeuten. Jedoch fordert auch das KKG ausdrücklich Differenzierung (§ 1 Abs. 3 KKG)" (Meysen 2013, in Münder u.a. 2013, FK-SGB VIII, 142 f.).

Diese Differenzierung ist leicht möglich, wenn man einerseits die reale Praxis betrachtet und andererseits den Wortlaut des Gesetzes intensiver liest und auslegt. Dabei ergibt sich ganz klar, dass eigentlich nicht nur Kinderschutz im engeren Sinne und der Fokus Kindeswohlgefährdung einschließlich der entsprechenden Interventionen im Fokus stehen, sondern sehr ausgeprägt auch der präventive Gedanke.

Wenn man nun Überlegungen zu den Grundkategorien der Prävention heranzieht, nämlich die Systematisierung nach

1. Universell-präventiv

2. Selektiv-präventiv

3. Indiziert-präventiv, z.T. schon interventiv (z.B. bei Hilfen zur Erziehung)

4. Massiver Eingriff

(wobei dann 1.-3. nur bei „erzieherischem Bedarf" und 4. bei Kindeswohlgefährdung greift),

könnte man im Sinne einer erweiterten Auslegung „Frühe Hilfen i.w.S." etwa in folgender Systematik denken:

1. Frühe Förderung (für alle)

2. Frühe Hilfen (i.e.S., selektiv)

3. Frühe Interventionen (Intensiv-Hilfen)

4. Massiver Eingriff (Kindeswohlgefährdung)

Dabei wären 1. – 4. dann Kinderschutz i.w.S. und 3. und 4. Kinderschutz i.e.S.

Schon die Diskussion um sogenannte ‚Frühwarnsysteme', bei denen es in weiten Teilen ja um Situationen geht, in denen noch gar nichts passiert ist, aber passieren könnte, sieht man, dass ein starker präventive Anteil immer mitgedacht ist. Zwar operieren diese Frühwarnsysteme im Wesentlichen aus den selektiven und indizierten Maßnahmen heraus, aber durchaus auch aus den universellen.

Im Diskurs um die Frühen Hilfen spielt der Netzwerkgedanke eine zentrale Rolle. Im KKG heißt es:

> **§ 3 KKG (2)**
>
> In das Netzwerk sollen insbesondere Einrichtungen und Dienste der öffentlichen und freien Jugendhilfe, Einrichtungen und Dienste, mit denen Verträge nach § 75 Absatz 3 des Zwölften Buches Sozialgesetzbuch bestehen, Gesundheitsämter, Sozialämter, Gemeinsame Servicestellen, Schulen, Polizei- und Ordnungsbehörden, Agenturen für Arbeit, Krankenhäuser, Sozialpädiatrische Zentren, Frühförderstellen, Beratungsstellen für soziale Problemlagen, Beratungsstellen nach den §§ 3 und 8 des Schwangerschaftskonfliktgesetzes, Einrichtungen und Dienste zur Müttergenesung sowie zum Schutz gegen Gewalt in engen sozialen Beziehungen, Familienbildungsstätten, Familiengerichte und Angehörige der Heilberufe einbezogen werden.

Dabei sind die Akteure in den Netzwerkstrukturen teilweise nicht sehr genau formuliert. Mit ‚Einrichtungen und Dienste, mit denen Verträge nach § 75 Abs. 3 SGB XII bestehen', sind alle Einrichtungen und Dienste, die über das SGB XII auf vertraglicher Basis finanziert werden, gemeint. Die ‚Gemeinsamen Servicestellen' beziehen sich auf §§ 22 ff. SGB IX. Mit ‚Krankenhäusern' sind vor allem Geburtskliniken, Kinderkliniken, Kliniken für Kinder- und Jugendpsychiatrie und Psychotherapie, Psychiatrische Kliniken, also Erwachsenenpsychiatrien (weil die betreffenden Erwachsenen auch Kinder haben) gemeint. Bei den ‚Sozialpädiatrischen Zentren' geht es um Angebote für behinderte Kinder aus dem Bereich der der Gesundheitshilfe. ‚Frühförderstellen' sind das Eingliederungshilfe-Pendant zu den medizinischen Einrichtungen der sozialpädiatrischen Zentren. Der Begriff der Sozialämter (als Rechtsbegriff gibt es sie nicht) ist unglücklich gewählt, es müsste richtiger heißen: örtliche öffentliche Träger der Sozialhilfe. Die Agenturen für Arbeit umfassen wohl auch die Jobcenter nach SGB II, da die Agenturen für Arbeit dort Mitgesellschafter sind. Mit ‚Beratungsstellen für soziale Problemlagen' scheinen wohl Beratung in sonstigen sozialen Angelegenheiten, Schuldnerberatungsstellen, die ‚psychosoziale Betreuung', Suchtberatung, Beratungsdienste für Menschen mit Migrationshintergrund, ‚Beratungsstellen bei sexuellem Missbrauch' und auch die Erziehungsberatungsstellen (Jugendhilfe) gemeint zu sein. ‚Schwangerschafts(konflikt)beratungsstellen' sind Beratungsstellen nach den §§ 3 und 8 des Schwangerschaftskonfliktgesetzes. Mit ‚Einrichtungen und Dienste zum Schutz gegen Gewalt' sind vor allem Frauenhäuser und Beratungsdienste bei Partnerschaftsgewalt gemeint und ‚Angehörige der Heilberufe' sind vor allem Hebammen bzw. Entbindungspfleger – insb. die Familienhebammen (§ 3 KKg [4]), Gesundheits- und Kinderkrankenpfleger, niedergelassene Pädiater, niedergelassene Gynäkologen und langfristig vielleicht auch die Hausärzte gemeint (vgl. Meysen 2013: 147 ff.).

2.11 Die besondere Rolle der kreisangehörigen Gemeinden – die kinder- und familienfreundliche Kommune

Das kommunale Angebot

Kreisangehörige Gemeinden sind in der Regel nicht örtlicher öffentlicher Träger der Jugendhilfe. Gemeinden handeln nach dem Kommunalverfassungsrecht entweder im eigenen Wirkungskreis (sog. Selbstverwaltungsangelegenheiten) oder im übertragenen Wirkungskreis (sog. Auftragsangelegenheiten). Im Bereich der Selbstverwaltungsangelegenheiten wird noch unterschieden zwischen freiwillig übernommenen Aufgaben und gesetzlich zugewiesenen Aufgaben.

In unserem Zusammenhang interessieren uns die freiwillig übernommenen Aufgaben, da eine gesetzliche Zuweisung von Aufgaben weder das SGB VIII noch das Landesrecht vorsehen. Dies gilt auch für die Frage, ob Aufgaben z.B. des Landes übertragen werden können. Grundsätzlich kann eine Gemeinde im Rahmen der allgemeinen Daseinsvorsorge für ihre Einwohner freiwillig Aufgaben übernehmen. Sie sollte es aus kommunalpolitischen Gründen sogar tun, wenn dies für eine angemessene Versorgung der vorhandenen Einwohner notwendig ist oder wenn dadurch die längerfristige Entwicklung der Gemeinde gesichert wird.

Spezialgesetzlich ist für den Bereich der Jugendhilfe in Niedersachsen dies in § 13, Abs. 1 Nds. AG SGB VIII ausdrücklich geregelt. Die Koordination mit dem örtlichen öffentlichen Jugendhilfeträger hat über ein sogenanntes „Insbenehmensetzen" zu erfolgen. Die Gemeinden handeln also aus eigenem Recht und sind nicht Auftragnehmer des jeweiligen Landkreises. Ähnlich wie bei den freien Trägern kann allerdings der Landkreis die Jugendhilfetätigkeit der kreisangehörigen Gemeinden (mit)finanzieren). Die Abwicklung kann durch öffentlich-rechtlichen Vertrag oder durch zustimmungsbedürftigen Verwaltungsakt erfolgen.

Unabhängig hiervon gilt der Grundsatz, dass die Gemeinden die freiwillig übernommenen Selbstverwaltungsaufgaben auch selber finanzieren müssen. Sie sind allerdings, solange an die Entgegennahme von Zuschüssen keine anderslautenden Bedingungen geknüpft sind, auch im Rahmen der Gesetze weisungsfrei. Das folgende Schaubild erläutert den Zusammenhang (Krüger, 2010: 16 ff).

Aufgaben der kreisangehörigen Gemeinden

Abb. Nr. 11: Aufgaben der kreisangehörigen Gemeinden

Die besondere Rolle der kreisangehörigen Gemeinden, die ja in der Regel nicht örtlicher öffentlicher Träger der Jugendhilfe sind, ist bereits im Kapitel E. beschrieben worden. Die von der Gemeinde freiwillig übernommenen Aufgaben im Rahmen der allgemeinen Daseinsvorsorge für ihre Einwohner sind nicht nur für die angemessene aktuelle Versorgung der Einwohner notwendig, sondern auch für eine längerfristige Entwicklung der Gemeinde im Sinne einer bürgerfreundlichen Zukunftsentwicklung (orientiert am Leitbild der Gemeinde).

Zum Leitbild einer modernen Gemeinde zählt heute nicht zuletzt ein möglichst optimaler Grad der Kinder- und Familienfreundlichkeit. Dies gilt nicht nur auf dem Hintergrund politischer und demokratietheoretischer Werte und sozialpolitischer Notwendigkeiten (Gerechtigkeit, Konfliktreduzierung, Integration und Inklusion), sondern durchaus auch aufgrund ökonomischer Vorteile (leichtere Ansiedelung von Dienstleistungsunternehmen, die familienfreundliche Rahmenbedingungen für ihre Mitarbeiter wünschen, Wirtschaftskraft von Familien usw.).[32]

Aus diesem Grunde gibt es seit etlichen Jahren ambitionierte systematische Kinderfreundlichkeitsprüfungen von Kommunen, die Entwicklung von Kriterienkatalogen und die Vergabe von Prüfsiegeln wie etwa die „Familienfreundliche Kommune" – zuletzt das Projekt von Unicef und DKHW zur kinderfreundlichen Kommune[33] mit der Vergabe des Siegels „Kinderfreundliche Kommune"[34].

Solche und ähnliche Programme stellen als Rahmenbedingung einen ausgezeichneten Beitrag der Gemeindeebene zu mehr Familienfreundlichkeit dar und sollten immer integrales, den Beitrag der Jugendhilfe ergänzendes Element im Rahmen eines Gesamtkonzeptes ‚FiZ – Familie im Zentrum' sein. Die rechtliche Schnittmenge mit dem Recht der allgemeinen Daseinsvorsorge und -fürsorge der Kommunen wird insb. durch den § 1 (2) 4. SGB VIII („positive Lebensbedingungen für junge Menschen und ihre Familien sowie eine kinder- und familienfreundliche Umwelt erhalten oder schaffen") bestimmt.

Dass Kommunen im Bereich der ‚Kinder- und Familienfreundlichen Kommune' nach eigenem Recht im Rahmen der allgemeinen Daseinsvorsorge und -fürsorge handeln, dies aber keine individuelle Rechtsansprüche ihrer BürgerInnen – insbesondere ihrer Kinder und Jugendlichen – definiert, heißt nicht, dass sie nur mit „angezogener Handbremse" aktiv werden. Im Gegenteil: im interkommunalen Wettbewerb (Zuzüge und Wegzüge) kommt es gerade darauf an sich in diesem Bereich vorteilhaft zu präsentieren. Vom Verfahren her erfordern alle Konzepte im Bereich der Kinder- und Familienfreundlichen Kommune, genauso wie es im Bereich der Jugendhilfe zunehmend üblich wird, allerengste Netzwerkarbeit in der Kommune und intern auch intensivste Kooperation der Ressorts Schule, Stadtplanung, Kulturamt, Verkehrsplanung usw.

---

[32] Vgl. Stange, Waldemar: Kinderfreundlichkeitsprüfungen, in: Kinderfreundliche Stadtentwicklung, Kongressdokumentation, Rendsburg 1998 und Stange, Waldemar: Kinderfreundlichkeit und Kommunalpolitik, in: Kinderfreundliche Stadtentwicklung, Kongressdokumentation, Rendsburg 1998

[33] „http://www.kinderfreundliche-kommunen.de/21-2-2013

[34] „Der Nutzen des Vorhabens und des Siegels ‚Kinderfreundliche Kommune' besteht für die Kommune darin, an einem international erprobten Verfahren teilzunehmen, das in Abgrenzung zu ähnlichen Verfahren einen kinderrechtlichen Ansatz verfolgt, der die Meinung von Kindern und Jugendlichen explizit mit einbezieht. Die Kommune erhält eine Standortbestimmung zur eigenen Kinderfreundlichkeit und entwickelt einen individuellen Aktionsplan.
Die Kommune wird in der lokalen und nationalen Öffentlichkeitsarbeit unterstützt und kann das Siegel für das Stadtmarketing nutzen. Die Teilnahme am Verfahren bietet die Möglichkeit der Vernetzung und des Erfahrungsaustausches in Deutschland und darüber hinaus mit internationalen Beispielen guter Praxis in Europa und weltweit über die Initiative ‚Child friendly Cities'. Die Kommune kann sich mit ihrem Engagement auf der Webseite www.kinderfreundliche-kommunen.de darstellen und verlinken.
Die Pilotphase ist auf vier Jahre begrenzt und hat für diese Zeit sieben teilnehmende Kommunen. Die Sachverständigenkommission und der Verein beraten und begleiten die Kommunen u.a. durch themenspezifische Seminarangebote - inhaltlich und personell. Der Verein und seine Träger unterstützen bei regionalen Fortbildungsangeboten.
Die Sachverständigen erstellen nach zwei und vier Jahren Prüfberichte, die den Kommunen helfen, ihre eigenen Aktivitäten und die Folgewirkungen einzuschätzen. Die Teilnahme der Kommune an der Pilotphase des Vorhabens gibt ihr den Vorreiter-Status. Dass Kinderfreundlichkeit zu einem nachgefragten kommunalen „Markenzeichen" werden kann, zeigen die Erfahrungen vieler ‚Kinderfreundlicher Gemeinden' in der Schweiz."
(http://www.kinderfreundliche-kommunen.de/21-2-2013)

2.12 Ehrenamtliche Tätigkeit (§ 73 SGB VIII)

Zunächst ebenfalls am Rande mitgedacht werden muss der § 73 SGB VIII („Ehrenamtliche Tätigkeit"):

§ 73 SGB VIII (Ehrenamtliche Tätigkeit)

„In der Jugendhilfe ehrenamtlich tätige Personen sollen bei ihrer Tätigkeit angeleitet, beraten und unterstützt werden".

Zwar sind zivil- und bürgergesellschaftliche Ansätze im Sozialraum von eminenter Wichtigkeit – auch als Beitrag zur Entwicklung kinder- und familienfreundlicher Kommunen – und sollten nachhaltig gefördert werden. Dies kann aber nicht Aufgabe des ASD sein, sondern muss im Rahmen anderer Angebote abgewickelt werden (z.B. durch Freiwilligenagenturen).

Wenn es nun um den § 73 geht, muss diese Norm so gelesen werden, dass sie zwar für ehrenamtliche Personen jeglicher Art in der Jugendhilfe gilt, in unserem Fall – also bei Maßnahmen im Bereich ‚Präventive Familienförderung ‚FiZ' (Familie im Zentrum)' – nur für ein Teilsegment von Bedeutung ist, also im Zusammenhang mit Konzepten wie ‚Erziehungslotsen', ‚Integrationslotsen', ‚Familienhelfer' oder ‚Stadtteilmütter' und ‚Familienbesucherinnen' – zumal, wenn das Konzept ‚FiZ' in der Organisationsform von Familienzentren umgesetzt wird, die ja häufig ausdrücklich Mehrgenerationen-Ansätze, bürgerschaftliche und ehrenamtliche Komponenten enthalten.

Die Vorschrift im SGB VIII muss aber auch so gelesen werden, dass das Sozialraumbüro des ASD ehrenamtliche Angebote nicht nur fördern kann, sondern sogar muss. Ein umfassendes Konzept der Präventiven Familienförderung (‚FiZ – Familie im Zentrum') hat dieses Element also konzeptionell angemessen zu berücksichtigen.

2.13 Ausklammern der Hilfen zur Erziehung (HzE)

Die Hilfen zur Erziehung stehen nicht im Zentrum des Konzeptes ‚FiZ' (als SPFH oder falls eine prinzipiell ja mögliche eigenständige H.z.E.-Form „Elternbildung" praktiziert werden sollte im Sinne des § 27 [2;3] mit der Formulierung „insbesondere…" – was andere Formen, z.B. Elterntrainings möglich macht), da sie sich bereits im indizierten und interventiven Bereich befinden. Selbstverständlich muss aber immer bewusst bleiben, dass bei allen Formen der H.z.E. (§ 28 Institutionelle Erziehungsberatung, § 29 Soziale Gruppenarbeit, § 30 Erziehungsbeistand, § 31 SPFH, § 32 Tagesgruppe, § 33 Vollzeitpflege, § 34 Heimerziehung, § 35 Intensive sozialpädagogische Einzelbetreuung) die Familienorientierung und die begleitende Elternarbeit schon immer elementarer Bestandteil der Leistung waren. Deshalb werden bei ‚FiZ' die Schnittstellen zu diesem Teilsystem genau benannt, da es auch bei ‚FiZ' im Einzelfall ja sehr schnell zu einem Übergang in den indizierten und interventiven Bereich kommen kann. Dabei müssen niedrigschwellige Zugänge benannt und ermöglicht werden.

2.14 Schnittstellen zu den anderen Teilsystemen der Jugendhilfe und zu den an die Jugendhilfe angrenzenden kooperierenden Systemen

Die mit dem vorliegenden Konzept intendierten Leistungen und Angebote sind alles in allem und im Kern von der Kinder- und Jugendhilfe her gedacht (‚FiZ' als Bündelung aller präventiven familienfördernden Maßnahmen, Leistungen und Angebote der Jugendhilfe). Allerdings sind auch die Schnittstellen zu den Leistungen und Angeboten kooperierender angrenzender Systeme außerhalb der Kinder- und Jugendhilfe (Gesundheitswesen, Sozialhilfe, Arbeitsverwaltung usw.) einzubeziehen. Denn im konkreten Kooperationsfall zerfließen die Grenzen oft und es ist es unter Praxisgesichtspunkten dann gleichgültig, aus welchem System die Leistung bezogen wird (wenn man einmal von Finanzierung und Rechtsstatus absieht). Viele der bundes- oder landesweit geförderten Maßnahmen zu den Frühen Hilfen leiden im Übrigen an unklaren, Ineffizienz fördernden Schnittstellendefinitionen (z.B.

Familienhebammen, Familien-Service-Büros, Bildungsbegleiter, Erziehungslotsen usw.). Viele dieser Förderprogramme sind von vorherein ohne Not zu ungenau und unscharf in die bereits vorhande rechtliche Jugendhilfestruktur eingepasst worden mit der Folge von Reibungsverlusten, Datenschutzproblemen usw.

Die Kooperation mit den angrenzenden kooperierenden Systemen (z.B. Sozialhilfe, Gesundheitswesen usw.) ist für die präventive Linie des Konzeptes ‚FiZ – Familie im Zentrum' sehr wichtig. Sie ist aber sachlich und logisch etwas ganz Anderes als die Kooperation mit den angrenzenden Jugendhilfe-Leistungen wie den H.z.E (z.B. SPFH – Sozialpädagogische Familienhilfe, Heimerziehung, Vollzeitpflege usw.)[35], die nur dann ins Spiel kommen, wenn die präventiven Maßnahmen des Konzeptes ‚FiZ – Familie im Zentrum' nicht mehr greifen. Dann gibt es einen Wechsel in dieses Teilsystem der Jugendhilfe und die präventiven Maßnahmen entfallen. Das ist im erstgenannten Fall der Kooperation mit angrenzenden eigenständigen Systemen wie dem Gesundheitswesen ganz anders: Die Kooperation läuft durchgehend parallel und immer mit präventiver Intention.

Beides hat organisatorische Konsequenzen: Die Gestaltung der Schnittstellen der universell- und selektiv-präventiven Linie zu den anderen Teilsystemen der Jugendhilfe ist genuine Aufgabe des Jugendamtes (des ASD), das ja nicht nur die die ständige Gewährleistungsverpflichtung und Planungsverantwortung für ein ausreichendes Angebot innehat, sondern immer auch die Steuerungsverantwortung bei der individuellen Hilfeplanung (§§ 36 und 36a SGB VIII). Diese Funktion kann nicht durch freie Träger ausgefüllt werden. Daher ist es vollkommen undenkbar, dass ein präventiv angelegtes Konzept wie ‚FiZ – Familie im Zentrum' ohne die Schnittstellenfunktion des örtlichen öffentlichen Trägers gedacht wird. Dies ist aber exakt das Defizit, das die meisten der zurzeit wie Pilze aus dem Boden schießenden Ansätze von Familienzentren aufweisen!

Die Kooperation mit den weiteren großen angrenzenden kooperierenden Systemen ist dagegen viel freier im Rahmen der Vielfalt der freien Träger zu gestalten. Hier sind lediglich die Hinweise des „Gesetzes zur Kooperation und Information im Kinderschutz (KKG)" zur Netzwerkgestaltung zu beachten (§ 3 Rahmenbedingungen für verbindliche Netzwerkstrukturen im Kinderschutz – siehe dazu die Liste der Kooperations- und Netzwerkpartner in Abschnitt F 3.10 zu den Frühen Hilfen), wenngleich auch hier die Auffassung zulässig ist, dass viele dieser Netzwerke auch als Arbeitsgemeinschaften nach § 78 SGB VIII zu interpretieren sind, deren Bildung und Koordination ja dem Träger der öffentlichen Jugendhilfe obliegt.

Diese Aspekte werden im Kapitel H. 4. „Organisationsformen und Orte – Planungsverantwortung und Steuerung" detaillierter wieder aufgenommen.

---

[35] Die Familienorientierung der Hilfen zur Erziehung insgesamt (die ja immer vielfältige Facetten der Elternarbeit aufweisen), die institutionelle Erziehungsberatung nach § 28 SGB VIII als H.z.E oder die Elternbildung als besondere Form der H.z.E (zulässig aufgrund der Formulierung „insbesondere" im § 27 SGB VII) dürfen nicht verwechselt werden mit der Familienorientierung des Konzeptes ‚FiZ – Familie im Zentrum', die ja auf universell- und selektiv-präventiver Ebene anzusiedeln ist, während die H.z.E sich ja auf indiziert-präventiver bzw. bereits auf interventivem Niveau befinden.

2.15 Zusammenfassung: Präventive Familienförderung

Alles in allem ist der Kern dessen, was wir mit „präventiven familienfördernden Maßnahmen, Angeboten und Leistungen der Jugendhilfe" meinen, rechtlich sicher am ehesten abgebildet durch den § 16 SGB VIII (Allgemeine Förderung der Erziehung in der Familie, Familienbildung, Familienberatung, Frühe Hilfen usw.) und durch die familienfördernden Leistungen der Kindertagesstätten nach § 22 ff. und ergänzend noch durch die Beratungsaufträge der §§ 17 und 18!

In jedem dieser Teilsysteme geht es im Wesentlichen immer um drei Hauptstrategien:

1. Die Förderung der Erziehung in der Familie,
2. die Verbesserung der Vereinbarkeit von Beruf und Familie,
3. die Abstimmung der Erziehungsbemühungen der Familie und der gesellschaftlichen Institutionen, die die Kinder außerhalb der Familien betreuen, bilden und erziehen: Erziehungs- und Bildungspartnerschaften.

Der erste Punkt ist in einen eigenen Paragrafen im SGB VIII eingeflossen (§ 16). Die anderen sind – das ist in den vorangegangenen Ausführungen deutlich geworden – mehr oder weniger deutlich an den verschiedensten Stellen in den anderen genannten gesetzlichen Grundlagen als Aufträge verankert. Diese Gesichtspunkte werden nochmals deutlich im Abschlusskapitel (in den Qualitätskriterien) erscheinen. Darüber hinaus werden wir diesen drei Leitlinien, die ja im fachlichen Diskurs und in der Literatur bestens abgehandelt sind (siehe z.B. zu den Erziehungs- und Bildungspartnerschaften Stange u.a. 2012 und Stange u.a. 2013), keine eigenen Kapitel mehr widmen, sondern sie – wie bisher – jeweils implizit mitbehandeln.

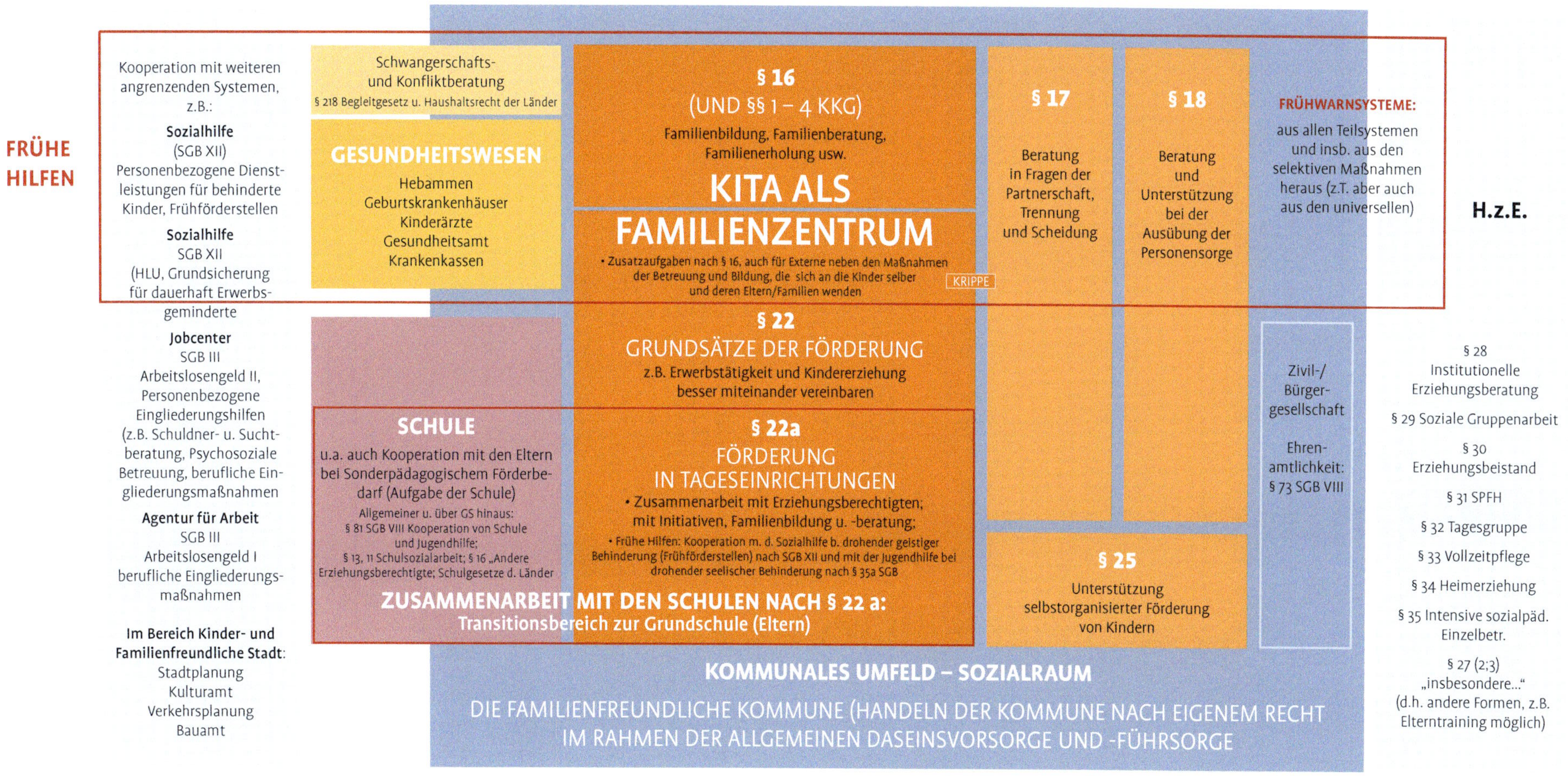

Vertiefung und Erweiterung: Skizze eines Gesamtsystems

FRÜHE HILFEN

Kooperation mit weiteren angrenzenden Systemen, z.B.:

Sozialhilfe (SGB XII)
Personenbezogene Dienstleistungen für behinderte Kinder, Frühförderstellen

Sozialhilfe SGB XII
(H.U. Grundsicherung für dauerhaft Erwerbsgeminderte

Jobcenter SGB III
Arbeitslosengeld II, Personenbezogene Eingliederungshilfen (z.B. Schuldner- u. Suchtberatung, Psychosoziale Betreuung, berufliche Eingliederungsmaßnahmen

Agentur für Arbeit SGB III
Arbeitslosengeld I berufliche Eingliederungsmaßnahmen

Im Bereich Kinder- und Familienfreundliche Stadt:
Stadtplanung
Kulturamt
Verkehrsplanung
Bauamt

Schwangerschafts- und Konfliktberatung
§ 218 Begleitgesetz u. Haushaltsrecht der Länder

GESUNDHEITSWESEN
Hebammen
Geburtskrankenhäuser
Kinderärzte
Gesundheitsamt
Krankenkassen

SCHULE
u.a. auch Kooperation mit den Eltern bei Sonderpädagogischem Förderbedarf (Aufgabe der Schule)
Allgemeiner u. über GS hinaus:
§ 81 SGB VIII Kooperation von Schule und Jugendhilfe;
§ 13, 11 Schulsozialarbeit; § 16 „Andere Erziehungsberechtigte; Schulgesetze d. Länder

§ 16 (UND §§ 1–4 KKG)
Familienbildung, Familienberatung, Familienerholung usw.

KITA ALS FAMILIENZENTRUM
• Zusatzaufgaben nach § 16, auch für Externe neben den Maßnahmen der Betreuung und Bildung, die sich an die Kinder selber und deren Eltern/Familien wenden

KRIPPE

§ 22
GRUNDSÄTZE DER FÖRDERUNG
z.B. Erwerbstätigkeit und Kindererziehung besser miteinander vereinbaren

§ 22a
FÖRDERUNG IN TAGESEINRICHTUNGEN
• Zusammenarbeit mit Erziehungsberechtigten, mit Initiativen, Familienbildung u. -beratung;
• Frühe Hilfen: Kooperation m. d. Sozialhilfe b. drohender geistiger Behinderung (Frühförderstellen) nach SGB XII und mit der Jugendhilfe bei drohender seelischer Behinderung nach § 35a SGB

ZUSAMMENARBEIT MIT DEN SCHULEN NACH § 22 a:
Transitionsbereich zur Grundschule (Eltern)

§ 17
Beratung in Fragen der Partnerschaft, Trennung und Scheidung

§ 18
Beratung und Unterstützung bei der Ausübung der Personensorge

§ 25
Unterstützung selbstorganisierter Förderung von Kindern

Zivil-/ Bürgergesellschaft
Ehrenamtlichkeit:
§ 73 SGB VIII

KOMMUNALES UMFELD – SOZIALRAUM
DIE FAMILIENFREUNDLICHE KOMMUNE (HANDELN DER KOMMUNE NACH EIGENEM RECHT IM RAHMEN DER ALLGEMEINEN DASEINSVORSORGE UND -FÜRSORGE

H.z.E.

FRÜHWARNSYSTEME:
aus allen Teilsystemen und insb. aus den selektiven Maßnahmen heraus (z.T. aber auch aus den universellen)

§ 28 Institutionelle Erziehungsberatung
§ 29 Soziale Gruppenarbeit
§ 30 Erziehungsbeistand
§ 31 SPFH
§ 32 Tagesgruppe
§ 33 Vollzeitpflege
§ 34 Heimerziehung
§ 35 Intensive sozialpäd. Einzelbetr.
§ 27 (2;3) „insbesondere..."
(d.h. andere Formen, z.B. Elterntraining möglich)

Abb. Nr. 12: „Zusammenfassung: Struktur der Präventiven Familienförderung

G. Problematische Lösungsversuche – schleichende strategische Fehlentwicklungen: Schlussfolgerungen

1. Derzeitige Bewältigungsversuche – typische Lösungsstrategien in der Jugendhilfe[36]

Zunahme der Komplexität und Menge der Probleme – schwieriger werdende Lösungsversuche – schleichende strategische Fehlentwicklungen!

„Die Sensibilität und Aufmerksamkeit für das Thema Kindeswohlgefährdung ist in den letzten Jahren in Deutschland deutlich gestiegen. Vielerorts sind Programme und Projekte zur Verbesserung des Kinderschutzes entstanden, in denen die Vernetzung und Kooperation zwischen Gesundheits- und Jugendhilfe gestärkt und Angebote für junge Familien ausgebaut wurden. Gleichwohl werden präventive, niedrigschwellige Angebote gegenüber den Pflichtaufgaben in der Kinder- und Jugendhilfe faktisch immer noch als nachrangig behandelt, insbesondere bei prekärer kommunaler Haushaltslage" (Meier-Gräwe/Wagenknecht 2011: 9)

Im Umgang nicht nur mit diesem neuen Instrumentarium, sondern auch mit dem im Prinzip ja üppig vorhandenen geeigneten und bewährten Standard-Instrumentarium der Jugendhilfe (siehe Kapitel E) sind in den letzten Jahrzehnten allerdings einige strategische Fehlentwicklungen und unsachgemäße Schwerpunktsetzungen entstanden. Dies geschah teils durch den schleichenden Bedeutungsverlust der wichtigen Steuerungsfunktion der öffentlichen Jugendhilfe (§ 79 SBG VIII) und dem im Prinzip geduldeten Niedergang der Jugendhilfeplanung und ihrer vorausschauenden stategischen Zukunftsplanung (siehe dazu den Abschnitt G 2.1 zu den stategischen Prinzipien), teils aufgrund von erheblichem politischen Druck und der öffentlichen Wahrnehmung, teils aufgrund von Sachzwängen, teils von fachlichen Fehlentwicklungen.

Unsere bisherigen Versuche im Hinblick auf Lösungen zur Bearbeitung, Verhinderung oder Beseitigung der oben genannten Probleme sind offenkundig nicht mehr angemessen bzw. ineffektiv: isolierte Einzellösungen oder auch zu spätes Eingreifen (viel Geld eingesetzt für nachgehende Reparaturen, Dominanz von Intervention gegenüber der Prävention, fehlendes Gesamtkonzept usw.). Dieses Verfahren ist vor allem teuer. Aber nicht nur diese verhängnisvolle Finanzierungspraxis an sich ist wegen der Kostenspirale ein Problem, sondern vor allem auch für die betroffenen Individuen und die Gesellschaft ein Fiasko, weil damit eine falsche Lenkung der Finanzströme in fachlich problematische Schwerpunkte verbunden ist (zu spät einsetzende, kurzfristig orientierte Interventionsprogramme für indizierte Zielgruppen statt langfristiger präventiver Ausrichtung auf universelle und selektive Zielgruppen usw.).

---

[36] Erläuterungen zu These 6 aus Teil A. ‚Kurzfassung des Buches': „Die typischen Bewältigungs- und Lösungsstrategien in der Jugendhilfe der Vergangenheit zeichnen sich aus durch schleichende strategische Fehlentwicklungen."

2. Leitlinien und Eckpfeiler einer Umakzentuierung: Prinzipen der strategischen Neuausrichtung [37]

2.1 Die Grundrichtung: strategische Prinzipien

Die durch die Fachdiskussion der letzten Zeit vorgetragene (und zuletzt über das BKiSchG angestoßene) Argumentation geht im Großen und Ganzen in die folgende Richtung:

Prävention vor Intervention, Frühe Hilfen, langfristige Orientierung, sämtliche Hilfen für Kinder/Jugendliche und ihre Familien aus einer Hand, Erziehungs- und Bildungspartnerschaften (Netzwerkarbeit), Denken und Planen in Gesamtkonzepten.

Auch hier handelt es sich um Essentials, die – für sich genommen – nicht neu sind, aber diesmal offensichtlich strategisch fokussierter angegangen werden. Sie scheinen auch technisch innovativer angelegt zu sein – zum Beispiel durch die Einbeziehung von Modellen wie das des Familienzentrums. Sie scheinen auch auf ein sensibilisierteres Bewusstsein der Gesellschaft zu diesen Fragen zu treffen. Im Übrigen sind sie auch anschlussfähiger an komplementäre Diskurse in benachbarten Sachgebieten, zum Beispiel in der Bildung, was etwa die Diskussion um die Lokalen Bildungslandschaften eindrucksvoll zeigt.

Die strategische Grundrichtung sollte auf der Ebene des örtlichen öffentlichen Trägers (Kreis bzw. kreisfreie Stadt) vorgegeben werden. Sie zeigt ihre operative Wirkung letztlich auf der Sozialraum- und Gemeindeebene. Sie muss aber von der Kreisebene vorgegeben werden. Dort liegt in letzter Instanz beim örtlichen öffentlichen Träger der Jugendhilfe – das gibt § 79 SGB VIII zwingend vor – die fachliche Gesamtverantwortung. Wegen des Anspruchs der Sozialräume auf gleichwertige Entwicklung ist dies auch sinnvoll. Das heißt aber nicht, dass es auf Sozialraumebene bei der konkreten operativen Einlösung der strategischen Grundrichtung nicht unterschiedliche Bedarfe und entsprechende Angebote geben könnte. Das Rahmenkonzept und ggf. die entsprechenden Förderrichtlinien der Kreisebene geben nur die grobe Richtung und gemeinsame fachliche Qualitätsmaßstäbe über die verschiedenen Sozialräume hinweg vor. Ausgefüllt und detailliert ausgearbeitet werden die folgenden allgemeinen strategischen Prinzipien dann jedoch in erster Linie in den Lokalen Aktionsplänen zum Konzept ‚FiZ – Familie im Zentrum' und in der Praxis der Sozialräume. Die folgenden strategischen Prinzipien bilden sozusagen das Scharnier zwischen den beiden Haupt-Handlungsebenen ‚Kreis' und ‚Sozialraum'.

---

[37] Erläuterungen zu These 7 aus Teil A.: „Es gibt wissenschaftlich und fachlich gebotene Leitlinien und Eckpfeiler einer Umakzentuierung: Prinzipen einer strategischen Neuausrichtung."

Strategisches Prinzip 1: Denken in Gesamtkonzepten

> Ganzheitlicher Blick

Strategisches Prinzip 2: Gesamtverantwortung und Gesamtsteuerung durch die öffentliche Jugendhilfe

> Rechtliche und inhaltliche Gesamtzuständigkeit des örtlichen öffentlichen Trägers der Jugendhilfe

Strategisches Prinzip 3: Präventionsvorrang und langfristige Orientierung

> Gestaltung des Verhältnisses von Prävention und Intervention – langfristige Orientierung und Umsteuerung der Ressourcen

Strategisches Prinzip 4: Frühe Hilfen

> Integration der Maßnahmen und Netzwerke von ‚FiZ – Familie im Zentrum' (insb. § 16 SGB VIII mit der Familienbildung, Familienberatung usw.) und der Frühen Hilfen

Strategisches Prinzip 5: Die Einheit von Prävention und Bildung

> Bildungsfunktion der Leistungen und Angebote der Jugendhilfe und Präventionsfunktion aller Bildung

Strategisches Prinzip 6: Sozialraum- und Lebensweltorientierung

> Vom großräumigen, zentralistischen Blick zur dezentralen, kleinräumigen Betrachtung (unter besonderer Berücksichtigung der Zugänglichkeit und Niedrigschwelligkeit)

Strategisches Prinzip 7: Fokussierung und Systematisierung der Konzepte

> Konzentration der Angebote und Maßnahmen auf drei zentrale strategische Stützpfeiler (Schwerpunkte) der sozialräumlichen Förderung für ‚FiZ – Familie im Zentrum': Sozialraum-ASD, Kita, Schule (institutionelle Profilbildung)

> Systematischer Aufbau der Maßnahmen, Angebote und Programme in der Form von Präventions- und Bildungsketten

Strategisches Prinzip 8: Leitlinien für die inhaltliche Planung

> Bedarfsorientierung

> Selbsthilfeorientierung

> Inklusion und Umgang mit Heterogenität

Strategisches Prinzip 9: Kooperation und Vernetzung

> Aufbau und Pflege lokaler Netzwerke – Beachtung wichtiger Prinzipien der Kommunikation aller Akteure

Strategisches Prinzip 10: Partizipation

> Beteiligung der betroffenen Zielgruppen und aller relevanten Akteure bei der Konzeptentwicklung und Umsetzung des Ansatzes ‚FiZ – Familie im Zentrum'

Strategisches Prinzip 11: Qualitätsentwicklung und Evaluation

> Kriteriengesteuerte Qualitätssicherung, Monitoring

Diese strategischen Prinzipien werden im Folgenden näher erläutert.

Strategisches Prinzip 1: Denken in Gesamtkonzepten[38] und integrierten Handlungsstrategien
Ganzheitlicher Blick

Grundsätzliche Voraussetzung aller modernen Planung: ganzheitlicher Blick und Gesamtkonzept

a) In der Jugendhilfe in Deutschland ist in den letzten Jahren der im SGB VIII ja immer intendierte konzeptionelle Gesamtblick (insbesondere über die Jugendhilfeplanung, die sich nicht nur als umfassende Datensammlung und Controlling einlösen lässt) schleichend in den Hintergrund getreten. Das hat dazu geführt, dass zwar ständig auf neue oder sich verstärkende alte Probleme reagiert wurde und viele Aktionsprogramme – manchmal sehr schnell – implementiert wurden. Das hatte oft genug zur Folge, dass diese Programme und Maßnahmen unkoordiniert eingeführt wurden, ohne ihren Stellenwert im Gesamtsystem sauber zu bestimmen und die Schnittstellen fachlich und rechtlich exakt zu gestalten. Beispiel: die sicher sinnvolle und fortschrittliche Einführung von Familienhebammen, die aber häufig an freie Träger gegeben wurden, statt an den ASD mit der Folge der unklaren Definition von Schnittstellen, der ungeregelten Anbindung und Kommunikation, den nicht bedachten Datenschutzproblemen usw. Ein anderes Beispiel: die ausgezeichnete Konzeption der Baby-Besuchsdienste, bei denen beispielsweise der LK Osnabrück durchaus eine Vorreiterrolle einnimmt, gleichwohl aber mit der Ansiedelung bei den Familien-Service-Büros die gleichen Probleme in Kauf nimmt wie bei den Familienhebammen. Weitere Beispiele wären die Familien-Service-Büros, die Bildungsbegleiter, Erziehungslotsen usw.

An dieser Stelle muss auch auf die vielen Doppelstrukturen durch die bundesweit typische Vielfalt an Bündnissen und Netzwerken verwiesen werden: Kriminalpräventive Räte, Bündnisse für Familien, Netzwerke Frühe Hilfen, die neben den vorher bereits vorhandenen Strukturen bestehen wie den Sozialraumkonferenzen, Arbeitsgemeinschaften nach § 78 SGB VIII, Mehrgenerationenhäusern, Familienzentren, Bildungsbüros, Lokalen Bildungslandschaften usw. Dieser Ist-Zustand ist nicht nur ineffektiv, sondern auf lange Sicht auch sehr teuer.

b) Der gesamte kommunale Planungsprozess im Bereich ‚FiZ – Familie im Zentrum' muss dem Muster des ganzheitlichen Denkens in Gesamtkonzepten und integrierten Handlungsstrategien folgen, statt einer Orientierung und Fixierung auf einzelne Träger oder fachliche Säulen, Teilsegmente und Teilkonzepte. Das angemahnte strategische Gesamtkonzept der Jugendhilfe muss enge Zusammenhänge herstellen zu allen angrenzenden Sachgebieten, z.B. der Sozialhilfe, dem Gesundheitswesen und vor allem zum Bildungswesen (etwa den Bildungsbüros), aber auch zu den zivilgesellschaftlichen Organisationen, und diese Schnittstellen bewusst gestalten.

Strategisches Prinzip 2: Gesamtverantwortung und Gesamtsteuerung durch die öffentliche Jugendhilfe
Rechtliche und inhaltliche Gesamtzuständigkeit des örtlichen öffentlichen Trägers der Jugendhilfe

Die Gesamtplanungsverantwortung und Steuerungsfunktion (§ 79 und § 80) lag schon immer bei der öffentlichen Jugendhilfe. Es handelt sich hier also keineswegs um einen neuen Gedanken. Nur ist

---

[38] Der Begriff ‚Gesamtkonzept' wird in diesem Text in folgender Differenzierung gebraucht:
   1. Strategisches Gesamtkonzept Jugendhilfe (auf der Kreisebene)
   2. Der Begriff ‚Gesamtkonzept für den Bereich' ‚FiZ – Familie im Zentrum' greift im Wesentlichen nur auf der Sozialraumebene – obwohl es streng genommen eine Teil-Fachplanung auch auf der Kreisebene ist. Der Begriff ‚Gesamt' soll nun aber auch auf der Sozialraumebene signalisieren, dass das Konzept hier säulen- und systemübergreifend und netzwerkorientiert ist.
   3. Dagegen wird auf der Kreisebene der Begriff ‚Rahmenkonzept' bevorzugt, der einerseits auch eine Gesamtsicht signalisiert, aber doch nicht so genau und differenziert ist wie auf der Sozialraumebene.
   4. Unterkonzepte für Teilbereiche wie ‚Familienbildung', ‚H.z.E' usw. werden als ‚Teilkonzept' bezeichnet.

dieses Schlüsselprinzip in den letzten Jahren (vielleicht aufgrund des immer größeren Problem- und Handlungsdrucks und dem damit verbundenen Verlustes langfristiger strategischer Planung) nach und nach in den Hintergrund geraten. Das scheint sich nun langsam zu ändern und das Problembewusstsein, die Konsequenz des Handelns und der politische Rückhalt für eine Neuausrichtung scheinen zuzunehmen. Ausdruck dieser Entwicklung sind eine Reihe von Gesetzesänderungen – wie das Bundeskinderschutzgesetz. Dort wird z.B. der § 79 Absatz 2 SGBVIII in der Novellierung vom 1.1.2012 wie folgt gefasst:

> „(2) Die Träger der öffentlichen Jugendhilfe sollen gewährleisten, dass zur Erfüllung der Aufgaben nach diesem Buch
>
> 1. die erforderlichen und geeigneten Einrichtungen, Dienste und Veranstaltungen den verschiedenen Grundrichtungen der Erziehung entsprechend rechtzeitig und ausreichend zur Verfügung stehen; hierzu zählen insbesondere auch Pfleger, Vormünder und Pflegepersonen;
>
> 2. eine kontinuierliche Qualitätsentwicklung nach Maßgabe von § 79a erfolgt.
>
> Von den für die Jugendhilfe bereitgestellten Mitteln haben sie einen angemessenen Anteil für die Jugendarbeit zu verwenden."

Der Landkreis (bzw. die kreisfreie Stadt oder das selbständige Jugendamt einer nicht kreisfreien Stadt) muss also die Funktion der Planung, Gesamtsteuerung und Koordination wahrnehmen und auch alle Planungen der kreisweiten Präventiven Familienförderung ‚FiZ – Familie im Zentrum' auf dem Hintergrund von § 79 SGB VIII (Gesamtverantwortung) und § 80 SGB VIII (Jugendhilfeplanung) interpretieren, außerdem insbesondere seine langfristige strategische Verantwortung wahrnehmen. Diese Gesamtverantwortung ist für die sozialräumliche Ebene von den Sozialraumbüros der ASD's umzusetzen (und darf – auch nicht teilweise – auf irgendwelche Organisationseinheiten auf Gemeindeebene wie z.B. den Familien-Service-Büros verlagert werden!). Aufgrund der Gesamtplanungsverantwortung und Steuerungsfunktion der öffentlichen Jugendhilfe nach § 79 und § 80 SGB VIII und der grundlegenden strategische Verantwortung für diesen Bereich muss also klar geregelt sein, wie die Steuerungsfunktionen des öffentlichen Trägers (über den ASD bzw. das Sozialraumbüro) auf der lokalen Ebene im Einzelnen wahrgenommen werden soll (sh. Kapitel H. 4.2).

Strategisches Prinzip 3: Präventionsvorrang und langfristige Orientierung
Gestaltung des Verhältnisses von Prävention und Intervention – langfristige Orientierung und Umsteuerung der Ressourcen

Im Kapitel F. ist dargelegt worden, dass die Teil-Maßnahmen im Bereich ‚Präventive Familienförderung – ‚FiZ' – Familie im Zentrum' nicht isoliert betrachtet werden dürfen und dass sie jeweils nur einen Teilausschnitt darstellen aus der Gesamtmenge der möglichen Maßnahmen, die die Jugendhilfe bereithält, um wirkungsvoll Prävention betreiben zu können und dass es darauf ankommt, im Rahmen eines Gesamtkonzeptes zu handeln. Dazu gehört auch, sich klar zu machen, was Prävention genau bedeutet und langfristig orientiert zu handeln. Es macht einen großen Unterschied aus, ob man fehllaufende Entwicklungen bei Kindern und Jugendlichen erstmal ignoriert, um sie dann später zu korrigieren (Intervention) oder von vornherein gar nicht erst auftreten lässt (Prävention). Dazu einige Hinweise.

Prävention und Intervention

Maßnahmen im Bereich ‚FiZ – Familie im Zentrum' (insb. § 16 SGB VIII/Familienbildung/Familienberatung) dürfen nicht isoliert betrachtet werden. Sie stellen ja nur einen Teilausschnitt dar aus der Gesamtmenge der möglichen Maßnahmen, die die Jugendhilfe bereithält, um fehllaufende Entwicklungen bei Kindern und Jugendlichen entweder zu korrigieren oder von vornherein gar nicht erst auftreten zu lassen (Prävention). Das macht die folgende Grafik deutlich, die auf dem Hintergrund der Resilienzforschung entwickelt wurde. Diese Grafik zeigt die unterschiedlichen Ebenen auf, auf denen man in der Jugendhilfe Risikofaktoren reduziert und Schutzfaktoren aufbaut:

Ebenen von Präventions- und Interventionsmaßnahmen-
– Reduzierung von Risikofaktoren und aktive Förderung von Schutzfaktoren –

1. ÄUSSERE MASSNAHMEN UND EINGRIFFE

Reduzierung von Risikofaktoren z.B. durch materielle Hilfen (finanziell, Wohnen, medizinisch, Ernährung, Ausstattung für Neugeborene), polizeiliche Maßnahmen, Herausnahme von Kindern durch das Jugendamt bei Kindeswohlgefährdung,

Verfügbarkeit von Drogen und Alkohol einschränken usw.

Maßnahmen u. Angebote direkt für Kinder und Jugendliche:

2. PRÄVENTIONS- UND INTERVENTIONSPROGRAMME ZUR BEEINFLUSSUNG PERSONALER SCHUTZFAKTOREN

Allg. Bildungs- und Erziehungsmaßnahmen, H.z.E., z.T. Therapien in Verbindung mit Erziehungsmaßnahmen, Training Soziales Lernen, Programme wie „Faustlos" usw.

Indirekt wirkende Maßnahmen:

3. MASSNAHMEN IN BEZUG AUF DIE ORGANISATION DER BILDUNGSEINRICHTUNGEN UND DAS SOZIALE UMFELD
(Sozialökologie: Gemeinwesen, Sozialraum)

Erziehungs- und Bildungspartnerschaften

Nachbarschaft, Freunde, Verwandte	Partner im Freizeitbereich	Vereine. Jugendorganisationen
Bildungsinstitutionen	niedrigschwellige Jugendhilfe-Angebote	usw.

4. MASSNAHMEN IN BEZUG AUF DAS FAMILIÄRE SYSTEM
– direkte Beeinflussung interaktioneller und personeller Faktoren –

Reduzierung von Risikofaktoren und aktive Förderung von Schutzfaktoren (z.B. SPFH – Sozialpädagogische Familienhilfe; Elternarbeit, z.B. über Elterntrainings, aufsuchende Elternbildung; Vermittlung v. Eltern-Kind-Therapien

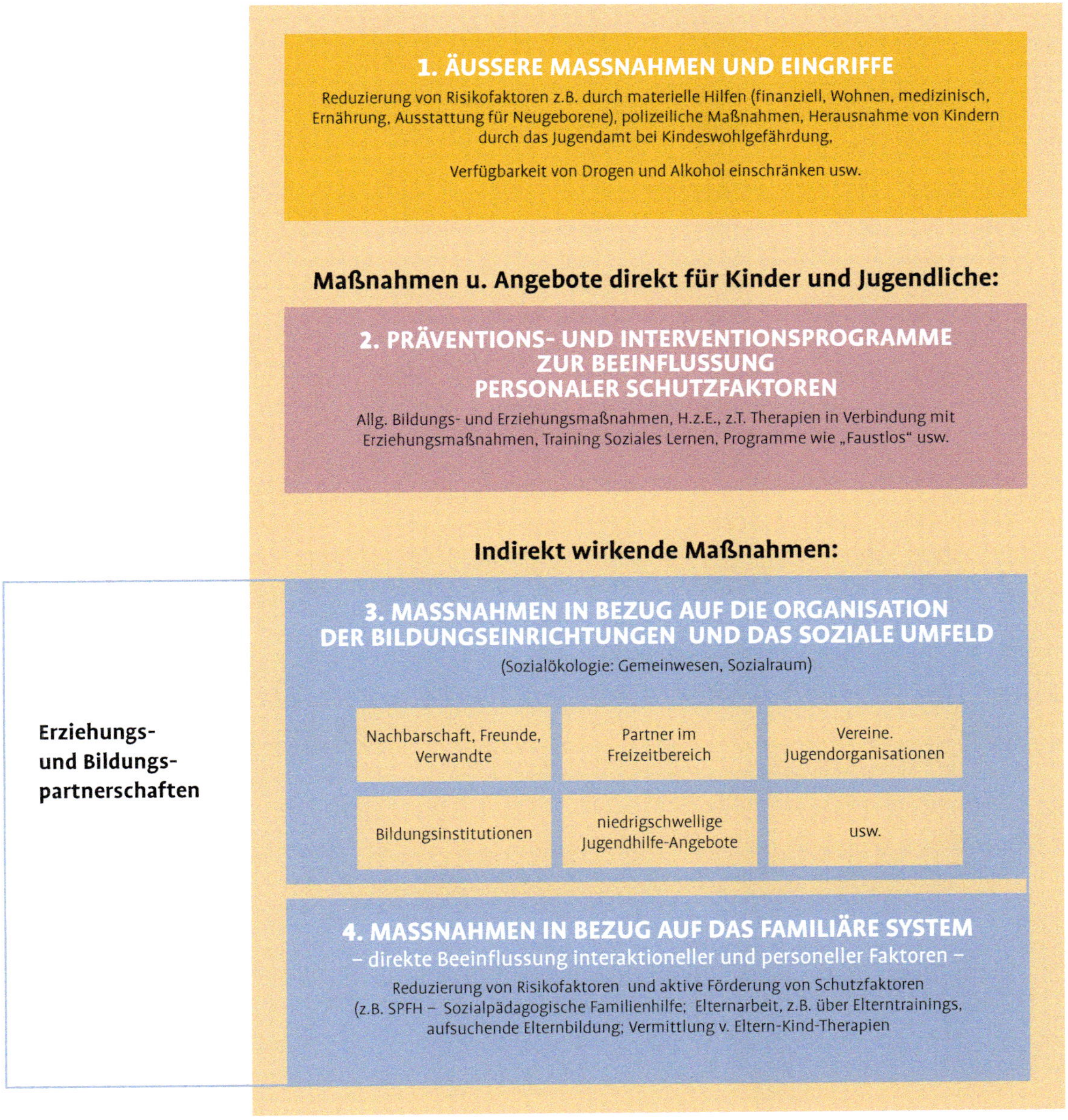

Abb. Nr. 13: Ebenen von Präventions- und Interventionsmaßnahmen

Universelle, selektive und indizierte Prävention

Maßnahmen und Angebote im Rahmen des Konzeptes ‚FiZ – Familie im Zentrum' (insb. zu § 16 SGB VIII) konzentrieren sich auf die Ebene 4 und z.T. 3 (sh. Grafik auf der Vorseite). Diese auf Eltern bzw. Familien bezogenen Maßnahmen sind im Kern präventiv. Dabei muss bei allen Maßnahmen noch danach unterschieden werden, in welche der folgenden Kategorien der Prävention (die bereits im Kapitel F. 2.10 kurz angerissen wurden) sie einzuordnen sind.

1. Universelle Prävention (für alle)
2. Selektive Prävention (für ausgewählte Gruppen, die potenziell ein Belastungsrisiko haben)
3. Indizierte Prävention (für Personen, die bereits Belastungen oder Störungen aufweisen – was teilweise schon als erste Intervention zu verstehen ist)
4. Massiver Eingriff (Intervention i.e.S. – wenn Kinder akut gefährdet sind: Kindeswohlgefährdung)

Diese Unterscheidung klärt, ob sich die Maßnahmen an alle wenden sollen (universell) oder nur an ausgewählte Gruppen, die ein erhöhtes Risiko für die Entwicklung von Belastungen haben (selektiv) – z.B. im Rahmen von Elterntrainings nur für arme Eltern oder Eltern mit Migrationshintergrund –, oder ob es Maßnahmen der indizierten Prävention sein sollen (für Personen, die bereits Symptome einer Belastung und Störung hatten, dabei aber noch nicht die Kriterien für einen massiven Eingriff (Intervention i.e.S.) oder – im Gesundheitswesen – die Kriterien für eine Diagnose erfüllen (z.B. arbeitslose, leicht depressive alleinerziehende Mütter im Rahmen des Palme-Programms) und bei denen die Gefahr besteht, dass die Störung wieder auftritt. Alle diese Überlegungen sind natürlich entscheidend für die Frage, wer für das notwendige Angebot zuständig und geeignet sein könnte (etwa der Allgemeine Sozialdienst oder das Familienzentrum).

Dabei muss man sich klarmachen, dass die Grade der Intensität von Prävention hier nach der in der Jugendhilfe zugrunde gelegten Begrifflichkeit (Grad der Erziehungsbedürftigkeit, Grad der Kindeswohlgefährdung) gedacht werden und nicht nach den Kategorien des benachbarten Gesundheitswesens (Krankheit, WHO-Kriterien[39]).

Es wird deutlich, dass das Familienzentrum, aber auch die Schulen nur universelle Prävention und selektive Prävention (z.B. für MigrantInnen) betreiben können und dass allein das ASD-Team auch indizierte Prävention und den massiven Eingriff vornehmen kann. Für die ‚normale' Kindertagesstätte (auch wenn sie als Kita-plus, also als einfaches, ‚kleines Familienzentrum' betrieben werden sollte) gilt sogar, dass sie in der Regel mit der selektiven Prävention (also mit Angeboten für potenziell besonders belastete Gruppen) überfordert wäre.

Deutlich wird auf jeden Fall, dass mit dem Konzept ‚FiZ' alle Maßnahmen der indizierten Prävention (z.B. die Hilfen zur Erziehung, die z.T. ja schon in den interventiven Bereich übergehen) nicht gemeint sind, ebenso wenig der massive Eingriff bei Kindeswohlgefährdung.

Das Verhältnis der Begriffe Prävention und Intervention ist in vielfacher Hinsicht unklar. Häufig wird versucht, das Verhältnis dieser Begriffe über die Betrachtung der zeitlichen Differenzierung im Präventionsmodell, d.h. über die bekannte Kategorisierung in primäre, sekundäre und tertiäre Prävention in den Griff zu bekommen. Dann werden häufig die sekundäre oder die tertiäre Prävention schon als Intervention interpretiert. Böllert bezeichnet Prävention sogar schlicht als „rechtzeitige Intervention" (Böllert 1995: 139). Wenn man nun mit Intervention alle fachlichen Aktionen und Eingriffe in soziale

---

[39] Wobei dann der analoge massive Eingriff im System Gesundheitswesen die ‚Therapie' wäre. Therapie gibt es im Jugendhilfesystem nur enger Verbindung mit und als Teil von Erziehungsmaßnahmen.

und individuell-personale Systeme meinte, müsste man eigentlich von Intervention im weiteren und im engeren Sinne sprechen. Aber auch dies macht die Handhabung des Begriffs nicht klarer. Es ergibt viel mehr Sinn, vom Zeitpunkt der Prävention (vorbeugende bzw. rechtzeitige, proaktive Handlungen) auszugehen und als Intervention nur die überwiegend nachgehenden, späteren, reaktiven Handlungen und Maßnahmen zu bezeichnen, bei denen bereits in Ansätzen normabweichendes Verhalten und deutliche Problemlagen bestehen. Allerdings: Auch schon, wenn es um die Nacherziehung, Resozialisierung und die Vermeidung zukünftiger Normverstöße geht wie bei der indizierten Prävention, ist es keine reine Prävention: Einerseits geht es – sozusagen letztmalig – um noch rechtzeitiges, proaktives Handeln zur Vermeidung zukünftiger Probleme, dennoch handelt es sich auch schon um interventives Handeln – jedenfalls, wenn man dem Wortsinn von Intervention folgt, der eher in die Richtung des reaktiven Eingriffs geht. Bei der universellen und selektiven Prävention handelt es sich aber noch nicht um vollständige, ‚echte' Eingriffe. Einen Orientierungspunkt bietet die folgende Definition: „In diesem Sinne ist Prävention dann die Vermeidung von Normabweichung; Intervention umfasst im Unterschied hierzu die Bearbeitung von Normabweichungen" (Höppner 2009: 190: Herv. d.A.). Beide Kategorien können zwar durch dasselbe Ziel verbunden sein, unterscheiden sich aber durch die Bewertung des Verhaltens, auf das sie sich beziehen: Präventive Handlungen beinhalten in der Regel positiv aufzubauendes, ressourcenförderndes Verhalten ohne jeden aktuellen Problembezug. Indizierte Prävention bzw. Intervention (teilweise auch die selektive Prävention) reagieren in der Regel auf Negatives, auf aktuell bestehende Probleme. Universelle Prävention – auch die selektive Prävention – baut auf, nämlich bestimmte Verhaltenselemente (Bindungserfahrungen, Selbstbewusstsein, Selbstwirksamkeitserfahrungen, Selbstbeobachtung, Perspektivenübernahme, positive kognitive und emotionale Kompetenzen, Intelligenzen usw.), die in ihrer psychischen Struktur wenig mit derjenigen eines späteren und nachträglich zu bearbeitenden devianten, gestörten Verhaltens zu tun haben. Hierzu sei auf die Diskussion um die Schutzfaktoren innerhalb der Resilienzforschung verwiesen (vgl. Wustmann 2007: 131).

Insgesamt ist es wichtig, bei der Aufgabenzuweisung im Rahmen des sozialräumlichen Gesamtkonzeptes die beschriebenen Präventionsebenen und Intensitätsstufen – und eben auch Prävention und Intervention – sauber auseinanderzuhalten. Nur so werden rechtliche und praktische Probleme vermieden, die sich nicht zuletzt in Schnittstellenproblemen zwischen Leistungssystemen oder in Überforderungsphänomenen bei falsch platzierten Maßnahmen u.ä. äußern und so die Wirksamkeit eines Gesamtkonzeptes einschränken könnten.

Das Spektrum der Maßnahmen (siehe dazu Abb. Nr. 13., S. 123) reicht dabei 1. von äußeren Maßnahmen und Eingriffen über 2. Erziehungsmaßnahmen direkt für Kinder und Jugendliche bis hin zu solchen 3. in Bezug auf die Bildungseinrichtungen bzw. das soziale Umfeld bis hin zu 4., den Maßnahmen in Bezug auf das familiäre System (Elternarbeit).

Maßnahmen und Angebote im Rahmen des Konzeptes ‚FiZ – Familie im Zentrum' (insb. zu § 16 SGB VIII) konzentrieren sich auf die 4. und z.T. die 3. Ebene. Diese auf Eltern bzw. Familien bezogenen Maßnahmen folgen dem Prinzip Prävention vor Intervention.

Die Maßnahmen gehen teilweise (insb. im Bereich der Beratung nach § 17 und § 18 SGB VIII) – bereits in den Bereich der indizierten Prävention über (für Personen, die bereits Belastungen oder Störungen aufweisen – was teilweise schon als erste Intervention zu verstehen ist und sich insofern in dieser Übergangszone schon von der strengen Präventionsorientierung wegbewegen kann)[40].

Die Angebote und Maßnahmen im Bereich ‚FiZ – Familie im Zentrum' (insb. zu § 16 SGB VIII ‚Allgemeine Förderung der Erziehung in der Familie' – Familienbildung, Familienberatung usw.) sind also als reine Präventionsstrategie zu sehen und offensiv zu vertreten. Das Verhältnis von Prävention

---

[40] Der massive Eingriff in Familien (Intervention i.e.S. – wenn Kinder akut gefährdet sind: Kindeswohlgefährdung) steht im Rahmen der Präventiven Familienförderung ‚FiZ – Familie im Zentrum' nicht im Zentrum.

und Intervention wird hier trennscharf gestaltet. Das bedeutet einen deutlichen Paradigmenwechsel von der Intervention zur Prävention und von der alleinigen Fokussierung auf belastete Familien, Kinder und Jugendliche hin zum Blick auf alle Kinder, Jugendlichen und Familien der Kommune![41]

Langfristige Orientierung

Wichtig ist eine langfristige Orientierung in Konzeption, Planung und Durchführung der Angebote im Rahmen des präventiven Konzeptes ‚FiZ – Famile im Zentrum'.

Überzeugend dargelegt wurde dies – bezogen auf die Frühen Hilfen in der Jugendhilfe – in der Analyse von Meier-Gräwe/Wagenknecht (Nationales Zentrum für Frühe Hilfen 2011) zu den Kosten und zum Nutzen Früher Hilfen. Dabei wurden – bezogen auf eine Gesamtrechnung aller Kosten im Lebenslauf von Betroffenen – teilweise spektakuläre Kosteneinsparungen von über einer Million Euro pro Fall im Lebenslauf in jeweils mehreren Szenarien errechnet.

Das bedeutet ganz konkret, dass bei der Planung von Jugendhilfe-Maßnahmen im Prinzip für jedes Konzept und jede einzelne Maßnahme eine Kosten-Nutzen-Analyse durchgeführt werden muss in dem Sinne, dass sie langfristig legitimierbar sein muss und dass sich ‚Schnellschüsse' und Aktionismen in jedem Falle verbieten.

Konsequenz: Umsteuerung der Ressourcen

Die öffentliche Jugendhilfe könnte schrittweise zusätzliche Mittel durch intelligente Umschichtungen im regulären Jugendhilfehaushalt (von der Intervention zur Prävention, von kostenintensiven, kurzfristigen, aber zu spät einsetzenden interventiven Maßnahmen hin zu sehr früh einsetzenden präventiven Maßnahmen, z.B. über den neuen Absatz 3 des § 16 SGB VIII) gewinnen.[42] Die entsprechenden Impulse zu dieser Strategie müssen selbstverständlich von der Kreisebene ausgehen, aber durch konkrete Maßnahmen auf der Sozialraumebene kontinuierlich und konsequent verwirklicht werden.

Strategisches Prinzip 4: Frühe Hilfen
Integration der Maßnahmen und Netzwerke für ‚FiZ – Familie im Zentrum' und der Frühen Hilfen

Die Bedeutung der ersten Lebensjahre für die Entwicklung von Kindern ist fachlich und wissenschaftlich unbestritten (vgl. z.B. Hertzman 2008: 2 ff.). Die ersten Lebensjahre sind die entscheidenden. Und das gilt nicht nur für den Einfluss der Familie, sondern auch für die öffentlichen Bildungsinstitutionen, wie es eindrucksvoll etwa die BASS-Studie (Fritschi/Oesch 2008) belegt hat. Die starke, vermutlich noch zunehmende Ausweitung der vorschulischen Betreuung, Bildung und Erziehung ist von den Eltern auf breiter Front gewollt und mit einem steigenden Bewusstsein über die lern- und entwicklungspsychologische Bedeutung der frühkindlichen Phasen bzw. die pädagogische Bedeutung der frühen Förderung verbunden.

Der Stellenwert früher Förderung wird auch dadurch untermauert, dass mittlerweile eine Reihe von Hinweisen vorliegt, die die Erhöhung der langfristigen Bildungschancen durch den Krippenbesuch und die besonders wirksamen Möglichkeiten für eine spezielle Förderung von Kindern von Eltern in prekären Lebenslagen (Eltern mit niedrigem Bildungsgrad und Einkommen, Arbeitslose, Eltern mit Migrationshintergrund usw.) belegen (vgl. Fritschi/Oesch 2008: 5, 13 ff.).

Die frühkindliche Bildung in Form der Krippe hat einen hohen Einfluss auf die Bildungswege der Kinder. Für den Durchschnitt der Kinder erhöht sich die Wahrscheinlichkeit, ein Gymnasium zu besuchen von 36 % auf rund 50 %, wenn sie eine Krippe besuchen (vgl. Fritschi/Oesch 2008: 4,

---

[41] Die Jugendämter haben zwar im Prinzip alle Familien, Kinder und Jugendlichen einer Kommune im Blick, sie konzentrieren sich meistens aber unter dem übergroßen Problemdruck auf den besonders belasteten Zielgruppen, die zur intervenierenden Jugendhilfe gehören.
[42] Modellrechnung Ludwigshafen

13 ff.). Die Verbesserung der Bildungschancen durch den Krippenbesuch liegt jedoch für benachteiligte Kinder noch höher als für den Durchschnitt. Rechnet man nämlich die Werte für die Teilgruppen getrennt, ergibt sich: „Von den benachteiligten Kindern, welche eine Krippe besucht haben, gehen rund zwei Drittel mehr aufs Gymnasium. Bei den nichtbenachteiligten Kindern gehen von den Kindern, die eine Krippe besucht haben, fast zwei Fünftel mehr auf das Gymnasium als ‚Nicht-Krippenkinder' (Fritschi/Oesch 2008: 4).

Für die ersten Lebensjahre insgesamt und die vorschulische Bildung im engeren Sinne hat der Nobelpreisträger James Heckman (Bertelsmann Stiftung/Heckman 2008) deren überdurchschnittliche Wirksamkeit und überragende volkswirtschaftliche Bedeutung („Es rechnet sich!") nachgewiesen.

Neben diesem eher auf Bildung zielenden Argumentationsmuster ist ein weiterer Blickwinkel von besonderer Bedeutung: Frühe Hilfen unter dem Gesichtspunkt des Kinderschutzes und der Verhinderung von Kindeswohlgefährdung. Hier sind nicht nur die diesbezüglichen Kosten-Nutzen-Analysen von Bedeutung, sondern auch ethische und Gerechtigkeitserwägungen.

Nicht zuletzt solche Argumente haben zu massiven gesetzlichen Hinweisen auf die Frühen Hilfen im Bundeskinderschutzgesetz (BKiSchG) geführt. Das dort enthaltene Gesetz zur Kooperation und Information im Kinderschutz (KKG) fokussiert sehr deutlich auf Frühe Hilfen („Kern ist die Vorhaltung eines möglichst frühzeitigen, koordinierten und multiprofessionellen Angebots im Hinblick auf die Entwicklung von Kindern vor allem in den ersten Lebensjahren für Mütter und Väter sowie schwangere Frauen und werdende Väter [Frühe Hilfen]").

Diese gesetzlichen Vorgaben sind zweifelsfrei so zu lesen, dass es hier nicht nur um indizierte und selektive Prävention im Sinne von Kinderschutz i.e.S. zu gehen habe, sondern ganz eindeutig in einem universell-präventiven Sinne.

Es wird deutlich, dass der sozialräumliche ASD in diesem Bereich eine ganz zentrale Funktion übernehmen muss. Insbesondere für das erste Lebensjahr hat sich hier häufig niemand für den Gesamtzusammenhang zuständig gefühlt. Die Kindertagesstätten und die Krippen setzen mit ihrer Arbeit im Regelfall frühestens nach dem ersten Lebensjahr ein. Die Tagesmütter können weder rechtlich noch fachlich noch praktisch Verantwortung für die angrenzenden Arbeitsfelder übernehmen. Das gilt analog für die vielen in diesem Sektor tätigen freien Träger und zivilgesellschaftlichen Organisationen – insb. weil sie keinerlei übergeordnete zentrale Steuerungsfunktion übernehmen dürfen. Dies kann gesetzlich nach § 79 SGB VIII nur der örtliche öffentliche Träger (das Jugendamt) – in diesem Fall vermittelt über den sozialräumlichen ASD. Es sollte hier also durch eine entsprechende konzeptionelle und praktische Umsetzung die Schlüsselstellung des ASD im Rahmen der ‚Frühen Hilfen' gesichert werden.

Strategisches Prinzip 5: Die Einheit von Prävention und Bildung[43]
Bildungsfunktion der Leistungen und Angebote der Jugendhilfe und Präventionsfunktion aller Bildung

In welchem Verhältnis stehen nun Prävention und Bildung zueinander? Eine wirklich überzeugende Antwort darauf erhalten wir am ehesten, wenn wir uns auf das nicht gerade populäre Konzept der sozialpädagogischen Bildung beziehen. Hans Thiersch schließt an den neueren Bildungsdiskurs an und schreibt:

„Bildung ist Selbstbildung in der Auseinandersetzung mit Welt, so wie sie sich in den unterschiedlichen Lebens- und Lernfeldern präsentiert. In einer ersten Stufe, gleichsam im Umgang, in der Lebens-

---

[43] Dass Verhältnis von Prävention und Bildung zu Intervention kann an dieser Stelle nicht im Einzelnen nachgezeichnet werden. Aber selbstverständlich enthält jede echte Intervention zumindest Anteile von Bildung. Ansonsten sind viele Interventionen oft die entscheidende Voraussetzung für das neue Einsetzen von anschließenden Bildungsprozessen.

welt mit ihren Regeln, Vorbildern, Geschichten und Perspektiven bilden sich – vor und neben allen institutionellen oder professionellen Anstrengungen – Lebenskompetenzen. Solche Bildung wird als informelle Bildung bezeichnet. Diese Bildungsprozesse werden ergänzt durch die in pädagogisch inszenierten, um der Erziehung und Bildung willen organisierten Institutionen; Schule mit ihrer Konzentration auf Unterricht und Weltwissen gilt als formalisierte Bildung, die von den Angeboten der Sozialpädagogik als der zwar auch inszenierten, aber anders organisierten Bildung unterschieden wird; sie gilt als nicht formalisierte Bildung.

Im Durchgang durch die unterschiedlichen informellen und formalisierten und nicht formalisierten Bildungserfahrungen findet der Mensch im Prozess der Selbstbildung sein Profil und sein Bild von sich. Die unterschiedlichen Zugänge gehören im Horizont der Biografie und ihrer Gestaltung zusammen; Bildung – als Lebensprojekt – realisiert sich im Durchgang durch die unterschiedlichen Zugänge" (Thiersch 2008: 27 f.).[44]

So interpretierte Sozialpädagogische Bildung wird meistens nicht unbedingt unter dem traditionellen Bildungsbegriffs subsumiert. „Der erzogene Mensch ist – im allgemeinen Sprachverständnis – noch nicht der gebildete Mensch; Erziehung, so wird unterstellt, schafft Voraussetzungen für Bildung, wird selbst aber nicht im weiten Horizont der Zielprojektion eines gelingenden Lebens gesehen. Wenn nun in der neuen Diskussion Sozialpädagogik im Kontext von Bildung diskutiert wird, wird damit deutlich, dass sie als notwendiger Beitrag zur Bildung als Selbstbildung in der Auseinandersetzung mit Welt verstanden werden muss. Sozialpädagogik ist nicht, wie es der Titel von Erziehungshilfe suggerieren könnte, der schulischen Bildung nachgeordnet, sondern der schulischen Bildung parallel geordnet als eigengewichtiger, spezifischer Beitrag zur Selbstbildung in der Aneignung von Wirklichkeit.

…

Bildung wird schulische Bildung und okkupiert – durch ihre gesellschaftliche Bedeutung – den Komplex Bildung mit diesem Verständnis. Damit ist aber nur ein Segment der Unterstützungen im Prozess der Selbstbildung institutionalisiert, nämlich, auf kognitive Fragen bezogen, der Erwerb von Weltwissen und – damit einhergehend – Berufsqualifikation. Gewiss ging mit der Institutionalisierung der Schule zunächst die Hoffnung einher, Unterstützungen auch zum sozialen Lernen zu bieten; das Konzept des erziehenden Unterrichts zielte darauf und die Rede des 19. Jahrhunderts von der sozialpädagogischen Schule zeigt, dass in der Schule – diesem ursprünglichen Selbstverständnis entsprechend – auch soziale Aufgaben angegangen werden sollten" (ebd.: 28 f.).

„Die Lebenswelt des informellen Lernens ist zum anderen die Welt der eigensinnigen Lebensbewältigung. Familien, Gruppen von Peers, Nachbarschaften, Freundschaften, berufliche und politische gemeinsame Aktivitäten vermitteln in ihrer eigenen Logik Lebenskompetenzen, um in der unmittelbaren Erfahrung komplexer Situationen anstehende Aufgaben pragmatisch im Zusammenspiel von Wissen, Fühlen und praktischen Handlungsregeln zu bewältigen. …

Die Passung zwischen den informellen Bildungsprozessen in der Lebenswelt und den pädagogischen Inszenierungen ist eines, ein anderes ist die notwendige Unterstützung der Eigensinnigkeit der Bildungsprozesse in der Lebenswelt, also die Respektierung und Förderung eigenständiger Lebens- und Bildungsräume und -gelegenheiten. Hier geht es um die politisch-sozialpolitische und pädagogische Herstellung bildender Bedingungen in der Lebenswelt; dem dienen die Schaffung und Stärkung

---

[44] „Ich fasse die in diesem Komplex Bildung benutzten unterschiedlichen Bedeutungen von Bildung noch einmal zusammen:
- Bildung meint Selbstbildung als Prozess, orientiert an Bildung als Ziel.
- Bildung meint Lebensbildung, die Aneignung also sozialen und kulturellen Kapitals, informelle Bildung als Ausbildung von Lebenskompetenzen.
- Bildung meint – gleichsam spezialisiert – Weltwissen, Information, Stoff der Weltaneignung und
- Bildung meint – dem entsprechend – Schule oder schulische Arrangements als strukturierte, curricular geordnete, formalisierte Bildungsgänge. Bildung meint – ebenso – soziale Bildung, wie sie – wiederum im weiten Horizont auf Lebenskompetenzen bezogen – in den non-formalisierten, professionell-institutionellen Arrangements der Sozialpädagogik praktiziert wird; diese Aspekte von Bildung werden bis in die jüngste Zeit weithin nicht unter dem Begriff von Bildung subsumiert, sondern unter dem Titel von Erziehung; Sozialpädagogik realisiert sich – so in Gesetz und allgemeinem Sprachbrauch – weithin im Arrangement von Erziehungshilfen." (Thiersch 2008: 28)

eigener, stabiler Lebens- und Erfahrungsräume in lebensweltlicher Selbstzuständigkeit und die Unterstützung und Ermutigung durch Initiativen und vor allem durch Kinder-, Familien- und Jugend-, Stadtteil- und Arbeitspolitik" (ebd.: 37).

Wenn Prävention nun – wie weiter vorne bereits dargelegt – nicht nur das ‚Weglassen', die Vermeidung und Bekämpfung der Risikofaktoren durch äußere Maßnahmen und Eingriffe ist oder aus Maßnahmen in Bezug auf die Organisation der Bildungseinrichtungen und das soziale Umfeld besteht (siehe Abb. Nr. 13, S. 123) zu den Ebenen von Prävention), im Kern aber die aktive Förderung zentraler Schutzfaktoren (wie z.B. von Problemlösefähigkeiten, Selbstwirksamkeitsüberzeugungen, positivem Selbstkonzept/Selbstvertrauen, Anerkennung, Erwerb persönlicher und struktureller Bindungen, ‚gesunder Auffassungen' und ‚klarer Verhaltensnormen', Identifikation mit Nachbarschaft und Sozialraum) ist, müssten – so wurde gesagt – Kinder und Jugendliche vielfältige ‚Chancen' erhalten diese ‚Fähigkeiten' zu entwickeln.

Dies sind eben die Bildungsprozesse, die Hans Thiersch meint, wenn er von Lebensbildung, Selbstbildung, dem Erwerb von Lebenskompetenzen und der besonderen Bedeutung non-formaler und informeller Bildung spricht. Im Kontext eines sozialpädagogischen Bildungsbegriffs treffen wir hier also auf ein deutliches Schnittfeld von Prävention und Bildung! Zwar ist es richtig, dass damit nicht der gesamte Bildungsdiskurs abgebildet wird. Gauss hat sicher recht, wenn er aus der Sicht der klassischen Bildungstheorie heraus schreibt: „Sich in seiner Lebenswelt oder in seinen sozialökologisch bestimmten Systemen zurechtzufinden, ist anderes und vor allem weniger als Bildung im umfassenden Sinne" (Gauss 2012: 61). Dennoch dürfte diese Aussage eher auf den Bereich der formalisierten Bildung zielen, ohne die Stärke der sozialpädagogischen Bildung im Bereich der non-formalen und informellen Bildung wirklich relativieren zu können. Die Einheit von Bildung und Prävention – gelegentlich schon als ‚alter Hut' abgeschrieben – erhebt sich, zumindest in diesem Schnittfeld, zu einem Schlüsselkonzept moderner Sozial- und Bildungsprogrammatik.

Dies ist ein deutlicher Hinweis darauf, dass Erziehung und Bildung – neben der bereits erwähnten Förderung gemeinwesenorientierter, kommunaler und auf die Organisation der Bildungseinrichtungen zielender Aspekte – eben auch zentrale Präventionsfaktoren konstituieren. Diese über Lebensbildung, Selbstbildung und den Erwerb von Lebenskompetenzen in non-formalen und informellen Bildungsprozessen erworbenen Ergebnisse (im Sinne der Förderung personaler Schutzfaktoren) müssen also – neben allem anderen, was Bildung sonst noch ausmacht – verstärkt in den Blick genommen werden. Dies gilt verstärkt für die universelle und selektive Prävention, aber durchaus auch für einige Komponenten der indizierten Prävention.

Wenn man nun berücksichtigt, dass die Entwicklung solcher Kompetenzen in besonderer Weise durch das familiäre System und die Eltern und ganz zweifellos auch durch das erweiterte soziale Umfeld gefördert werden kann, wird sehr schnell die Schlüsselfunktion von Elternarbeit und Familienbildung (im Sinne von Erziehungs- und Bildungspartnerschaften) erkennbar – ein Sachverhalt, der durch das SGB VIII, z.B. über den § 16 oder diesbezügliche Forderungen in § 22 für die Kindertagesstätten (aber auch durch die verschiedenen Schulgesetze) hervorgehoben, aber leider in seiner zentralen Bedeutung bisher nicht wirklich umgesetzt ist.

Wir müssen im Übrigen bei den Angeboten zu Bildung und Erziehung gar nicht wissen, für wen diese Angebote in besonderer Weise eine präventive Wirkung darstellen. Für die einen ist es Bildung, für die anderen Bildung und Prävention. Und viele Maßnahmen, die ursprünglich aus präventiver Absicht für potenziell gefährdete Gruppen entwickelt wurden, sind gut für alle. Ein HIPPY- oder PEKiP-Programm oder ein Frühmotorik-Training enthalten Elemente, die auch nicht-präventionsrelevanten Zielgruppen interessante Bildungserfahrungen eröffnen.

Strategisches Prinzip 6: Sozialraum- und Lebensweltorientierung
Vom großräumigen, zentralistischen Blick zur dezentralen, kleinräumigen Betrachtung – alltagsnahe Settings (unter besonderer Berücksichtigung der Zugänglichkeit und Niedrigschwelligkeit)

Das Rahmenkonzept des Kreises sollte sozialräumlich konzipiert und differenziert sein (Regionalisierung, Dezentralisierung, Sozialraum- und Lebensweltorientierung, Stadtteilorientierung). Die sozialräumlich organisierte Förderung von Familien im Konzept ‚FiZ' ist inhaltlich, aber auch organisatorisch und verwaltungsmäßig in das Rahmenkonzept der Kreisebene zu integrieren – unter klarer Definition und Gestaltung der Schnittstellen zu den anderen Teil-Fachplanungen. Auf der sozialräumlichen Ebene selber werden wiederum eigene spezifische Sozialraum-Gesamtkonzepte für den Bereich Familienförderung entwickelt, die sich in den einzelnen Sozialräumen bzw. Gemeinden durchaus unterscheiden können, weil sie ja vor Ort partizipativ in Form von Lokalen Aktionsplänen entwickelt werden (siehe Kapitel H. 2.). Diese sozialräumlichen Konzepte (Aktionspläne) haben sich aber in das Rahmenkonzept des Kreises einzuordnen. Hier ist klar zu regeln, welche Aufgaben im Einzelnen auf der Kreisebene verbleiben (siehe dazu Kapitel G. 2.2)

Familienförderung im Sozialraum erfordert die Auseinandersetzung mit dem sozialen Umfeld. Jeder Sozialraum hat seine besonderen Bedingungen, Strukturen, Beziehungen, Problemlagen und Bedürfnisse. Sozialräumliche Familienförderung richtet sich nach den konkreten Bedarfen der Zielgruppen im Sozialraum, in der Gemeinde, im Stadtteil und die ständige Anpassung aller Konzepte an die Voraussetzungen, Strukturen, Bedingung und Bedarfe. Es geht darum, flexibel, zeitnah und unbürokratisch auf veränderte Bedarfs-, Bedürfnis- und Interessenlagen von Familien reagieren können.

Ein wesentlicher Ausdruck der Sozialraum- und Lebensweltorientierung ist das methodische Prinzip der Niedrigschwelligkeit der Angebote, was bedeutet, alle Angebote alltagsnah, leicht zugänglich und mit einer niedrigen persönlichen Hemmschwelle zu gestalten. Das ist natürlich durch kleinräumig angelegte Konzepte (zum Beispiel unter starker Anbindung an Kindertagestätten und Familienzentren) am ehesten möglich. Die räumliche Nähe und Vertrautheit mit dem Personal und die viel frühere Chance der Früherkennung von Problemen lassen das Grundprinzip der Zugänglichkeit für alle präventiven Angebote der Familienförderung leichter erreichbar erscheinen.

Das Prinzip der Zugänglichkeit meint aber nicht nur die wohnortnahe Konzeption, sondern auch die Unabhängikeit des Zugangs von soziologischen Merkmalen wie Herkunft, Status, Religion, Behinderung oder Geschlecht. Abzubauende Barrieren können aber auch finanzieller, räumlicher und zeitlicher Art sein (Angebote bei Bedarf der freien Zeit, also auch an Wochenenden und in den Abendstunden wahrnehmbar, fußläufige Erreichbarkeit, gute Anbindung an die Infrastruktur des Ortes bzw. Stadtteils[45]. (Vgl. MSFG TH 2006: 157; sh. auch Kapitel H. 2.4, S. 80)

Strategisches Prinzip 7: Fokussierung und Systematisierung der Konzepte
Konzentration der Angebote und Maßnahmen auf drei zentrale strategische Stützpfeiler (institutionelle Profilbildung) und Systematisierung der Angebote und Programme in der Form von Präventions- und Bildungsketten

Es ist nicht sinnvoll die vorhandenen begrenzten Ressourcen nach dem ‚Gießkannenprinzip' zu verteilen. Ebenso wichtig ist die Frage, an welchen Stellen des Systems man mit seinen Maßnahmen die größte Hebelwirkung entfalten kann. Im Fachdiskurs werden zwei Ansatzpunkte hervorgehoben: a) Anknüpfen an den drei zentralen strategischen Stützpfeilern (Schwerpunkten), b) Präventions- und Bildungsketten.

---

[45] In ländlichen Gebieten ist dies nicht immer möglich, deshalb kann hier das Leistungsangebot im Bedarfsfall auch durch mobile Angebote ergänzt werden (vgl. MSFG TH 2006: 157). Hinzu kommt noch, dass man auch noch verschiedene Sozialraumtypen unterscheiden sollte, wie es z.B. Drosten getan hat: „ländlicher Raum, gut situierter Sozialraum, benachteiligter Sozialraum, Sozialraum mit hohem Migranten-Anteil" (vgl. Drosten 2012: 110 ff.).

a) Die hervorgehobenen und empfohlenen drei zentralen strategischen ‚Stellschrauben' und Handlungsschwerpunkte sind:

> die Kinder- und Jugendhilfe in Form des Allgemeinen Sozialdienstes (ASD) als erstem großen strategischen Ansatzpunkt und Stützpfeiler der Präventiven Familienförderung in umfassenden Präventions- und Bildungsketten, insb. für alle frühen und präventiven Hilfen des ASD (der Bezirkssozialarbeit)

> die Kindertagesstätten als zweiter strategischer Ansatzpunkt und Stützpfeiler (rechtlich zwar als Teil der Kinder- und Jugendhilfe, aber doch mit einer gewissen Eigenständigkeit und Bildungsspezialisierung)

> die Schulen als dritter strategischer Ansatzpunkt und Stützpfeiler in Präventions- und Bildungsketten

b) Die Strukturierung des Gesamtangebotes in der Form von Präventions- und Bildungsketten bedeutet, dass sich über alle Entwicklungs- und Bildungsphasen von Kindern und Jugendlichen hinweg ein gestufter, systematischer und geplanter Aufbau der Maßnahmen und Angebote ergibt. Man konzentriert die Kräfte und Ressourcen auf jeweils anschlussfähige Programmelemente, die sich im zeitlichen Verlauf systematisch auseinander ergeben und sich aufeinander beziehen in der Form von in sich stimmigen Präventions- und Bildungsketten, die die Kinder, Jugendlichen und ihre Familien spiralförmig wiederholt erreichen und zu einem in sich schlüssigen Gesamtsystem zusammenfügen.

Das sozialräumlich heruntergebrochene Gesamtangebot muss also ein schlüssiges und gestuftes System von Angeboten und Maßnahmen darstellen, das lückenlos aufeinander aufbaut und dabei die Einzelmaßnahmen sinnvoll in einen Gesamtablauf einordnet (Gesamtkonzept und integrierte Handlungsstrategien).

Wenn die Programme und Maßnahmen der Präventiven Familienförderung nun als Teil von umfassenden systematischen kommunalen Präventions- und Bildungsketten (einschließlich lokaler Bildungslandschaften) gesehen werden, heißt dies vor allem:

„Die Präventionskette… dient dazu, voneinander getrennt erbrachte Leistungen und Angebote aufeinander abzustimmen und zu koordinieren. Ziel ist es, eine durchgängige und lückenlose Förderung und Unterstützung zu gestalten, bei denen die einzelnen Angebote sinnvoll miteinander verknüpft werden – unabhängig davon wer sie erbringt." (Holz/Schöttle/Berg 2011: 7)

„Nicht das Leistungs- oder Angebotsspektrum eines einzelnen Dienstes ist entscheidend, sondern das abgestimmte Gesamtkonzept aller Unterstützungsangebote" (ebd.: 8).

„Zusammengefasst zeichnen sich Präventionsketten auf der Basis von Netzwerken durch

(a) bedürfnisorientierte und kind-/familienbezogene Konzepte,

(b) interdisziplinär eingesetzte Fachlichkeit,

(c) Abstimmung und Zusammenarbeit aller regionalen Hilfsangebote, Ressourcen, Programme, Fördermaßnahmen und Aktivitäten sowie

(d) Qualitätssicherung, Verbindlichkeit und fachliche Weiterentwicklung aus" (ebd.: 8).

Die jeweils konkreten sozialräumlichen oder gemeindlichen Präventions- und Bildungsketten werden in der Form partizipativ entwickelter Lokaler Aktionspläne zusammengefasst und dienen in dieser Form der kommunalen Steuerung.

Strategisches Prinzip 8: Leitlinien für die inhaltliche Planung
8.1 Bedarfsorientierung
8.2 Selbsthilfeorientierung
8.3 Inklusion und Umgang mit Heterogenität

Ein sehr wichtiges strategisches Prinzip ist auch die Beachtung dreier Leitlinien für die inhaltliche Planung, nämlich die Leitlinien der Bedarfsorientierung, der Selbsthilfeorientierung und der Inklusion bzw. des Umgangs mit Heterogenität (vgl. dazu Drosten 2012: 104 ff.).

Die konsequente Bedarfsorientierung meint, dass die Angebote im Rahmen der gegebenen Möglichkeiten möglichst nahe an den konkreten Bedürfnissen, Interessenlagen der Zielgruppen und des Sozialraums geplant werden müssen und dass entsprechend flexibel, zeitnah und unbürokratisch auf veränderte Bedarfs-, Bedürfnis- und Interessenlagen von Familien reagiert wird (vgl. MSFG TH 2006: 157).

Das Prinzip der Selbsthilfeorientierung meint, dass die Zielgruppen der Präventiven Familienförderung ihre Lebenssituation so eigenständig und selbstbestimmt gestalten können wie nur irgend möglich und dabei einen hohen Grad an Selbstwirksamkeit erfahren. Es gilt, durch den Aufbau von Selbsthilfeinitiativen, durch Bereitstellung von Räumlichkeiten, durch Beratung und Netzwerkbildung, durch Austausch und Förderung gegenseitiger Unterstützung eigene Probleme besser einschätzen und lösen zu lernen (vgl. MSFG TH 2006: 157).

Die Beachtung des Inklusionsgedankens und der sensible Umgang mit Heterogenität erfordern ein Planen und Handeln „nach einer Pädagogik, welche die gesellschaftlich festgelegten Kategorien wie Geschlecht, Herkunft oder Behinderung reflektiert und sich dessen bewusst ist, dass diese Kategorien lediglich gewachsene Konstrukte sind, die keinesfalls eine wertungsfreie Beschreibung der Realität darstellen. Darüber hinaus [ist davon auszugehen...], dass alle Menschen unterschiedlich sind und andere Wünsche, Bedürfnisse und Vorstellungen haben. Da diese Unterschiedlichkeiten genauso innerhalb wie auch zwischen den gesellschaftlich festgelegten Kategorien bestehen, ist es wichtig, dass die Grenzen dieser Kategorien auch überwunden werden können und der Blick für den konkreten Menschen und dessen individuelle Lebenslage geschärft wird. Auf diese Weise wird Diversität zur Normalität und Inklusion zu einem selbstverständlichen Bestandteil des Alltags.

Durch ein breites Spektrum von unterschiedlichen Angeboten werden ... insbesondere auch interkulturelle und Generationen übergreifende Begegnungen ermöglicht und gefördert. Darüber hinaus werden Eltern in ihren Elternrollen sowie bei der Entwicklung neuer, egalitärer Geschlechterrollen unterstützt." (Drosten 2012: 104 ff.)

Strategisches Prinzip 9: Kooperation und Vernetzung
Aufbau und Pflege lokaler Netzwerke – Beachtung wichtiger Prinzipien der Kommunikation aller Akteure

Immer auch in Richtung von Gesamtkonzepten zu denken (Prinzip 1) bedeutet, dass auch die anderen rechtlich selbstständigen und mit viel Eigensinn versehenen Teilsysteme sozialer Dienstleistungen (Gesundheitssystem, Sozialhilfe, Jugendhilfe, Schule, Zivilgesellschaft usw.), dass also das ganze System unter dem Fokus der Präventiven Familienförderung zusammengebracht und vernetzt werden muss.

Wenn das konkrete sozialräumliche oder Gemeinde-Konzept (Programm und Angebot) das ganze System der sozialen Dienstleistungen integrieren will, bedeutet dies, Netzwerke zu schaffen. Das ist – gerade auch, wenn es um flache Hierarchien geht – schwer zu steuern. Diese Netzwerke mit ihrer Vielfalt an Institutionen und Akteuren, Kooperationspartnern und Stakeholdern aus Kommune, Jugendhilfe, Schule, Zivilgesellschaft usw. müssen gemeinsam Zielsetzungen definieren und kontinuierlich pflegen. Gerade weil hier Professionelle aus sozialen Diensten und Einrichtungen sowie Ehrenamtliche und beteiligte BewohnerInnen zusammenfinden, stellen sich hier besondere Herausforderungen und Aufgaben. Daher benötigt ein Netzwerk Präventive Familienförderung besondere personelle, Raum- und auch Zeitressourcen. (Siehe auch die Ausführungen im Kapitel H. 2.3 und H. 4.3)

Beachtung wichtiger Prinzipien der Kommunikation aller Akteure

> Freiwilligkeit. Die Präventive Familienförderung folgt durchgängig diesem Prinzip.

> Das Prinzip ‚Haltung' zieht sich als roter Faden durch alle Kooperationsformen: transparente, von allen geteilte Werte, Vertrauen, Beziehungsaufbau, Wertschätzung und Anerkennung (kommunale Kultur der Kooperation als Anerkennungskultur)

> Gegenseitige Kommunikationsbereitschaft, wechselseitige Offenheit und Transparenz

> Entscheidend für den Erfolg aller Maßnahmen dürfte die Gestaltung des Verhältnisses von Jugendhilfe und Familien bzw. Eltern nach dem neueren Modell der Erziehungs- und Bildungspartnerschaft sein. Partnerschaftliche Stärkung der jeweiligen Kompetenzen, gemeinsame Ziele und gemeinsame pädagogische Verantwortung, geregelte Verfahren mit hoher Akzeptanz.

Elternkooperation in der Form von Erziehungs- und Bildungspartnerschaften bedeutet dabei:

> Verbesserung der Beziehungen zwischen Eltern und Einrichtungen

> Absprache gemeinsamer Aktivitäten

> Austausch von Erfahrungen über den Bildungsstand der Kinder

> Erarbeitung gemeinsamer Erziehungs- und Bildungsziele und geeigneter Angebote in den jeweiligen Institutionen

> Unterstützung in familiären Erziehungsfragen (Elternbildung)

> synergetisches Erschließen von Ressourcen für Eltern, Kinder und die Bildungsinstitutionen

> Erweiterung der Mitbestimmungsmöglichkeiten

> Öffnung der Bildungseinrichtungen gegenüber anderen Erziehungspartnern, insb. im Gemeinwesen, d.h. im sozialökologischen Lern- und Entwicklungsumfeld (ein Aspekt, der in der neueren Fachdiskussion auf dem Hintergrund der Resilienzforschung besonders betont wird (siehe dazu die Ebene 3 der Abb. 13., S. 123)

> Vernetzung aller für Kinder und Eltern relevanten Einrichtungen

Strategisches Prinzip 10: Partizipation
Beteiligung der betroffenen Zielgruppen und aller relevanten Akteure bei der Konzeptentwicklung und Umsetzung des Ansatzes ‚FiZ – Familie im Zentrum'

Die Entwicklung des Rahmenkonzeptes auf Kreisebene sollte – partizipativ angelegt – im Rahmen eines Konsultationsprozesses erfolgen, zum Beispiel über eine Anhörung oder eine Konferenz. Das Rahmenkonzept sollte auch das grobe Verfahren für die Entwicklung von sozialräumlichen bzw. gemeindlichen Konzepten (Lokalen Aktionsplänen) benennen.

Aber auch die Entwicklung der sozialräumlichen Aktionspläne, die Programmentwicklung und die Arbeit innerhalb der einzelnen Programmangebote selber ist partizipativ zu denken und anzulegen, d.h. unter Einbeziehung der betroffenen Zielgruppen und relevanten Akteure.

Strategisches Prinzip 11: Qualitätsentwicklung und Evaluation
Kriteriengesteuerte Qualitätssicherung und Monitoring

Qualitätssicherung

Grundlage für die Sicherung der pädagogischen Qualität ist ein schriftliches Konzept mit der Darstellung der pädagogischen Ziele und der Angebotsstruktur, welche stetig überarbeitet, weiterentwickelt und an die sich verändernden Lebensbedingungen und Bedarfe von Familien angepasst werden muss. Hierfür ist es ratsam, eine Steuerungsgruppe einzurichten, die sich in regelmäßigen Abständen trifft und an der Weiterentwicklung des Konzepts, der Arbeitsprozesse und der Angebotsstruktur des Familienzentrums arbeitet. In diesem Zusammenhang sind regelmäßige Erhebungen zur Bedarfslage von Familien im Stadtteil sowie die (Selbst-) Evaluation und Supervision anhand geeigneter Methodiken zur permanenten Veränderung und Verbesserung der pädagogischen Arbeit unverzichtbar. Auf diese Weise können Lücken, Mängel und nicht genutzte Angebote, Fortbildungsbedarfe bei den pädagogischen Fachkräften sowie schlecht funktionierende Strukturen aufgedeckt und bearbeitet werden. Darüber hinaus empfiehlt es sich, ein geeignetes Qualitätsmanagementsystem einzuführen bzw. das bereits vorhandene Qualitätsmanagement an die neuen Anforderungsbereiche des neueren Konzptes ‚FiZ – Familie im Zentrum' anzupassen.

2.2. Das Gesamtkonzept[46] der Präventiven Familienförderung

– der übergeordnete Rahmen auf der Kreisebene –

2.2.1 Das Jugendhilfe-Konzept ‚FiZ – Familie im Zentrum' als Schwerpunktbereich der mittel- und langfristigen Politik des Kreises – starkes politisches Mandat[47]

Der Ansatz ‚FiZ – Familie im Zentrum' (insb. § 16 SGB VIII „Allgemeine Förderung der Erziehung in der Familie/Familienbildung, Familienberatung, Frühe Hilfen usw.") muss ein strategischer Schwerpunktbereich der mittel- und langfristigen Politik und Planung des Kreises und seiner Jugendhilfeplanung sein.

Der Ansatz ‚FiZ – Familie im Zentrum' muss als wichtige und herausgehobene Aufgabe gesehen werden. Ein angemessener Stellenwert dieses Teilsegmentes innerhalb der Kinder- und Jugendhilfe sollte glaubwürdig vertreten werden (sich äußernd z.B. in einem Haushaltsvolumen, das deutlich über die 0,5 % des Jugendhilfehaushaltes hinausgeht (Meier-Gräwe/Wagenknecht 2011: 21 und Statistisches Bundesamt 2009a), die aktuell in der Bundesrepublik üblich sind und fachlich völlig unzureichend ist. Eine ernst zu nehmende Präventionsstrategie mit dem Kernbereich ‚FiZ – Familie im Zentrum' wird mit mindestens 10 % der heutigen Kosten der Jugendhilfe auszustatten sein. Dieser Ansatz wird z.B. im Frankfurter Kommentar (Münder u.a. 2013: 214) für Bereiche ohne subjektive Rechtsansprüche wie zum Beispiel die Jugendarbeit angesetzt („angemessener Anteil" an den gesamten Jugendhilfekosten). Im bekannten Beispiel der sozialräumlich orientierten „Elternschule Hamm" ist ein entsprechender schrittweiser 10 %-Beschluss gefasst worden (allerdings bezogen auf die Hilfen zur Erziehung). Angesichts der großen Bedeutung, die im Bereich § 16 die Frühen Hilfen gewonnen haben, ist eher

---

[46] Im Folgenden wird unterschieden zwischen „Strategischem Gesamtkonzept der Jugendhilfe insgesamt" (Teil der Jugendhilfeplanung) und einem Rahmenkonzept für den Bereich § 16 oder ein Rahmenkonzept für den Bereich ‚Präventive Familienförderung' oder ein Rahmenkonzept für den Bereich ‚H.z.E' auf Kreisebene als Teilfachplanung und im Sozialraum und den Samtgemeinden/Städten von Konzepten, die i.d.R. in der Form von Lokalen Aktionsplänen ausformuliert werden. Allerdings ist der Begriff Gesamtkonzept relativ. Wenn man sich wie oben nicht an der größten Einheit auf Kreisebene orientieren will, sondern ausdrücken will, dass ein Gesamtkonzept auf der jeweiligen Ebene die unterschiedlichen Säulen und Teilsysteme zusammenfügt, könnte man dann auch auf Sozialraumebene von einem ‚Sozialräumlichen Gesamtkonzept Präventive Familienförderung' sprechen. Man muss sich dann nur bewusst sein, dass damit dann nicht das übergeordnete ‚große' Gesamtkonzept auf Kreisebene gemeint ist. Deshalb darf der Teilbegriff ‚sozialräumlich' eben nicht fehlen.

[47] Erläuterungen zu These 8: aus Teil A. ‚Kurzfassung des Buches': „Auf der Ebene des örtlichen öffentlichen Jugendhilfeträgers muss es ein Gesamtkonzept für den Bereich ‚Präventive Familienförderung' geben! Der Ansatz ‚FiZ – Familie im Zentrum' muss ein Schwerpunktbereich der mittel- und langfristigen Politik des Kreises mit einem starken politischen Mandat sein!"

von der im 11. Kinder und Jugendbericht empfohlenen Anteilsgrenze der Mittel im Bereich der Jugendarbeit von 15 % (BMFSFJ 2002: 203) auszugehen. Das hätte natürlich auch entsprechende personelle Konsequenzen für einen angemessenen Stellenplan im Bereich des § 16 SGB VIII, der in weiten Teilen der Republik derzeit gar nicht bis schlecht ausgestattet ist.

Starkes politisches Mandat

In der Verwaltung – sowohl des Jugendamtes wie auch des Bildungsdezernats (bzw. Bildungsbüros, der Lernenden Region u.ä.) – muss der Wille gegeben sein, diesen Bereich zu stärken. Dennoch ist für die Entwicklung und Umsetzung eines Konzeptes der Präventiven Familienförderung ‚FiZ – Familie im Zentrum' auch ein starkes Mandat auf der politischen Kreisebene erforderlich (Landrat, Kreistag, Jugendhilfeausschuss). Es muss entsprechende Grundsatzbeschlüsse und später auch Beschlüsse zur Umsetzung des Rahmenkonzeptes für den Kreis in den zuständigen Gremien geben.

Auch die relevanten Jugendhilfe- und Familienverbände auf Kreisebene sollten im Rahmen eines Konsultationsprozesses (z.B. über eine Anhörung oder eine Konferenz zum Rahmenkonzept) einbezogen werden. Es wäre sehr hilfreich, wenn es einen parteien-, institutionen-, organisationen-, verbände- und sozialraumübergreifenden Konsens gäbe, um ein wirklich gemeinsames, ‚ganzheitliches' und gut zu steuerndes Rahmenkonzept nachhaltig zu verankern.

2.2.2 Gesamtplanungsverantwortung der öffentlichen Jugendhilfe[48] und ihre Steuerungsaufgabe

Aus dem Strategischen Prinzip 2 ‚Gesamtverantwortung und Gesamtsteuerung durch die öffentliche Jugendhilfe' ergibt sich, dass der Landkreis (bzw. die kreisfreie Stadt) die Funktion der Planung, Gesamtsteuerung und Koordination wahrnehmen muss und auch alle Planungen der kreisweiten Präventiven Familienförderung ‚FiZ – Familie im Zentrum' auf dem Hintergrund von § 79 SGB VIII (Gesamtverantwortung) und § 80 SGB VIII (Jugendhilfeplanung) interpretieren und insbesondere seine strategische Verantwortung wahrnehmen muss.

Elemente der Gesamtplanungsverantwortung

a) Zielorientierung

Strikte Zielorientierung in der Steuerung: Eine zielführende Planung und ein klar definiertes Ziel-System für die Präventive Familienförderung ‚FiZ – Familie im Zentrum' (insb. § 16/Familienbildung/Familienberatung/Frühe Hilfen) sind auf allen Ebenen unverzichtbar. Das Ziel-System integriert alle Teilsysteme (auch die sozialräumliche Ebene). Es enthält Leitziele, Mittlerziele und z.T. auch schon Handlungsziele.

Das zielgesteuerte Rahmenkonzept sollte Bezug auf schriftliche Steuerungsinstrumente wie das Leitbild, andere Teilfachplanungen wie z.B. die Schulplanung nehmen, insb. soweit sie auch Aussagen zur Präventiven Familienförderung ‚FiZ – Familie im Zentrum' machen.

b) Koordination der Akteure – Kooperation auf Kreisebene

Intern

Die Kooperation mit den anderen sozialpolitischen Teilsystemen (z.B. Sozialamt, Schulverwaltung, Arbeitsverwaltung, Frühförderung für behinderte Kinder, Schwangerschafts- und Konfliktberatung/Frauenberatung) oder die Zusammenarbeit und die Vertragsgestaltung bei der Leistungsvereinbarung

---

[48] Erläuterungen zu These 9: aus Teil A. ‚Kurzfassung des Buches': „Systemübergreifende Gesamtkonzepte als Lösung für die aufgetretenen Probleme funktioniert nur, wenn die Gesamtplanungsverantwortung der öffentlichen Jugendhilfe und ihre und Steuerungsaufgabe Kern aller Erneuerungsversuche ist."

mit den freien Trägern, die in der Regel auf Kreisebene erfolgt, haben nicht nur direkte Auswirkungen auf der Kreisebene (Koordination der verschiedenen Fachdienste und Dezernate), sondern auch – konzeptionell vermittelt – in den Sozialräumen. Hier ist auf beiden Ebenen ein erweiterter Blickwinkel gefragt – nicht zuletzt auf dem Hintergrund der Hinweise des § 1 SGB VIII (4), der dazu beitragen will „positive Lebensbedingungen für junge Menschen und ihre Familien sowie eine kinder- und familienfreundliche Umwelt zu erhalten oder zu schaffen". Das bedeutet zum Beispiel auf Kreisebene, dass nicht nur die Kooperation der zuständigen Fachdienste und Dezernate für Jugendhilfe (einschl. Kita) und Schule (Lokale Bildungslandschaften, Bildungsbüros usw.) und des Sozialamtes, sondern durchaus auch die Einbeziehung der Stadtplanung, der Verkehrsplanung, der Kultur, der Bauämter, des Gesundheitsamtes, der Jobcenter usw. wichtig werden kann (was etwa bei der Zusammenstellung von Planungsnetzwerken oder Steuerungsgruppen eine Rolle spielen könnte). Auch der Kontakt zu den zivilgesellschaftlichen Organisationen und Verbänden kann bedeutsam sein.

Extern

Der Kreis ist Anlaufstelle für wichtige Akteure und Träger, die auf Kreisebene im Bereich der Präventiven Familienförderung ‚FiZ – Familie im Zentrum' planerisch und praktisch tätig sind und von der Kreisebene her Maßnahmen in den Sozialräumen planen und durchführen.

Die öffentliche Jugendhilfe (der örtliche Träger) koordiniert die Vielfalt der Anbieter, Einrichtungen, Träger und Verbände im Bereich der Präventiven Familienförderung ‚FiZ – Familie im Zentrum' und teilweise auch angrenzender Gebiete (z.B. Gesundheit, Sozialhilfe, Sozialberatung usw.).

Die öffentliche Jugendhilfe kann auf Kreisebene ein Planungsnetzwerk Präventive Familienförderung ‚FiZ – Familie im Zentrum' (insb. § 16/Familienbildung/Familienberatung ‚Frühe Hilfen, Kitas/Familienzentren), ggf. auch eine Steuerungsgruppe initiieren, koordinieren und dabei proaktiv, impulsgebend und innovativ vorgehen. Die öffentliche Jugendhilfe wäre damit für das Netzwerkmanagement bei der Planung der Präventive Familienförderung ‚FiZ – Familie im Zentrum' auf Kreisebene zuständig und bedarf dafür notwendiger Personalressourcen. Sie sollte ihren gesetzlichen Auftrag in diesem Bereich offensiv definieren.

Das Planungsnetzwerk sollte ein breites Spektrum an Partnern und relevanten Akteuren aus dem Bereich der Präventiven Familienförderung ‚FiZ – Familie im Zentrum' umfassen, die auf Kreisebene agieren: freie und öffentliche Träger (diverse Anbieter wie zum Beispiel Familienbildungsstätten, Volkshochschulen, Krankenkassen, aber auch zivilgesellschaftliche Organisationen und Kirchen usw.), VertreterInnen aus den großen und starken Teilsystemen Kindertagesstätten und Schulen, auch sonstige relevante Personen, die echten Einfluss auf den Prozess haben (d.h. EntscheiderInnen, wichtige InformationsträgerInnen und InteressenvertreterInnen).

c) Sicherung des Einflusses und der Steuerungsfunktionen des öffentlichen Trägers auch auf der sozialräumlichen Ebene

Da bei einem sozialräumlichen Aufbau des Allgemeinen Sozialdienstes viele Aufgaben des öffentlichen Trägers der Jugendhilfe auf diese Ebene verlagert werden, ist es erforderlich, dass auf der Kreisebene einerseits Koordinierungsressourcen für das Nebeneinander der unterschiedlichen Sozialraumteams vorhanden sind, andererseits der verwaltungsmäßige und rechtliche Einfluss der Kreisebene auf die Sozialraumebene gesichert ist.

d) Regelung des Verhältnisses von Kreisebene, sozialräumlicher Ebene und Gemeindeebene

– Abgrenzung der Aufgaben –

Das Rahmenkonzept für die Kreisebene (Grundrichtung, Rahmenvorgaben)

Die eigentliche Handlungsebene aller Konzepte zur Präventiven Förderung der Familie ist die Sozialraum- und Gemeindeebene (dazu im einzelnen Kapitel H.). Allerdings gibt es für die konkrete Handlungsebene eine Reihe von Voraussetzungen und Essentials, die auf der Kreisebene sichergestellt werden müssen. Dazu der folgende Abschnitt.

1. Das 1. Strategische Prinzip ‚Denken in Gesamtkonzepten' muss grundsätzlich in einem auf die Zukunft gerichteten großen strategischen Gesamtkonzept für die Jugendhilfe geregelt werden (einschl. eines verallgemeinerten Modells für Präventions- und Bildungsketten). Außerdem müssen Konzepte für die jeweilige Teilfachplanung – hier für den Bereich Präventive Familienförderung ‚FiZ – Familie im Zentrum' (Allgemeine Förderung der Erziehung in der Familie nach § 16 SGB VIII, Familienbildung, Familienberatung, Frühe Hilfen, Familienzentren usw.) – integrale Teile der gesamten Jugendhilfeplanung werden. Diese Teilfachplanung hätte aber eher die Funktion eines systematischen Rahmenkonzeptes, das die Grundrichtung für die Sozialräume vorgibt und an die fachliche Gesamtverantwortung und Gesamtsteuerungsfunktion des Kreises anbindet. Es steuert übergreifend die einheitliche Entwicklung in den Sozialräumen eines Kreises bzw. einer kreisfreien Stadt (u.a. über für alle gleiche zentrale Qualitätskriterien). Ein solches Rahmenkonzept sollte im Zuge eines Konzeptionsworkshops (mit ausgewählten relevanten Akteuren, die über die erforderliche Expertise verfügen) entwickelt und über einen Konsultationsprozess – z.B. über eine Anhörung oder eine Konferenz – feinjustiert werden, ggf. auch durch ein Planungsnetzwerk Präventive Familienförderung ‚FiZ – Familie im Zentrum' auf Kreisebene (das die relevanten Jugendhilfe- und Familienverbände, die auf Kreisebene agieren, integriert) begleitet werden.

2. Im 1. Strategischen Prinzip ‚Denken in Gesamtkonzepten' wurde gefordert, das der gesamte kommunale Planungsprozess im Bereich ‚FiZ – Familie im Zentrum' dem Muster des ganzheitlichen Denkens in Gesamtkonzepten und integrierter Handlungsstrategien folgen müsse statt einer Orientierung und Fixierung auf einzelne Träger oder fachliche Säulen, Teilsegmente oder Teilkonzepte. Das angemahnte strategische Gesamtkonzept der Jugendhilfe müsse enge Zusammenhänge herstellen zu allen angrenzenden Sachgebieten, z.B. der Sozialhilfe, dem Gesundheitswesen und vor allem zum Bildungswesen (z.B. den Bildungsbüros), aber auch zu den zivilgesellschaftlichen Organisationen und diese Schnittstelle bewusst gestalten.

3. Das systematische Rahmenkonzept für die Programme und Maßnahmen zu ‚FiZ – Familie im Zentrum' sollte transparent regeln, welche Aufgaben auf der Kreisebene liegen und welche auf der Sozialraumebene bzw. der Samtgemeinde-/Stadtebene. Das Rahmenkonzept auf Kreisebene würde also die entscheidende für alle Sozialräume (Samtgemeinden/Städte) gleichermaßen geltende Orientierungsrichtung vorgeben.

   Dementsprechend sollten auf der sozialräumlichen Ebene (Samtgemeinde/Stadt) dann nicht einfach nur einzelne Maßnahmen und Programme aufgelistet, sondern ebenfalls sozialräumliche Konzepte und Programme geplant werden mit sehr systematischem Aufbau im Sinne umfassender lokaler kommunaler Präventions- und Bildungsketten (auch als Teil Lokaler Bildungslandschaften). Es geht also insb. auf der Sozialraumebene um ein schlüssiges, systematisch konstruiertes System von Angeboten und Maßnahmen, in dem die Teilelemente lückenlos aufeinander aufbauen.

   Für diesen systematischen Aufbau der Maßnahmen, Angebote und Programme im Sinne von Präventions- und Bildungsketten macht das Rahmenkonzept des Kreises keine Detailvorgaben. Es gibt lediglich die Grundrichtung, das Verfahren und grobe Eckpunkte vor.

Die sozialräumliche Konzeption bzw. der Lokale Aktionsplan bündelt und koordiniert (ggf. auf Samtgemeinde-/Stadtebene) die konkreten Präventions- und Bildungsketten, muss Aussagen enthalten zu allen Organisationen, Institutionen, Akteuren (Verbänden, Vereinen, Initiativen, Elterntrainern, Familienhebammen usw.), Angeboten, Verantwortlichkeiten und Orten (Familienzentren, sonstige Kindertagesstätten, Familien-Service-Büros, Familienbildungsstätten usw.), an denen die Maßnahmen stattfinden und natürlich auch alle weiteren üblichen Standardbestandteile einer Konzeption enthalten.

Auf der Kreisebene liegen – gesetzlich vorgegeben (§ 79 und § 80 SGB VIII) – die Gesamtplanungsverantwortung und Steuerungsfunktion der öffentlichen Jugendhilfe und die grundlegende strategische Verantwortung für diesen Bereich, was bei der Neupositionierung des Sachgebietes ‚FiZ – Familie im Zentrum' von besonderer Bedeutung ist. Der Kreisebene obliegt die Koordination der relevanten Akteure der Kreisebene (sh. oben). Im Rahmenkonzept muss im Übrigen auch klargestellt werden, in welcher Form im Einzelnen die Steuerungsfunktionen des öffentlichen Trägers (über den ASD bzw. das Sozialraumbüro) auf der lokalen Ebene wahrgenommen werden soll. Der Kreisebene obliegt das übergeordnete Angebotsmonitoring und -controlling (als Vergleich der Sozialräume). Die eigentliche Angebotsplanung liegt aber im Sozialraum.

Auch die grundsätzliche Verantwortlichkeit für Ausbau, Sicherung und Kontrolle der Fachlichkeit kann nur auf der Kreisebene liegen. Das gilt auch für die Entwicklung von Qualitätskriterien und Standards, die Verfahren der Qualitätsentwicklung und -sicherung, die Qualitätskontrolle und die Evaluation der sozialräumlichen Arbeit. Schließlich ist es auch Aufgabe der Kreisebene, normative Vorgaben zu machen in Form von Förderrichtlinien zur Präventiven Familienförderung ‚FiZ – Familie im Zentrum', wie auch die Sicherstellung der notwendigen Rahmenbedingungen).

Zusätzliche Kreisaufgabe sind die Bereitstellung von Leistungen und Angeboten, die wegen der geringeren Fallzahlen sinnvoll nur auf Kreisebene vorgehalten werden (z.B. PaulA, Palme[49]), häufig auch Zusatzangebote, die über das Standardangebot hinausgehen) und die Planung und Organisation von zentraler Fortbildung (z.B. Multiplikatoren-Schulungen oder gemeinsame Schulungen des Sozialraumpersonals).

4. Das Rahmenkonzept des Kreises und die Konzepte für jeden einzelnen Sozialraum werden eng miteinander verzahnt. Solche aufeinander bezogenen integrierten Gesamtkonzepte führen zur Optimierung von Effektivität und Effizienz der Jugendhilfeplanung und ermöglichen es – zumindest langfristig –, die Steigerung der Sozialkosten zu stoppen, die Kosten irgendwann vielleicht sogar zu senken.

e) Verallgemeinertes Rahmenkonzept des Kreises für die Entwicklung von Bedarfsanalysen und Lokalen Aktionsplänen auf der sozialräumlich-gemeindlichen Ebene

In den Samtgemeinden/Städten der Sozialräume wären lokale ‚maßgeschneiderte' Bedarfsanalysen (die jeweils spezifische ‚Gebietsprofile' erbringen) erforderlich, aus denen ebenso maßgeschneiderte Lokale Aktionspläne für den Bereich Präventive Familienförderung ‚FiZ – Familie im Zentrum' entwickelt werden müssen. Das hierfür notwendige gemeinsame Muster-Konzept für alle Sozialräume sollte möglichst durchgängig ein vergleichbares, vielleicht sogar standardisiertes Verfahren sein, das auf der Kreisebene entwickelt werden muss und Teil des Rahmenkonzeptes wäre. Ein solches, für alle vergleichbares Verfahren stellt ein Mittel der Qualitätssicherung dar und sorgt z.B. dafür, dass in allen Sozialräumen/Gemeinden immer partizipativ vorgegangen wird (z.B. mit den Mitteln der Zukunftskonferenz, des Delphi-Workshops oder einer moderierten Sozialraumwerkstatt). Ein vergleichbares, standardisiertes Verfahren kann dennoch wegen unterschiedlicher Ausgangsbedingungen und lokal

---

[49] PaulA: Eltern-Kind-Gruppen für jugendliche Mütter; Palme: Präventives Elterntraining für alleinerziehende Mütter geleitet von ErzieherInnen usw.

angepasster Zielsetzungen zu ganz unterschiedlichen Schwerpunktsetzungen in den Umsetzungskonzepten (Lokalen Aktionsplänen) führen.

f) Angebotsplanung, Angebotsmonitoring und -controlling als Aufgabe des Kreises

Die eigentliche Angebotsplanung für die Maßnahmen der Präventiven Familienförderung ‚FiZ – Familie im Zentrum' und deren Umsetzung erfolgen auf der Sozialraum- und Gemeindeebene.

Der sozialräumlich organisierte örtliche Träger muss vor Ort regelmäßig überprüfen, ob der Bedarf an Angeboten der Präventiven Familienförderung ‚FiZ – Familie im Zentrum' in den Sozialräumen (bzw. Samtgemeinden oder Städten) ausreichend gedeckt ist (Vergleich, Monitoring). Dabei sorgt der Kreis als übergeordnete Ebene im Rahmen der kreisweiten Jugendhilfeplanung und der Gesamtsteuerung für den Bereich Präventive Familienförderung ‚FiZ – Familie im Zentrum' (mit der entsprechenden Stelle/Personalressource) aufgrund des permanenten Vergleichs für die gleichmäßige Entwicklung zwischen den Sozialräumen (kreisweite Koordinierungsfunktion). Häufig unterscheiden sich ja die einzelnen Sozialräume deutlich. Aufgabe des Kreises ist es, eine solche nicht gleichmäßige Entwicklung der Sozialräume im Bereich der Präventiven Familienförderung zu verhindern. Dieser Ausgleich zwischen den Sozialräumen kann nur durch die übergeordnete Ebene vorgenommen werden.

g) Ausbau, Sicherung und Kontrolle der Fachlichkeit von der Kreisebene her

1. Die öffentliche Jugendhilfe stellt die Fachlichkeit auf allen Ebenen der Planung und Durchführung der Präventiven Familienförderung ‚FiZ – Familie im Zentrum' sicher, baut sie kontinuierlich aus und überwacht sie. Das erfordert
   > eigene Personalressourcen für die Aufgaben der Präventiven Familienförderung ‚FiZ – Familie im Zentrum' (insb. § 16 SBG VIII), eine klare Zuständigkeit, keine Verankerung als „Nebenbei-Aufgabe"
   > die Weiterentwicklung der übergeordneten fachlichen Konzepte, die in allen Sozialräumen gelten sollen, z.B. über
   > ein ständiges Austarieren der Zielgruppendifferenzierung
   (Die öffentliche Jugendhilfe zielt mit der Präventiven Familienförderung ‚FiZ – Familie im Zentrum' einerseits auf alle Familien (über § 16 SBG VIII). Sie zielt anderseits auf besonders belastete Familien und Kinder, die Anspruch auf Hilfen zur Erziehung haben.)
   > die Umsteuerung auf sehr früh ansetzende präventive und interventive Maßnahmen (untermauert durch den neuen Absatz 3 des § 16 SGB VIII und das KKG): Frühe Hilfen
   > die kontinuierliche Sicherung der Fachlichkeit und Professionalität der Fachkräfte (Informationen, gute Ausbildung und Fortbildung des Fachpersonals)
   > den permanenten Abgleich mit dem Fachdiskurs (fachlich abgesicherte Verfahren, fachliche Richtigkeit und inhaltliche Vollständigkeit, innovative Grundorientierung usw.)
2. Die öffentliche Jugendhilfe (Kreisebene) sorgt vom Kreis aus auch auf der sozialräumlichen Ebene für eine ausreichende zusätzliche Qualifizierung und Fortbildung
   > begleitend zur Einführung neuer Konzepte (Change-Prozesse) für die ASD-Sozialraum-Teams, aber auch für Netzwerkpartner und kooperierende freie Träger auf der Gemeindeebene – z.B. zur Konzeptentwicklung und Praxis der Neuorientierung im Bereich Präventive Familienförderung ‚FiZ – Familie im Zentrum', zur Entwicklung Lokaler Aktionspläne usw.

> Aufbau zusätzlicher Personalressourcen für die Sozialräume auf Honorarbasis: Die öffentliche Jugendhilfe (i.d.R. eher auf Landkreisebene für alle Sozialräume gemeinsam) führt zu ausgewählten Programmen (z.B. Elternbildungskonzepten), deren Verbreitung in den Sozialräumen sie aus fachlichen und wissenschaftlichen Gründen gezielt fördern will, zertifikatsgestützte Trainer- und Moderatorenschulungen durch, um flexible Personalressourcen für die Präventive Familienförderung im Landkreis aufzubauen (die in verschiedenen Sozialräumen aktiv werden). Sie akquiriert dazu nebenamtliches Personal, das dann im Sozialraum zur Verfügung steht (aber auch in den gesamten Landkreis vermittelt werden kann).

h) Qualitätsentwicklung, -kontrolle und -sicherung, Evaluation – Aufgaben auf Kreis- und Sozialraumebene

Auch Konzepte zur Präventiven Familienförderung ‚FiZ – Familie im Zentrum' müssen regelmäßig evaluiert werden und durch Systeme der Qualitätssicherung gefestigt werden (siehe dazu Rupp/Mengel/Smolka 2010: 146 ff.). Dazu muss auf der Kreisebene ein Konzept für die Qualitätsentwicklung, -kontrolle und -sicherung bzw. Evaluation der sozialräumlichen gemeindlichen Konzepte (der Lokalen Aktionspläne) entwickelt werden. Da dieses Konzept für alle Sozialräume und Aktionspläne gelten muss, kann dies nur auf Kreisebene geschehen. Dieser Bereich muss koordiniert und kontrolliert werden. Die konkreten Maßnahmen der Qualitätsentwicklung und -sicherung, also deren operative Realisierung, liegen dann aber auf der sozialräumlichen Ebene (bei den Sozialraumteams). Dafür muss Fortbildung vorgehalten werden. Der Kreis achtet systematisch darauf, dass die Qualitätsentwicklung und Qualitätssicherung auf der Sozialraumebene und der Gemeindeebene kontinuierlich betrieben wird und alle Maßnahmen auf dieser Ebene auch evaluiert werden (Monitoring, Berichte).

i) Qualitätssicherung durch Verwendung von Programmen deren Wirksamkeit sicher nachgewiesen ist

Im Rahmen der Umsetzung der Lokalen Aktionspläne auf der Sozialraumebene (bzw. der Gemeindeebene) sollten ausschließlich nur fachlich anerkannte Programme aus dem Rahmenkonzept (Musterportfolio) zum Einsatz kommen. Die öffentliche Jugendhilfe sollte nur solche Programme fördern, deren Wirksamkeit auch wirklich nachgewiesen ist – wie sie z.B. in der auf dem CTC-Ansatz (Communities That Care) beruhenden Datenbank SPIN des Landespräventionsrates empfohlen werden. Das Rahmenkonzept enthält eine vollständige Liste der in der Literatur und in der Wissenschaft bekannten und empfohlenen gut evaluierten Programme.

In diesem Zusammenhang muss auch die Nutzung und Pflege des neuen niedersächsischen Internet-Fachinformationssystems Frühe Hilfen (Bürgerportal) sichergestellt werden. Dieses Programm wird sicher eine große Hilfe für die Familien beim Zugang zu geeigneten Unterstützungsmaßnahmen werden. Hier könnte ein erheblicher Nutzen und Gewinn für die betroffenen Familien generiert werden.

Das erfordert aber die Festlegung von Zuständigkeiten und Verfahren auf Kreis-, Sozialraum- und Samtgemeindeebene (Sozialraumteams, Samtgemeinden, Familien-Service-Büros, freie Träger usw.). Dass hier momentan offenbar noch keine anspruchsvollen Qualitätskriterien wie unter SPIN festgelegt wurden, schmälert nicht die Bedeutung des Fachinformationssystems Frühe Hilfen. Hier wird sicher irgendwann entsprechend nachgearbeitet.

Für die finanzielle Förderung von Familienbildungsangeboten von Kreisseite aus (ggf. delegiert auf die Sozialraumbüros, Familienzentren usw.) sollten aber SPIN-Kriterien zugrunde gelegt werden. Eine diesbezügliche Qualitätskontrolle hat bereits bei der Entwicklung und Fortschreibung der Lokalen Aktionspläne auf Gemeindeebene durch die Sozialraumbüros zu erfolgen, wird aber ohnehin auf der Kreisebene über das Rahmenkonzept gesichert. Hier wird ja bereits über die förderfähigen Programme entschieden. Und hier werden Qualitätskriterien und Standards entwickelt und deren Einhaltung –

insb. bezüglich Effektivität, Effizienz und nachgewiesener Wirksamkeit der Maßnahmen – ggf. nochmals geprüft.

Derzeit wird man teilweise noch Kompromisse machen müssen. Von wenigen Ausnahmen abgesehen (Triple P, PEKiP, FuN, Starke Eltern – Starke Kinder) liegen vielfach überhaupt keine fachlich und wissenschaftlich ernst zu nehmenden Evaluationen und Nachweise der Wirksamkeit vor. Einige der Angebote sind mit eher schwachen Instrumenten evaluiert worden. Das bedeutet nun aber nicht, dass diese Angebote nutzlos wären. Sie werden sämtlich ja gemacht, weil positive und plausible Praxiserfahrungen vorliegen. Und nicht vorliegende Beweise im strengen Sinne bedeuten ja nicht, dass diese Programme nicht wirken würden. Das bedeutet nun, dass der Kreis eigene (tendenziell eher moderate) Kriterien für die Auswahl und Förderung entwickeln und anwenden muss, solange keine Aufnahme in die SPIN-Datenbank erfolgt ist.

Hier ist sicher ein gewisser Pragmatismus sinnvoll. Mittel- und langfristig sollten aber nur noch positiv evaluierte Programme eingesetzt werden, für deren Wirksamkeit nachprüfbare Beweise vorliegen.

Es sollten aber andererseits auch Programme zugelassen werden, die fachlich zu empfehlen sind, weil sie den sozialräumlichen Anforderungen besonders gut genügen (Niedrigschwelligkeit usw.).[50]

Auszug aus der Liste der in der Literatur und in der Wissenschaft bekannten und empfohlenen, relativ gut evaluierten Programme:

> - Triple P, Steep, Starke Eltern – starke Kinder, Wellcome, Familienhebammen, KESS, Eltern-AG, FuN, Das Baby verstehen (Cierpka), Opstapje, Griffbereit, HIPPY, Marte Meo (Video-Home-Training), Keiner fällt durchs Netz, Guter Start ins Kinderleben, Fit für den Start
> - Rucksack Kindergarten (Elternbildung für Migranten), Rucksack Grundschule
> - Medienorientierte Familienbildung, z.B. Elternbriefe (z.B. vom Arbeitskreis Neue Erziehung)
> - PALME (Programm z.B. für depressive alleinerziehende Mütter)
> - EFFEKT (EntwicklungsFörderung in Familien: Eltern- und Kinder-Training), Eltern Stärken – Dialogische Elternseminare, Elterncoaching nach Haim Omer, STEP-Elternkurs (Systematic Training for Effective Parenting), TAFF (Training, Anleitung und Förderung von und mit Familien für Eltern unterschiedlicher Nationen)

Geprüft werden zur Aufnahme in die Datenbank zurzeit: Femmes Tische, PEKiP, DELFI, Familienteam (Walper), FAST (Families and Schools together), Freiheit in Grenzen, Handwerkszeug für Eltern, SAFE – sichere Ausbildung für Eltern.

Es wird empfohlen, eine nach § 27 SGB VIII ja zulässige neue Hilfeform „Elternbildung/Familienbildung" zu schaffen (die in den §§ 27 ff. genannten Hilfeformen sind ja – wegen der Formulierung „insbesondere" – ein nicht abgeschlossener Katalog von Maßnahmen), die allein oder in Kombination mit anderen Hilfeformen gewährt werden können. Diese neue Hilfeform würde aber über universell- und selektiv-präventive Ebene hinausgehen und bereits im Bereich der indizierten Prävention und der Intervention für besonders belastete Gruppen liegen. Zumindest müsste im Portfolio diese neue Form als Übergangsmöglichkeit zu den Hilfen zur Erziehung vorgesehen werden. Diese neue Hilfeform (wie auch andere geeignete neue Hilfeformen) könnte dann über Verträge mit den freien Trägern (Leistungsvereinbarungen) verankert werden. Diese Hilfeform wäre deshalb besonders reizvoll, weil sie im Vergleich zu anderen Hilfen nicht nur relativ günstig ist (je nach Art z.B. ca. 600 € pro Person), sondern nachweislich bei diesen Zielgruppen besonders intensiv und langfristig wirkt. Es gibt kaum eine

---

[50] Z.B. ELTERNTALK – Eltern für Eltern (Eltern treffen sich nach dem Tupper-Ware-Prinzip, Elterntelefon, Online-Beratung für Eltern. Das gilt aber auch für eine Reihe von guten ASD-spezifischen Trainings.

Hilfeform, bei der das Preis-Nutzen-Verhältnis so günstig liegt. Diese Hilfeform kann mit relativ wenig Aufwand vom sozialräumlichen ASD eingeleitet und mit Anbietern der Familienbildung realisiert werden.

Elternarbeit ist im Übrigen ja auch innerhalb der Hilfen zur Erziehung standardmäßig bereits vorgeschrieben. Hier gibt es auch vielfältige ASD-spezifische Elterntrainings. Aber – wie gesagt – hier liegen wir dann schon im indizierten, manchmal auch schon interventiven Bereich. Die Übergänge sind hier sicher fließend.

j) Normative Vorgaben durch den Kreis

Der Landkreis ist gut beraten, wenn er als Steuerungsinstrument normative Vorgaben entwickelt, z.B. Förderrichtlinien zur Präventiven Familienförderung ‚FiZ – Familie im Zentrum'. Eine solche strukturelle Absicherung des Themas durch steuernde Förderstrukturen (z.B. Regelung der Finanzsteuerung, Regelungen zur Sicherung und Kontrolle der Fachlichkeit, Qualitätsstandards, Definition von Fördervoraussetzungen (z.B. Sozialraumorientierung der Konzepte, Professionalität der Fachkräfte durch gute Aus- und Fortbildung usw.) ist im Rahmen der Gesamtverantwortung des § 79 SGB VIII dringend geboten.

k) Sicherstellung der erforderlichen Rahmenbedingungen durch den Kreis

a) Aufgabe des Landkreises ist die Sicherstellung der notwendigen Rahmenbedingungen für die Präventive Familienförderung ‚FiZ – Familie im Zentrum' auf Kreisebene und in den Sozialräumen, z.B.:
> ausreichende Finanzausstattung (Kreisförderung), Personal, Förderung niedrigschwelliger Raumressourcen in den Sozialräumen

> Öffentlichkeitsarbeit, Marketing für Familienbildung

b) Der Kreis regelt im Rahmenkonzept die Verfahrens- und Organisationsabläufe im Bereich der Planung und Koordination der Präventiven Familienförderung ‚FiZ – Familie im Zentrum' und sorgt für dessen kontinuierliche Optimierung.

H. Das Konzept der Präventiven Familienförderung auf der Sozialraumebene[51]

1. Der handlungsrelevante Kern des Gesamtkonzeptes ‚Präventive Familienförderung': die sozialräumliche und lokale Ebene

Die eigentliche Angebotsplanung für die Maßnahmen der Präventiven Familienförderung ‚FiZ – Familie im Zentrum' und deren Umsetzung erfolgen auf der Sozialraum- und Gemeindeebene. Die Verantwortung und Zuständigkeit für ein qualitativ wie quantitativ vollständiges und lückenloses bedarfsdeckendes Angebot im Bereich Präventive Familienförderung im Sozialraum und für die Koordination und Steuerung liegt beim Sozialraumbüro des ASD. Dort wird das jeweilige sozialräumliche oder gemeindliche Gesamtangebot (Gesamtportfolio) koordiniert und für eine flächendeckende Realisierung gesorgt.

In den Organisationsformen der sozialräumlichen Arbeit und den Prozessen und Verfahren zum Aufbau von Präventions- und Bildungsketten und Lokalen Aktionsplänen, aber auch in ihrem Ergebnis – dem Portfolio der Angebote und Maßnahmen erfolgt eine konsequente Orientierung an den im Rahmenkonzept des Kreises formulierten strategischen Prinzipien (z.B. Denken in Gesamtkonzepten, Präventionsvorrang und langfristige Orientierung, Frühe Hilfen, Sozialraum- und Lebensweltorientierung, Fokussierung der Konzepte – siehe Kapitel G. 2.). Diese strategischen Prinzipien werden bei den im Folgenden beschriebenen Schwerpunkten des sozialräumlichen Konzeptes – sozusagen als Hintergrundfolie – permanent mitgedacht.

2. Lokale Aktionspläne: Verfahren zum Aufbau von Präventions- und Bildungsketten[52]

Die jeweils konkreten sozialräumlichen oder gemeindlichen Präventions- und Bildungsketten werden in der Form partizipativ entwickelter Lokaler Aktionspläne zusammengefasst und dienen in dieser Form der sozialräumlichen (ggf. kommunalen) Steuerung.

Der Aufbau von „Präventions- und Bildungsketten" in der Form von Lokalen Aktionsplänen für die Präventive Familienförderung ‚FiZ – Familie im Zentrum' setzt moderne, fachlich fundierte Entwicklungsverfahren voraus. Dazu gehören sorgfältige, sozialräumlich maßgeschneiderte Bedarfsanalysen und des Weiteren Konzeptionsentwicklungen. Dabei kann mit der Bezeichnung ‚sozialräumlich' je nach den regionalen und lokalen Bedingungen ganz Unterschiedliches gemeint sein. Es sind also nicht immer einfach die Gebiete der Sozialraumbüros gemeint, sondern – z.B. bei sehr großen Sozialräumen – ggf. auch die kleineren Gebiete der Samtgemeinden und Städte.

In sämtlichen Sozialräumen (bzw. auf Samtgemeinde- oder Stadtebene) sollten diese systematischen Bedarfsanalysen und Konzeptionsentwicklungen – am besten in der Form von Workshops mit allen relevanten Akteuren (also partizipativ[53]) – durchgeführt werden und dabei die folgenden Bausteine durchlaufen werden:

---

[51] Erläuterungen zu These 10 aus Teil A. ‚Kurzfassung des Buches': „Der handlungsrelevante Kern des Gesamtkonzeptes ‚Präventive Familienförderung' liegt auf der sozialräumlichen Ebene: Handeln auf lokaler Ebene- Lokale Aktionspläne ‚FiZ – Familie im Zentrum' für Sozialräume, Stadtteile, Samtgemeinden und Gemeinden."

[52] Erläuterungen zu These 11 aus Teil A. ‚Kurzfassung des Buches': „Es sind systematische Verfahren zum Aufbau von Präventions- und Bildungsketten für die sozialräumliche Ebene (Stadtteil-, Samtgemeinde- und Gemeindeebene) anzuwenden: Bedarfsanalysen auf der Basis von Gebietsprofilen, Konzeptentwicklung mit Lokalen Aktionsplänen!"

[53] Siehe hierzu das strategische Prinzip 11 „Partizipation": Es spricht sehr viel dafür, bei der zukünftigen Entwicklung von sozialräumlichen und gemeindlichen Konzepten zur Präventiven Familienförderung ‚FiZ – Familie im Zentrum' das strategische Prinzip und Qualitätskriterium „Partizipation" sehr ernsthaft zu berücksichtigen. Dies ist methodisch und technisch im Rahmen moderner Großgruppen-Moderations-Methoden (Zukunftswerkstatt, Open Space, Zukunftskonferenz, Delphi-Workshop usw.) gut möglich. Beteiligt werden müssen bei der Programmentwicklung nicht nur die Eltern, sondern alle relevanten Akteure des Sozialraums – insbesondere alle Mitglieder der jeweiligen Sozialraumkonferenz.

2.1 Baustein 1 – Schritte der Bedarfsanalyse und Baustein 2 – Konzeptentwicklung ‚Präventive Familienförderung'

Baustein 1 des Verfahrens: Bedarfsanalyse

(Sozialräumliche Bedarfsanalysen auf der Ebene der Samtgemeinde/Stadt)

1. Sozialraum- und Lebensweltanalyse (Zielgruppenanalyse, Erhebung von Bedürfnissen und Problemlagen/Defiziten): Gebietsprofil
2. Bestandsermittlung (Was gibt es bereits an Angeboten [Programmen, Maßnahmen] in diesem Bereich?)
3. Zielbestimmung
   3.1 Einschätzung und Bewertung der Sozialraum- und Lebensweltanalyse (Zusammenfassung, Besonderheiten)
   3.2 Zielformulierung (Methode z.B. Umkehrung von Problemlagen/Defiziten: „Wie wäre der Zustand, wenn das Defizit beseitigt wäre?". Außerdem Orientierung an fachlichen Standards und politischen Vorgaben)
4. Bedarfsermittlung
   4.1 Bestandsbewertung (Abgleich der Ziele mit dem Bestand)
   4.2 Bedarfsfeststellung (Was fehlt? Wo gibt es Lücken? – Angebots- und Qualitätslücken im Hinblick auf Zielgruppen, Themen und Methoden feststellen)

Auf der Basis der obigen Bedarfsanalyse erfolgen dann – möglicherweise sogar in demselben Workshop – im nächsten Baustein die Schritte zur Konzeptentwicklung (Entwicklung Lokaler Aktionspläne als sozialräumliche oder gemeindliche Handlungspläne):

Baustein 2 des Verfahrens: Konzeptentwicklung (Lokale Aktionspläne)

5. Strategische Grundsatzentscheidungen (Grundansatz und Richtung, Profil- und Schwerpunktentscheidungen, Zugänge usw.)
6. Sammlung und Beschreibung von ersten groben Maßnahmen und Projekten
7. Prioritätenfestlegung und Auswahl
8. Lokaler Aktionsplan (Handlungsplan als Zusammenfassung und Bündelung der Ergebnisse zu 5. – 7., enthält weiterhin das sozialräumliche Angebotsportfolio und den vorläufigen Umsetzungs- und Zeitplan für Nr. 9)[54]
9. Umsetzung und Realisierung: Projektmanagement. Es wird für Umsetzungstreue des lokalen Konzeptes (Handlungsplans/Aktionsplans) gesorgt. Die Implementation des Programms wird mit Qualifizierung und Schulung wichtiger Akteure verbunden.
10. Qualitätssicherung und kontinuierliche Evaluation der Angebote und Programme (Monitoring)
11. Kontinuierliche Fortschreibung der Angebote und Programme, Verstetigung des Angebotes

---

[54] Lokaler Aktionsplan ‚Präventive Familienförderung' oder ‚Allgemeine Förderung der Erziehung in der Familie/Familienbildung' auf Gemeindeebene (kreisangehörige Städte und Samtgemeinden) – integrierter Handlungsansatz – ggf. mit besonderen, am Gebietsprofil orientierten Schwerpunkten

2.2 Anmerkungen zur Bedarfsanalyse und Konzeptentwicklung

Unterschiedliche Schwerpunktsetzungen auf dem Hintergrund spezifischer „Gebietsprofile"

Die unterschiedlichen, ganz verschiedenen Profile der Sozialräume (Samtgemeinden und Städte, aber auch der Mitgliedsgemeinden oder Stadtteile) bezüglich der relevanten Problemlagen, Risiko- und Schutzfaktoren (lokales Profil der Risiko- und Schutzfaktoren) werden als spezifische „Gebietsprofile" erfasst und führen zu ganz unterschiedlichen Schwerpunktsetzungen in den Handlungsstrategien (lokal maßgeschneiderten Strategien).

Dieses Verfahren führt aber nicht nur zu einer von allen Akteuren getragenen gemeinsamen Definition der Problemlagen und Beschreibung spezifischer Gebietsprofile und zu deren Gewichtung (1., 2., 3.1), sondern auch zu einer verbindenden Vision der langfristig angestrebten Veränderungen. Über beides ist ein Konsens in den lokalen Netzwerken und Bündnissen im Sozialraum bzw. der Gemeinde herzustellen.

Im Ergebnis entstehen komplette Präventions- und Bildungsketten.

Wichtig ist die nachhaltige schriftliche und praktisch-politische strukturelle Verankerung eines solchen verallgemeinerten systematischen Entwicklungsverfahrens zum Aufbau von Präventions- und Bildungsketten bzw. Lokalen Aktionsplänen im Rahmenkonzept des Kreises und seine flächendeckende Durchführung in allen Sozialräumen.

Bezug auf übergeordnete Zielsammlungen

Auch auf der sozialräumlichen Ebene (bzw. Gemeinde, Stadt) wird – insbesondere bei der Zielformulierung – Bezug genommen auf ggf. vorhandene übergeordnete schriftliche Steuerungsinstrumente (Leitbilder, pädagogische Konzeptionen, Schulprogramme usw.), die ja teilweise auch Aussagen zur Präventiven Familienförderung ‚FiZ – Familie im Zentrum' machen.

Im Hinblick auf Lokale Aktionspläne sind noch folgende Gesichtspunkte zu beachten:

a) Der Lokale Aktionsplan für jeden Sozialraum (bzw. jede Samtgemeinde oder Stadt) ist ein sozialräumliches und lebensweltliches gemeindliches Konzept zur Präventiven Familienförderung. Dabei muss die Bezugsgröße des Gebietes – wie oben bereits angemerkt – nicht unbedingt immer der Sozialraum des zuständigen Sozialraumbüros sein. Diese Gebiete umfassen ja meistens mehrere Gemeinden. Das sozialräumliche oder gemeindliche Konzept in Form eines Lokalen Aktionsplans enthält ein Programmportfolio des Gesamtangebotes aller Maßnahmen zur Präventiven Familienförderung ‚FiZ – Familie im Zentrum' im Gebiet des Sozialraumbüros (bzw. der Samtgemeinde oder der Stadt). Es enthält eine systematische Reihe von Präventionsangeboten, welche die Präventive Familienförderung entlang der biografischen Entwicklung von Kindern und Jugendlichen organisieren und komplette kommunale Präventions- und Bildungsketten konstituieren, die dem Muster der Erziehungs- und Bildungspartnerschaft folgen[55].

b) Lokale Aktionspläne gelten im Allgemeinen über einen längeren Zeitraum, teilweise über mehrere Jahre – auch wenn sie kontinuierlich fortgeschrieben werden. Sie bilden die Hintergrundfolie und den Bezugspunkt für die jeweilige Jahresplanung im Sozialraum (bzw. in der Samtgemeinde oder Stadt), die schon aus haushaltstechnischen Gründen jedes Jahr neu vorgenommen werden muss.

---

[55] Die inhaltlichen Ergebnisse orientieren sich im Kern an der Bedarfsanalyse. Diese orientiert sich aber auch an der verallgemeinerten fachlichen Portfolio-Struktur (siehe Pkt. 3.c, S. 154 ff.) und bedient sich da sekundär, wenn auch mehr im Sinne eines Suchrasters (Lücken finden). Was vor Ort konkret im Einzelnen gebraucht wird, dafür werden vor allem eigene Ideen und Kontakte genutzt.

c) Der Lokale gemeindliche Aktionsplan orientiert sich am Rahmenkonzept des Kreises (z.B. verallgemeinertes Muster-Portfolio) und integriert die vor Ort vorhandenen sozialen, gesellschaftlichen und politischen Strukturen. Die Schnittstellen zwischen Kreis und Sozialräumen (Gemeinden) werden durch die Sozialraumbüros gestaltet, die ggf. auch mehrere Lokale Aktionspläne und ‚Netzwerke Präventive Familienförderung' koordinieren.[56]

d) Im Rahmen des Lokalen Aktionsplanes (des sozialräumlichen Konzeptes Präventive Familienförderung) wird kooperiert mit den zentralen drei strategischen Stützpfeilern (Schwerpunkten) der kommunalen Präventiven Familienförderung ‚FiZ – Familie im Zentrum' (1. Sozialraum-ASD, 2. Kita, 3. Schule, siehe dazu Kapitel H 4.4), aber auch mit Familienselbsthilfeinitiativen, Mutter-Kind-Gruppen, Elternstammtischen, Familien- und Mütterzentren usw.

e) Der Lokale Aktionsplan (das sozialräumliche Konzept) berücksichtigt eine Vielfalt geeigneter Institutionen als Teil eines großen Netzwerks mit gemeinsamen Zielsetzungen und ohne Parallelstrukturen.

f) Fachlicher Standard ist es, die Workshops zur Bedarfsanalyse und zur Konzeptentwicklung in Form der Lokalen Aktionspläne sorgfältig schriftlich zu dokumentieren und allen Beteiligten sowie der Öffentlichkeit zugänglich zu machen (Kontrolle, Partizipation, Transparenz, öffentlich rückgekoppeltes lokales Steuerungs- und Planungsinstrument).

g) Im Verfahren zum Aufbau von Präventions- und Bildungsketten und Lokalen Aktionsplänen der Betroffenen, also der Familien, sollte Partizipation selbstverständlich sein. Aber nicht nur bei der Programmentwicklung, sondern auch bei der Durchführung der einzelnen Maßnahmen und Angebote selber sollte Eltern- und – wo möglich – auch Kinder- und Jugendpartizipation ermöglicht werden. Eltern nehmen im Allgemeinen gern die Möglichkeiten der Mitwirkung und der Mitbestimmung wahr. Dabei werden nicht nur die Eltern in ihrer Autonomie gestärkt. Auch die Konzepte profitieren: Weil das lebensweltliche Expertenwissen und die Kompetenzen der Eltern in den Einrichtungen mit einbezogen werden bei der Realisierung der Programme („Co-Produktion von sozialen Dienstleistungen"), werden diese optimiert und die Akzeptanz der Angebote deutlich verbessert.

2.3 Baustein 3 des Verfahrens: die Entwicklung Kommunaler Netzwerke ‚Präventive Familienförderung (FiZ – Familie im Zentrum)' in jedem Sozialraum

Das konkrete sozialräumliche Gemeinde-Konzept und Angebot (Programm) sollte möglichst das ganze System der sozialen Dienstleistungen einbeziehen (Gesundheitssystem, Sozialhilfe, Jugendhilfe …), d.h. eine Vielfalt geeigneter Institutionen, aber auch eine Vielfalt sozialökologischer Partner und Akteure (ElternarbeiterInnen, Eltern und Kinder, Familienselbsthilfeinitiativen, Mutter-Kind-Gruppen, Elternstammtische, Familien- und Mütterzentren usw.), Stakeholder und weitere Kooperationspartner aus Kommune, Jugendhilfe, Schule, Zivilgesellschaft usw. Auch die Schnittstellen zu den bereits vorhandenen Vernetzungsgremien wie kommunale Familienbeiräte, kommunale Bündnisse für Familie, Runde Tische, Netzwerke Frühe Hilfen usw. sind sauber zu definieren. Dabei muss sich

---

[56] Inwieweit Sozialraumkonferenzen auf dem Hintergrund der obigen Erörterungen nun immer den ganzen Sozialraum abbilden müssen oder ob ggf. mehrere Sozialraumkonferenzen, die sich mit den gemeindlichen Familienbildungsnetzwerken decken gebildet werden, muss unter den jeweils konkreten Bedingungen und Ausgangslagen entschieden werden. Langfristig muss dann geklärt werden, ob später einmal Sozialraumkonferenzen, Netzwerke Frühe Hilfen (jedenfalls für den universell-präventiven Teil jenseits der echten Kindeswohlgefährdung), die Netzwerke für § 16/ Familienbildung, die Bündnisse für Familie u.a. einmal zusammengefasst werden sollten. Zu prüfen wäre dann auch, ob dies für das für das größere Zuständigkeitsgebiet des Sozialraumbüros noch Sinn ergibt oder ob es sinnvoller wäre, diese kombinierten Netzwerke dann auf Gemeindeebene zu etablieren. Geklärt werden muss aber, ob sich das auf Samtgemeindeebene wirklich lohnt oder man in diesem Fall doch eher auf die Sozialraumebene gehen sollte! Zumal die Steuerung vom Kindeswohlgefährdungs-Teil doch beim Sozialraumbüro liegt!
Die Problematik, dass es häufig einen verwirrenden Wust an Netzwerken und Bündnissen gibt muss mittel- und langfristig bearbeitet werden. Es gilt, hier zu ordnen und zu bündeln. Es gilt aufzuzeigen, was unverzichtbar ist und was durchaus weg könnte. Die Problematik, dass es auch Angebots-Parallelstrukturen geben kann, z.B. wenn die Familienbildungsstätte für sich alleine plant oder die Familienhebammen nicht wirklich systematisch eingebunden werden und einen Mangel an wirklich abgestimmten Angeboten u.ä. muss planerisch sauber geklärt werden.

die Präventive Familienförderung als Teil dieses großen Netzwerks mit gemeinsamen Zielsetzungen ausdrücken. Für die weitere Arbeit ist es ein entscheidender Erfolgsfaktor, ein solches sozialräumliches (ggf. auch gemeindliches) Netzwerk für die Präventive Familienförderung systematisch zu initiieren und aufzubauen und als dauerhafte Struktur nachhaltig zu sichern.

Weil das Netzwerk Präventive Familienförderung ein hohes Maß an Koordination und Kooperation unter Professionellen aus sozialen Diensten und Einrichtungen sowie Ehrenamtlichen und beteiligten BewohnerInnen benötigt, sind besondere Steuerungsressourcen (Finanzen, Räume, Personal, Zeit) vorzuhalten, die am besten beim Sozialraumbüro des ASD gebündelt werden. Mit einem effektiven Netzwerkmanagement steht und fällt der Erfolg jedes Gesamtkonzeptes. (Siehe auch die Ausführungen zum Sozialraumbüro des ASD im Abschnitt H 4.2)

2.4 Baustein 4 des Verfahrens: Maßnahmen zur Zugänglichkeit und Niedrigschwelligkeit

Bestandteil der Lokalen Aktionspläne muss jeweils auch ein Konzept zur Erleichterung der Zugänglichkeit (Teil der Maßnahmenliste) sein.

Ein wesentlicher Ausdruck der Sozialraum- und Lebensweltorientierung ist das methodische Prinzip der Niedrigschwelligkeit der Angebote, was bedeutet, alle Angebote alltagsnah, leicht zugänglich und mit einer niedrigen persönlichen Hemmschwelle zu gestalten. Das ist natürlich durch kleinräumig angelegte Konzepte (zum Beispiel unter enger Anbindung an Kindertagesstätten und Familienzentren) am ehesten möglich. Die räumliche Nähe und Vertrautheit mit dem Personal und die viel frühere Chance der Früherkennung von Problemen lassen das Grundprinzip der Zugänglichkeit für alle präventiven Angebote der Familienförderung bei Kleinräumigkeit leichter einlösbar erscheinen.

Das Prinzip der Zugänglichkeit meint aber nicht nur die wohnortnahe Konzeption, sondern auch die Unabhängikeit des Zugangs von soziologischen Merkmalen wie Herkunft, Status, Religion, Behinderung oder Geschlecht. Abzubauende Barrieren können aber auch finanzieller, räumlicher und zeitlicher Art sein (Angebote bei Bedarf in der freien Zeit, also auch an Wochenenden und in den Abendstunden wahrnehmbar, fußläufige Erreichbarkeit, gute Anbindung an die Infrastruktur des Ortes bzw. Stadtteils[57]. (Vgl. MSFG TH 2006: 157)

2.4.1 Die leichte Zugänglichkeit und die Niedrigschwelligkeit aller Angebote wird durch verschiedene Maßnahmen an allen Stellen des Systems sichergestellt.

> Zugangshürden werden ausgeräumt.

> Unterschiedlichste Zugangsmöglichkeiten und alltagsnahe Orte, die es potenziellen InteressentInnen leichter machen, werden zur Verfügung gestellt.

Die Gewährleistung von Zugänglichkeit und Niedrigschwelligkeit ist eine Einlösung des strategischen Prinzips der „Sozialraum- und Lebensweltorientierung" (siehe Prinzip 6, Kapitel G. 2.1, S. 130). Eine Möglichkeit der Gewährleistung von Zugänglichkeit und Niedrigschwelligkeit wurde bereits im vorangegangenen Abschnitt durch das Plädoyer für die drei Stützpfeiler angedeutet. Diese Möglichkeit lässt sich – bezogen auf die drei Stützpfeiler – sicherlich am ehesten durch aufsuchende Arbeit des ASD und durch Angebote am Stützpfeiler (Schwerpunkt) „Kindertagesstätte" einlösen. Auch etliche Schulen genügen noch sozialräumlichen Anforderungen. Bei manchen Schulen (insbesondere Gymnasien) ist dies wegen der größeren Einzugsbereiche aber oft nicht mehr möglich.

---

[57] In ländlichen Gebieten ist dies nicht immer möglich, deshalb kann hier das Leistungsangebot im Bedarfsfall auch durch mobile Angebote ergänzt werden (vgl. MSFG TH 2006: 157). Hinzu kommt noch, dass man auch noch verschiedene Sozialraumtypen unterscheiden sollte, wie es z.B. Drosten getan hat: „ländlicher Raum, gut situierter Sozialraum, benachteiligter Sozialraum, Sozialraum mit hohem Migranten-Anteil" (vgl. Drosten 2012: 110 ff.).

2.4.2 **Weiterhin werden Zugänge erleichtert durch Maßnahmen wie:**

- Mund-zu-Mund-Propaganda
- Kooperation mit Zuwandererorganisationen
- Zugewanderte als Mittler/MultiplikatorInnen
- Kooperationspartner aus den Zuwanderungsfachdiensten
- Angebote in Wohnortnähe
- Niedrige Gebühren, angemessene Kosten
- Niedrigschwellige Angebote
- Nutzung der ethnischen Infrastruktur
- Von Komm-Strukturen zu Geh-Strukturen (aufsuchende Angebote)

2.4.3 **Weitere konkrete Zugangswege für die Familie werden eröffnet durch folgende Maßnahmen:**

- Öffentlichkeitsarbeit
- leicht zugängliche Medien, wie Broschüren (Familienwegweiser) und Internet (z.B. Datenbank Frühe Hilfen), Hinweise in kostenfreien Anzeigenblättern
- Werbung in bestimmten Einrichtungen und an alltagsnahen Orten (z.B. Kindergarten, Schule, Ämter)
- Zusammenarbeit mit dem Gesundheitsbereich: speziell Hebammen und Kinderärzte
- Festlichkeiten als Türöffner benutzen
- Eltern zuhause ansprechen (Informationsmaterial versenden, Baby-Besuchsdienste usw.)
- „achtsame Form der Ansprache"

Die Organisation solcher Zugänge stellt eine der wichtigsten Rahmenbedingungen dar für das im nächsten Kapitel vorgestellte sozialräumliche Angebots-Portfolio. Auch die besten Maßnahmenangebote können nur zur Wirkung kommen, wenn von vornherein die sorgsame Planung und die Ermöglichung leichter und niedrigschwelliger Zugänge zu diesen Angeboten mit bedacht werden.

3. **Das Ergebnis und Produkt der Konzeptentwicklung: das verallgemeinerte Gesamtportfolio und das angepasste Angebotsportfolio im Sozialraum mit bedarfsdifferenzierenden, maßgeschneiderten Programm-Mustern**[58]

a) **Angebotsplanung, Angebotsmonitoring und -controlling auf der Ebene des Sozialraumes (bzw. der Samtgemeinde/Stadt)**

In der sozialräumlichen Konzeptentwicklung wird zunächst Bezug genommen auf das verallgemeinerte Gesamtportfolio der Programme und Angebote, das im Rahmenprogramm des Kreises vorgehalten wird.

---

[58] Erläuterungen zu These 12 aus Teil A. ‚Kurzfassung des Buches': „Ergebnis und Produkt der Konzeptentwicklung muss ein sozialräumliches Angebotsportfolio mit bedarfsdifferenzierenden, maßgeschneiderten Programm-Mustern sein!"

Das bedeutet, dass die eigentliche dann auch umzusetzende Angebotsplanung für die Maßnahmen zur Präventiven Familienförderung nicht auf der Kreisebene erfolgt, sondern innerhalb des einzelnen Sozialraumes (bzw. auf Samtgemeinde- oder Stadtebene), wobei das Sozialraumbüro mit dem ASD und die Sozialraumkonferenz verantwortlich sind. Dazu wird auch auf das Kapitel H 4.2 bzw. H 4.5 verwiesen.

b) Leitlinien für die Planung eines Angebots-Portfolios auf Sozialraumebene (bzw. Gemeinde-/Stadtebene): Differenzierung der Angebote

Übergeordnete Leitlinien für die inhaltliche Planung sind die aus dem strategischen Prinzip 8 (siehe Kapitel G 2.1) abgeleiteten Kriterien

1. Bedarfsorientierung

2. Selbsthilfeorientierung

3. Beachtung des Prinzips Inklusion und der angemessenen Berücksichtigung der Heterogenität.

Dabei muss das sozialräumliche Portfolio der Angebote und Maßnahmen immer maßgeschneidert sein. Es gilt das fachliche Prinzip der „Differenzierung der Angebote", weil bereits die konkreten Bedürfnisse und Bedarfe im Sozialraum und auch die zur Verfügung stehenden begrenzten Ressourcen stark variieren. Wie also auswählen? Dazu bedarf es geeigneter Kriterien. Diese Kriterien helfen bei der Differenzierung der Angebote (Auswahl, Schwerpunktsetzung). Sie sollten auf dem Katalog der Qualitätskriterien und Standards für gute Angebote im Bereich ‚Präventive Familienförderung' basieren, die im Rahmenkonzept der Kreisebene vorgegebenen werden. Dieser Katalog der Qualitätskriterien und Standards kann – ggf. und wenn erforderlich – für jeden einzelnen Sozialraum (entsprechend den lokalen Bedingungen vor Ort) maßgeschneidert angepasst werden. Diese Qualitätskriterien müssen selbstverständlich schriftlich fixiert (am besten im Rahmen des Lokalen Aktionsplans) und veröffentlicht werden (z.B. über die Homepage des jeweiligen Sozialraum-Teams oder gemeindlich über die Familienzentren oder die Familien-Service-Büros).

Oft wenden sich Angebote zur Präventiven Familienförderung eher an das klassische Mittelschicht-Klientel der Familienbildung. Es ist wichtig, dass sowohl Universelle Prävention und Selektive Prävention durch Familienförderung angeboten werden, dass also die öffentliche Jugendhilfe z.B. über § 16 SBG VIII (also die „Allgemeine Förderung der Erziehung in der Familie") einerseits auf alle Familien zielt, anderseits selektiv auf besonders belastete Familien und Kinder, z.B. solche, die Anspruch auf Hilfen zur Erziehung haben, und auf unterschiedliche Milieus. Es müssen also immer Angebote vorhanden sein, die einen klaren Bezug zu besonders belasteten Gruppen aufweisen (z.B. Familienhebammen-Betreuung, Familienbesucherinnen, Soziales Training für Familien in wirtschaftlicher Not, Integrationslotsen, Elternlotsen, Sprachförderercamp usw.). Es muss also insb. lebenslagendifferenziert vorgegangen werden.

Aber auch innerhalb des universellen Ansatzes muss immer sehr stark differenziert werden. D.h. solche Angebote dürfen nicht einfach pauschal für ‚die' Eltern gemacht werden, sondern müssen – wenn sie erfolgreich sein wollen – deutlich differenzieren und zwar über die Lebenslagendifferenzierung hinaus auch noch über weitere Kriterien, d.h. sie müssen also

> lebenslagen-differenziert

> zielgruppen-differenziert

> altersgruppen-differenziert (bezogen auf die Kinder der Eltern) bzw. familienphasen-orientiert

> methoden-differenziert

> themen-differenziert

> nach Präventionsniveaus differenziert (universelle Prävention – für alle, selektive Prävention – nur für potenziell belastete Gruppen, indizierte Prävention – für besonders belastete Gruppen, bei denen schon mal etwas passiert ist)

> nach Bedarfsgenauigkeit differenziert (nach Graden, in dem die lokalen Bedürfnisse und Bedarfe durch das Angebot zielgenau getroffen werden können)

> nach Zuordnung zu einem der großen strategischen Stützpfeiler (Schwerpunkte) des Gesamtkonzepts

sein.

Ein Angebots-Portfolio differenziert die Angebote zur „Allgemeinen Förderung der Erziehung in der Familie/Familienbildung") im Einzelnen dann also wie folgt:

1. Lebenslagendifferenzierung (im Hinblick auf markante sozialstatistische Merkmale: Einkommen, Armut, Wohnen, Migration, Bildungspartizipation usw.). Dabei sind vor allem besonders belastete Familien und Kinder, die Anspruch auf Hilfen zur Erziehung haben, zu beachten.[59]

2. Altersgruppendifferenzierung (entlang der Biografie von Kindern und Jugendlichen organisiert und auf besondere Familienphasen bezogen):

> Familien mit Säuglingen und Kleinkindern

> Familien mit Kindergartenkindern

> Familien mit Schulkindern

> Familien mit Jugendlichen

> Junge Erwachsene (zur Vorbereitung auf Familie)

> Nachelterliche Phase

Der örtliche Träger der Jugendhilfe sollte sich durch den ASD selber direkt im Bereich der frühen Hilfe im ersten Lebensjahr von Kindern (z.B. über Willkommens-Besuche und Weitervermittlung von Angeboten) engagieren.

3. Zielgruppendifferenzier ung – je nach Familiensituation

Es geht also um Angebote für alle relevanten Zielgruppen und Milieus von Kindern und Eltern und die Berücksichtigung beider Geschlechter (Prinzip der Heterogenität und des Gender Mainstreaming):

> Mütter und Väter, Ehepaare, Lebensgemeinschaften, Stief- und Patchworkfamilien, Regenbogenfamilien

> die ganze Familie (also einschl. der Kinder)

> Alleinerziehende

> Adoptiv- und Pflegefamilien

> Familien in Trennung und Scheidung

> Familien, die den Tod von Familienangehörigen zu beklagen haben

> Familien mit behinderten oder pflegebedürftigen Angehörigen

> Familien mit Migrationshintergrund

---

[59] Hier könnte durch Schaffung einer durch § 27 SGB VIII ja zulässigen neuen Hilfeform „Familienbildung" fokussiert interveniert werden. Hinzu kommt noch das Instrument der familienrichterlichen Weisung, ein Elterntraining zu absolvieren.

Andere, ergänzende Zielgruppendifferenzierungen könnten noch so vorgenommen werden:

> Sozial benachteiligte und bildungsferne Familien

> In den Kategorien der Sinus-Studie ‚Eltern unter Druck' wären das am ehesten und tendenziell die Sinus-Milieus der unteren Mittelschicht bzw. Unterschicht: Konsum-Materialisten und Hedonisten (vgl. Henry-Huthmacher/Borchard 2008: 161 ff., 202 ff.).

> Gut situierte, bildungsnahe Familien

> Familien der mittleren bis oberen Mittelschicht bzw. Oberschicht, mit mittlerem bis hohem Bildungsabschluss sowie ein mittleres bis hohes Einkommen. In den Kategorien der Sinus-Studie ‚Eltern unter Druck' wären das die familiären Milieus der Bürgerlichen Mitte, der Etablierten, der Postmateriellen, der Modernen Performer und der Experimentalisten (vgl. Henry-Huthmacher/Borchard 2008: 76 ff., 94 ff., 121 ff., 140 ff., 182 ff.)[60].

> Familien mit Kindern mit geistiger und seelischer Behinderung oder sonderpädagogischem Förderbedarf

Eltern und Familien mit Kindern mit einer geistigen oder seelischen Behinderung oder sonderpädagogischem Förderbedarf (zur Definition siehe Abschnitt F 2.7, S. 105) sind sicher wichtige Zielgruppen der Präventiven Familienförderung. Und für sie müssen auch eigene Angebote vorgehalten werden. Diese Zielgruppen sind im Übrigen aber sehr heterogen und ziehen sich durch alle gesellschaftlichen Milieus und Ethnien (ein typisches Beispiel für intersektionale Mehrebenenanalyse). Allerdings gibt es zwar Kinder mit sonderpädagogischem Förderbedarf in allen Milieus. Aber in den Förderschulen ist doch eine Häufung von Kindern aus sozial benachteiligten Familien und aus Familien mit Migrationshintergrund zu beobachten, die ja eine Reihe von Risikofaktoren beim Aufwachsen zu verzeichnen haben.

Die Unterscheidung zwischen sonderpädagogischem Förderbedarf und Behinderung bleibt bei der Programmplanung streng zu beachten, denn nicht alle Kinder mit einem sonderpädagogischen Förderbedarf sind behindert und nicht alle Kinder mit Behinderung haben einen sonderpädagogischen Förderbedarf.

---

[60] Zu den Familien mit Migrationshintergrund (vgl. zum Folgenden: Drosten 2012: 96. ff.):
Es wäre vollkommen verfehlt, die Familien mit Migrationshintergrund per se als Problemgruppe einzuordnen. Das macht die Sinus-Studie zu den Migranten-Milieus in Deutschland (vgl. Wippermann/Flaig 2009) deutlich. Hier wurde die folgende Differenzierung vorgenommen:
„Bürgerliche Migranten-Milieus:
• Adaptives Bürgerliches Milieu (16 %): „Die pragmatische moderne Mitte der Migrantenpopulation, die nach sozialer Integration und einem harmonischen Leben in gesicherten Verhältnissen strebt" (Wippermann/Flaig 2009: 8)
• Statusorientiertes Milieu (12 %): „Klassisches Aufsteiger-Milieu, das durch Leistung und Zielstrebigkeit materiellen Wohlstand und soziale Anerkennung erreichen will" (Wippermann/Flaig 2009: 8)
Traditionsverwurzelte Migranten-Milieus:
• Religiös verwurzeltes Milieu (7 %): „Vormodernes, sozial und kulturell isoliertes Milieu, verhaftet in den patriarchalischen und religiösen Traditionen der Herkunftsregion" (Wippermann/Flaig 2009: 8)
• Traditionelles Arbeitermilieu (16 %): „Traditionelles Blue Collar Milieu der Arbeitsmigranten und Spätaussiedler, das nach materieller Sicherheit für sich und seine Kinder strebt" (Wippermann/Flaig 2009: 8)
Ambitionierte Migranten-Milieus:
• Multikulturelles Performermilieu (13 %): „Junges, leistungsorientiertes Milieu mit bi-kulturellem Selbstverständnis, das sich mit dem westlichen Lebensstil identifiziert und nach beruflichem Erfolg und intensivem Leben strebt" (Wippermann/Flaig 2009: 8)
• Intellektuell-kosmopolitisches Milieu (11 %): „Aufgeklärtes, global denkendes Bildungsmilieu mit einer weltoffenen, multikulturellen Grundhaltung und vielfältigen intellektuellen Interessen" (Wippermann/Flaig 2009: 8)
Prekäre Migranten-Milieus:
• Entwurzeltes Milieu (9 %): „Sozial und kulturell entwurzeltes Milieu, das Problemfreiheit und Heimat/Identität sucht und nach Geld, Ansehen und Konsum strebt" (Wippermann & Flaig 2009: 8)
• Hedonistisch-subkulturelles Milieu (15 %): „Unangepasstes Jugendmilieu mit defizitärer Identität und Perspektive, das Spaß haben will und sich den Erwartungen der Mehrheitsgesellschaft verweigert" (Wippermann/Flaig 2009: 8)
Dies zeigt sehr deutlich, dass besondere Problemlagen eher nur in bestimmten Milieus, insbesondere im prekären Migrantenmilieu, vielleicht auch noch in Teilen des traditionsverwurzelten Milieus zu erwarten sind.

4. Methodendifferenzierung des Gesamt-Portfolios

Es werden effektive Methoden eingesetzt:

> Methodenmix/Methodenvielfalt

> frühzeitig ansetzend

> professionelles Personal nutzend

> auch Gruppenarbeit, statt allein Hausbesuche einsetzend

> die gegenseitige Unterstützung der Eltern anregend

> auch parallele Angebote für Kinder

> Ergänzung durch Medien: Internet (Onlineberatung), Elterntelefon, Elternbriefe usw.

5. Themendifferenzierung des Gesamt-Portfolios

Ein mögliches Themenspektrum würde sich z.B. beziehen auf:

> Schwangerschaft und Geburt

> Partnerschaft

> Erziehungsprozesse (Erziehungsstile,-probleme, -kompetenzen)

> Lernen, Entwicklung und Kommunikation in Eltern-Kind-Gruppen

> Förderung von Alltagskompetenzen

> Problem- und Konfliktbewältigung

> Gesundheit

> generationenübergreifende Begegnung

> Freizeitgestaltung

> interkulturelle Bildung und Begegnung

> Medien

> usw.

6. Differenzierung nach Präventionsniveaus

Hier geht es um die Sicherstellung eines fachlich angemessenen Präventionsniveaus (Einordnung der jeweils notwendigen Maßnahme und Art der Prävention, um sie später den fachlich richtigen, geeigneten Durchführenden zuordnen zu können):

> Universelle Prävention (für alle)

> Selektive Prävention (Angebote nur für ausgewählte potenziell belastete Gruppen)

> Indizierte Prävention (Angebote für besonders belastete Gruppen, bei denen schon einmal etwas passiert ist – teilweise auch schon erste Intervention)

> Massiver Eingriff (Intervention i.e.S. – nur über den ASD)

7. Differenzierung nach Bedarfsgenauigkeit

> nach Graden, in dem die lokalen Bedürfnisse und Bedarfe durch das Angebot zielgenau getroffen werden können

8. Differenzierung der Angebote nach Nähe zum gewählten strategischen Stützpfeiler (Schwerpunkt) des Gesamtkonzeptes (Sozialraum-ASD, Kindertagesstätte, Schule)

Jeder dieser Stützpfeiler der Gesamtstrategie, die im Abschnitt H. 4.4, S. 185 beschrieben werden, hat besondere Vorzüge und Ressourcen. Es wäre völlig verkehrt, die prägende Wirkung der Einrichtung mit ihrem jeweiligen Personal, in der man ein präventives Familienförderungsangebot macht, zu unterschätzen. So ist es nicht sehr sinnvoll, allgemeine Erziehungskompetenz-Trainings an Schulen durchzuführen. Dafür sind Kindertagesstätten, Familienzentren und Familienbildungsstätten wesentlich besser geeignet (frühes Einsetzen). Allerdings haben die Schulen eigene, spezifische Elterntrainings entwickelt, die sich enger an den schulischen Auftrag anlehnen. Die inzwischen vorhandenen speziellen ‚Home-based-Elterntrainings', die sich auf die Lernbegleitung und Beziehungsgestaltung im schulischen Kontext – gerade auch in der Grundschule – konzentrieren, sind eine hochinteressante Alternative in diesem Bereich, z.B.:

> Das ‚family'-Programm' („Familie schafft Chancen") der Vodafone Stiftung Deutschland begleitet Familien während des Übergangs von der Kita zur Grundschule und soll Eltern Sicherheit und Selbstverständnis in der Rolle als Lernbegleiter ihrer Kinder geben (vorrangig in benachteiligten Stadtteilen).

> Das GdS-Elterntraining („Gesetze des Schulerfolgs" von Adolf Timm und Klaus Hurrelmann) schließt mit dem GdS-Elternführerschein ab.

> Das Programm ‚Schul-MOVE Eltern' wendet sich an LehrerInnen, SchulsozialpädagogInnen und Fachkräfte der Ganztagsbetreuung (Motivierende Kurzintervention bei Eltern im Kontext Schule, Fortbildung in Gesprächsführung mit Eltern)

> ‚Familien-MOVE' bietet ein Forum zur konstruktiven Reflexion des Schulalltags und zum Umgang mit konfliktbelasteten Situationen in der Kommunikation Eltern – Schule

> ‚FAST' (Families and Schools together) ist ein gut evaluiertes amerikanisches Programm für den Bereich der Schule, das auch in Deutschland angeboten wird. Es ist in der Version „FuN: Familie und Nachbarschaft" weiterentwickelt und insb. für die Arbeit mit migrantischen Familien optimiert worden.

> Auch die ‚Rucksack-Programme', unter dem Titel ‚Stadtteilmütter' bekannt geworden, die Sprachförderung für migrantische Kinder und Elterntraining inzwischen auch im Grundschulbereich miteinander kombinieren, bilden im Kontext von § 16 in der Schule ein interessantes Angebot.

Diese Liste relevanter Kategorien und Kriterien ist nicht so zu verstehen, dass alle diese Punkte in jedem Angebotsportfolio auch vorhanden sein müssen. Sie haben nur die Funktion, bei der Planung der Lokalen Aktionspläne bzw. der Jahrespläne für § 16 SGB VIII eine Art Suchraster zu bilden, das mit den real vorgefundenen örtlichen Bedürfnissen und Bedarfen abgeglichen wird. So können Angebotslücken aufgespürt werden. Diese Kriterien der Differenzierung des lokalen Angebotsportfolios fließen bei der Erstellung der Lokalen Aktionspläne in eigene lokal angepasste Qualitätskriterien und Standards ein, die sich insofern zwar an den Qualitätskriterien und Standards des Rahmenplans auf Kreisebene orientieren, aber doch lokal abweichen können.

c) Das Angebots-Portfolio selber in Form maßgeschneiderter Programm-Muster

Ein Gesamtkonzept zur Präventiven Familienförderung auf Sozialraumebene sollte das Qualitätskriterium „Vollständiges Angebots- und Programmportfolio" erfüllen. Es sollte alles angeboten werden, was „erforderlich, geeignet, rechtzeitig, ausreichend" ist.

Im Angebotsportfolio erscheinen typische Programm-Muster. Sie gehen auch in das Planungsraster, das unten zunächst in seiner Struktur und dann vollständig dokumentiert wird, ein. Dort werden sie in die jeweiligen Felder eingefügt, die durch die Achsen der Grafik gebildet werden.

Wenn man die weiter oben dargestellten sieben Differenzierungskriterien für die inhaltlichen Angebote dazu nimmt, ergibt sich aus diesem Planungsraster ein vollständiges, relativ komplexes Suchraster, das den fachlichen Kern recht gut abbildet und eine Zusammenfassung und Bündelung der in diesem Kapitel erörterten Punkte darstellt. Es stellt Fragen einerseits auf der übergeordneten Planungsebene des Kreises, auf der ein Musterportfolio mit gewünschten und zugelassenen Programmen entwickelt wird, aber auch auf der sozialräumlichen Ebene, auf der eine Auswahl aus diesem Musterportfolio getroffen wird im Hinblick auf die konkrete lokale Bedürfnis- und Bedarfslage. Es handelt sich letztlich also um eine formale fachliche Hülse, deren konkrete Füllung von den jeweiligen lokalen Bedingungen abhängt und insofern in jedem Sozialraum, in jeder Samtgemeinde oder Stadt anders konkretisiert wird. Es sensibilisiert auf der anderen Seite auch für die Gesamtsicht, Vollständigkeit, für die fachlichen Notwendigkeiten und mögliche Lücken. Die Ergebnisse solcher Überlegungen finden ihren Niederschlag im mittelfristigen Angebotsportfolio des Lokalen Aktionsplans und fließen jedes Jahr neu ein in eine eher kurzfristige Jahresplanung (die vom Sozialraumteam kontinuierlich fortgeschrieben, gepflegt und veröffentlicht wird und auch der Ressourcenbindung dient).

Ein Programmportfolio für ein kommunales Gesamtkonzept Präventive Familienförderung könnte somit über die auf der nächsten Seite dokumentierte Struktur verfügen.

Die eigentlichen Programm-Muster, die in den Feldern erscheinen, haben im Allgemeinen eine aus der Praxis entstandene Struktur, z.B. eine solche wie sie unten in der Tabelle 3 dargestellt wird. Auf der Grundlage dieser beiden Planungsinstrumente (des obigen Such- und Planungsrasters und der Tabelle 3) ließen sich unter Berücksichtigung der anerkannten Qualitätskriterien und Standards aus dem Rahmenkonzept bzw. aus den lokalen Qualitätskriterien auch leicht Mindestangebote ableiten, die sozusagen eine Grundversorgung (in Abgrenzung zu den Vertiefungs- und Zusatzangeboten) abbilden würden.

Es lassen sich auch sehr gut Lücken aufspüren. So fehlen z.B. merkwürdigerweise oft die einfach zu handhabenden, aber effektiven medienorientierten Formen mit Informationsangeboten für die einzelnen Entwicklungs- und Familienphasen, die sehr gut über Elternbriefe abgebildet werden.

Diese Planungsraster sind nicht so zu verstehen, dass jetzt jedes Mal Angebote und Programme neu entwickelt werden müssten. Der Regelfall ist vielmehr, dass man anhand der reichhaltigen Liste der auf dem Markt zur Verfügung stehenden Programme fragt: Welches der Programme trifft die lokalen Bedürfnisse und Bedarfe und erfüllt unsere Qualitätskriterien?

Die Angebote eines Gesamt-Portfolios ‚Präventive Familienförderung' sind dabei in der Regel nicht einfach nur nach Themen oder Methoden oder Zielgruppen geordnet, sondern als markante Programm-Muster spezifische eher typische Kombinationen und Bündelungen von Merkmalen und ergeben Programme, die notwendig und geeignet sind, um auf die jeweilige besondere und konkrete (Anforderungs-) Situation vor Ort individuell reagieren zu können.

Lebensalter der Kinder (Familienphasen): Zielgruppen-Merkmale, z.B.	I. Vorbereitung auf Familie Schüler, junge Erwachsene	II. Übergang zur Elternschaft (Schwangerschaft/Geburt)	III. Erstes Lebensjahr (Säuglinge)	IV. Zweites, drittes Lebensjahr (Kleinkinder)	V. Kindergartenalter	VI. Grundschulalter	VII. Sekundarschulalter (Jugendliche)	VIII. Nachelterliche Phase	IX. Phasenübergreifend
Orientierung an der Familiensituation[1]:									
Alleinerziehende									
Stief-, Patchworkfamilien									
Regenbogenfamilien									
Adoptiv- und Pflegefamilien									
Ehepaare									
Standard-Familie									
Lebensgemeinschaften									
Orientierung an familialen Belastungssituationen									
Familien in Trennung oder Scheidung									
Eltern aus HzE-Maßnahmen									
Teenager-Schwangerschaften und minderjährige Eltern									
Familien mit pflegebedürftigen Angehörigen									
Familien mit Kindern mit Behinderung oder sonderpädagogischem Förderbedarf									
Familien mit Tod von Familienangehörigen									
Orientierung an familialen Lebenslagen (Einkommen, Bildung, Milieu, Bildungsgrad usw.)									
Sozial benachteiligte Familien									
Familien mit Migrationshintergrund									
nach Bildungsgrad und Bildungsgewohntheit: z.B. bildungsferne Eltern									
nach Bildungsgrad und Bildungsgewohntheit: z.B. bildungsnahe Eltern									
Orientierung an soziologischen Gruppierungen, z.B. Sinus-Milieus[3]:									
Angebote für ausgewählte einzelne Sinus-Milieus[3]									
durchschnittliche Eltern (Querschnitt): für alle									
Orientierung am Geschlecht[4]:									
Väter									
Mütter									
Väter und Mütter gemeinsam									
Jungen									
Mädchen									
Familie als ganze									

In den Feldern: typische Angebote (,Programm-Muster'):

Das sind idealtypische Profile und Muster von Maßnahmen, Angeboten und Programmen, mit denen Bedarfsgerechtigkeit durch speziell zugeschnittene Angebote hergestellt wird.

Dies sind nicht einfach Methodentypen, sondern sie differenzieren sich aus nach den spezifischen Anforderungen der konkreten Praxissituation zu einem markanten Profil, das sie über eine für sie jeweils typische Zusammenstellung aus Merkmalen in folgenden Kategorien gewinnen:

1. Nach den beiden Achsen dieses Schemas: Familienphasen (Lebensalter der Kinder) und Zielgruppenmerkmale: Man wählt die Kategorien aus, die in der eigenen Situation wichtig sind.

2. Zusätzlich jeweils durch spezifische Ausgestaltung einzelner Strukturelemente von Programmen (sh. Stange u.a. 2012: 520 f.)

- Ausgangslage (Anlässe, Indikationen, Interessenlagen)
- Akteure (Durchführende, Kooperationspartner)
- Zugänge
- Arbeitsfelder (Orte)
- Ziele
- Methoden

und häufig besonders hervorgehoben:

- Themen (Gegenstände)

3. Differenzierung nach Anbietern:

Institutionen, Organisationen (freie und öffentliche Träger) und einzelne Akteure - häufig mit Schwerpunkt in einer der Lebensalterphasen.

Es ist zunächst einmal wichtig, dass ein verallgemeinertes Portfolio prinzipiell ein möglichst vollständiges Spektrum von Grundstrategien und Programm-Mustern für den jeweiligen Bereich (FiZ – Familie im Zentrum, Eltern- und Familienbildung, Erziehungs- und Bildungspartnerschaften, Familienzentren usw.) abbildet und nicht einseitig reduziert (z.B. nur eine Programm-Muster-Linie wie Kita- oder Schulansätze oder nur reine Familienbildungsstätten-Profile). Ein Beispiel für die Struktur eines verallgemeinerten Portfolios mit 38 Programm-Mustern wird weiter unten dokumentiert.

Das letztendlich dann realisierte Angebotsportfolio enthält die vor Ort passende Auswahl. Diese hängt allein vom konkreten Bedarf im jeweiligen Sozialraum ab (Bedarfsanalyse und Konzeptentwicklung). Dabei ist es dann meistens so, dass viele Angebote flächendeckend angeboten werden, einige aber nur punktuell (Bedarfsgerechtigkeit, ggf. kann auch eine Unterscheidung von Grundversorgung und Aufbau-Leistungen zugrunde gelegt werden).

Abbildung 14: Struktur eines Programm-Muster-Portfolios für sozialräumliche Angebote für die Präventive Familienförderung

[1] Bedarfsgerechtigkeit durch spezielle Angebote für bestimmte Familienformen.

[2] Die Merkmale der beiden folgenden Kategorien werden, je nach Situation vor Ort, meistens pragmatisch gemixt und gebündelt.

[3] Konsum-Materialisten, Hedonisten, Traditionsverwurzelte, Bürgerliche Mitte, Postmaterialisten, Experimentalisten, Etablierte, Konservative, Moderne, Performer

[4] Die meisten Elternprogramme differenzieren hier allerdings nicht und bieten geschlechtsneutrale Programme an. Wenn im Einzelfall Programme, z.B. nur für Väter, angeboten werden, wird dies jeweils ergänzend vermerkt.

In der Praxis kann man im Prinzip die folgende nach Familienphasen geordnete Struktur von Angebots- und Programmtypen[61] feststellen:

I. Vorbereitung auf Familie

1. Maßnahmen zur Vorbereitung auf Familie (SchülerInnen, junge Erwachsene)

II. Übergang zur Elternschaft (Schwangerschaft/Geburt)

2. Allg. Angebote in der Schwangerschaft (im Sinne des neu gefassten § 16 b SGB VIII, Absatz 3 und des KKG)
3. Erstkontakte zu jungen Familien, z.B. Baby-Besuchsdienst für alle (Begrüßungsprogramme für Neugeborene)
4. Hilfen in belastenden Situationen vor und direkt nach der Geburt, z.B. Familienhebammenbetreuung

III. Erstes Lebensjahr (Säuglinge)

5. Angebote für Eltern/Familien mit Kindern im 1. Lebensjahr, insb. Eltern-Kind-Gruppen

IV. Zweites, drittes Lebensjahr (Kleinkinder)

6. Angebote für Eltern/Familien mit Kindern im 2. – 3. Lebensjahr neben der Krippe und Tagespflege, insb. Eltern-Kind-Gruppen
7. Institutionelle, einrichtungsbezogene Elternarbeit in der Krippe und in der Tagespflege: Erziehungs- und Bildungspartnerschaften

    a) Information, b) Abstimmung, Koordination, Austausch, c) Kontaktpflege, soziale Kommunikation (z.B. offene Elterntreffs, Elterncafés), d) Beratung in Lern- und Entwicklungsfragen des eigenen Kindes, e) Elternmitarbeit in der Einrichtung usw., f) Partizipation und Verhandlung i.e.S. (Entscheidungen usw.)

8. Elternkurse, Training von allgemeinen Erziehungskompetenzen für alle (einschl. Eltern-Coaching) für Eltern von Kleinkindern
9. Besondere Maßnahmen zur Vereinbarkeit von Familie und Beruf in der Krippe und Tagespflege

---

[61] In dieser Einteilung von Programmmustern stecken – jeweils in unterschiedlichen Anteilen – auch die idealtypischen Methodenmuster der Elternarbeit: 1. Information, 2. Kontaktpflege, 3. Abstimmung, Koordination, Austausch, 4. Beratung, 5. Coaching, 6. Materielle Hilfen, 7. Erziehungskompetenz-Training für Eltern, 8. Partizipation und Verhandlung i.e.S. (Entscheidungen usw.), 9. Elternmitarbeit in der Einrichtung, 10. Elternselbstorganisation, -hilfe, -verwaltung, 11. Netzwerkarbeit, 12. Öffentlichkeitsarbeit.
Programmmuster sind aber mehr als Methodenmuster (Methodentypen). Das sind idealtypische Profile und Muster von Maßnahmen, Angeboten und Programmen, mit denen Bedarfsgerechtigkeit durch speziell zugeschnittene Angebote hergestellt wird.
Sie differenzieren sich aus nach den spezifischen Anforderungen der konkreten Praxissituation durch ein markantes Profil, das sie über eine für sie jeweils typische Zusammenstellung aus verschiedensten zusätzlichen Merkmalen gewinnen.
Die konkreten Angebote und Programme für Eltern und Familien enthalten also verschiede Methodenelemente in unterschiedlicher Zusammensetzung und verdichten sich dann zu den markanten typischen Programmmustern. Solche Programmmuster enthalten im Übrigen eine Vielfalt an Maßnahmen, die über klassische Familienbildung hinausgehen wie zum Beispiel materielle Hilfen, Einzelberatungen, Hausbesuchsprogramme (z.B. Opstapje, HIPPY), Offene Elterntreffs/Elterncafés zu Erziehungsfragen, Freizeit-/familienpädagogische Maßnahmen (z.B. Eltern-Kind-Wochenenden, Ausflüge), sensomotorische Angebote mit dem Ziel, die Eltern-Kind-Beziehung oder die Erziehungskompetenz zu verbessern (z.B. PEKiP, DELFI, Babymassagen), Angebote zur Förderung der Alltagskompetenz (z.B. Haushaltsführung, Vereinbarung von Familie und Beruf, Zeitmanagement), Hilfen in belastenden Situationen vor und direkt nach der Geburt, z.B. Familienhebammenbetreuung usw.
Gemeint sind mit den Programm-Mustern nur Maßnahmen, die sich direkt an Eltern/Personensorgeberechtigte wenden! Nicht gemeint sind die Maßnahmen der Betreuung und Bildung, die Familien zwar entlasten, sich aber direkt an die Kinder und Jugendlichen wenden und selber direkt keine präventive Elternförderung sind: 1. Krippe, 2. Kindertagespflege, 3. Kindergarten, 4. Hort, 5. Schule, 6. Jugendarbeit, 7. Besondere Förderangebote für Kinder und Jugendliche außerhalb der klassischen Institutionen, 8. der reine Kinder- und Jugendanteil der H.z.E.

V. Kindergartenalter

10. Institutionelle, einrichtungsbezogene Elternarbeit im Kindergarten/Familienzentrum: Erziehungs- und Bildungspartnerschaften

    a) Information, b) Abstimmung, Koordination, Austausch, c) Kontaktpflege, soziale Kommunikation (z.B. offene Elterntreffs, Elterncafés), d) Beratung in Lern- und Entwicklungsfragen des eigenen Kindes, e) Elternmitarbeit in der Einrichtung usw., f) Partizipation und Verhandlung i.e.S. (Entscheidungen usw.)

11. Elternkurse, Training von allgemeinen Erziehungskompetenzen für alle (einschl. Eltern-Coaching) für Eltern von Kindergartenkindern

12. Besondere Maßnahmen zur Vereinbarkeit von Familie und Beruf im Kindergarten

13. Angebote für Eltern von Kindern im Alter von 4 - 6 Jahren außerhalb der Kita

VI. Grundschulalter

14. Institutionelle, einrichtungsbezogene Elternarbeit in der Grundschule und im Hort: Erziehungs- und Bildungspartnerschaften

    a) Information, b) Abstimmung, Koordination, Austausch, c) Kontaktpflege, soziale Kommunikation (z.B. offene Elterntreffs, Elterncafés), d) Beratung in Lern- und Entwicklungsfragen des eigenen Kindes, e) Elternmitarbeit in der Einrichtung usw., f) Partizipation und Verhandlung i.e.S. (Entscheidungen usw.)

15. Schulbezogene Elternkurse: Home-Based-Trainings

16. Besondere Maßnahmen Vereinbarkeit von Familie und Beruf in der Grundschule

17. Angebote für Eltern von Schulkindern und Jugendlichen außerhalb der Schule

VII. Sekundarschulalter (Jugendliche)

18. Institutionelle, einrichtungsbezogene Elternarbeit in der Sekundarschule: Erziehungs- und Bildungspartnerschaften a) Information, b) Abstimmung, Koordination, Austausch, c) Kontaktpflege, soziale Kommunikation (z.B. offene Elterntreffs, Elterncafés), d) Beratung in Lern- und Entwicklungsfragen des eigenen Kindes, e) Elternmitarbeit in der Einrichtung usw., f) Partizipation und Verhandlung i.e.S. (Entscheidungen usw.)

19. Schulbezogene Elternkurse zu phasenbezogenen Themen, insb. auch Kurse und andere Maßnahmen zum Übergang Schule – Beruf

VIII. Nachelterliche Phase

20. Großeltern-Kurse

IX. Phasenübergreifend

21. Informationsangebote für Eltern/Familien für sämtliche Entwicklungs- und Familienphasen (elektronische Medien, Internet-Seiten, Elternbriefe usw.)

23. Beratungsangebote (insb. § 16 – 18 SGB VIII)

23. Hilfen für Familien mit behinderten Kindern

24. Bildungsangebote für besonders belastete Eltern (selektive Prävention, vom ASD aus organisiert – z.B. mit einer neuen Hilfeform nach § 27 SGB VIII „Elternbildung/Familienbildung" oder bes. Angebote für migrantische Eltern)

25. Aufsuchende Hilfen (Familienbesucherinnen)

26. Zivilgesellschaftliche und ehrenamtliche Angebote, Laienkonzepte[62] (z.B. Familienhelfer, Erziehungslotsen, Integrationslotsen usw.)

27. Materielle Hilfen im Rahmen der gesetzlichen Ansprüche und auch außerhalb der gesetzlichen Ansprüche (Stiftung Mutter und Kind, Tafeln, Umsonst-Läden, Sozialkaufhäuser usw.)

28. Gesundheitsförderung (Gesundheitskurse, Informationen, Beratung usw. z.B. im Bereich Baby-Ernährung)

29. Freizeit- und familienpädagogische Maßnahmen (z.B. Familienerholung, Eltern-Kind-Wochenenden, Ausflüge)

30. Angebote zur Förderung der Alltagskompetenz (z.B. Haushaltsführung, Zeitmanagement)

31. Generationenübergreifende Angebote

32. Netzwerkarbeit

33. Elternselbstorganisation, -selbsthilfe, -selbstverwaltung

34. Öffentlichkeitsarbeit

35. Besondere Maßnahmen zur Vereinbarkeit von Familie und Beruf außerhalb von Krippe, Tagespflege, Kita und Schule

36. Lotsen- und Vermittlungsinstrumente (wenn Maßnahmen weitervermittelt werden)

37. Umfassende Gesamtangebote mit einer Vielfalt kombinierter Angebote und Maßnahmen

---

[62] Können inhaltlich z.T. auch den anderen Kategorien zugeordnet werden.

Diese Muster sind teilweise nicht ganz trennscharf und überschneiden sich manchmal inhaltlich etwas. Sie sind eben keine reine Inhaltsordnung und keine reine Methoden- oder Zielgruppen- und Phasenordnung, sondern eine aus der konkreten Praxisanwendung entstandene Ordnung. Diese Programm-Muster stellen zunächst einmal Oberbegriffe dar, die die überbordende Menge an Angeboten sinnvoll sortieren können und damit in der Praxis besser handhabbar werden lassen. Wie dann ein vollständiges Portfolio aussehen könnte, das die bunte Vielfalt der Angebote so geordnet widerspiegelt, wird im Folgenden exemplarisch und ohne Anspruch auf Vollständigkeit vorgestellt. Die Tabelle zeigt, welche präventiven niedrigschwelligen Beratungs- und Unterstützungsangebote für Kinder und Familien in den folgenden Bereichen bereitgehalten werden könnten (in weiten Teilen gegliedert nach Angeboten für bestimmte Familienphasen und Lebensalter der Kinder, wobei einige der Programme auch an anderen Stellen ein zweites Mal eingeordnet werden können)[63]:

	I. Vorbereitung auf Familie
1. Maßnahmen zur Vorbereitung auf Familie (Schüler, junge Erwachsene)	> Elternschaft lernen (Pro Familia, Baby-Puppen) > Gruppenangebote zur Prävention an Schulen
	II. Familienphase „Übergang zur Elternschaft (Schwangerschaft/Geburt)"
2. Allg. Angebote in der Schwangerschaft (im Sinne des neu gefassten § 16 b SGB VIII, Absatz 3 und des KKG)	> Spezielle Angebote für Schwangere (z.B. Schwangeren-Treff, Aqua-Gymnastik etc.) > Schwangerenberatung > Angebote zur Geburtsvorbereitung (Geburtsvorbereitungs-Kurse) > Kurse zur Vorbereitung auf die gemeinsame Zeit mit dem Baby (z.B. ‚Fit fürs Baby'/‚Fit für den Start' etc.) > Präventive Frühwarnsysteme > z.B. frühes Screening in Geburtskliniken (wie etwa in Ludwigshafen) > Geschwisterunterbringung für die Zeit kurz vor und nach der Geburt > Rückbildungsgymnastik > Besuch von Hebammen > SAFE – Sichere Ausbildung für Eltern (Kurs für werdende Eltern zur Förderung einer sicheren Bindung zwischen Eltern und Kind durch SAFE® - MentorInnen)
3. Erstkontakte zu jungen Familien	> Baby-Besuchsdienst für alle (Begrüßungsprogramme für Neugeborene) > Baby-Begrüßungsprogramm > Begrüßungsbesuche bei allen Familien bei der Geburt eines Kindes, Angebote für „Neueltern" (z.B. Informationsordner, Geschenke, Gutscheine beim Hausbesuch aller Familien mit Neugeborenen)
4. Hilfen in belastenden Situationen vor und direkt nach der Geburt	> Familienhebammenbetreuung, insb. Familienhebammen des Jugendamts > Beratungsstunden von Hebammen mit Migrationshintergrund

[63] Auf der Basis von Stange 2013a: 36 ff., Drosten 2012: 111 ff.

	III. Erstes Lebensjahr (Säuglinge)

5. Angebote für Eltern/Familien mit Kindern im 1. Lebensjahr	> ‚Guter Start ins Kinderleben' (Modellprojekt zur frühen Förderung elterlicher Erziehungs- und Beziehungskompetenzen in prekären Lebenslagen und Risikosituationen. Prävention von Vernachlässigung und Kindeswohlgefährdung im frühen Lebensalter)
	> Programm ‚Keiner fällt durchs Netz!' (Netzwerk für Eltern mit Hebammen, die zur Familienhebamme ausgebildet werden. Frühe Identifikation und rechtzeitiger Zugang zu Risikofamilien, Hilfestellungen bei belasteten Familien noch bevor es zu einer Gefährdung des Kindeswohls kommt)
	> Hebammen-Netzwerk
	> Kinderärztliche Untersuchungen U 2 ff.
	> Förderung der Inanspruchnahme der U-Untersuchungen
	> Wellcome
	> Marte Meo
	> Eltern-Kind-Gruppen
	  - Baby- und Krabbelgruppen (z.B. ‚Delfi-Kurse' etc.)
	  - Kinderwagentreffs
	  - FuN-Baby
	  - PEKiP-Gruppen (Prager Eltern-Kind-Programm)
	  - Babymassage
	  - Babyschwimmen
	> Paula (Eltern-Kind-Training für jugendliche Mütter)
	> Schutzengel e.V. (für Schwangere, Familien mit Kindern bis zu 3 J., allein erziehende junge Mädchen, die schwanger sind)
	> Elternkurs ‚Das Baby verstehen' (Cierpka, Universitätsklinik Heidelberg)
	> Steep (Steps Toward Effective, Enjoyable Parenting, Programm für erstgebärende Mütter mit schwierigen und belastenden Problemlagen)
	> Elternbildungskurs ‚Das erste Lebensjahr nach Emmi Pikler'
	> Elternbildungskurs ‚Klein rein gehen, groß raus kommen'
	> Kurs ‚Wenn aus Partnern Eltern werden' - Eltern vor der Geburt sowie Eltern mit Kindern bis zu vier Jahren (Deutscher Familienverband)
	> Erste-Hilfe-Kurse für Eltern
	> Anbieter-Netzwerk ‚Präventive Familienförderung' im 1. Lebensjahr des Kindes

	IV. Zweites, drittes Lebensjahr (Kleinkinder)
6. Angebote für Eltern/Familien mit Kindern im 2.-3. Lebensjahr außerhalb von Krippe und Tagespflege	> Offene Eltern-Kind-Gruppen/Spielkreise > Opstapje (sozial benachteiligte Familien mit Kindern ab 18 Monaten) > Zweisprachige Eltern-Kind-Gruppen > Griffbereit (Programm, das die Muttersprachenkompetenz, erste Deutschkenntnisse und die Allgemeinentwicklung bei 1- bis 3-jährigen Kindern aus Zuwandererfamilien fördern will. Akteure im Griffbereit-Programm: die Mütter selbst) > Marte Meo > Mo.Ki ‚unter 3' (‚Monheim für Kinder'): Gesamtkonzept für 0 – 3 > DELFIN (Deutsch und Erziehung Lernen – Frühkindliche Integration für alle Nationen), ein Jahr vor Kita-Eintritt > Elternarbeit in Schnuppergruppen (zur Erleichterung der Eingewöhnung) > Vater-Kind-Angebote > Familienfrühstück > Offener Eltern-Kind-Club/Familientreff > Offenes Elterncafé > Buchstart – Lesen von Anfang an (z.B. Lüneburg, Nienburg) – auch mit Älteren > Lesestart – die Lese-Initiative für Deutschland – auch mit Älteren

7. Institutionelle, einrichtungsbezogene Elternarbeit in der Krippe und in der Tagespflege	> Erziehungs- und Bildungspartnerschaften: a) Information, b) Abstimmung, Koordination, Austausch, c) Kontaktpflege, soziale Kommunikation (z.B. offene Elterntreffs, Elterncafés), d) Beratung in Lern- und Entwicklungsfragen des eigenen Kindes, e) Elternmitarbeit in der Einrichtung usw., f) Partizipation und Verhandlung i.e.S. (Entscheidungen) > Beschwerdemanagement (geregeltes Verfahren, auch einfache Formen wie Meckerkasten usw.) > Systematische, qualitative Verfahren der Beobachtung, Dokumentation und Planung von Entwicklungsprozessen – auch als Grundlage für Entwicklungsgespräche mit Eltern > Entwicklungsscreenings zur allgemeinen und speziellen Früherkennung (bspw. Screenings zur Motorik, zu Lese-/Rechtschreibschwächen, Verhaltensauffälligkeiten, zur Begabungsförderung etc.) > Sprachfördermaßnahmen und -projekte in Erst- und Zweitsprache (z.B. Trainingsprogramm ‚Hören, Lauschen, Lernen', ‚KIKUS' etc.) > Spezifische Leistungen der Tagesmütter zur Elternarbeit > Anbieter-Netzwerk ‚Elternbildung unter 3'
8. Elternkurse, Training von allgemeinen Erziehungskompetenzen für alle (einschl. Eltern-Coaching) für Eltern von Kleinkindern	Siehe unter Nr. 11
9. Besondere Maßnahmen zur Vereinbarkeit von Familie und Beruf in der Krippe/Tagespflege	> Programme zur Tagesmütterintegration in Kindertagesstätten (Treff, Koordination, Vermittlung, Randzeiten), Kooperation mit einem festen Stamm von Tageseltern > Hospitationen von Tageseltern mit ihren betreuten Kindern in der Kindertageseinrichtung zur Vorbereitung des Übergangs > Randzeitenbetreuung durch Tageseltern in den Räumen des Familienzentrums > Tageseltern nutzen freie Räume des Familienzentrums während der Öffnungszeiten > Tageseltern aus dem Stadtteil werden in die Krippe/Kita mit eingebunden > Kooperation mit der entsprechenden Fachvermittlungsstelle bei der Vermittlung von Kindertagespflegepersonen > Sicherstellen ausreichender Betreuungsangebote für unter Dreijährige (z.B. Krippe, betreute Spielgruppen etc.) und Kita-Kinder Siehe auch unter Nr. 12

V. Kindergartenalter	
10. Institutionelle, einrichtungsbezogene Elternarbeit im Kindergarten/ Familienzentrum und Hort: Erziehungs- und Bildungspartnerschaften	> Marte Meo > Erziehungs- und Bildungspartnerschaften: a) Information, b) Abstimmung, Koordination, Austausch, c) Kontaktpflege, soziale Kommunikation (z.B. offene Elterntreffs, Elterncafés), d) Beratung in Lern- und Entwicklungsfragen des eigenen Kindes, e) Elternmitarbeit in der Einrichtung usw., f) Partizipation und Verhandlung i.e.S. (Entscheidungen usw.) > Elterngremien- und Verbände (Elternrat/Elternbeirat, Stadtelternrat, Landeselternvertretung, Bundeselternrat usw.) > Partizipation von Eltern an der Planung und Durchführung von Angeboten und Projekten des Familienzentrums > Beschwerdemanagement (geregeltes Verfahren, aber auch einfache Formen wie Meckerkasten usw.) > Systematische, qualitative Verfahren der Beobachtung, Dokumentation und Planung von Entwicklungsprozessen – auch als Grundlage für Entwicklungsgespräche mit Eltern > Entwicklungsscreenings zur allgemeinen und speziellen Früherkennung (bspw. Screenings zur Motorik, für Lese-/Rechtschreibschwächen, Verhaltensauffälligkeiten, Begabungsförderung etc.) > Verbindliche Entwicklungsgespräche auf der Grundlage von regelmäßigen Beobachtungen und Entwicklungsdokumentationen > Kindertageseinrichtungen bieten den Eltern vor den Kinderarzt-Untersuchungen U 8 und U 9 Gespräche und Entwicklungsdokumentationen an > Sprachfördermaßnahmen und -projekte in Erst- und Zweitsprache (z.B. Trainingsprogramm ‚Hören, Lauschen, Lernen‘, KIKUS‘ etc.) > Bildungsbegleiter > Rucksack-Programm Kita > Kindertagebuch für Eltern (Eltern können festhalten, womit sich ihr Kind beschäftigt und woran es interessiert ist) > Elterngespräche und Begleitung, auch in verschiedenen Sprachen > Tür- und Angel-Gespräche > Hausbesuche > Aufsuchende Elternarbeit > Hospitationen von Eltern in der Kindertageseinrichtung > Elternforum > Elternbrief als Information und Einladung an die Eltern vierjähriger Kinder, die keine Kita besuchen > Professionelle Eingewöhnung von Kindern und ihren Familien > Fortbildung für ErzieherInnen zur Elterngesprächsführung Kontaktpflege, soziale Kommunikation: > Offenes Elterncafé > Elternstammtisch > Elterntreff Trotzphase etc. > Gesprächskreise > Frühstückstreff, Familienfrühstück > Spaziergänge > Sport-, Kreativ- und Freizeitangebote für Eltern > Spezielle Angebote für Alleinerziehende (z.B. Dinner für Alleinerziehende) > Spezielle Angebote für Väter (z.B. Vätertreff) > Spezielle Angebote für Mütter (z.B. Müttertreff) > Rucksackmüttertreff (für Mütter mit Migrationshintergrund, die am Programm ‚Rucksackmütter‘ teilnehmen)

- Mutter-Vater-Kind-Bewegungskurse
- Spezielle Vater-Kind-Angebote
- Familiennachmittage mit wechselnden, themengebundenen Aktionen (z.B. Sportaktionen, Ausflüge, Waldtage, gemeinsames Kochen, Basteln etc.)
- Präventionsprojekte zu Sucht, Gewalt, sexuellem Missbrauch, Medien etc.
- Angebote zur interkulturellen Verständigung
- Offener Eltern-Kind-Club/Familientreff
- Eltern-Kind-Mittagstisch
- Sport- und Freizeitangebote für Familien
- Familienfreizeiten/-ausflüge
- Kulturelle u. Interkulturelle Veranstaltungen, Feste, Feiern
- Interkulturell ausgerichtete Veranstaltungen und Aktivitäten, (Internationales) Kochen mit Eltern und Kindern
- Geschulte Laien-DolmetscherInnen sorgen im Familienzentrum für bessere Verständigung (Kurse)

Unterstützung von Eltern/Familien durch Kooperation mit der Kindertagespflege:
- Schriftliche Informationsmaterialien zum Thema Kindertagespflege liegen in der Einrichtung sowie nach Bedarf auch an anderen Orten aus, an denen Familien mit Kindern unter drei Jahren erreicht werden
- Die Einrichtung berät Eltern über Kindertagespflege und kennt die Wege zur Vermittlung von Tageseltern in der Kommune
- Informationsveranstaltungen für Eltern zum Thema Kindertagespflege
- Das Kita-Familienzentrum verfügt über Kenntnisse von Tageseltern mit bestimmten Kompetenzen (z.B. Betreuung von Kindern mit Behinderung, interkulturelle Kompetenz etc.)
- Tageselterncafé im Familienzentrum der Kita – ggf. mit Begleitung durch eine Fachkraft
- Das Kita-Familienzentrum verfügt über Informationen zu Angeboten der Qualifizierung von Tageseltern
- Beteiligung von Tageseltern an Teamsitzungen des Familienzentrums
- Beteiligung von Tageseltern an Fortbildungsangeboten in der Kita bzw. im Familienzentrum
- Integration der Beobachtungen/Sichtweisen von Tageseltern in die Bildungsdokumentation gemeinsam betreuter Kinder
- Anbieter-Netzwerk ‚Elternbildung in der Kita'

Sonstiges
- Projekte wie ‚Brückenjahr' oder ‚Vom Kindergarten in die Schule: ein Übergang für die ganze Familie' oder ‚TANDEM – Unterschiede managen – Kita und Grundschule gestalten gemeinsam den Übergang'
- ERIK – Erziehungshilfe, Rat und Information im Kindergarten (Erziehungsberatungstelle)
- Book Buddy (Drittklässler lesen Vorschulkindern einmal wöchentlich vor)
- Soziales Training für Kinder und Eltern
- Sprachfördermaßnahmen und -projekte für Kinder ab 5 Jahren, die keine Kindertageseinrichtung besuchen
- Kinder- und Familienbibliothek
- Elternarbeit im Brückenjahr
- Partizipation von Kindern an der Planung und Durchführung von Angeboten und Projekten des Kita-Familienzentrums
- MoKi I – ‚Kita 3-6 Jahre' (‚Monheim für Kinder'): geschlossenes Gesamtkonzept für 3 – 6
- Anbieter-Netzwerk ‚Präventive Familienförderung' im Kindergartenalter

11. Elternkurse, Training von allgemeinen Erziehungskompetenzen für alle (einschl. Eltern-Coaching) für Eltern mit Kindern im Kita-Alter (in der Regel auch für andere Altersgruppen geeignet)	> Rucksack Kita/Stadtteilmütter
	  - Stadtteilmütterqualifizierung
	> ‚MachMit' – Angebot für deutsche Mütter, das dem ‚Rucksack-Programm' für Eltern mit Migrationshintergrund ähnelt
	> Eltern- und Familienbildung: Elterntrainings/Kurse zur Stärkung der Erziehungs-kompetenz, Elterncoaching, z.B.
	  - Triple P-Gruppentraining (Positive Parenting Program – Positives Erziehungsprogramm)
	  - FuN Kita
	  - Marte Meo
	  - Freiheit in Grenzen
	  - Kess erziehen
	  - STEP
	  - Starke Eltern – Starke Kinder®
	  - Dialogisches Coaching + Konfliktmanagement 'Zusammen lernen'
	  - Rendsburger Elterntraining
	  - ELTERN-AG
	  - STEP Elternkurs (Systematic Training for Effective Parenting)
	  - TAFF (Training, Anleitung und Förderung von und mit Familien)
	  - FemmesTISCHE
	  - Familienteam (Walper)
	  - Elterncoaching nach Haim Omer
	  - Elterncoaching (des Vereins Albatros/Thomas Schmehl)
	  - Mobile Elternbildung (Brandenburg, Sachsen)
	  - FET – Family Effectiveness Training
	  - Heidelberger Elterntraining
	  - Eltern stärken
	  - Encouraging – Elterntraining
	  - Elternführerschein
	  - EFFEKT (EntwicklungsFörderung in Familien: Eltern- und Kinder-Training, 3 – 10 Jahre)
	  - PALME – Präventives Elterntraining für alleinerziehende Mütter geleitet von ErzieherInnen
	> Medienorientierte Elternbildung
	  - Elternbriefe (Arbeitskreis neue Erziehung)
	  - Elternratgeber
	  - Erziehungsfernsehen („Super Nanny")
	  - Internet-Erziehungsberatung
	  - Online-Familienhandbuch
	  - Elterntelefon
	  - Freiheit in Grenzen (CD-Rom für verschiedene Altersgruppen zur Stärkung elterlicher Erziehungskompetenzen)
	> Hauswirtschaftliche Angebote (z.B. Kochkurs, Haushaltsplanung, Kostenbewusstsein, gesunde Ernährung etc.)
	> Videobasierte Verfahren der Elternarbeit und Elternbildung
	> Einrichtungsübergreifende Eltern-Infoveranstaltungen
	> Pädagogische, themengebundene Veranstaltungen (z.B. Elternfrühstück mit Thema, Themennachmittage, Elternabende etc.), themengebundene Vorträge
	> Hauswirtschaftliche Angebote (z.B. Kochkurs, Haushaltsplanung, Kostenbewusstsein, gesunde Ernährung etc.)
	> Religionspädagogische Angebote für Eltern
	> Qualifizierung von Eltern zu MentorInnen
	> Kampagne Erziehung (Jugendamt Nürnberg)

12. Besondere Maßnahmen zur Vereinbarkeit von Familie und Beruf	> Jährliche Abfrage der zeitlichen Betreuungsbedarfe von Eltern (über reguläre Öffnungszeiten hinaus) > Beratung für Eltern, die einen Betreuungsbedarf haben, der über die regulären Öffnungszeiten hinausgeht > Betreuungsangebote für unter Dreijährige (z.B. Krippe, betreute Spielgruppen etc.) > Regelmäßige Betreuungsangebote bis mindestens 18:30 Uhr > Ferienbetreuung – bei Bedarf auch von Grundschulkindern > Babysitterkartei – das Kita-Familienzentrum verfügt über einen Pool von Babysittern zur Vermittlung an interessierte Eltern > Ergänzende Altenbetreuung > Notfallbetreuung für Kinder, deren Geschwisterkinder die Einrichtung besuchen > Notfallbetreuung für andere Kinder aus dem Einzugsgebiet > Offene Spielgruppe/Beaufsichtigungsangebot am Nachmittag > Kinderhotel am Wochenende > Regelmäßige Betreuungsmöglichkeiten am Wochenende > Betreuungsmöglichkeiten für Eltern im Schichtdienst > Über-Mittag-Betreuung (z.B. durch Ehrenamtliche) > Offene Spielgruppe/Beaufsichtigungsangebot am Nachmittag > Ferienbetreuung – bei Bedarf auch von Grundschulkindern > Bring- und Abholdienste für Kinder im Bedarfsfall > Kooperation mit Unternehmen – Betreuungsmöglichkeiten für Kinder der Beschäftigten > Kooperation mit der Arbeitsagentur – Betreuungsangebote für arbeitsuchende Eltern > Im Bedarfsfall Organisation einer häuslichen Betreuung > Berücksichtigung von voll berufstätigen Eltern bei der zeitlichen Koordinierung der Angebote > Mittagstisch für Kinder der Einrichtung und ggf. deren Geschwisterkinder > Eltern-Kind-Mittagstisch > Kostenlose Mittagssuppe für Schulkinder > Obst und Gemüse für Kinder von der Tafel
13. Angebote für Eltern von Kindern von 4 – 6 außerhalb der Kita	> ‚Rucksack-Programm' Kita, Stadtteilmütterqualifizierung > HIPPY (Hausbesuchsprogramm für Eltern mit Vorschulkindern) > Angebote zur Förderung von Kindern mit Teilleistungsschwächen > Frühförderung in den Räumen des Kita-Familienzentrums > Logopädie in den Räumen des Familienzentrums > Spezielle Förderung von Kindern mit Migrationshintergrund > Individuelle Therapiemöglichkeiten in den Räumen der Kita bzw. des Familienzentrums (durch therapeutische Fachdienste) > Offene, kreative oder integrierte heilpädagogische Angebote > Psychomotorik > Therapeutisches Reiten > Musische Angebote und musikalische Früherziehung > Künstlerisch-kreative Angebote > Theaterpädagogische Angebote > Religionspädagogische Angebote > Interkulturelle und interreligiöse Angebote/Aktivitäten > Angebote zur Medienerziehung > Freizeitbörse > Sport- und Bewegungsangebote > Kinderfreizeiten/Ausflüge > Angebote zur Gesundheitsförderung > Themenorientierte Projektarbeit/Bildungsprojekte > Selbstbehauptungskurse und Selbstverteidigungskurse > Ideenbörse

	VI. Grundschulalter
14. Institutionelle, einrichtungsbezogene Elternarbeit in der Grundschule: Erziehungs- und Bildungspartnerschaften	> Rucksack-Programm Grundschule (‚Stadtteilmütter') > Familienfreundliche Schule (z.B. Bündnis für Familie Nürnberg) > Erziehungs- und Bildungspartnerschaften a) Information, b) Abstimmung, Koordination, Austausch, c) Kontaktpflege, soziale Kommunikation (z.B. offene Elterntreffs, Elterncafés), d) Beratung in Lern- und Entwicklungsfragen des eigenen Kindes, e) Elternmitarbeit in der Einrichtung usw., f) Partizipation und Verhandlung i.e.S. (Entscheidungen usw.) > Elterngremien und Verbände (Stadtelternrat, Landeselternvertretung, Bundeselternrat usw.) > Beschwerdemanagement (geregeltes Verfahren, auch einfache Formen wie ‚Meckerkasten' usw.) > Offenes Elterncafé > Elternarbeit im Brückenjahr > Präventionsprojekte zu Sucht, Gewalt, sexuellem Missbrauch, Medien etc. > Hort-Betreuung für Grundschulkinder am Nachmittag > Hausaufgabenbetreuung > Ferienangebote > Soziales Training > Angebote zur interkulturellen Verständigung > Vater-Kind-Angebote > Leselotsen/Leseförderung > Schreibwerkstatt > Ideenbörse > Schulärztliche Untersuchung, zahnärztliche Untersuchung in der Schule usw. > Anbieter-Netzwerk ‚Elternbildung in Schulen' > Erziehungsvereinbarungen/Erziehungsverträge > ‚MoKi II – Grundschule' (‚Monheim für Kinder'): Gesamtkonzept > Anbieter-Netzwerk ‚Präventive Familienförderung' im Grundschulalter > Bildungsbegleiter > Qualifizierung von Eltern zu MentorInnen
15. Besondere Maßnahmen zur Vereinbarkeit von Familie und Beruf in der Grundschule	> ‚Family-Programm' (‚Familie schafft Chancen') der Vodafone Stiftung Deutschland (begleitet Familien während des Übergangs von der Kita zur Grundschule und soll Eltern Sicherheit und Selbstverständnis in der Rolle als Lernbegleiter ihrer Kinder geben; vorrangig in benachteiligten Stadtteilen). > Elterntraining ‚Gesetze des Schulerfolgs' (von Adolf Timm und Klaus Hurrelmann; schließt mit dem GdS-Elternführerschein ab) > Programm ‚SCHUL-MOVE Eltern' (wendet sich an LehrerInnen, SchulsozialpädagogInnen und Fachkräfte der Ganztagsbetreuung; motivierende Kurzintervention bei Eltern im Kontext Schule, Fortbildung in Gesprächsführung mit Eltern) > ‚Familien-MOVE' (bietet ein Forum zur konstruktiven Reflexion des Schulalltags und zum Umgang mit konfliktbelasteten Situationen in der Kommunikation Eltern – Schule) > ‚FAST' (Families and Schools together; gut evaluiertes amerikanisches Programm für den Bereich der Schule, das auch in Deutschland angeboten wird; in der Version ‚FuN: Familie und Nachbarschaft' weiterentwickelt und insb. für die Arbeit mit migrantischen Familien optimiert) > ‚Rucksack-Programme' (unter dem Titel ‚Stadtteilmütter' bekannt geworden, Sprachförderung für migrantische Kinder und Elterntraining – inzwischen auch im Grundschulbereich; im Kontext von § 16 in der Schule ein interessantes Angebot); Stadtteilmütterqualifizierung > Mütterkurs ‚Erfolgreich lernen in der Grundschule – türkische Mütter helfen ihren Kindern' etc.

16. Besondere Maßnahmen zur Vereinbarkeit von Familie und Beruf in der Grundschule	> Hort-Betreuung für Grundschulkinder am Nachmittag > Siehe weiterhin unter Nr. 12
17. Angebote für Eltern von Schulkindern und Jugendlichen außerhalb der Schule	Nutzung der Angebote der Kinder- und Jugendarbeit durch Eltern/Familien > Bildungs-, Kultur- und Freizeitangebote > Sport- und Bewegungsangebote > Jugendfreizeiten, Ausflüge > Jugendtreff, eigene Räumlichkeiten (ggf. in Selbstverwaltung) > Partizipation von Jugendlichen an der Planung und Durchführung von Angeboten und Projekten des Verbundes ‚Präventive Familienförderung' > Selbstbehauptungskurse und Selbstverteidigungskurse > Fahrradselbsthilfewerkstatt > Bewerbungstraining für Jugendliche und junge Erwachsene > Summer-Camps für Hauptschüler (zur Nachqualifikation)
VII. Sekundarschulalter (Jugendliche)	
18. Institutionelle, einrichtungsbezogene Elternarbeit in der Schule: Erziehungs- und Bildungspartnerschaften in der Sekundarschule	> Erziehungs- und Bildungspartnerschaften a) Information, b) Abstimmung, Koordination, Austausch, c) Kontaktpflege, soziale Kommunikation (z.B. offene Elterntreffs, Elterncafés), d) Beratung in Lern- und Entwicklungsfragen des eigenen Kindes, e) Elternmitarbeit in der Einrichtung usw., f) Partizipation und Verhandlung i.e.S. (Entscheidungen usw.) > Elterngremien- und Verbände (Elternbeirat, Stadtelternrat, Landeselternvertretung, Bundeselternrat usw.) > Erziehungsvereinbarungen/Erziehungsverträge > ‚MoKi III – Sekundarstufe 10 – 14 Jahre' (‚Monheim für Kinder'): Gesamtkonzept > ‚MoKi IV – Sekundarstufe 14 – 18 Jahre – Übergang Schule-Beruf' (‚Monheim für Kinder') > Paten für die Verbindung zur Berufswelt > FuN – Übergang Schule – Beruf > Anbieter-Netzwerk ‚Präventive Familienförderung' im Sekundarschulbereich
19. Schulbezogene Elternkurse zu phasenbezogenen Themen, insb. auch Kurse und andere Maßnahmen zum Übergang Schule – Beruf	> Kurse und Trainings zur Pubertät > Elterntreff Pubertät etc. > Kurse nach Haim Omer: Präsenztraining für Eltern > Kurse zum Übergang Schule – Beruf > Andere Maßnahmen zum Übergang Schule – Beruf (Patensysteme usw.) > Präventionsprojekte zu Sucht, Gewalt, sexuellem Missbrauch, Medien etc. > Angebote zur interkulturellen Verständigung > Sh. auch Angebote aus Nr. 16: Schulbezogene Elternkurse: Home-Based-Trainings
VIII. Nachelterliche Phase	
20. Großeltern-Kurse	> Großeltern-Kurse > Babysitter-Kurse > Leihopas/Leihomas

	IX. Phasenübergreifend
21. Informationsangebote für Eltern/Familien für sämtliche Entwicklungs- und Familienphasen	> Elektronische Medien > Internet-Seiten (Informationen, Erziehungsberatung usw.) > Elternbriefe > Elternratgeber

22. Beratungsangebote (insb. § 16-18)	> Beratungsstellen für Erwachsene (Lebensberatung)
	> Schwangerschafts- und Konfliktberatung
	> Beratung nach § 17 SGB VIII
	> Beratung nach § 18 SGB VIII
	> Gezielte Spezialisierung von einzelnen Fachkräften auf bestimmte Themenbereiche mit entsprechender Fort-/Weiterbildung (Beratungskompetenz)
	> Festes Stundenkontingent für psychologische und sozialpädagogische Leistungen für Familien im Kita-Familienzentrum
	> Vermittlung von Erziehungs- und Familienberatung und Begleitung des Beratungsprozesses durch eine(n) ErzieherIn im Kita-Familienzentrum
	> Offene Beratungssprechstunden im Kita-Familienzentrum oder im Sozialraumbüro des ASD, z.B.
	  - Erziehungs- und Familienberatung
	  - Sozialberatung
	  - Schuldnerberatung
	  - Suchtberatung
	  - Migrationsberatung
	  - Säuglings-/Kleinkindberatung
	  - Lebensberatung
	  - Kurberatung
	  - Berufsberatung/Vermittlung beruflicher Weiterbildungen
	  - Ernährungsberatung/Beratung zur Gesundheits- und
	  - Beratung für Mädchen, Frauen und junge minderjährige Mütter
	  - Beratung für Kinder und Jugendliche
	> Individuelle Beratungsmöglichkeiten im Kita-Familienzentrum oder im Sozialraumbüro des ASD (nach Vereinbarung, unabhängig von Sprechstunden)
	> Sprechstunde des ASD im Kita-Familienzentrum
	> Telefonberatung, Kinder- und Jugendtelefon
	> Bürgersprechstunde
	> Kommunale(r) Kinderbeauftragte(r)
	> Beschwerdestelle/Ombudsperson

23. Hilfen für Eltern und Familien mit behinderten Kindern Personenbezogene Dienstleistungen für behinderte Kinder: körperliche und geistige Behinderung	> Begleitende Elternarbeit bei Maßnahmen für Kinder mit geistiger oder körperlicher Behinderung > Elternarbeit im Rahmen von Frühförderstellen > Regelmäßige Eltern-Kind-Treffen für Eltern von Kindern mit Behinderung > Sprachliche Heilambulanz, Sprachförderung, (Sprachstörungen, drohende Behinderung) > Ergotherapie (drohende Behinderung)

24. Bildungsangebote für besonders belastete Eltern (selektive Prävention, insb. vom ASD aus organisiert – z.B. im Zusammenhang mit den Hilfen zur Erziehung)	> TAFF-Elterntraining
	> Triple P
	> Neuen Hilfeform nach § 27 SGB VIII ‚Elternbildung/Familienbildung'
	> Spezielle Angebote für bestimmte Zielgruppen (z.B. Alleinerziehende)
	  - z.B. Elterntraining für Alleinerziehende, z.B. für depressive Mütter (Palme-Projekt)
	> Besondere Angebote für Eltern mit Migrationshintergrund:
	  > Spezielle Bildungsangebote für Eltern mit Migrationshintergrund
	  > Spezielle Sport-, Kreativ-, Freizeit- und Treffangebote für Eltern mit Migrationshintergrund
	  > Bewegungsangebote für Mütter mit Migrationshintergrund (und Erzieherinnen), Deutschkurse für migrierte Frauen
	> Migrationssozialarbeit
	> Ggf. Vermittlung von Hilfen zur Erziehung (SGB VIII § 27 ff., z.B. SPFH), einschl. Leistungen nach § 35a
	> Begleitende Elternarbeit bei Maßnahmen für Kinder und Jugendliche im Rahmen der H.z.E. (§ 27 ff. SGB VII)
	> Begleitende Elternarbeit bei Maßnahmen für Kinder mit seelischer Behinderung (Jugendhilfe)

25. Aufsuchende Hilfen[64]	> Familienbesucherinnen > Rucksack-Programme (sh. unter Nr. 10 Kita, Nr. 11 und Nr. 14 Grundschule) > Opstapje > Griffbereit > HIPPY > Erziehungslotsen
26. Zivilgesellschaftliche und ehrenamtliche Angebote, Laienkonzepte[65]	> Treffs und Koordination für ehrenamtliche Arbeit > Ansprechpartner für Ehrenamtliche in einer der Einrichtungen des Familienzentrum-Verbundes – zuständig für Gewinnung, Begleitung und Einbindung der Ehrenamtlichen in das Mitarbeiterteam > Offene Angebote durch Ehrenamtliche in den Räumen von Einrichtungen des Familienzentrum-Verbundes am Nachmittag (z.B. Bastelstunden, Kochen, Vorlesenachmittage etc.) > Treffmöglichkeiten für Ehrenamtliche (‚Ehrenamtlichentreff') > Fortbildungen für Ehrenamtliche > Förderung von Eigeninitiative und bürgerschaftlichem Engagement aller Altersgruppen (z.B. durch Partizipation, Projekte etc.) > Ehrenamtliche Familienhelfer > Ehrenamtliche Integrationslotsen > Ehrenamtliche Erziehungslotsen > Professionelle Begleitung und Unterstützung von Laienkonzepten mit Ehrenamtlichen

---

[64] Mit Alltagsunterstützung von Familien (Behördenbesuche usw.). Programme wie Opstapje, HIPPY, Griffbereit, Rucksack usw. könnten hier auch eingereiht werden, wurden bei uns aber zunächst einmal bei 5. oder 6. eingeordnet. Man könnte für die aufsuchenden Hilfen auch keine eigene Muster-Kategorie vorhalten. Sie wären dann jeweils ein methodisches Merkmal (aufsuchend, Komm-Struktur oder Geh-Struktur), das innerhalb der Musterbeschreibung erwähnt werden müsste. Manchmal ist es dann aber ein besonders wichtiges Merkmal.

[65] Können inhaltlich z.T. auch den anderen Kategorien zugeordnet werden.

27. Materielle Hilfen im Rahmen der gesetzlichen Ansprüche und auch außerhalb der gesetzlichen Ansprüche – Sicherung des Lebensunterhalts, materielle Unterstützung von Eltern usw.	> Arbeitslosengeld I
	> Personenbezogene Eingliederungshilfen wie z.B. Schuldner- und Suchtberatung, Psychosoziale Betreuung, berufliche Eingliederungsmaßnahmen im Rahmen des SGB II
	> Arbeitslosengeld II
	> Bildungs- und Teilhabepaket (allerdings nur indirekte Familienadressierung, da Leistungen für Kinder und Jugendliche, nicht aber für Eltern)
	  - Kunstschule
	  - Volkshochschule
	  - Städtische Bibliothek
	  - Nachhilfeunterricht usw.
	  - Kommunale Gutscheine für die Kursgebühren von Elternkursen
	> Tafeln (Nahrungsmittel für Familien)
	> Kostenfreie tägliche Mittagssuppe in Kindertagesstätten für Schulkinder
	> Obst und Gemüse für Kinder in der Kindertagestätte oder der Schule von der Tafel
	> Fond des Bundespräsidenten
	> ‚Bundesstiftung Mutter und Kind' (Hilfsangebote für schwangere Frauen in einer Notlage mit finanziellen Hilfen für die Erstausstattung des Kindes, für Wohnung und Einrichtung oder sonstige Aufwendungen)
	> ‚Stiftung Familie in Not' beim Niedersächsischen Sozialministerium (bei Trennung, Scheidung, Krankheit, Arbeitslosigkeit oder anderen Krisen- und Notsituationen, insb. bei kinderreichen Familien, Alleinerziehenden mit Kindern oder Schwangeren)
	> Erstausstattung für das Kind (einmalige Beihilfe)
	> Begrüßungstasche durch das Jugendamt (‚Baby-Besuchsdienst')
	> Vorlesematerial durch Aktionen wie ‚Buchstart – Lesen von Anfang an'
	> Nachbarschaftliche Hilfsdienste
	> Sozialkaufhäuser
	> Selbstverwaltete Second-Hand-Läden
	> Umsonst-Läden zum Tauschen von Waren und Gebrauchsgegenständen, Verkaufs- und Tauschbörse für Kinderkleidung und mehr
	  - z.B. Kleiderbörse (nicht mehr gebrauchte Kleidung kann abgegeben und die abgegebene Kleidung anderer kann kostenlos mitgenommen werden; auch als Unterstützung für Familien in Notlagen)
	> In Kita und Schule: Flohmarkt und Basar, Tausch-Aktionen
	> Ausleihen oder Nutzen von Technik und Material (Zelte, Fahrräder, Kopierer usw.)

28. Gesundheitsförderung (Gesundheitskurse, Informationen, Beratung usw. z.B. im Bereich Baby-Ernährung)	> Schulärztliche Untersuchung, zahnärztliche Untersuchung in der Schule usw. > Arbeit mit Eltern von Asthma- und Allergiekindern > Bewegungsförderung allg. > Bewegungskurse bei Krankheitswert (z.B. bei Adipositas) > Gesundheitserziehung > Kurse der Krankenkassen für gesunde Ernährung > Gesundheitsprojekte > Sucht-Beratung > Begleitende Elternarbeit bei Drogenentzug > Begleitende Elternarbeit bei Kinder- und Jugend-Therapie (psychischen Erkrankungen) > Erste-Hilfe-Kurse für Eltern > Wellness-Angebote für Mütter
29. Freizeit- und familienpädagogische Maßnahmen	> Familienerholung > Eltern-Kind-Wochenenden > Ausflüge

30. Angebote zur Förderung der Alltagskompetenz	> Kurse und Informationsabende zu:
	  - Vereinbarkeit von Familie und Beruf
	  - Zeitmanagement
	  - Hauswirtschaftliche Angebote (z.B. Kochkurs, Haushaltsführung, Haushaltsplanung, Finanzen, Kostenbewusstsein, gesunde Ernährung etc.)
	> Sprach- und Alphabetisierungskurse für Eltern
	> Kurse zum Nachholen von Schulabschlüssen
	> Bewerbungstraining/Bewerbungsunterlagen-Check für Eltern
	> PC-Kurse für Eltern
	> Angebote zur Stärkung des Selbstbewusstseins und des Selbstwertgefühls von Eltern (z.B. Schwimmkurs, Fahrrad fahren lernen, Selbstbehauptungskurse und Selbstverteidigungskurse etc.)
	> Unterstützung bei Behördengängen und beim Ausfüllen von Papieren und Anträgen als erweiterte Sozialberatung

31. Generationenübergreifende Angebote	> Seniorengruppen unterstützen Kita und Grundschule - z.B. thematische Angebote von SeniorInnen in und für Kindertagesstätten (Kooperation und Unterstützung) > Kooperation mit einer Senioreneinrichtung oder von Seniorengruppen > Organisation von gemeinsamen, Generationen übergreifenden Angeboten > Partizipation von SeniorInnen (z.B. Seniorenbeirat unterstützt das Familienzentrum bei Festen und Feiern) > Leihopas/Leihomas
32. Netzwerkarbeit	> Teilnahme von Eltern/Familien an den allg. Netzwerken im Sozialraum > Elternnetzwerke i.e.S. > Sozialräumliches Netzwerk ‚Präventive Familienförderung' - auch Koordination und Steuerung der Netzwerke ‚Frühe Hilfen' durch das Sozialraumbüro des ASD > Vernetzende Organisationsformen wie Familienzentren, Eltern-Kind-Zentren, Familien-Service-Büros (z.T.) > Elternbildungsgesamtkonzepte (z.B. Elternschule Hamm) > Regionale und Lokale Bildungslandschaften, Regionale Bildungsnetzwerke etc. > Kampagne Erziehung (Jugendamt Nürnberg)
33. Elternselbstorganisation, -selbsthilfe, -selbstverwaltung	> Förderung von Selbsthilfeinitiativen (Bereitstellen von Räumen, bei Bedarf Begleitung und Beratung durch eine Fachkraft nach § 25 SGB VIII)
34. Öffentlichkeitsarbeit	> Die Einrichtungen des Verbundes ‚Präventive Familienförderung' (Krippe, Kita, Familienzentrum, Grundschule, Stadtteilzentrum usw.) stellen ihre eigene Identität und ihr Profil in Veröffentlichungen nach außen dar > Stärkung des Wiedererkennungswerts durch die Verdeutlichung ihrer spezifischen, unverwechselbaren Merkmale, die in der Öffentlichkeitsarbeit kommuniziert werden > Aktueller Flyer/Broschüre/Infoblatt mit Darstellungen des Angebots des Familienzentrum-Verbundes > Aktuelles Stadtteilprogramm für alle Einrichtungen gemeinsam mit sämtlichen Angeboten der Einrichtungen des Familienzentrum-Verbundes und seiner Kooperationspartner > Aushänge (Schwarzes Brett) zur Ankündigung aller aktuellen Angebote des Familienzentrum-Verbundes > Eigene E-Mail-Adressen für das Kita-Familienzentrum und alle Mitglieder des Verbundes > Die Einrichtungen des Familienzentrum-Verbundes verfügen über eine eigene Internetseite mit der Darstellung ihrer Angebote > Darstellungen der Angebote werden an unterschiedlichen Stellen im Stadtteil ausgelegt (z.B. Supermarkt, Arztpraxen etc.) > Darstellungen der Angebote in mehreren Sprachen > Zusammenarbeit mit der Presse zur Bekanntmachung der Angebote (Pressearbeit) > Tag der Offenen Tür > Feste und Feiern

35.	Besondere Maßnahmen zur Vereinbarkeit von Familie und Beruf außerhalb von Krippe, Tagespflege, Kita und Schule – soweit noch nicht bei 9. und 12. genannt –	> Familien-Service-Büros > Maßnahmen der Betriebe (‚Der Familienfreundliche Betrieb') > Wettbewerbe zur Familienfreundlichkeit > Audit ‚Kinderfreundliche Kommune' > Bündnis für Familie > Jährliche Untersuchung/Abfrage auf Gemeinde- und Stadtebene zu den zeitlichen Betreuungsbedarfen von Eltern (auch über reguläre Öffnungszeiten hinaus) > Beratung für Eltern, die einen Betreuungsbedarf haben, der über die regulären Öffnungszeiten hinausgeht > ggf. zusätzliche Betreuungsangebote > Altenbetreuung > Weiterbildungen für Eltern mit Kinderbetreuung etc. Durch Jugendamt, Stadtteilzentrum, Familienzentrum oder Familien-Service-Büro etc. zusätzlich sicherzustellen (soweit dies noch nicht durch die Kindertagesstätten etc. geschehen ist): > Babysitter-Kartei – Pool von Babysittern zur Vermittlung an interessierte Eltern > Regelmäßige Betreuungsmöglichkeiten am Wochenende > Betreuungsmöglichkeiten für Eltern im Schichtdienst > Über-Mittag-Betreuung (z.B. durch Ehrenamtliche) > Bring- und Abholdienste für Kinder im Bedarfsfall > Kooperation mit Unternehmen – Betreuungsmöglichkeiten für Kinder der Beschäftigten > Kooperation mit der Arbeitsagentur – Betreuungsangebote für Arbeitssuchende Eltern > Im Bedarfsfall Organisation einer häuslichen Betreuung
36.	Lotsen- und Vermittlungsinstrumente (wenn Maßnahmen nur weitervermittelt werden)	Die Einrichtungen des Familienzentrum-Verbundes verfügen über > ein aktuelles Verzeichnis von Beratungs- und Therapiemöglichkeiten und von Angeboten zur Gesundheits- und Bewegungsförderung in der Umgebung (Erziehungs-/Familienberatung, Frühförderung, Heilpädagogik, Psychotherapie, Ergotherapie, Logopädie, Beratungsstellen für spezielle Fragen wie bspw. Hochbegabung, Selbsthilfegruppen, Sportkurse usw.). > ein aktuelles Verzeichnis von Angeboten der Eltern- und Familienbildung in der Umgebung > ein aktuelles Verzeichnis von Sport- und Freizeitangeboten > ggf. Lotsenfachkräfte zur Vermittlung von bedarfsgerechten Angeboten und Hilfen > Möglichkeiten der Vermittlung und Begleitung zu Beratungsstellen und Behörden > Gemeinsame Stadtteilprogramme aller Einrichtungen und Angebote im Sozialraum > ein Familien-Service-Büro
37.	Umfassende Gesamtangebote mit einer Vielfalt kombinierter Angebote und Maßnahmen	> Kombinierte Angebote zu Nr. 1 – 36

Tabelle Nr. 3: Gesamt-Portfolio der Programme und Angebote

Aus so einem Gesamt-Portfolio, das zunächst einmal für die fachliche Auseinandersetzung auf Landes-, Kreis- oder Stadtebene geeignet ist, in dem dann ein verallgemeinertes Portfolio z.B. für einen Kreis abgeleitet wird (Was ist dort fachlich gewünscht und gefördert?). Aus so einem Pool könnten dann die Sozialräume wiederum ‚ihr' Sozialräumliches Portfolio zusammenstellen (Was ist hier notwendig und geeignet?). Eine solche Liste ist dann viel kürzer. Ein Beispiel für eine derartige Angebots- und Maßnahmenliste:

> PEKiP, Marte Meo, HIPPY, Opstapje, Griffbereit, Keiner fällt durchs Netz!, Fit für den Start, Familienhebammen, Elternschaft lernen? (Pro Familia, Baby-Puppen), Notfall-Kurse für Eltern von Babys, Schwangerschafts- und Konfliktberatung, SPFH, Sozialberatung, Erstausstattung für das Kind (einmalige Beihilfe), Stadtteilmütter, ehrenamtliche Erziehungslotsen, Programme zur Tagesmütter-Integration in Kindertagesstätten (Treff, Koordination, Vermittlung, Randzeiten), FuN-Baby, Rucksackprojekt, Triple-P-Elterntraining usw.

Außerdem wird die große Gesamtliste meistens auch dadurch nochmal so strukturiert, vereinfacht und gebündelt, dass das Angebot konzentriert wird auf schematische, vereinfachende Abläufe in der Form von ‚Präventions- und Bildungsketten', wie es zum Beispiel in Monheim (‚Mo.Ki – Monheim für Kinder') geschehen ist:

> ‚Mo.Ki 0': Frühes Fördern von Anfang an; Unterstützung und Begleitung ‚unter 3'

> ‚Mo.Ki I': Frühes Fördern in Kitas als Familienzentrum; Unterstützung und Begleitung im Alter von 3 – 6 Jahren

> ‚Mo.Ki II': Grundschule; Unterstützung und Begleitung im Alter von 6 – 10 Jahren

> ‚Mo.Ki III': Sekundarstufe I; Unterstützung und Begleitung im Alter 10 – 14 Jahren

> ‚Mo.Ki IV': Übergang Schule und Beruf; Unterstützung und Begleitung im Alter von 14 – 18 Jahren plus

(Holz/Stallmann/Hock 2012: 16)

Es könnte von Vorteil sein, sich im Laufe der Zeit auf Kreisebene (Stadtebene) für die sorgfältige Planung eine Datenbank der Programme (Angebote, Projekte) anzulegen. Sie bildet das gesamte Portfolio mit zusätzlichen Details genauer ab und zeigt auch, wo das jeweilige Programm angeboten wird. Dieses Instrument bietet somit eine breitere Entscheidungsgrundlage. Sie muss allerdings regelmäßig gepflegt werden und sollte den Sozialräumen für ihre eigene Planung zur Verfügung gestellt werden.[66]

---

[66] Alternativ oder ergänzend könnte auch mit der landesweiten niedersächsischen Datenbank zu den Frühen Hilfen oder der Datenbank SPIN des Landespräventionsrates (die allerdings nicht so breit angelegt ist wie das oben vorgestellte Portfolio) gearbeitet werden.

	Programm, Angebot, Projekt:
1.	Titel des Angebotes (Programms, Projektes)
2.	Programmart, Typ
3.	Erläuterung, Kurzbeschreibung
4.	a) Spezielle Angebote für bestimmte Familienphasen (Lebensalter der Kinder) oder b) phasenübergreifend
5.	Zielgruppen-Merkmale: Familiensituation (z.B. alleinerziehend), familiale Lebenslage (Einkommen, Bildung, Milieu, Bildungsgrad Migrationsstatus, usw.), familiale Belastungssituation, Geschlecht
6.	Themen/Inhalte
7.	Zielsetzung
8.	Lernort, Aktionsort (Institution, lebensweltliche Orte, z.B. zuhause)
9.	Methoden – i. S. von Mezo-Methoden (ggf. auch Mikro-Methoden/Techniken)[67]:
10.	Strategischer Gesamtansatz i.S. von Makro-Methode: Strategie-Muster und Programm-Muster[68] (ggf. auch Hinweise zur Kommstruktur oder zur Gehstruktur/aufsuchend)
11.	Bezugsraum/Projektort
12.	Laufzeit des Programms, Angebotes oder Projektes
13.	Akteure
14.	Häufigkeit und Reichweite des Angebotes, Hinweise zum Bedarf
15.	Entstehungsgeschichte des Programms (Angebotes, Projektes): Zustandekommen, Impuls durch ... usw.
16.	Evaluationsverfahren, Nachweis der Wirksamkeit
17.	Ergebnisse
18.	Veröffentlichungen, Projektberichte, Literatur
19.	Anschlussfähigkeit (Potentiale, Weiterentwicklung, Zukunftsfähigkeit)
20.	Rechtsgrund für das Programm
21.	Anbieter (Durchführung): Institutionen
22.	Kostenträger
23.	Kontakt
24.	Quelle dieser Darstellung
25.	Korrespondenz, Absprachen, Sachstand usw.
26.	Hinweise, häufig gestellte Fragen

Tabelle Nr. 4: Struktur einer möglichen Datenbank der Programme (Angebote, Projekte)

Die unterschiedlichen Kategorien können bei der Planung sehr hilfreich sein und die Orientierung im Schnittfeld und in den Widersprüchen der vielen Teilsysteme[69], die Suche und Entscheidung rationaler gestalten. Dies sei kurz an einigen Beispielen bezüglich des Unterschiedes der Kategorien ‚Anbieter' (Durchführung) und ‚Kostenträger' illustriert:[70]

---

[67] Z.B. bei Erziehungs- und Bildungspartnerschaften/Programmen zur Elternarbeit: 1. Betreuung Versorgung und direkte Arbeit mit Kindern (Spiel, Übung), 2. Information, 3. Kontaktpflege, 4. Abstimmung, Koordination, 5. Beratung, 6. Coaching, 7. Materielle Hilfen, 8. Erziehungskompetenz-Training, 9. Partizpation u. Verhandlung, 10. Netzwerkarbeit usw.
[68] Als konkrete Ausgestaltung und Erscheinungsform der Strategie: Schlüsselintervention; zentrale Wirkmechanismen; Integrierte Betrachtung von grundsätzlicher Ausrichtung, von Methode, Zielgruppenbezug und Zielsetzung. Auch: theoretische Grundlage
[69] Siehe Abschnitt H 4.1, Abbildung 15
[70] Siehe dazu die ausführlichere Tabelle bei Stange u.a. 2013: 36 ff.

Angebote, z.B.	Anbieter (Durchführung): Institutionen	Kostenträger
Frühe Hilfen (nach § 16 und KKG) im ersten Lebensjahr	Jugendamt (ASD) durch eigene Angebote oder an freie Träger delegierte	Jugendhilfe
Schwangerenberatung	Leistungen von Ärztinnen und Ärzten, insbesondere FrauenärztInnen	Krankenkassen
Beteiligung am frühen Screening, wie z.B. in Ludwigshafen	Geburtskliniken in Kooperation mit ASD	Krankenkassen und Jugendhilfe § 16
Familienhebammen	Selbständige Familienhebammen	jetzt Jugendhilfe § 16 bzw. KKG § 3 [4]
Geburtsvorbereitung-Kurse, Rückbildungsgymnastik	selbständige Hebammen	Krankenkassen
Begrüßungsbesuche bei allen Familien bei der Geburt eines Kindes, Angebote für ‚Neueltern'	ASD oder freie Träger der Jugendhilfe	Jugendhilfe, z.T. Gemeindehaushalt kreisangehöriger Gemeinden
PEKiP-Gruppen	Zivilgesellschaftliche Initiativen und Gruppen, Selbsthilfegruppen	z.T. Jugendhilfe (§ 16), z.T. privat
Babyschwimmen	privat oder durch Sportvereine oder durch zivilgesellschaftliche Gruppen organisiert	privat oder durch Sportvereine
Personenbezogene Eingliederungshilfen in Arbeit (z.B. Schuldner- und Suchtberatung, Psychosoziale Betreuung, berufliche Eingliederungsmaßnahmen)	Freie Träger, selten auch Kommunen	Jobcenter (als Zusammenschluss von Kommunen/Landkreisen und Agentur für Arbeit – früher ARGE). Finanzierung, aber nicht Durchführung

Tabelle Nr. 5: Beispiele zum Unterschied der Kategorien ‚Anbieter (Durchführung) und ‚Kostenträger'

d) Ausschließlicher Einsatz nur von fachlich anerkannten Programmen aus dem Rahmenkonzept

Das Rahmenkonzept auf Kreisebene (siehe Kapitel G. 2.2, S. 134 ff.) enthält auf der Basis der obigen Gesamttabelle eine Liste der in der Literatur und in der Wissenschaft bekannten und empfohlenen gut evaluierten Programme. In den Lokalen Aktionsplänen sollten nur solche Programme zum Einsatz kommen, die in der entsprechenden Liste stehen und deren Wirksamkeit auch wirklich nachgewiesen ist. Vermutlich müssen wir aber mit diesem Kriterium noch eine Weile eher moderat umgehen und deshalb zurzeit auch noch Programme einsetzen, deren Wirksamkeit noch nicht ausreichend evaluiert werden konnte, die aber erprobt und fachlich zu empfehlen sind, u.a. weil sie den sozialräumlichen Anforderungen besonders gut genügen (Niedrigschwelligkeit usw.).

4. Organisationsformen und Orte für die ‚Präventive Familienförderung' – Planungsverantwortung und Steuerung im Sozialraum[71]

4.1 Der Rahmen

Es stellt sich die Frage, wie ein so komplexes Gesamtkonzept gesteuert und organisiert werden könnte. Wer ist für was zuständig? Wer steuert in welchem Bereich? Wer kontrolliert? Wer gibt Geld an wen? Hier muss man idealtypische, optimale Modelle von den realistischen Modellen abgrenzen, die jeweils an den realen Ausgangs- und Rahmenbedingungen anknüpfen:

Die Schwierigkeit besteht darin, dass wir zwar ein umfangreiches System an Jugendhilfe-Leistungen vorhalten, dass es aber teilweise für die betroffenen Kinder, Jugendlichen und Familien schwierig ist, einen einfachen und transparenten Zugang zu diesen Leistungen zu finden. Hinzu kommt, dass – gerade im Bereich der Präventiven Familienförderung im ersten Lebensjahr von Kindern – auch Leistungen durch andere Systeme als der Jugendhilfe (oder in Kooperation mit ihnen) erbracht werden und dass andere Systeme wichtige Rahmenbedingungen für die Präventive Familienförderung bereitstellen (Sozialhilfe, Jobcenter).

Kaum jemand – und zu allerletzt die Betroffenen – durchschaut diese komplexe Struktur wirklich gut. Häufig genug bleibt unklar, wie die Vielfalt der eigenständigen rechtlichen, finanziellen, institutionellen und personellen Hintergrundstrukturen miteinander zusammenhängt, wie diese ihren doch teilweise erheblichen und widersprüchlichen Einfluss entfalten (Jugendhilfe mit ASD und Kita, Schule, Gesundheitswesen, Sozialhilfe SGB II, III, XII usw., siehe Abbildung Nr. 15 unten). Und es bleibt manchmal auch unklar, wer in dieser Vielfalt letztlich „das Sagen hat", wer sie vernetzt und steuert. Das ist der Punkt, an dem wir heute stehen und an dem Lösungen gefragt sind.

Wie bereits dargelegt, muss man eine Steuerungs- und Koordinierungsfunktion in diesem Gesamtkomplex von der Jugendhilfe erwarten. Denn im Gegensatz zur Schule verfügt sie über eine eigene Zuständigkeit für Familien durch und für den Bereich der Frühen Hilfen (in dem die Familie eine erhöhte Bedeutung hat). Aus gutem Grund hat der Gesetzgeber deshalb in § 79 SGB VIII dem örtlichen Träger der öffentlichen Kinder- und Jugendhilfe auch die Gesamtplanungsverantwortung für Kinder, Jugendliche und Familien (außerhalb der Schule) zuerkannt – für die ersten sechs Lebensjahre sogar die alleinige.

---

[71] Erläuterungen zu These 13: aus Teil A. ‚Kurzfassung des Buches': „Die Organisationsformen und Orte für die ‚Präventive Familienförderung' folgen jeweils ‚maßgeschneidert' den besonderen lokalen und regionalen Bedingungen. Sie orientieren sich dennoch im Hinblick auf die Planungsverantwortung und Steuerung im Sozialraum streng an den normativen Vorgaben des Jugendhilferechts und am strategischen Gesamtkonzept des örtlichen öffentlichen Jugendhilfeträgers (§ 79 – Gesamtplanungsverantwortung des öffentlichen örtlichen Trägers der Jugendhilfe)."
Ab dem 1. Schuljahr greift dann das Kooperationsgebot zwischen Schule und Jugendhilfe, das sowohl im SGB VIII § 81 und in sämtlichen Schulgesetzen niedergelegt ist.

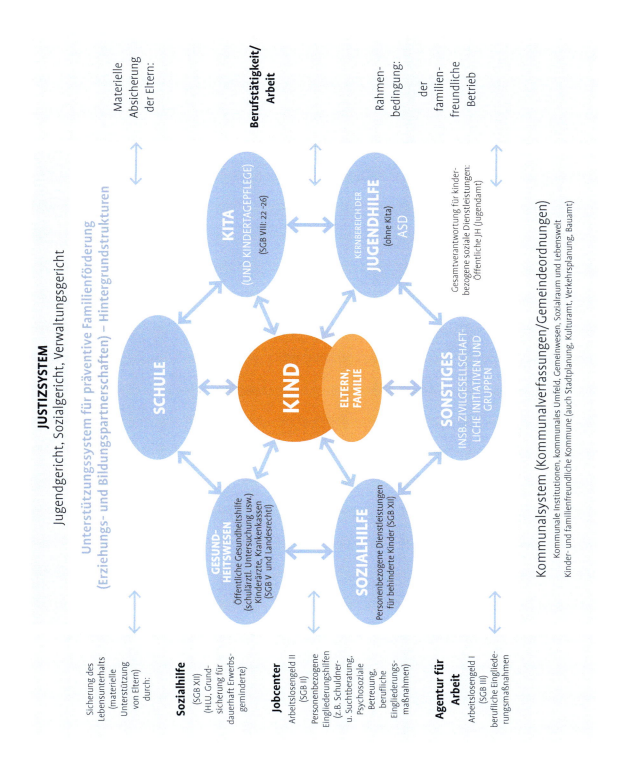

Abb. Nr. 15: System-Hintergrundstrukturen der Präventiven Familienförderung

Es geht uns hier nicht um sämtliche Leistungen dieser Teilsysteme, die sie sonst noch für Erwachsene erbringen, sondern nur um jene, die sich mit dem Aufwachsen von Kindern und Jugendlichen und dem Beitrag zur Präventiven Familienförderung befassen. Und da wird deutlich, dass – ungeachtet des realen Einflusses der anderen Systeme – doch die Bedeutung von Jugendhilfe und Schule am größten ist und die Leistungen, welche die anderen Systeme in dieser Hinsicht für Kinder und Jugendliche erbringen, bei Weitem nicht so umfangreich ausfallen. Es läuft also ganz klar auf die Steuerungsfunktion der Jugendhilfe in diesem Gesamtkomplex hinaus.

Diese Netzwerk- und Steuerungsfunktion des örtlichen Trägers der öffentlichen Kinder- und Jugendhilfe im Sozialraum ist Gegenstand der folgenden Ausführungen.

Die klare, transparente und effektive Regelung der Netzwerk- und Steuerungsfunktionen wird merkwürdigerweise häufig besonders dringlich in Bereichen, in denen die Jugendhilfe von vornherein schon immer federführend war. Oft herrscht gerade dort ein gewisser Aktionismus in der Praxis vor. Im Allgemeinen werden bestimmte Programme (z.B. ein isoliertes Fach-Förderprogramm) spontan implementiert, ohne dass vorher die Gelegenheit bestand, sich auf ein strategisches Gesamtkonzept zu beziehen und das neue Programm dort mit exakter Schnittstellendefinition fachgerecht einzuordnen (bzw. ein solches erst einmal zu entwickeln). Beispiele wären etwa die Familien-Service-Büros, das Familienhebammen-Programm, die Netzwerke Frühe Hilfen usw. D.h. bei auftretenden neuen Problemlagen werden häufig für öffentlich stark beachtete Teilbereiche schnelle organisatorische Vorentscheidungen getroffen, die sich überhaupt nicht an einem übergeordneten Gesamtkonzept orientieren und dann oft nicht fachgerecht platziert und passgenau sind.

Zusätzlich wird die Situation noch dadurch verkompliziert, dass viele Leistungen der Jugendhilfe nicht nur durch freie Träger, sondern auch durch die kreisangehörigen Kommunen, also durch ein ganz anderes System, durchgeführt werden dürfen: zum Beispiel die Jugendarbeit (dazu das niedersächsische „Gesetz zur Ausführung des Kinder- und Jugendhilfegesetzes AG KJHG" § 13[72]). Teilweise haben sie auch die Zuständigkeit für einige Schularten oder die Familien-Service-Büros und die Trägerschaft für die Kindertagesstätten.

Obendrein haben sich gerade im Bereich der ‚Präventiven Familienförderung' auch noch viele zufällige Strukturen gebildet. So gibt es z.B. viele offene Angebote auf dem freien Markt – z.B. durch freigewerbliche Anbieter, zivilgesellschaftliche Organisationen, Vereine, Einrichtungen der Erwachsenenbildung. Das Problem ist, dass es sich hier oft nicht um durchfinanzierte oder subventionierte Angebote und individuelle Rechtsansprüche handelt. Deswegen sind auch die Kontrolle und die gemeinsame Planung schwieriger.

Diese kurze Skizze dürfte deutlich gemacht haben, wie sinnvoll eine Netzwerk-, Steuerungs- und Kodordinierungsfunktion des örtlichen öffentlichen Trägers der Kinder- und Jugendhilfe im Sozialraum ist. Die meisten der in diesem schwierigen und komplexen Gesamtfeld tätigen Professionen dürften von der Ausbildung her auf diese vielfältigen strukturellen und rechtlichen Zusammenhänge nicht vorbereitet sein (z.B. PsychologInnen, MedizinerInnen, LehrerInnen usw.). Von daher wird leicht verständlich, dass im vorliegenden Konzeptentwurf die übergeordnete Gesamtverantwortung und Steuerungs- und Netzwerkfunktionen im Sozialraum allein dem Sozialraumbüro des ASD zugetraut werden.

Die modernen Konzeptionen der Jugendhilfeorganisation entscheiden sich im Allgemeinen für eine sozialräumliche Organisation des ASD, die prinzipiell ein großes Potenzial entfalten kann im Rahmen

---

[72] § 13 (1): „Gemeinden, die nicht örtliche Träger nach § 1 Abs. 2 sind, können im Einvernehmen mit dem örtlichen Träger Aufgaben der öffentlichen Jugendhilfe übernehmen." § 13 (3) Satz 2 und 3: „... Die Gemeinden sind an der Jugendhilfeplanung des örtlichen Trägers zu beteiligen. Sie fördern im Rahmen ihrer Selbstverwaltung ergänzend die Aufgaben der Jugendarbeit (§ 11 SGB VIII)". Das bedeutet, dass die Gemeinden nicht beauftragt werden, sondern diese Aufgaben aus eigenem Recht heraus übernehmen. Das schließt nicht aus, dass sie vom Kreis finanziell gefördert werden können.

von strategischen Gesamtkonzepten der Jugendhilfe und beim Ausbau von Teilkonzepten im Bereich ‚Präventive Familienförderung'.

Alles in allem gilt die Regel: Es geht immer um angepasste, spezifische lokale Konzepte für die konkreten Orte, Organisationsformen und Steuerungsinstrumente der ‚Präventiven Familienförderung' im Sozialraum und in den Gemeinden. Es gibt aber einige Essentials, die in allen Sozialräumen gleichermaßen beachtet werden müssen. Diese verallgemeinerbaren Strukturen, die sozusagen den Idealtypus abbilden, sind im folgenden Abschnitt 4.2 Gegenstand der Ausführungen. Anmerkungen zu den Sonderfällen mit Abweichungen vom Idealtypus (die teils historisch gewachsen, teils politisch gewollt, teils zufällig sind und sich bei realistischer Betrachtung häufig schwer ändern lassen) folgen danach.

Bevor nun die eigentlichen Organisations- und Steuerungsformen für Gesamtkonzepte der 'Präventiven Familienförderung' innerhalb eines Sozialraums diskutiert werden, sollte man sich nochmals den Stellenwert der einzelnen Elemente des Gesamtkonzeptes verdeutlichen. Dies zeigt die folgende Abbildung Nr. 16.

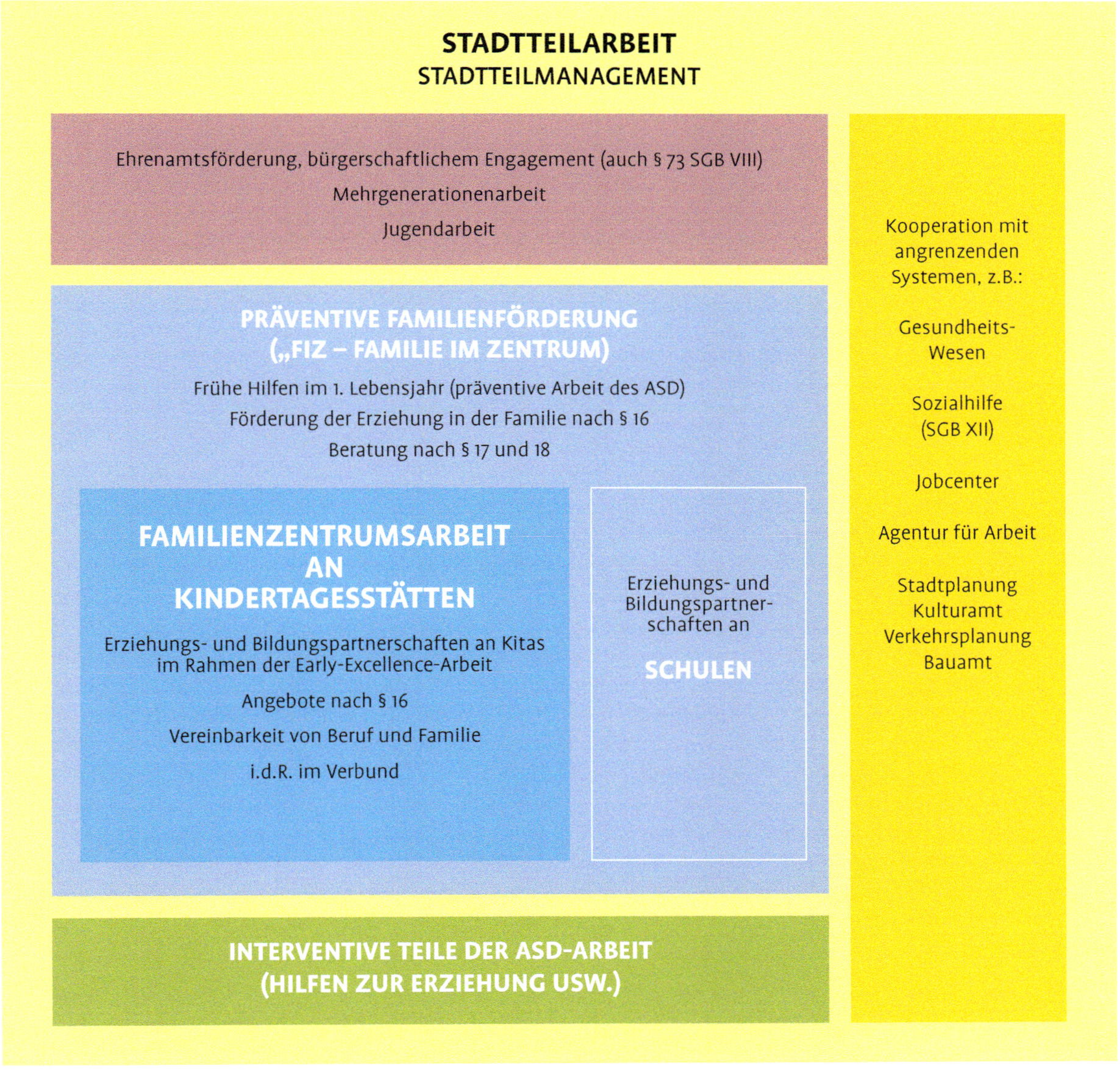

STADTTEILARBEIT
STADTTEILMANAGEMENT

Ehrenamtsförderung, bürgerschaftlichem Engagement (auch § 73 SGB VIII)
Mehrgenerationenarbeit
Jugendarbeit

PRÄVENTIVE FAMILIENFÖRDERUNG
(„FIZ – FAMILIE IM ZENTRUM)

Frühe Hilfen im 1. Lebensjahr (präventive Arbeit des ASD)
Förderung der Erziehung in der Familie nach § 16
Beratung nach § 17 und 18

FAMILIENZENTRUMSARBEIT AN KINDERTAGESSTÄTTEN

Erziehungs- und Bildungspartnerschaften an Kitas im Rahmen der Early-Excellence-Arbeit
Angebote nach § 16
Vereinbarkeit von Beruf und Familie
i.d.R. im Verbund

Erziehungs- und Bildungspartnerschaften an **SCHULEN**

Kooperation mit angrenzenden Systemen, z.B.:

Gesundheits-Wesen

Sozialhilfe (SGB XII)

Jobcenter

Agentur für Arbeit

Stadtplanung
Kulturamt
Verkehrsplanung
Bauamt

INTERVENTIVE TEILE DER ASD-ARBEIT
(HILFEN ZUR ERZIEHUNG USW.)

Abb. Nr. 16: Der Stellenwert der 'Präventiven Familienförderung' innerhalb eines Sozialraum-Gesamtkonzeptes

4.2 Orte, Organisationsformen und Steuerungsinstrumente für die Maßnahmen der Präventiven Familienförderung

Weil das Land Niedersachsen stark ländlich geprägt ist (und die Verhältnisse in den großen Städten sehr spezifisch sind und eine eigene Konzeption erfordert hätten), werden die folgenden Überlegungen zur Präventiven Familienförderung am Beispiel des ländlichen Raumes durchdekliniert. Deshalb zunächst einmal einige Vorbemerkungen zum ländlichen Raum.

„Den ländlichen Raum gibt es heute nicht mehr, denn auch innerhalb der ländlichen Räume gibt es sehr viele unterschiedliche Ausgangsbedingungen. So gehören zum ländlichen Raum nicht nur Dörfer, sondern auch die entsprechenden Klein- und Mittelstädte, welche als zentrale Orte mit sozialen, kulturellen und wirtschaftlichen Einrichtungen das Umland mit versorgen sollen. Darüber hinaus kann man zwischen Dörfern unterscheiden, die auf den zentralen Entwicklungsachsen liegen und sich meist selbst zu infrastrukturell entwickelten größeren Dörfern oder ländlichen Kleinstädten entwickeln, sowie zwischen peripheren Dörfern, welche den zentralen Entwicklungsachsen eher abgewandt sind. Diesen peripheren Dörfern gehen die ehemals selbständigen dörflichen Zentren mit Kirche, Gemeindehaus, Grundschule etc. aufgrund der Konzentration auf die zentralen Orte mehr und mehr verloren. In den größeren Dörfern bzw. ländlichen Kleinstädten entstehen hingegen zum Teil auswuchernde, trabantendorfähnliche Neubaugebiete mit einem hohen Anteil an orts- und regionsfremden Neusiedlern" (Drosten 2012: 80 und MASGFF RP 2009: 7).

Drosten beschreibt die Situation (in Anlehnung an MASGFF RP 2009: 8 ff.) weiter: „Eine besondere Herausforderung ist außerdem der demografische Veränderungsdruck, der in ländlichen Gebieten stärker besteht als in städtischen. So wird der Anteil der 20- bis 65-Jährigen, die sowohl im Arbeitsleben als auch im Ehrenamt aktiv sind, in den nächsten Jahren voraussichtlich deutlich abnehmen, während der Anteil der 65- bis 80-Jährigen wächst. Diese sinkende Bevölkerungsdichte gefährdet die wirtschaftliche Tragfähigkeit von öffentlichen und privaten Versorgungseinrichtungen, sodass sich der Rückgang wohnungsnaher Infrastruktur in den peripheren Dörfern weiter fortsetzt. In der Folge fehlen Arbeitsplätze für die jüngeren Generationen, sodass diese gezwungen sind, wegzuziehen oder zu pendeln. Gewachsene soziale Strukturen und familiäre Bindungen lockern sich und das Eingebundensein in Familie, Verwandtschaft und Nachbarschaft ist nicht mehr selbstverständlich, was insbesondere die zurückgebliebenen älteren Menschen sowie die wenigen jungen Familien trifft, die noch dort wohnen. Periphere Dörfer stehen somit vor der Herausforderung, sowohl möglichst wohnortnahe medizinische und soziale Betreuung und Versorgung für ältere Menschen sicherzustellen als auch Gelegenheitsstrukturen für Kinder und Jugendliche zum Zusammensein mit Gleichaltrigen zu schaffen. … Auch der familiale Wandel macht vor dem ländlichen Raum nicht halt, wie ein Blick auf die Scheidungsraten zeigt. Der Anteil der Alleinerziehenden ist zwar auf dem Lande noch geringfügig kleiner als in der Stadt, doch kann sich die Lebenslage alleinerziehend aufgrund der schlechteren Erwerbsmöglichkeiten für Frauen sowie des geringeren Angebots an Kinderbetreuungsmöglichkeiten sehr drastisch auf die Lebensbedingungen der betroffenen Familien auswirken. Fehlen dann noch zusätzlich private Netze und familiäre Unterstützung, kann dies schnell zu prekären Lebenslagen führen. Insgesamt sind soziale Benachteiligungen wie Arbeitslosigkeit und Armut jedoch in Städten weitaus stärker ausgeprägt als im ländlichen Raum. … Die infrastrukturell entwickelten größeren Dörfer und ländlichen Kleinstädte haben im Gegensatz zu den peripheren Dörfern meist eine Zuwanderung von Familien mit Kindern zu verzeichnen, welche die Ballungsräume der größeren Städte verlassen haben oder aus den peripheren Dörfern kommen. Da bei diesen Neusiedlerfamilien der Anteil an erwerbstätigen Frauen vergleichsweise groß ist, haben sie meist einen hohen Bedarf an Angeboten zur Vereinbarkeit von Familie und Beruf. Darüber hinaus braucht es neue Formen des sozialen Miteinanders, damit sich die Neusiedler in die Dorfgemeinschaft integrieren können, denn über die traditionellen Vereine und Institutionen ist dies nicht mehr zu leisten" (Drosten 2012: 82 f.)[73].

Solche Ausgangs- und Rahmenbedingungen zeigen, wie wichtig dezentralisierte Angebote der Präventiven Familienförderung gerade im ländlichen Raum sind. Dies ist allerdings in der Jugendhilfe seit langem ein selbstverständlicher Gedanke. Das Paradigma der Sozialraum- und Lebensweltorientierung, der Dezentralisierung und Regionalisierung ist seit dem 8. Jugendbericht eine der entscheidenden Maximen der Jugendhilfe – auch wenn seinerzeit der Fokus nicht allein auf dem ländlichen Raum lag, sondern sich auch auf städtische Strukturen bezog. Gleichwohl haben seitdem viele Landkreise ihre Jugendhilfeplanung sozialräumlich konzipiert und dabei die unterschiedlichsten Modelle entwickelt.

Die im Folgenden vorgestellte Steuerungsstruktur bezieht sich auf ein breiteres strategisches Gesamtkonzept der Prävention in der Jugendhilfeplanung. Dieses ordnet und strukturiert auch das Teilkonzept für den Bereich ‚Präventive Familienförderung' und steuert es indirekt mit. Die eigentlichen Leistungen der Jugendhilfe und der Schule werden ja letztlich auf der sozialräumlichen und gemeindlichen Ebene erbracht.

Das entscheidende Steuerungsinstrument ist dabei das im Kapitel H 2.1 beschriebene kommunale Konzept der Präventions- und Bildungskette in Form der Lokalen Aktionspläne. Es geht nicht nur darum, wer die operativen Leistungen nun im Einzelnen erbringt (öffentliche und freie Träger, gewerbliche Anbieter, Einzelpersonen usw.), sondern vor allem darum, wer hier die Netzwerkfunktionen steuert und wer die Finanzflüsse lenkt. Das soll die folgende Erörterung deutlich machen, die im Abschnitt H. 7 auf S. 201 durch eine Struktur-Grafik zusammengefasst wird – am Beispiel des ländlichen Raumes (in dem auch viele kleinere Gemeinden kooperieren) und nicht des großstädtischen Raumes mit seinen Besonderheiten. Es wird hier ein mittlerer bis größerer Landkreis mit ca. 150.000 bis 250.000 EinwohnerInnen[74] zugrunde gelegt. Vorausgesetzt wird dabei, dass das Jugendamt des Landkreises die Arbeit des ASD sozialräumlich organisiert hat, dass also die MitarbeiterInnen im Sozialraum vor Ort präsent sind.

Selbstverständlich können nicht alle Funktionen ausnahmslos auf die sozialräumliche Ebene verlagert werden. Wie bereits im Kapitel G 2.2 erwähnt bleiben etliche Funktionen auf der Kreisebene konzentriert: die Jugendhilfe-Gesamtsteuerung; die übergeordneten gemeinsamen Elemente und die Gesamtkoordination für die ‚Präventive Familienförderung' (insb. § 16 SGB VIII) für alle Sozialräume zusammen; Leistungen, Angebote, die wegen der geringeren Fallzahlen nur auf Kreisebene vorgehalten werden, die Fortbildung; die Kooperation mit den anderen Systemen, z.B. dem Schulbereich, dem Sozialamt, der Stadtplanung, dem Sachgebiet Kultur, dem Bauamt, dem Sachgebiet Verkehr, dem Gesundheitsamt, der Lernenden Region; aber auch der Arbeitsverwaltung und dem Gesundheitsamt oder häufig auch mit Einrichtungen wie Frauenberatungsstellen usw.

---

[73] „Ein weiterer Unterschied zwischen städtischen und ländlichen Gebieten ist die Verteilung von Menschen mit Migrationshintergrund. Insgesamt leben in Städten deutlich mehr Menschen mit Migrationshintergrund, doch auch in Bezug auf Herkunftsland und kulturellen Hintergrund bestehen Unterschiede in der Verteilung. So siedelten sich bspw. die Gastarbeiter aus Italien, Spanien, Portugal, Jugoslawien und der Türkei zwischen 1950 und 1970 überwiegend in den Groß-, Mittel- und Kleinstädten an, kaum jedoch in den Dörfern. Von der Aufnahme von Asylsuchenden, Flüchtlingen und AussiedlerInnen in den 80er und 90er Jahren waren die Dörfer hingegen stärker betroffen, da die entsprechenden Auffang- und Übergangswohnheime vermehrt im ländlichen Raum eingerichtet wurden. Hier kam es aufgrund von weitgehender Immobilität und fehlenden Arbeitsmöglichkeiten für die BewohnerInnen zu segregierten Wohnsituationen ohne Kontakt zur ansässigen Bevölkerung. Nach Auslaufen der Wohnortzuweisung orientierten sich überwiegend Russlanddeutsche auf die ländlichen Räume, mit bevorzugtem Wohnsitz in der Nähe zu Verwandten und Bekannten. Dies führte zu konzentrierten Ansiedlungen von AussiedlerInnen in den Dörfern und Gemeinden und wirkte sich deutlich erschwerend auf deren Integration aus. Stigmatisierung, soziale Ausgrenzung und geringe Teilhabechancen waren die Folge und führten wiederum zur Kumulation bestimmter Problemlagen wie Arbeitslosigkeit und Armut. Besondere Herausforderungen für Familienzentren im ländlichen Raum sind deshalb die Sicherstellung gleichberechtigter Teilhabechancen, die Überwindung der räumlichen und sozialen Segregation, das Schaffen von Gelegenheitsstrukturen für Begegnungen zwischen der Bevölkerung mit und ohne Migrationshintergrund sowie soziale Entwicklungsprozesse zur Attraktivierung der teilweise bereits benachteiligten Wohngebiete. (Drosten 2012: 83 – in Anlehnung an MASGFF RP 2009: 10 f.)
[74] Ein Beispiel wäre z.B. der Landkreis Osnabrück mit seinen acht Sozialräumen von ca. je 30.000 EinwohnerInnen.

Steuerung – Koordinierung – Gesamtverantwortung

Kern des sozialräumlichen Systems ist das Sozialraumbüro des ASD, das in sehr eindeutiger Weise das Netzwerkmanagement für den gesamten Sozialraum übernimmt (als Aufgabe der Teamleitung, z.B. mit ¼ oder ½ Stellenanteil). Das Sozialraumbüro steuert also das Netzwerk ‚Präventive Familienförderung' (und – soweit dies ggf. noch separat bestehen und noch nicht integriert werden soll – auch das ‚Netzwerk Frühe Hilfen'). Dazu mehr weiter unten.

a) Angebotsplanung, Angebotsmonitoring und -controlling auf der Ebene des Sozialraums oder der Samtgemeinde/Stadt (Lokaler Aktionsplan)

Die eigentliche Angebotsplanung für die Maßnahmen der ‚Präventiven Familienförderung' erfolgt nicht auf der Kreisebene, sondern im Wesentlichen innerhalb der Sozialräume (ggf. bei sehr großen Sozialräumen auch auf Samtgemeinde- oder Stadtebene), wobei das Sozialraumbüro/der ASD und die Sozialraumkonferenz[75] verantwortlich bleiben.

Hier wird das jeweilige Gesamtangebot (Gesamtportfolio) des Sozialraums (Samtgemeinde/Stadt) koordiniert und für ein qualitativ und quantitativ vollständiges und lückenloses Angebot an ‚Präventiver Familienförderung' gesorgt. Die Zuständigkeit des örtlichen öffentlichen Trägers der Jugendhilfe (des Landkreises) für ein bedarfs- und flächendeckendes Angebot im Bereich ‚Präventive Familienförderung' geht in dieser Frage auf die Sozialraumbüros des ASD über[76][77]. Diese überprüfen vor Ort regelmäßig, ob der Bedarf an Angeboten der ‚Präventiven Familienförderung' (insb. der „Allgemeinen Förderung der Erziehung in der Familie/Familienbildung") ausreichend gedeckt ist. Sie verhindern Lücken, Fragmentierungen, Doppelungen, Überschneidungen im Angebotsspektrum. Da es auch innerhalb des einzelnen Sozialraums selber häufig zwischen einzelnen Gemeinden bzw. Teilgemeinden erhebliche Unterschiede gibt, ist es auch Aufgabe des öffentlichen Trägers, hier für eine gleichmäßige

---

[75] Hier könnte es prinzipiell noch andere Akzentuierungen geben, wenn man sich z.B. entschlösse, bei größeren Sozialräumen die Sozialraumkonferenzen samtgemeinde- und stadtbezogen zu organisieren und hier auch gemeindliche Netzwerke ‚Präventive Familienförderung' zu implementieren.

[76] Normalerweise liegt die Zuständigkeit auch für die sozialräumliche Jugendhilfeplanung ja auf der Kreisebene. Im Falle der Sozialraumbüros kann es aber durchaus zu einer Verlagerung von Aufgaben auf diese Ebene kommen (kraft Organisationshoheit des leitenden Verwaltungsbeamten). Die Beobachtung und Beplanung eines konkreten ausreichenden Jugendhilfeangebotes und auch die Einflussnahme und Steuerung sind sicher auf der Sozialraumebene am besten möglich.

[77] Die Koordinierung und Steuerung des Lokalen Aktionsplans (des gemeindlichen Konzepts ‚Präventive Familienförderung') könnte – soweit er nicht sozialräumlich, sondern auf Gemeindeebene entwickelt werden soll – nach erster Überlegung prinzipiell auch bei einem einzelnen Kita-Familienzentrum oder beim Familien-Service-Büro der Gemeinde liegen. Falls mehrere Familienzentren an Kitas in einer Gemeinde vorhanden sind, könnte sie auf eine „Leit-Kita" übertragen werden.
Logisch und fachlich stringenter ist es aber sicher, wenn die Leitung und Steuerung aller dieser Instrumente von vornherein generell vom Sozialraum-ASD übernommen würde. Dann hätte das Sozialraumbüro ggf. eben mehrere Sozialraumkonferenzen, Lokale Aktionspläne und Netzwerke ‚Präventive Familienförderung' (einschl. der Frühen Hilfen) zu koordinieren!
Die genannte gegenläufige Idee, auf der Samtgemeinde- und Stadt-Ebene, die Steuerungs- und Koordinierungsfunktion den Familien-Service-Büros zu übergeben, ist rechtlich wahrscheinlich nicht haltbar (§ 79 SGB VIII) auch deshalb nicht sinnvoll, weil der ASD bereits über eigene Mittel verfügt, die er im Bereich der ‚Präventiven Familienförderung' einsetzen kann (sog. ‚fallunabhängige Mittel') und möglicherweise in der Zukunft durch zusätzliche Jugendhilfe-Mittel für die ‚Präventive Familienförderung' (insbesondere die Frühen Hilfen – was dringend erforderlich wäre!) über erweiterte Finanzbudgets verfügen könnte. Im Übrigen verfügen die Familien-Service-Büros im Regelfall überhaupt nicht über die anspruchsvollen fachlichen Kompetenzen, um die Kontrolle und Steuerung im Hinblick auf den § 79 Absatz 2 SGB VIII leisten zu können:
„(2) Die Träger der öffentlichen Jugendhilfe sollen gewährleisten, dass zur Erfüllung der Aufgaben nach diesem Buch
1. die erforderlichen und geeigneten Einrichtungen, Dienste und Veranstaltungen den verschiedenen Grundrichtungen der Erziehung entsprechend rechtzeitig und ausreichend zur Verfügung stehen; ...".
Das gilt auch für den Auftrag an die öffentliche Jugendhilfe zu § 81 SGB VIII
„Strukturelle Zusammenarbeit mit anderen Stellen und öffentlichen Einrichtungen. Die Träger der öffentlichen Jugendhilfe haben mit anderen Stellen und öffentlichen Einrichtungen, deren Tätigkeit sich auf die Lebenssituation junger Menschen und ihrer Familien auswirkt ... zusammenzuarbeiten."
Klar ist auf jeden Fall, dass die Sozialraumteams eine Schulung (Gesamtsteuerung und Gesamtverantwortung nach § 79, Netzwerksteuerung, Veranstaltungsformate für Sozialraumkonferenzen, Prävention und Intervention, ‚Präventive Familienförderung', § 16 usw.) für diese neuen Aufgaben benötigen!
In besonderen Einzelfällen könnte man vielleicht doch über eine alternative Lösung nachdenken. Das müsste jedoch ein Einzelfall bleiben und von den konkreten realen Bedingungen vor Ort (insbes. den personellen Realitäten) abhängig gemacht werden. Es müsste dann auch geklärt werden, wie viel Prozent Stellenäquivalent für solche Steuerungsfunktionen vorgehalten werden müssen. In den Fällen, in denen das Gebiet des Sozialraumbüros mit dem Gebiet des Lokalen Aktionsplanes übereinstimmt, sollte aber die komplette Steuerung grundsätzlich immer beim Sozialraumbüro liegen.

Angebotsstruktur zu sorgen. Dies alles kann man als Ausdruck einer nach unten verlagerten sozialräumlichen Jugendhilfeplanung interpretieren[78].

Wichtig ist, dass das konkrete sozialräumliche Gesamtangebot für das jeweilige Jahr nicht nur auf den mittelfristigen Vorgaben des Lokalen Aktionsplans beruht, sondern auch auf dem Muster-Portfolio des Kreises (bzw. der kreisfreien Stadt).

Darüber hinaus sollte das sozialräumliche Angebotsportfolio auch als System von aufeinander aufbauenden Elementen konstruiert sein im Sinne von Präventions- und Bildungsketten mit wiederholten spiralförmigen Angeboten für die relevanten Zielgruppen (siehe dazu auch das Strategische Prinzip 7 „Fokussierung" im Abschnitt G. 2.1).

Für die Angebotsplanung und das Angebotsmonitoring und -controlling auf sozialräumlicher und gemeindlicher Ebene muss ein Dokumentationssystem entwickelt werden, das ein effektives Controlling erst ermöglicht. Hier wäre zu prüfen, wie das neue niedersächsische „Fachinformationssystem Frühe Hilfen" zu diesem Zweck genutzt werden könnte.

Die im Rahmen der Förderung von Aktivitäten der ‚Präventiven Familienförderung' vom Kreis (Jugendamt) zur Verfügung gestellten Mittel werden über die Sozialraumbüros verwaltet und über die Lokalen Aktionspläne (in den Sozialräumen oder ggf. in den Samtgemeinden/Städten) an die Familienzentren, Kitas, die dort aktiven freien Träger usw. vergeben.

Das Netzwerk ‚Präventive Familienförderung' ermöglicht im Übrigen ein hohes Maß an Koordination und Kooperation unter Professionellen aus sozialen Diensten und Einrichtungen sowie Ehrenamtlichen, beteiligten BewohnerInnen und sonstigen Akteuren.

4.3 Implementierung von effektiven Instrumenten des Netzwerkmanagements durch die Sozialraumbüros [79]

Die im Abschnitt H 2.3 geforderte Initiierung und Entwicklung kommunaler Netzwerke ‚Präventive Familienförderung' in jedem Sozialraum (bzw. ggf. in der Samtgemeinde/Stadt) und ihre Koordination müssen natürlich organisatorisch abgesichert werden. Jedes Netzwerk muss mit einem sehr effektiven Netzwerkmanagement (Steuerung) ausgestattet werden und gesonderte ausreichende Verwaltungsressourcen für das Netzwerkmanagement (Netzwerkbüro, Personalanteile usw.) erhalten. Das alles wird nur dann funktionieren, wenn das Netzwerkmanagement nicht nur die grundsätzliche Fähigkeit zur Mobilisierung von persönlichen und finanziellen Ressourcen verfügt, sondern immer über eigene, zusätzliche Förder- und Unterstützungsressourcen (Finanzen) steuernden Einfluss ausüben kann. Die Kooperationspartner profitieren in jedem Fall davon.

Das Netzwerkmanagement für den Sozialraum ist sinnvollerweise angesiedelt im Sozialraumbüro des ASD. Es ist ein relevanter Stellenanteil der Sozialraumbüroleitung hierfür vorzuhalten.

Das Netzwerkmanagement sorgt für Transparenz aller Prozesse (Informationsfluss, Einflussmöglichkeiten, Kommunikation auf Augenhöhe, effektive und offene Kooperationsformen, die auch faktische Machtungleichgewichte ausgleichen können). Das Netzwerkmanagement sorgt für effektive und

---

[78] Bezüglich der Unterschiede zwischen den verschiedenen Sozialräumen muss nicht das einzelne Sozialraumteam aktiv werden, sondern der Kreis, dem das Angebotsmonitoring und -controlling insgesamt und zwischen den Sozialräumen obliegt und dessen Aufgabe es ist, bei den Angeboten auf eine gleichmäßigere Verteilung zu achten.

[79] Auch auf der sozialräumlichen Ebene kann an dieser Stelle das bei Pkt. G 2.2 für die Kreisebene diskutierte Problem reproduziert werden, dass es häufig einen verwirrenden Wust an Netzwerken und Bündnissen gibt. Das gilt es auch hier zu kritisieren und ebenfalls zu ordnen und zu bündeln. Es gilt aufzuzeigen, was unverzichtbar ist und was durchaus weg könnte. Auch die Abgrenzung zum Planungsnetzwerk auf der Kreisebene sollte bedacht werden!
Die ebenfalls auf der Kreisebene unter Pkt. G. 2.2 diskutierte Problematik, dass es typische Parallelstrukturen geben kann (z.B. wenn die Familienbildungsstätte für sich alleine plant oder die Familienhebammen nicht wirklich systematisch eingebunden werden) oder ein Mangel an wirklich abgestimmten Angeboten u.ä., kann sich auf der Sozialraumebene wiederholen bzw. überhaupt erst bemerkbar machen. Das sollte planerisch geklärt werden. Es sollte auch Klarheit darüber herrschen, was der Kreis allein machen sollte (z.B. die Schulung von Trainer/innen und Moderator/innen) und was allein auf der Sozialraumeben liegen müsste (Regelungen im Rahmenkonzept des Kreises – sh. Pkt. G. 2.2).

motivierende Arbeit, aber auch für angemessene Formen der Öffentlichkeitsarbeit[80] und hält möglichst auch eine eigene Homepage für den Sozialraum vor (mit entsprechenden Links, zum Beispiel in Richtung des ‚Fachinformationssystems Frühe Hilfen').

Wichtig erscheint in diesem Zusammenhang, der Flut von bereits vorhandenen Netzwerken nicht einfach weitere hinzuzufügen, sondern darauf zu achten, dass das Netzwerk ‚Präventive Familienförderung' sämtliche Maßnahmen für § 16 SGB VIII (unter Einschluss der Frühen Hilfen und der Familienbildung) integriert. Dieses ‚kleine Netzwerk' sollte ein konkretes Praxis-Netzwerk sein, das alle Anbieter und wichtigen Akteure im Sozialraum pragmatisch zusammenführt. Es sollte sich also deutlich abheben von den auf Kreisebene oder gesamtstädtischer Ebene entstandenen ‚großen Netzwerken', in denen häufig eher RepräsentantInnen, Vertreter von Institutionen und Organisationen usw. aktiv sind (Beispiel: Kriminalpräventive Räte, Bündnisse für Familie, Netzwerke Frühe Hilfen usw.). Dieses Praxis-Netzwerk hält auch den Kontakt z.B. zu den Geburtskliniken, KinderärztInnen und den Hebammen (Screening-Konzepte) usw.

Mit so wichtigen Angeboten wie dem Baby-Besuchsdienst (den Familien-Service-Büros oder den Familienhebammen der freien Träger)[81] muss intensiv kooperiert werden (soweit sie nicht vom ASD selber betrieben werden, was eigentlich sinnvoll wäre), z.B. um deren Potenzial für präventive Screening-Funktionen in vollem Umfang nutzen zu können (wobei hier die datenschutzrechtlichen Regelungen zu beachten sind).

Das Sozialraumbüro hält ggf. auch Leistungen vor, die nur einmal im Sozialraum angeboten werden müssen (z.B. Sozialberatung). Notwendig ist es, dass das Sozialraumbüro über angemessene eigene Räume für die eigenen Angebote (insb. der Beratung) verfügt. Auf jeden Fall muss der sozialräumliche ASD über ein eigenes freies Budget verfügen, mit dem er z.B. zusätzliche Angebote für die ‚Präventive Familienförderung' (insb. § 16 SGB VIII) in den Familienzentren oder bei daneben agierenden freien Trägern fördern kann.

Das kommunale Netzwerk bzw. das lokale Bündnis für die ‚Präventive Familienförderung' sollte ein starkes politisches und öffentliches Mandat haben. Nicht nur in den Gremien, Steuerungsgruppen und Arbeitsgruppen auf Kreisebene sollten also wirklich relevante Personen und Akteure vertreten sein, sondern auch im Sozialraum, auch wenn hier – wie gesagt – ein anderer Typus von TeilnehmerIn vorherrscht (keine Verbands-, Organisations- und Institutionsvertreter, sondern relevante Akteure in der Praxis vor Ort). Auch diese sollten aber echten Einfluss auf den Prozess haben (real Durchführende von Programmen und Angeboten, aber auch wichtige praxisrelevante InformationsträgerInnen oder bedeutende Stakeholder/InteressenvertreterInnen und wichtige Sozialraum-Schlüsselpersonen).

Die Mitglieder des jeweiligen Netzwerks sollten überzeugt davon sein, dass das sozialräumliche Gesamtkonzept ihnen einen Nutzen und wirkliche Veränderungen bringt (Win-win-Situation).

Die Netzwerksteuerung und die Umsetzung des eigentlichen Lokalen Aktionsplans (des sozialräumlichen oder gemeindlichen Konzepts ‚Präventive Familienförderung') sind nicht ganz identisch, überlagern sich aber weitgehend. Beides sollte möglichst in einer Hand sein.[82] Der Lokale Aktionsplan ist sozusagen das Hintergrund-Steuerungsmodul für alle Prozesse.

---

[80] Die eigene Öffentlichkeitsarbeit muss natürlich den im Kreis üblichen Verfahrensregeln folgen.
[81] Und weiteren Angeboten im Bereich der frühen Hilfen.
[82] Die Einwände gegen andere Lösungen sind bereits vorgetragen worden (gegen die prinzipiell denkbare Lösung durch das Familien-Service-Büro oder das Familienzentrum der Gemeinde).

4.4 Fokussierung des Konzeptes: Konzentration auf drei zentrale strategische Stützpfeiler der sozialräumlichen ‚Präventiven Familienförderung' (institutionelle Profilbildung) und systematische Strukturierung (Präventions- und Bildungsketten)

Es ist nicht sinnvoll, die vorhandenen begrenzten Ressourcen nach dem „Gießkannenprinzip" zu verteilen. Wichtig ist die Frage, an welchen Stellen des Systems man mit seinen Maßnahmen die größte Hebelwirkung entfalten könnte. Die im Fachdiskurs hervorgehobenen und empfohlenen drei zentralen strategischen „Stellschrauben" und Handlungsschwerpunkte sind:

1. die Kinder- und Jugendhilfe in Form des Allgemeinen Sozialdienstes (ASD) als erstem großen strategischen Stützpfeiler und Schwerpunkt für die ‚Präventive Familienförderung' in umfassenden Präventions- und Bildungsketten, insb. für alle frühen und präventiven Hilfen des ASD/der Bezirkssozialarbeit und die Aufgaben nach § 17 und § 18 SGB VIII

2. die Kindertagesstätten als zweiter strategischer Stützpfeiler und Schwerpunkt (rechtlich zwar als Teil der Kinder- und Jugendhilfe, aber doch mit einer gewissen Eigenständigkeit und Bildungsspezialisierung): § 22, § 22a

3. die Schulen als dritter strategischer Stützpfeiler und Schwerpunkt in lokalen Präventions- und Bildungsketten

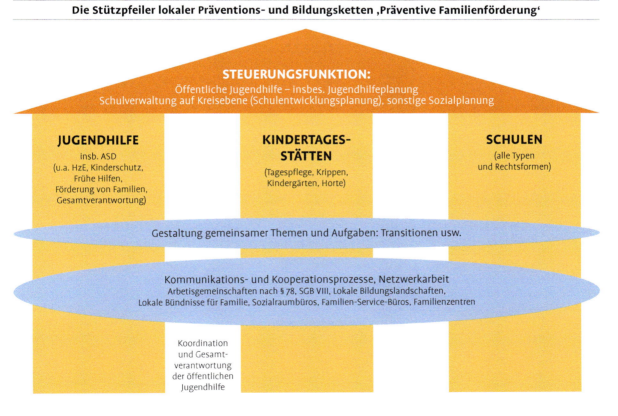

Abb. 17: Die Stützpfeiler lokaler Präventions- und Bildungsketten zur ‚Präventiven Familienförderung'

Diese drei Stützpfeiler müssen als Schwerpunkte in allen Lokalen Aktionsplänen und kommunalen Präventions- und Bildungsketten angemessen repräsentiert sein. Für sie müssen spezialisierte Teilkonzepte in den Aktionsplänen entwickelt werden, die von relevanten Akteuren (Benennung von Verantwortlichen) getragen und umgesetzt werden.

Diese drei Stützpfeiler einer umfassenden Gesamtstrategie der präventiven Arbeit mit Eltern und Familien im Rahmen des § 16 SGB VIII verfügen jeweils über typische Vorzüge:

1. Kindertagesstätten, weil sie sehr früh intervenieren können, fast alle Eltern erreichen und wohnraumnah mit sozialräumlich kleinem Aktionsradius arbeiten

2. der Allgemeine Sozialdienst (auch wenn er für mehrere Gemeinden im Sozialraum zuständig ist), weil er besonders qualifiziert ist im Umgang mit den Eltern prekärer Kinder- und Jugendgruppen (selektive und indizierte Prävention, massive Intervention), aber auch, weil er die Lücke zwischen der Geburt und der Krippe im ersten Lebensjahr schließen kann (in diesem Fall nun für *alle* Eltern, Kinder und Jugendlichen – also universell ausgerichtet) und im Übrigen auch die gesetzlich definierte Gesamtverantwortung der Jugendhilfe am besten abbildet

3. die Schule, weil sie von allen Einrichtungen die Kinder am längsten betreut und weil in diesen langen Biografieabschnitt wichtige krisenhafte Phasen im Jugendleben (Adoleszenz, Pubertät, Übergang zum Beruf usw.) fallen und vor allem weil – was die empirische Forschung (Hattie 20013: 70 ff. und 81 ff.) zumindest für die Bildungswirkungen i.e.S. zeigt – die Leistungen, die vorschulisch erzeugt wurden, sich in Teilen wieder verflüchtigen, wenn sie im Schulbereich nicht gefestigt und ausgebaut werden.

Es ist sehr wichtig, festzuhalten, dass nicht jeder dieser Stützpfeiler dieselben Aufgaben hat und dasselbe Angebot machen soll. Jeder dieser Stützpfeiler muss seine spezifischen Vorzüge strategisch einsetzen. So wäre es zum Beispiel völlig verkehrt, wenn man die allgemeinen Erziehungskompetenz-Trainings an Schulen (vielleicht sogar durch Lehrkräfte) durchführen ließe. (Siehe dazu den Abschnitt H. 3., S. 148 über die so genannten ‚Home-based-Elterntrainings', die speziell auf die Schule zugeschnitten sind und das schulische Lernen im Elternhaus unterstützen sollen.)

Alles in allem führt aber kein Weg daran vorbei, dass man sich auf genau diese drei strategischen Stützpfeiler konzentrieren sollte. Alle anderen Sozialisations- und Erziehungsinstanzen versprechen viel weniger Hebelwirkung und Änderungschancen, können aber in diese Hauptlinien integriert werden. Es geht nicht nur darum, die Ressourcen, Energien und Kräfte zu bündeln und zu konzentrieren, sondern auch endlich mit langfristiger Orientierung diese drei Schwerpunktbereiche fokussiert auszubauen und mit Geduld verlässlich und längerfristig bei dieser Strategie zu bleiben, statt ständig neue Ansatzpunkte – insbesondere isolierte Einzelmaßnahmen – zu erproben.

Realität ist, dass zurzeit die Anbieter von Maßnahmen im Bereich ‚Präventive Familienförderung' gar nicht überwiegend aus diesen strategischen Schwerpunkten kommen, sondern häufig aus dem Bereich der Erwachsenenbildung (Volkshochschulen und Familienbildungsstätten[83]), nur ab und zu aus dem Kindertagesstätten-Bereich, hin und wieder aus dem Bereich der Schule (wenn auch viel zu wenig) und gelegentlich auch aus dem Bereich der zivilgesellschaftlichen Organisationen. Eher selten steht der ASD hinter entsprechenden Angeboten – zumindest soweit universell-präventive Angebote gemeint sind –, obwohl es gute ASD-spezifische Elterntrainings gibt.

---

[83] Erwachsenenbildungseinrichtung können kein solcher Stützpfeiler sein, sondern – wie z.B. die Familienbildungsstätten – nur ergänzende Zulieferer, weil sie i.d.R. nicht niedrigschwellig genug arbeiten und im Übrigen zahlenmäßig – etwa im Verhältnis zu den Kindertagesstätten – nicht sehr ins Gewicht fallen.

Eines ist klar: Es gibt keine ‚beste' Strategie, die sich allein auf eines der Teilsysteme bzw. eine der strategischen Ansatzpunkte und Stützpfeiler konzentriert. Jeder einzelne dieser Ansatzpunkte bleibt wichtig und wirkt komplementär. Jeder ist unverzichtbarer Teil eines Gesamtkonzeptes. Alle Teilelemente haben eigene Aufgaben – wenn auch nicht jede dieser Instanzen die übergeordnete Steuerungsfunktion übernehmen kann (wie bereits ausführlich dargelegt).

Zukünftige Konzepte müssen die enge Kooperation mit den drei Stützpfeilern im Bereich der ‚Präventiven Familienförderung' systematisch organisieren, um hier Ressourcen nutzen, Energien bündeln und konzentrieren zu können – statt sich zu verzetteln. Die Wirksamkeit ist dann nachhaltiger. Insbesondere der – wegen der frühen Präventionschancen – besonders wichtige Kindertagesstätten-Bereich (etwa über das Konstrukt der Familienzentren) muss als Ausgangspunkt für Maßnahmen der ‚Präventiven Familienförderung' viel intensiver ausgebaut werden.

Der ASD hat sich in der Vergangenheit traditionell stärker im interventiven Bereich und im Rahmen der indizierten Prävention engagiert, aber vergleichsweise wenig in der universellen Prävention. Hier wäre es wichtig, dass es – insbesondere im ersten Lebensjahr, für das derzeit keine echte Zuständigkeit vorliegt – zu einer Ausweitung der universell-präventiven Arbeit des ASD kommt. Moderne Allgemeine Sozialdienste engagieren sich inzwischen stärker im Bereich der (weit gefassten) „Allgemeinen Förderung der Erziehung in der Familie" (z.B. über Baby-Besuchsdienste/Willkommens-Besuche), organisieren Fördermaßnahmen von anderen Einrichtungen in diesem Bereich, vermitteln Angebote weiter usw. Sie sind – über diese universellen und selektiven Präventionsangebote „Früher Hilfen" – selbstverständlich weiterhin zuständig für den klassischen Bereich der begrifflich enger gefassten Frühen Hilfen i.e.S. (also die indizierte Prävention und den massiven Eingriff bei Kindeswohlgefährdung) im ersten Lebensjahr. Letzteres ist aber nicht mehr Bestandteil des Konzeptes ‚Präventive Familienförderung'.

Die Sozialraumbüros des ASD könnten aber schon auch die entsprechenden Anteile der ‚Netzwerke Frühe Hilfen' koordinieren– soweit sie auf sozialräumlicher Ebene vorhanden sind. Hinzu kommen weitere Funktionen des Netzwerkmanagements für vielfältige Jugendhilfemaßnahmen im Sozialraum, weil der Allgemeine Sozialdienst besser als alle anderen Einrichtungen die Gesamtverantwortung der öffentlichen Jugendhilfe abbildet.

Fokussierung der Angebote bedeutet, außer der Orientierung an den drei strategischen Stützpfeilern und Schwerpunkten der ‚Präventiven Familienförderung' auch noch, dass die Strukturierung des Gesamtangebotes in der Form von Präventions- und Bildungsketten erfolgen sollte. Über alle Entwicklungs- und Bildungsphasen von Kindern und Jugendlichen hinweg sollte sich also ein gestufter, systematischer und geplanter Aufbau der Maßnahmen und Angebote ergeben. Man konzentriert die Kräfte und Ressourcen auf jeweils anschlussfähige Programmelemente, die sich im zeitlichen Verlauf systematisch aus einander ergeben und sich lückenlos aufeinander beziehen in der Form von in sich stimmigen Präventions- und Bildungsketten, die die Kinder, Jugendlichen und ihre Familien spiralförmig wiederholt erreichen und zu einem in sich schlüssigen Gesamtsystem zusammenfügen (siehe Strategisches Prinzip 7 im Abschnitt G. 2.1, S. 130 f.) .

Die jeweils konkreten sozialräumlichen oder gemeindlichen Präventions- und Bildungsketten werden in der Form partizipativ entwickelter Lokaler Aktionspläne zusammengefasst und dienen in dieser Form der kommunalen Steuerung.

Ein Gesamtsystem müsste alles in allem die in der folgenden Grafik enthaltenen Elemente berücksichtigen, die anschließend im Detail dargestellt werden:

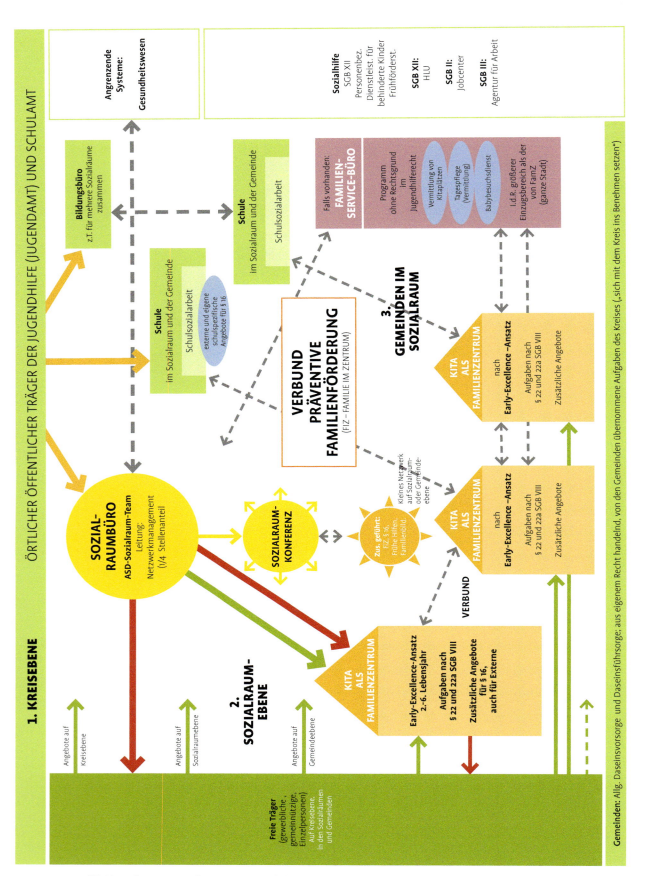

Abb. Nr.18: Organisationsstruktur Präventions- und Bildungskette ‚FiZ – Familie im Zentrum' Gesamtverantwortung und Netzwerksteuerung im Sozialraum – Strukturvorschlag für einen Landkreis

4.5 Die Gesamtstruktur: der Stellenwert der verschiedenen Planungsebenen und das Verhältnis der strategischen Stützpfeiler zu anderen Institutionen im Sozialraum

Die Organisationsform ist selbstverständlich auch abhängig von der Größe der Sozialräume – mit z.T. sehr unterschiedlicher Anzahl an Gemeinden, Familienzentren, Kitas, Schulen, mit und ohne Familien-Service-Büro usw. Sie muss deshalb ggf. den örtlichen und regionalen Bedingungen angepasst werden. Die Kooperation der Sozialraumbüros, der Familienzentren (Kindertagestätten) und der Schulen ist dabei eine Schlüssel-Aufgabenstellung im Sozialraum. Im Grundsatz kann man sagen, dass die Aufgaben wie folgt verteilt sein sollten:

4.5.1 Jugendhilfesystem auf Kreisebene (bzw. der Ebene der kreisfreien Stadt)

Aufgaben, die von der öffentlichen Jugendhilfe bzw. dem Jugendamt auf Kreisebene (bzw. auf der Ebene der kreisfreien Stadt) und nicht im Sozialraum erledigt werden müssen, sind insbesondere:

> die Strategische Gesamtkonzeption Jugendhilfe

> die Jugendhilfeplanung

> die Gesamtsteuerung

> die übergeordnete kreisweite Gesamtkoordination für die Präventive Familienförderung, insb. § 16

> das Vorhalten von Leistungen und Angeboten, die wegen der geringeren Fallzahlen nur auf Kreisebene vorgehalten werden können, z.B.: Adoptionen, Pflegekinder, Amtsvormundschaften, Amtspflegschaft, Amtsbeistandschaft, Jugendgerichtshilfe (z.T. sozialräumlich), Inobhutnahme (Bereitschaftsdienst), Pflegeerlaubnis für die Tagespflege usw.

> wichtige, aber seltener nachgefragte und vorgehaltene Programme für § 16 (z.B. sehr spezifische Elterntrainings)

> Kooperation mit den anderen Systemen (Gesundheit, Sozialhilfe, Arbeitsverwaltung, Schulverwaltung usw.) auf der übergeordneten strategischen Ebene (operativ dann aber auf der Sozialraumebene)

> interne Kooperation mit den anderen Sachgebieten auf derselben oberen Steuerungsebene (insb. Schule, Stadt- und Raumplanung, Verkehr, Kultur, Sozialamt), ressortübergreifende Arbeits- oder Steuerungsgruppen, insb. zu Regionalen Bildungslandschaften oder Bildungsbüros

> Finanzsteuerung/Controlling, Leistungsvereinbarungen mit den freien Trägern (auch für § 16)

4.5.2 Die Sozialraum-Ebene: vom Kindergarten als Familienzentrum zum großen Verbund ‚Präventive Familienförderung nach dem Modell ‚FiZ – Familie im Zentrum'

4.5.2.1 *Sozialraumbüro*

Das ASD-Sozialraum-Team nimmt eine Schlüsselstellung im Gesamtkonzept wahr. Es sollte das Netzwerkmanagement (mit ¼ – ½ Stellenanteil der Leitung) übernehmen. Es wird aktiv in der Kooperation mit den anderen Einrichtungen im Falle der Interventionen zur Kindeswohlgefährdung. Ansonsten koordiniert es die präventive Arbeit der anderen Kooperationspartner. Es übernimmt manchmal aber auch selber eigene Anteile der Präventiven Familienförderung: Elternberatung nach § 16 als Funktionale Erziehungs- und Jugendberatung, Beratung nach § 17 und 18 SGB VII, möglichst auch den Baby-Besuchsdienst (als Chance für die Entstigmatisierung und Imageförderung des Jugendamtes, aber auch für die sanften Screening-Funktionen), im Einzelfall auch Kurse zur Familienbildung als H.z.E nach § 27), die Sozialberatung usw.

Ein Kernbereich wird aber sicher die Vermittlung, Organisation und Finanzierung von Angeboten (insb. zu den Frühen Hilfen im 1. Lebensjahr), die in den Familienzentren und von freien Trägern angeboten werden. Aber auch der Einsatz der Familienhebammen sollte – gerade wenn freie Träger damit beauftragt sind – dennoch durch den ASD koordiniert werden. Schließlich gehört auch die Ehrenamtsförderung und Koordinierung zu den Aufgaben des sozialräumlichen ASD – jedenfalls soweit sie die Präventive Familienförderung betrifft (Erziehungslotsen, Familienhelfer, Familienbesucher, Migrationslotsen usw.).

Der Sozialraum-ASD beauftragt und vergütet im Rahmen seines Budgets die Maßnahmen der Präventiven Familienförderung, insb. alle Maßnahmen nach § 16 und der Familienbildung, die die Familienzentren und die freien Träger durchführen.

Ein wichtiger Bereich, der häufig ein wenig aus dem Auge gerät, ist die Koordinierung der Schulsozialarbeit durch den sozialräumlichen ASD und eine intensive Kooperation in diesem Bereich – soweit sie relevant ist für die 'Präventive Familienförderung' (also weniger für den Hauptteil der eigentlichen Jugendarbeit in der Schule nach § 11 SGB VIII oder die Jugendsozialarbeit nach § 13 SBG VIII):

> Jugendberatung nach § 11

> Elternberatung nach § 16

> Lehrerberatung nach § 16 („andere Erziehungsberechtigte") und nach § 4, Abs. 2 KKG

> Koordinierung der nach § 81 SGB VIII vorgeschriebenen Kooperation von Schule und Jugendhilfe

Dabei ist es unerheblich, welche rechtliche Anbindung der Schulsozialarbeit gewählt wird (freier Träger oder Jugendamt oder Schulträger Gemeinde) und welche Finanzierung zugrunde liegt (durch öffentlichen Träger, z.B. aus dem Bildungs- und Teilhabepaket, z.T. durch Gemeinden, z.T. durch Sonderprogramme des Landes).

Hinzu kommt als Aufgabe des sozialräumlichen ASD noch die allgemeine Netzwerkarbeit im Sozialraum (nach den §§ 81 und 78 SGB VIII und KKG § 3). Die Steuerung der Netzwerkarbeit in Bezug auf das sog. ‚Kleine Netzwerk Präventive Familienförderung' auf Sozialraum- oder Gemeindeebene, nicht aber in Bezug auf die größeren Netzwerke zum Bündnis für Familie, dem Netzwerk Frühe Hilfen, wie sie eher auf Kreisebene angesiedelt sind, liegt beim ASD. Dies kann aber im lokalen Einzelfall auch anders geregelt werden. Jedenfalls muss man im Auge behalten, dass Netzwerke je nach Größe des Sozialraums und abhängig vom thematischem Bereich ggf. nur auf Kreis- bzw. gesamtstädtischer Ebene (als ‚Großes Netzwerk') sinnvoll sind und im Sozialraum oder der Gemeinde dann eher pragmatische kleine Praxisnetzwerke (bzw. reine Anbieternetzwerke nach § 78) praktikabel sind.

Die Betreuung der Sozialraum-Konferenz ist aber wieder eindeutig Aufgabe des Sozialraumbüros.

Klar ist auch, dass Angebote, die nur einmal im Sozialraum vorgehalten werden, wie z.B. die Sozialberatung oder die Öffentlichkeitsarbeit und das Marketing für das Sozialraumangebot (einschl. der Pflege der Homepage zum „Fachinformationssystem Frühe Hilfen") zu den Aufgaben des Sozialraumbüros gehören.

Im Einzelfall sehr unterschiedlich geregelt werden kann – je nach den konkreten lokalen Verhältnissen – das zunächst einmal unklare Verhältnis zwischen Familien-Service-Büros, dem Sozialraumbüro des ASD und den Kitas als Familienzentrum.

Das Sozialraumbüro sollte eher nicht[84] räumlich integriert werden ins Familienzentrum. Denn Niedrigschwelligkeit kann sich auch auf psychologische Schwellen beziehen, die entstehen, wenn es um angst- und schambesetzte Themen geht (§ 17, § 18, Sozial- und Schuldnerberatung, vielleicht sogar in Teilen Erziehungsberatung).

Je nach Situation, Ausgangslage und Bedarf kann es aber Angebote des ASD im Familienzentrum geben. Zumindest sollte dort aber eine Vermittlung von Sozial-, Erziehungs-, Jugendberatung in Richtung des ASD vorhanden sein.

Auch die Kooperation mit den angrenzenden Systemen durch den ASD kann in vielen Fällen ein wichtiger Beitrag zur Präventiven Familienförderung sein:

> Gesundheitswesen:
  – Geburtskliniken, Hebammen, Kinderärzte, Krankenkassen

> Sozialhilfe
  – SGB XII (Personenbezogene Dienstleistungen für behinderte Kinder, Frühförderstellen)
  – SGB XII: HLU, Grundsicherung für dauerhaft Erwerbsgeminderte
  – SGB II: Jobcenter, Arbeitslosengeld II, personenbezogene Eingliederungshilfen in Arbeit
    (z.B. Schuldner- und Suchtberatung, Psychosoziale Betreuung usw.)
  – SGB III: Agentur für Arbeit, Arbeitslosengeld I usw.

Sonstiges

Für die im novellierten § 16 SGB VIII hervorgehobenen Formen der Elternberatung müsste noch ein eigenes Konzept entwickelt werden, in dem geklärt wird, wer welchen Anteil und welche Form wo anbietet – z.B. die funktionelle Erziehungsberatung eher durch den ASD, durch freie Träger, durch Sprechstunden der Erziehungsberatungsstelle im Sozialraum, in der Kindertagesstätte oder im Familienzentrum, aber nicht durch letztere selber. Deren Auftrag bezieht sich eher auf die Gestaltung des Lernens und der Entwicklung des Kindes in der Kindertagesstätte und die Abstimmung der Erziehungs- und Bildungsprozesse mit den Eltern. Zwar heißt es in § 22 (1) 1, dass die Kindertagesstätten „die Erziehung und Bildung in der Familie unterstützen und ergänzen" sollen. Damit ist aber sicher nicht gemeint, dass hier Erziehungsberatung bei massiven Erziehungsproblemen in der Familie – zumal bei Geschwistern – zu leisten wäre.

Auch die Beratung nach § 17 und § 18 SGB VIII beinhaltet Leistungen, die nicht von den Kindertagesstätten oder Familienzentren angeboten werden dürfen, sondern vom Sozialraumbüro des ASD bzw. einem fachlich ausgewiesenen freien Träger.

---

[84] Die Frage, ob man Sozialraumbüros und Familienzentrum räumlich verbinden sollte, ist aber nicht zentral. Das gleiche gilt für die Familien Servicebüros. Man könnte beide im Prinzip ins Familienzentrum integrieren. Allerdings befinden sich in ihrem Einzugsbereich i.d.R. ja mehrere Familienzentren, so dass einer räumlichen Integration natürliche Grenzen gesetzt wären.
Die enge Kooperation mit den Tagespflegepersonen ist in einigen Bundesländern, z.B. NRW, in den Familienzentren häufig üblich. Daraus können beide Seiten Profit ziehen (Raumnutzung, Randzeiten usw.) Allerdings bezieht sich das immer auf die einzelne eigene Einrichtung. Die Vermittlung und übergeordnete Koordination aller Tagespflegepersonen im Sozialraum sollte nicht damit verbunden werden. Solche Lösungen würden auch in vielen Landkreisen hier nicht passen, da die Familien-Service-Büros hier in der Regel auf Einzel-Gemeinde-Ebene angesiedelt sind. Was die Sozialraumbüros betrifft, so wären sie eigentlich für diese Koordination am besten geeignet. Sie könnten das auch deshalb besser als die Familien-Service-Büros, weil hier – anders als in manchen Familien-Service-Büros – das Fachkräftegebot streng eingehalten wird und im Übrigen auch die Pflegeerlaubnis für die Tagespflegepersonen vom Jugendamt erteilt wird (was aber eine klassische zentrale Angelegenheit auf Kreisebene ist). Allerdings wird man auch Empfindlichkeiten auf Gemeindeebene erwarten können, wenn Teilaufgaben der Familien-Service-Büros auf die Sozialraumbüros übertragen würden. Hier ist also ein pragmatischer Blick angezeigt.
Eine punktuelle inhaltliche Integration (nicht die räumliche) von Sozialraumbüros, Familien-Service-Büros, von Beratungsstellen oder Tagespflegepersonen (Tagesmütter-Treff) ins Familienzentrum hätte sicher starke netzwerkfördernde synergetische Wirkungen. Allerdings sollte man sich dann auch eine gewisse rechtliche Problematik vor Augen führen: Die Vermengung von internen Kindern und externen Tagesmütter-Kindern oder auch von internen Besuchern und externen Besuchern (Elterncafé, Beratungsstellen) kann aus Gründen der Aufsichtspflicht, aus gesundheitsrechtlichen und aufsichtsrechtlichen Gründen (Kita: Heimaufsicht, Betriebserlaubnis usw. oder Pflegekinderaufsicht: Tagesmütter) möglicherweise problematisch sein. Aber diese Probleme sind lösbar (getrennte Räume, unterschiedliche Zeiten, eigene Eingänge usw.).

4.5.2.2 *Kitas als Familienzentren*

Bereits im Rahmenkonzept des Kreises (bzw. der kreisfreien Stadt) sollte ein Vorschlag für die Integration der Familienzentren in eine Gesamtstrategie für den Bereich ‚Präventive Familienförderung' (insb. § 16 SGB VIII)[85] unterbreitet werden. Jede größere Samtgemeinde/Stadt sollte über mindestens ein Familienzentrum verfügen[86]. Dabei sollte das Familienzentrum nach dem Early-Excellence-Ansatz arbeiten und auch eine Krippe haben. Ein erheblicher Teil der Organisation von Erziehungs- und Bildungspartnerschaften (insbesondere die Arbeit im Bereich ‚Präventive Familienförderung' und § 16 SGB VIII) kann Aufgabe der Familienzentren sein.

Das Familienzentrum nimmt vor allem – wie die ‚Normal-Kita' auch – die vorgeschriebenen Aufgaben nach den §§ 22 und 22a SGB VIII zur Kooperation mit den Eltern und Familien wahr. Typisch ist es auch, dass das Familienzentrum zusätzliche Angebote, die über die Familien der eigenen Kinder und die entsprechende EEC-Arbeit für die eigenen Kinder hinausgehen, anbietet bzw. Angebote für einen erweiterten räumlichen Einzugsbereich macht, insb. auch Angebote für eine breitere Palette nach § 16 SGB VIII. Familienzentren sind bestens geeignet, um Programme der Elternarbeit mit MigrantInnen (Rucksack-Projekt, Stadtteilmütter) umzusetzen. Für etliche Elternbildungsangebote (z.B. FuN, Marte Meo oder Rucksack-Projekt/Stadtteilmütter) gibt es sehr gute Qualifizierungsmöglichkeiten für Erzieherinnen, die unbedingt angeboten werden sollten. Allerdings muss das Familienzentrum nicht alles selber machen. Es kann auch nach dem Galerie-Modell Angebote hereinholen oder nach dem Lotsen-Modell weitervermitteln.

Die Familienzentren sollten über die Förderung durch das Sozialraumbüro hinaus i.d.R noch über eigene zusätzliche Mittel verfügen, die sie für Elternarbeit und Familienbildung einsetzen können.

Es ist aus pragmatischen Gründen sicher sinnvoll, dass das jeweilige Familienzentrum in der Samtgemeinde/Stadt eine Leitfunktion und Netzwerkfunktionen für die anderen Kindertagesstätten im Sozialraum übernimmt,[87] die ebenfalls nach dem EEC-Ansatz (Early-Exzellenz-Ansatz) arbeiten, aber nur reduzierte Angebote für ihre eigenen Eltern machen (Vermittlung von ausgewählten Angeboten für diese Kitas-plus nach dem Galerie-Modell oder Lotsen-Modell, gemeinsames Veranstaltungsverzeichnis usw.).[88] Zu größeren Verbundlösungen im Rahmen von Gesamtkonzepten der ‚Präventiven Familienförderung' (‚FiZ – Familie im Zentrum') wird im Abschnitt H. 4.7 Stellung genommen.

Diese Kindertagesstätten, die kein Familienzentrum sind, können in der Regel keine zusätzlichen Aufgaben übernehmen. Sie sollten sich aber dennoch in Richtung des Modells ‚Kindergarten-plus' weiterentwickeln. Das bedeutet, dass auch sie langfristig nach dem modernen EEC-Ansatz (Early-Excellence-Ansatz) arbeiten sollten. Dies heißt auch, dass sie im Rahmen ihrer Early-Excellence-Arbeit sehr intensive Elternberatung und Elternarbeit betreiben, aber eben nur in Bezug auf die Kinder und Eltern, die sich in ihrer Kindertagesstätte befinden. Sie machen also keine zusätzlichen inhaltlichen Angebote (z.B. bestimmte spezielle Elterntrainings, Angebote für Tagespflegepersonen, Stadtteilmütterprojekte usw.), die über die Arbeit mit den eigenen Kindern hinausführen und auch keine Angebote für andere Personen im Sozialraum. Dies bleibt Aufgabe einiger ausgewählter Familienzentren. Unbenommen bleibt dabei ihre Verpflichtung, z.B. auch externe Angebote an Eltern nach dem sog. Lotsen-Modell zu vermitteln.

---

[85] Unter Einschluss der Frühen Hilfen.
[86] Ggf. auch 2 oder 3 Familienzentren im Sozialraum
[87] Prinzipiell sind aber auch andere Lösungen denkbar. So könnte die Institution ‚Familienzentrum' ja auch ganz anders definiert sein, nämlich grundsätzlich als Verbundlösung von mehreren Kindertagesstätten. Dann wäre ein Familienzentrum nicht eine einzelne Einrichtung sondern eben dieser Gesamtverbund (Familienzentrum i.w.S.). Allerdings fehlen dann in diesem Verbund immer noch mindestens eine Schule und – ganz zentral – das ASD-Büro. Sh. dazu weitere Hinweise unter H. 4.7.
[88] Wenn man sich nicht für eine Verbundlösung entscheidet, sondern für das Modell einer einzelnen Kita als Familienzentrum, wird es natürlich organisatorisch und finanziell einfacher und die Abstimmung mit dem Sozialraumbüro ist in diesem Fall auch etwas einfacher zu gestalten. Andererseits werden die Wege für viele Eltern dadurch länger (Gefährdung der Zugänglichkeit).

Es gibt im Übrigen sehr gute Gründe dafür, große Teile des Angebotes zur ‚Präventiven Familienförderung' an die Kindertagesstätten bzw. Familienzentren zu geben. Das zahlenmäßige Verhältnis spricht einfach für sich: So gibt es in Niedersachsen zwar über 300 Familien-Service-Büros, aber ca. 5.000 Kindertagesstätten[89]. Die ca. 100 relevanten Einrichtungen der Erwachsenenbildung (25 Familienbildungsstätten[90], 57 Volkshochschulen und 22 Heimvolkshochschulen[91] in Niedersachsen) fallen hier ebenfalls nicht ins Gewicht[92]. Wenn man wirklich an der Stellschraube ‚Präventive Familienförderung' und Familienbildung drehen will, kann man große Hebelwirkung nur über die Kindertagesstätten erwarten. Die Schulen kommen für eine übergreifende Leitfunktion nicht infrage (siehe Punkt 4.5.2.3).

Das klassische Familienzentrum sollte möglichst nicht nach dem großen Sozialzentrums-Modell (mit einem großen Träger, der alles selber vorhalten kann) – wie es teilweise in Großstädten vorhanden ist – organisiert werden.[93] Erstens übernimmt in unserem Modell das Sozialraumbüro des ASD-Teams viele der dort traditionell vorgehaltenen Leistungen und zweitens sind die Wege im ländlichen Raum für ein solches Modell viel zu weit (fehlende Niedrigschwelligkeit und Erreichbarkeit).

Zur Aufgabenabgrenzung ist noch festzuhalten, dass die Familienzentren zwar intensiv in die Netzwerkarbeit des Sozialraums einbezogen sind und hier auch vielfältige Impulse entfalten sollten, aber nicht die Steuerungsfunktion innehaben sollten. Das ist Aufgabe des Sozialraum-ASDs. Der ASD vermittelt und finanziert ansonsten vielfältige Leistungen, die im Familienzentrum durch freie Träger erbracht werden (insbesondere Familienbildung).

Das Familienzentrum muss aber für seine zusätzlichen Aufgaben (insbesondere in der Planung und Organisation und in der Netzwerkbeteiligung) ein besonderes Budget erhalten. Soweit ein Familien-Service-Büro vorhanden ist, muss – gerade im Tagespflegebereich – eine systematische Kooperation implementiert werden.

Der Early-Excellence-Ansatz ist – anders als bei der ‚Normal-Kita' – Standard-Voraussetzung eines Familienzentrums. Wir reden hier also zurzeit noch über eine begrenzte Anzahl ausgewählter Kitas. Die Familienzentren sind im Regelfall zuständig für das 2. – 6. Lebensjahr von Kindern. Sie sollte aber anderen Anbietern – auch aus dem Gesundheitsbereich, von freien Trägern, Selbsthilfegruppen, dem ASD usw. – die Angebote für das 1. Lebensjahr anbieten, im Familienzentrum Räume und Infrastruktur zur Verfügung stellen und die Angebote auch bewerben.

4.5.2.3 Schulen

I.d.R. liegen nur die Gymnasien, die Berufsschulen und die Förderschulen formal und politisch in Kreisverantwortung. Oberschulen und alles andere liegen im Regelfall auf Gemeindeebene (Rechtsgrundlage: Schulgesetze der Länder und Organisationshoheit des Kreises). Die Handlungsebene (operative Ebene) der Schule ist aber meistens der Sozialraum bzw. die Gemeinde.

---

[89] Stand 1012: 4780 (Niedersächsisches Kultusministerium: http://www.mk.niedersachsen.de/portal/live.php?navigation_id=30653&article_id=105357&_psmand=8 Zugriff: 11.1.2013
[90] http://www.familienbildung-nds.de/index2.php Zugriff: 11.1.2013.
[91] Und zusätzlich die Heimvolkshochschule Europahaus Aurich. http://www.vhs-nds.de/und http://www.landesverband-hvhs.de/index.php?menuid=40 Zugriff: 11.1.2013
[92] Selbst wenn man berücksichtigt, dass diese Einrichtungen durchaus ein deutlich erhöhtes Teilnehmerfeld bedienen, bleibt das eindeutige Größenverhältnis im Kern doch bewahrt. Die Familienbildungsstätten könnten aber andere, wichtige Funktionen erfüllen, für die sie besser qualifiziert sind als Kindertagesstätten Familienzentren. So können sie natürlich eine breite Palette an Elternbildungsdienstleistungen in die Kindertagesstätten und Familienzentren tragen. Und, sie könnten vor allem – wenn mit einer massenhaften Multiplikation der Elternbildungsangebote massiv in die Breite gegangen werden soll – die Qualifizierung von Moderatorinnen und Moderatoren bzw. Kursleiterinnen übernehmen.
[93] Bis auf einige Elternbildungsangebote (z.B. FuN, Marte Meo oder Rucksack-Projekt/Stadtteilmütter, für die leicht Erzieherinnen qualifiziert werden können) sollte auch das normale Familienzentrum nicht alle Angebote selber vorhalten. Es reicht, wenn es im Kern nach dem sog. Galerie-Modell und in wenigen Teilen auch nach dem sog. Lotsen-Modell arbeitet.

Einige der hier relevanten Themen können – gerade im Hinblick auf die Schule – an dieser Stelle nicht im Einzelnen durchdekliniert werden: der Übergang Schule – Beruf[94], die neueren Konzepte zur Elementarschule (Kindergarten und Grundschule, Angebote zur Familienbildung in der Schule usw.).

Das konkrete Verhältnis zu den Bildungsbüros, die häufig vollkommen andere Gebietszuschneidungen als der Sozialraum haben, bedarf einer gesonderten Untersuchung und muss im Einzelfall geklärt werden.

Das Sozialraumbüro sollte normalerweise auch die Gestaltung der Kooperation mit der Schulsozialarbeit (Koordinierung) im Sozialraum übernehmen.[95] (Siehe dazu 4.5.2.1)

Im Rahmen unserer Überlegungen zum Komplex ‚Präventive Familienförderung' und § 16 SGB VIII sind bei einem weiten Begriff von „Allgemeiner Förderung der Erziehung in der Familie", den das Gesetz ja nahe legt, unbedingt die Elternberatung und die Lehrerberatung (als „andere Erziehungsberechtigte" nach § 16) zu berücksichtigen. Dies ist ein Punkt, der in der gesamten Debatte gerne übersehen wird.

Da Schulen derzeit eher nicht für die Übernahme von Familienzentrumsfunktionen geeignet sind, sollten sie – außer mit dem Sozialraumbüro des ASD – auch eng mit einem Familienzentrum in ihrer Nähe zusammenarbeiten, das für sie einige Aufgaben übernimmt (z.B. Vermittlung von Elternbildung nach dem Galerie-Modell, aber auch Lotsen-Aufgaben).[96] Auf jeden Fall bleibt die Schule als einer der drei strategischen Stützpfeiler und Schwerpunkte für Präventions- und Bildungsketten ein wichtiger Ort auch für Maßnahmen nach § 16 (siehe Abschnitt H. 4.4). Dies gilt ganz sicher mindestens für die Grundschule (§ 22a SBG VIII), aber auch für die Sekundarschule (über § 81, aber auch weil § 16 SGB VIII ja keine Altersbegrenzung vornimmt).

Die Schulen können die allermeisten Aufgaben, die ein Familienzentrum oder das Sozialraumbüro des ASD zu leisten haben, nicht erfüllen. So fallen sie z.B. als frühe Hilfe und frühe Förderung aus. Und auch für Netzwerkarbeit (etwa im Sinne des § 3 des KKG) ist das Personal nicht geeignet. Hinzu kommt, dass der Einzugsbereich der meisten Schulen wesentlich größer ist als der von Familienzentren und damit eine räumliche Niedrigschwelligkeit nicht gegeben ist. Schulen haben aber dennoch wichtige Aufgaben im Rahmen eines Gesamtkonzeptes zur Präventiven Familienförderung. Um ihren Bildungsauftrag angemessen erfüllen zu können, müssen sie nach allen fachlichen und wissenschaftlichen Erkenntnissen intensiv mit den Eltern zusammenarbeiten, dies aber auf eine für sie spezifische Weise (siehe dazu die Hinweise zu schulspezifischen Programmen im Abschnitt H 3., S. 148 ff.). Im Einzelfall können in sozialen Brennpunkten aber Schulen durchaus (möglichst in Kooperation mit dem Familienzentrum) erweiterte Aufgaben im Sozialraum übernehmen. Die enge Kooperation mit den Kindertagesstätten im Bereich des Übergangs Kindergarten – Grundschule (Brückenjahr) muss ohnehin immer selbstverständlicher Bestandteil der Arbeit sein.

Ansonsten muss aber im Hinblick auf relevante Familien eine enge Kooperation mit dem Sozialraumbüro des ASD und im Hinblick auf die Schulsozialarbeit zum Standard gehören.

4.5.2.4 *Familien-Service-Büros (falls vorhanden)*

Vollkommen ungeklärt ist im Rahmen eines umfassenden Gesamtkonzeptes zur ‚Präventiven Familienförderung' die Rolle der Familien-Service-Büros. Bei den Familien-Service-Büros handelt es sich um ein öffentlich gefördertes Programm ohne Rechtsgrund im Jugendhilferecht. Die meisten Familien-

---

[94] § 16 hat keine Altersbegrenzung!
[95] Hierfür gibt es allerdings keine zwingende Rechtsgrundlage. Grundlage ist die Organisationshoheit des leitenden Verwaltungsbeamten.
[96] Sicherlich liegt auch hier im Schulbereich sozusagen, der Teufel im Detail'. Häufig sind die Gymnasien, Berufsschulen und Förderschulen in Kreisverantwortung, oft auch die Realschulen, manchmal auch die Hauptschule und dann liegt nur noch die Grundschule auf Gemeindeebene. Das ist in den verschiedenen Ländern aber vielfach abweichend geregelt. Hier gilt es natürlich, die konkreten Bedingungen vor Ort zu beachten.

Service-Büros sind auf kommunaler Ebene (Samtgemeinde, Stadt) angesiedelt. Sie haben deshalb im Allgemeinen auch einen größeren Einzugsbereich als Familienzentren.

Das Land Niedersachsen hat dieses Modell in den letzten Jahren massiv gefördert. Dabei ist man insbesondere den Kommunen mit einer gezielten Förderung stark entgegengekommen. Dieses Modell ist auch in vielen Kommunen inzwischen ein durchaus akzeptiertes Service-Angebot. Allerdings hat man sich bei der Implementation dieses Modells – analog zur Einführung der Familienhebammen oder des Baby-Besuchsdienstes – viel zu wenig Gedanken gemacht, wie dieses Modell in die Gesamtstruktur der Jugendhilfe eingepasst werden könnte und wie man die Schnittstellen sauber definieren und gestalten könnte.

Wenn man sich die konkreten Angebote der Familien-Service-Büros anschaut, fällt auf, dass es in weiten Teilen um Vermittlung von Kitaplätzen, um Vermittlung und Betreuung von Tagespflegepersonen, Angebote zur Vereinbarkeit von Familie und Beruf oder auch Elternarbeit geht. Hier handelt es sich ganz zweifellos um Angelegenheiten der Jugendhilfe. Sie berühren nicht nur Aufgaben des Jugendamtes, sondern auch der Tagespflege-Vereine, aber auch – insbesondere wenn es um Angebote zur Vereinbarkeit von Familie und Beruf geht – im starken Maße um Angelegenheiten der Kindertagesstätten und Familienzentren. Im Prinzip könnten alle diese Aufgaben einerseits vom Sozialraumbüro des ASD und andererseits von den Kindertagesstätten/Familienzentren übernommen werden. Wobei gerade die Familienzentren wegen ihrer besonderen räumlichen Ausstattung hier viel bessere Möglichkeiten hätten. Die Sozialraumbüros wären auch formal viel besser abgesichert im Hinblick auf die rechtliche Gestaltung des Verhältnisses zu den Tagespflegepersonen. Sie wären auch viel geeigneter, Tagespflegepersonen in ihrer Arbeit zu beraten (siehe in § 16 [1] die Bezeichnung „andere Erziehungsberechtigte") und weil sie natürlich per se bereits bestens qualifiziert sind im Hinblick auf die funktionelle Erziehungsberatung in Bezug auf die Kinder der eigenen Einrichtung. Da dieses Modell nun aber an vielen Stellen bereits fest verankert ist, wird man hier pragmatisch vorgehen müssen. Das bedeutet, dass die Schnittstellen einerseits von Sozialraumbüros und Familien-Service-Büros und andererseits von Kindertagesstätten/Familienzentren und Familien-Service-Büros sauber definiert werden und kooperativ ausgestaltet werden sollten.

Obwohl also im Tagespflegebereich die Vermittlung meistens bei den Familien-Service-Büros liegt, sollte dennoch eine enge Abstimmung mit dem Familienzentrum im Hinblick auf die praktische Einbeziehung von Tagespflegepersonen in das Familienzentrum oder andere Kindertagesstätten erfolgen. In den Fällen, in denen das Familien-Service-Büro auch den Baby-Besuchsdienst übertragen bekommen hat, ist die Schnittstelle zum ASD sehr genau zu definieren und zu gestalten.

4.5.2.5 *Freie Träger (gewerbliche, gemeinnützige)*

Die freien Träger machen prinzipiell Angebote auf Kreisebene, in den Sozialräumen und in den Gemeinden. Sie tun dies im Sozialraum mal auf der Basis einer Komm-Struktur, mal auf der Basis einer Geh-Struktur: Es gibt Sprechstunden und andere Angebote vor Ort. Aktiv sind Familienbildungsstätten, Erziehungsberatungsstellen, die Drogenberatung, Schwangerschafts- und Konfliktberatung, Schuldnerberatung, die Tagepflegevereine (Schulung, Beratung) u.a.

Besondere Leistungen, Maßnahmen und Angebote der freien Träger im Bereich der Präventiven Familienförderung liegen vor allem im Bereich der Familienbildung (auch der neuen H.z.E., Familienbildung' nach § 27), häufig – auch wenn dies nicht die optimale Lösung ist – beim Einsatz von Familienhebammen und vielen weiteren Angeboten der Frühen Hilfen im Bereich des § 16 SGB VIII. Dabei handelt es sich entweder um Angebote, die innerhalb der Kindertagesstätten oder Familienzentren erfolgen oder aber um eigene freie Angebote im Sozialraum. Die Aufgaben der freien Träger können nur in der Durchführung von Maßnahmen, aber niemals in der Gesamtplanung der Präventiven Familienförderung liegen (auch wenn manche Landkreise Sozialraumbüros durch freie Träger zulassen). Die Gesamtplanungsverantwortung ist und bleibt Aufgabe des öffentlichen Trägers, in diesem Fall des sozialräumlichen ASD.

4.5.2.6 Familienbildungsstätten

Auch wenn die Familienbildungsstätten von ihrer Zahl her nicht die zentrale Stellschraube der Familienbildung sein können (siehe oben), können sie aber doch ein wichtiger Kooperationspartner des Sozialraumbüros, des Familienzentrums oder des Familien-Service-Büros sein (Einkauf von Erziehungskompetenz-Trainings, Eltern-Kind-Gruppen usw., insb. aber im Bereich von übergeordneten Moderatoren- und Trainerausbildungen und anderen Fortbildungen). Analoges gilt für die Volkshochschulen und Heimvolkshochschulen. Man sollte dort mit diesen Einrichtungen kooperieren, wo sie ihre Stärke haben. Allerdings können sie nicht selber familienzentrumsähnliche Funktionen übernehmen. Das können sie nicht aufgrund ihrer Anzahl und ihres viel engeren inhaltlichen Spektrums im Vergleich zu den Familienzentren oder den Sozialraumbüros. Sie können auch keine sonstigen Netzwerkfunktionen übernehmen – vor allem wegen ihrer mangelnden Sozialraum- und Lebenswelt-Orientierung (Zugänglichkeit, räumliche Nähe usw.).

4.5.2.7 Zivilgesellschaftliche Organisationen

Die starke Betonung gemeinwesenbezogener Aspekte und sozialräumlicher Strukturen rückt automatisch die lokalen zivilgesellschaftlichen Strukturen in den Blick. Ein Gemeinwesen lebt nicht nur von den offiziellen, formal gesicherten sozialpolitischen Strukturen, sondern in nicht unerheblichem Maße auch vom Engagement seiner Bewohnerinnen und Bewohner. Insofern sollten Gesamtkonzepte auch zivilgesellschaftliche Strukturen und das bürgerschaftliche Engagement nutzen und die Ressourcen, die in diesem Bereich vorhanden sind, einbeziehen. Das bedeutet für unser Thema, dass nicht nur die professionellen Angebote, sondern auch Konzepte wie die der ehrenamtlichen Familienpaten, Familienhelfer, der Erziehungslotsen, Migrationslotsen, Stadtteilmütter, Familienbesucherinnen, Integrationslotsen usw. berücksichtigt und eingebaut werden sollten.

Dabei sollte aber klar sein, dass damit die grundlegende rechtliche und sozialpolitische Struktur nicht relativiert oder eine hauptamtliche professionelle Struktur durch ehrenamtliche Komponenten ersetzt werden darf (etwa auf dem Hintergrund von Kosteneinsparungen). Diesbezüglich überzogene Wünsche und Erwartungen sind weder zielführend noch realistisch. Dennoch haben die ehrenamtlichen zivilgesellschaftlichen Strukturen und das bürgerschaftliche Engagement eine erhebliche Bedeutung: Sie verändern zwar die grundlegende Struktur nicht, bestimmen aber das lokale Gesamtklima eines Sozialraums ganz massiv mit (Zusammenhang von Partizipation – Engagement – Verantwortung). Dass die Dialektik von Professionalität und Ehrenamt bei klarer Leitfunktion der hauptamtlichen Strukturen kreativ und effektiv gestaltbar ist, beweisen eben solche Projekte wie die der Stadtteilmütter und Familienbesucherinnen. Das ist bei den anderen ehrenamtlichen Angeboten nicht anders.

Dass die Nutzung und Förderung ehrenamtlicher Tätigkeit eine Aufgabe auch der öffentlichen Jugendhilfe ist, legt § 73 SGB VIII (Ehrenamtliche Tätigkeit) nahe: „In der Jugendhilfe ehrenamtlich tätige Personen sollen bei ihrer Tätigkeit angeleitet, beraten und unterstützt werden".

Diese Norm gilt zwar für ehrenamtliche Personen jeglicher Art in der Jugendhilfe, kann aber bei den spezifischen Maßnahmen im Bereich ‚FiZ' (Familie im Zentrum) durchaus von besonderer Bedeutung sein – zumal wenn das Konzept ‚FiZ' in der Organisationsform von Familienzentren umgesetzt wird, die ja häufig auch Mehrgenerationen-Ansätze, bürgerschaftliche und ehrenamtliche Komponenten enthalten.

Allerdings wäre das Sozialraumbüro des ASD wohl mit der zusätzlichen Aufgabe überfordert, insgesamt für die Freiwilligenarbeit zuständig zu sein[97]. Es konzentriert sich auf die Integration des Teils der Ehrenamtlichen, der sich direkt auf die Jugendhilfe bezieht. Für den darüber hinausgehenden Teil wären andere Einrichtungen wie z.B. Freiwilligenagenturen (manchmal in Verantwortung der jeweiligen Gemeinde, manchmal durch freie Träger) vorzuhalten.

---

[97] Das könnten nun wiederum die Sozialraumbüros der freien Träger möglicherweise besser. Hier besteht sicher noch weiterer Klärungsbedarf.

4.5.3. Gemeinden im Sozialraum

Eine räumliche Untergliederung des Sozialraums stellen – außer bei bestimmten kreisfreien Städten – die Gemeinden dar. Sie haben zunächst einmal keine eigenen Kompetenzen für die Jugendhilfe und die Präventive Familienförderung. Sie können aber tätig werden im Rahmen ihres Auftrages zur allgemeinen Daseinsvorsorge und Daseinsfürsorge für ihre Bürger. Sie können dabei – aus eigenem Recht handelnd – auch in jugendhilferelevanten Feldern aktiv werden – so in der Jugendarbeit oder bei familienfördernden Angeboten. Hier ist lediglich vorgeschrieben, „sich mit dem Kreis ins Benehmen zu setzen". Im Rahmen der Kooperation mit den angrenzenden Systemen der Jugendhilfe ist die Kommune natürlich ein sehr wichtiger Partner, da sie entscheidende Rahmenbedingungen für Familien herstellt – so unter dem Label der ‚Kinder- und familienfreundlichen Kommune' (siehe dazu auch Kapitel F. 3.11).

4.6 Zwischenbemerkung: Wer darf was anbieten? – Differenzierung der Angebote nach Präventionsniveau

Von besonderer Bedeutung ist es, noch einmal deutlich zu machen, welche Art der Prävention (insb. im Bereich des § 16) die einzelnen Kooperationspartner eigentlich betreiben können. Nicht jeder sollte und darf (aus rechtlicher wie fachlicher Sicht) alles anbieten.

Die im Abschnitt G. 2.1 und im Abschnitt F. 2.10 beschrieben Präventionsniveaus waren:

1. Universelle Prävention (für alle)

2. Selektive Prävention (Angebote nur für ausgewählte potenziell belastete Gruppen)

3. Indizierte Prävention (Angebote für besonders belastete Gruppen, bei denen schon einmal etwas passiert ist; teilweise auch schon als erste Intervention)

4. Massiver Eingriff (Intervention i.e.S.)[98]

Dabei wird deutlich, dass bei den Angeboten zur ‚Präventiven Familienförderung' (insb. den Teilen nach § 16) Kindertagesstätten und Familienzentren, aber auch die Schulen nur universelle Prävention und im Ausnahmefall auch selektive Prävention (z.B. Stadtteilmütter an Kitas und Schulen mit hohem Migrationsanteil) betreiben können und dass allein das ASD-Team auch indizierte Prävention und den massiven Eingriff vornehmen kann. Die beiden intensiveren Niveaus bleiben also im Wesentlichen dem ASD vorbehalten, z.B. nicht nur im Rahmen seiner Tätigkeit bei den Hilfen zur Erziehung, sondern insb. bei den Aufgaben nach § 17 und § 18, die mindestens selektiven, aber meistens wegen massiver Problemlagen doch schon indizierten Charakter tragen (und weil im Übrigen Kindertagesstätten und Schulen in diesem Bereich ja fachlich nicht einschlägig qualifiziert sind). D.h., dass selbst beim
2. Niveau nicht für jede notwendige Maßnahme jede Einrichtung auch eine geeignete Durchführende ist.

Bezogen auf die „Frühen Hilfen i.w.S." werden diese vier Niveaus als ...

  1. Frühe Förderung (für alle) vom sozialräumlichen ASD, von den Kitas (wegen der Altersphase nicht den Schulen), dem Gesundheitswesen und vielen freien Trägern erbracht;

  2. Frühe Hilfen (i.e.S., selektiv) vom sozialräumlichen ASD, dem Gesundheitswesen, vielen freien Trägern und teilweise den Krippen/Kitas erbracht;

---

[98] Dabei muss man sich klarmachen, dass die Grade der Intensität von Prävention hier nach der in der Jugendhilfe zugrunde gelegten Begrifflichkeit (Grad der Erziehungsbedürftigkeit, Grad der Kindeswohlgefährdung) gedacht werden und nicht nach den Kategorien des benachbarten Gesundheitswesens (Krankheit, WHO-Kriterien). Wobei dann der analoge massive Eingriff im System Gesundheitswesen „Therapie" wäre. Therapie gibt es im Jugendhilfesystem nicht, bzw. nur in enger Verbindung mit Erziehungsmaßnahmen.

3. Frühe Interventionen (Intensiv-Hilfen) vom sozialräumlichen ASD und

4. Massiver Eingriff (Kindeswohlgefährdung) nur vom Jugendamt in Form des sozialräumlichen ASD.[99]

Insgesamt wird deutlich, dass das Familienzentrum, aber auch die Schulen im Wesentlichen universelle Prävention betreiben können und selektive Prävention nur im Einzelfall (z.B. bei besonderen Angeboten für MigrantInnen oder Alleinerziehende) und dass allein das ASD-Team auch indizierte Prävention sowie den massiven Eingriff vornehmen kann. Für die ‚normale' Kindertagesstätte (die ja grundsätzlich immer als Kita-plus, also mit Early-Excellence-Ansatz betrieben werden sollte) gilt sogar, dass sie häufig schon mit der selektiven Prävention (also mit Angeboten für potenziell besonders belastete Gruppen) überfordert wäre.

4.7 Die große Lösung: der Verbund ‚Präventive Familienförderung (FiZ – Familie im Zentrum)'

Prinzipiell sind auch andere Lösungen denkbar als die bisher beschriebenen Ansätze. Dass bei der derzeit am meisten verbreiteten Lösung, eine einzelne Kita alleine und ohne Integration des Sozialraumbüros ein Familienzentrum bildet, ist nach unseren bisherigen Ausführungen sicher so nicht akzeptabel. Man könnte ja die Lösung ganz anders definieren, nämlich grundsätzlich als Verbundlösung von mehreren Kindertagesstätten, mindestens einer Schule und – im Zentrum – dem ASD-Sozialraumbüro. Dieser Gesamtverbund ist aber etwas vollkommen Anderes als die derzeit diskutierten Verbundlösungen nur von Kitas (und dies als als reiner Sonderfall).

Es mag auf den ersten Blick komfortabler erscheinen, wenn in einem Sozialraum nur ein einzelnes Familienzentrum an einer Kita vorhanden ist, weil dies organisatorisch sowie finanziell einfacher ist und die Abstimmung mit den angrenzenden Systemen und möglichen Kooperationspartnern einfacher zu gestalten ist. Andererseits werden die Wege für viele Eltern dadurch länger (Gefährdung der Zugänglichkeit). Deshalb ist die große Verbundlösung aus fachlicher und wissenschaftlicher Sicht sicher die bessere.

Ein Beispiel für die große Verbundlösung (‚Präventive Familienförderung' nach dem Muster ‚FiZ – Familie im Zentrum') mag die Stadt Lüneburg sein. Hier werden derzeit acht Stadtteilhäuser aufgebaut, die jeweils mehrere Kitas und mindestens eine Schule in einer Verbundlösung integrieren und dem Sozialraumbüro des ASD im Stadtteilhaus die Leitung (das Stadtteilmanagement und Netzwerkmanagement) übergeben. Sie gliedern darüber hinaus die offene Jugendarbeit ein, ebenfalls das Ehrenamt und zum Teil die Mehrgenerationen-Arbeit. Zusammen bilden sie für jeden Stadtteil den Verbund ‚Präventive Familienförderung FiZ'. Von der Größe her handelt es sich aber um Stadtteilzentren, die deutlich kleiner sind als die sogenannten ‚Großen Sozialzentren' in einigen Großstädten (Lüneburg hat 70.000 Einwohner bei acht Stadtteilhäusern). Und die Leistungen und Angebote werden auch nicht – wie bei vielen der ‚Großen Sozialzentren' – von einem einzelnen Träger angeboten, sondern von vielen – was sich als großer Vorteil herausstellen könnte.

Diese Lösung hat eine Reihe von Vorzügen. Da immer mehrere Kitas (die zusammen dann das ‚Familienzentrum' im größeren Verbund ‚Präventive Familienförderung' sind) und möglichst auch mehrere Schulen beteiligt sind, sind die räumliche Niedrigschwelligkeit und Zugänglichkeit (Sozialraumorientierung, Alltagssetting) gewährleistet. Außerdem werden die einzelnen Kitas und Schulen nicht überfordert mit zu vielen neuen Aufgaben. Die Last kann auf mehrere Schultern verteilt und die Qualität der Angebote durch Spezialisierung gesteigert werden. Der Charme dieses Modells liegt auch darin, dass man – zumindest vom Prinzip her – alle Kitas mitnimmt und eine flächendeckende Versorgung möglich macht. Außerdem dürfte dieses Modell gerade für ländliche Räume wie in Niedersachsen besonders geeignet sein. Hier stellt sich ja das Problem der räumlichen Erreichbarkeit in besonderer

---
[99] 1. – 4. wären Kinderschutz i.w.S., 3. – 4- Kinderschutz i.e.S.

Weise. Bei einer annähernd flächendeckenden Versorgung wäre diese Schwierigkeit ausgeräumt. Nebenbei erwähnt – würde sekundär so auch noch ein groß angelegtes Qualitätsförderungsprogramm für Kitas und Schulen möglich werden.

Allerdings hätten die beteiligten Einrichtungen und Anbieter von Leistungen auch bestimmte Qualitätskriterien (siehe dazu Kapitel I.) zu erfüllen, um sich die Beteiligung am Verbund und die Verleihung des entsprechenden Gütesiegels zu sichern.

Alle diese Gründe führen dazu, dass die große Verbundlösung (‚Präventive Familienförderung' nach dem Muster ‚FiZ-Familie im Zentrum') alles in allem das von der AutorInnengruppe bevorzugte und empfohlene Modell ist. Es wird in Abbildung Nr. 19 (S. 201) zusammenfassend dargestellt.

Eine Anmerkung zum Implementationsverfahren: Es dürfte unrealistisch und wahrscheinlich auch ineffektiv sein, neue Modelle gegen bereits vorhandene sozialräumliche Traditionen, historisch und politisch vorgefundene Ausgangslagen – insbesondere auf Gemeindeebene – aufzubauen. Man wird damit leben müssen, dass die Bereitschaft zu grundlegenden strukturellen Änderungen und massivem Wandel sich häufig in Grenzen hält. Hinzu kommt noch, dass es schwer werden dürfte, Zuständigkeiten, die sich die einzelnen Gemeinden vielleicht mühsam erworben haben (Familien-Service-Büros, von den Gemeinden übernommene Jugendarbeit, Zuständigkeit für einige Schulformen usw.) zu hinterfragen. Man wird hier pragmatisch vorgehen müssen. Das bedeutet, dass man behutsam an den vorgefundenen Strukturen anzuknüpfen hat und sich konzentriert auf die fachgerechte und transparente Gestaltung der Schnittstellen zwischen den Teilsystemen und Institutionen und sich dem von uns vorgeschlagenen Idealmodell so weit wie möglich annähert. Hier allerdings hat der Landkreis (bzw. die kreisfreie Stadt) mit der Vorgabe eines strategischen Jugendhilfe-Gesamtkonzeptes (und eines strukturierenden Rahmenkonzeptes ‚Präventive Familienförderung') eine besondere Planungs- und Steuerungsverantwortung.

Die Entwicklung lokal angepasster Konzepte – auf die das Ganze hinauslaufen soll – ist sicher immer die sinnvollste Lösung. Dabei gilt es jedoch im Auge zu behalten, dass jede Konzeptentwicklung und der Aufbau von Netzwerk- und Steuerungsstrukturen für den Sozialraum oder die Samtgemeinde/Stadt grundsätzlich in einem partizipativen Prozess mit geeigneten Großgruppen-Verfahren erfolgen sollte (siehe zur Entwicklung lokaler Aktionspläne das Kapitel H 2.1). Gleichwohl darf dabei niemals die Funktion der Gesamtsteuerung und Gesamtplanung aufseiten des öffentlichen Trägers (§ 79 SGB VIII) infrage gestellt werden. Ein wichtiges partizipatives Instrument ist im Übrigen die regelmäßig tagende Sozialraumkonferenz, in der alle relevanten Akteure, Träger und Einrichtungen vertreten sein sollten.

Abweichende Lösungen vom Idealtypus – Sonderfälle

Eine Besonderheit könnte sich ergeben, wenn die gewählte Größe der Sozialräume so umfangreich ist, dass die Kindertagesstättenverbünde zu groß werden würden oder wenn innerhalb des Sozialraums mehrere größere Samtgemeinden oder Städte vorhanden wären, die selber eigentlich eine ideale Größe und Geschlossenheit hätten. Dann bliebe nur die Möglichkeit, die Verbünde in diesen Einheiten zu bilden und das Sozialraumbüro nochmals zu untergliedern, um zu geeigneten Größen zu kommen (sh. dazu den oben beschriebenen Lüneburger Ansatz) – was sicher besser wäre als die folgende Lösung: Wenn dies nämlich nicht gelänge, müsste das Sozialraumbüro Mitglied in mehreren Verbünden sein. Dann müsste eine der Kitas so etwas wie eine Leit-Kita werden und erweiterte Netzwerkfunktionen erhalten.

Wie bereits mehrfach erwähnt haben sich ansonsten in den Landkreisen in den letzten Jahren auch Teillösungen etabliert, die ebenfalls in vielen Punkten Sonderlösungen nahelegen. Viele dieser Teillösungen sind in der Regel ohne Einbindung in ein strategisches Jugendhilfe-Gesamtkonzept vorgenommen worden. Die isolierten Einzellösungen mögen für sich teilweise sinnvoll sein, werfen aber oft Probleme auf, die im Kern Schnittstellenprobleme, Koordinations- und Abstimmungsprobleme sind, aber auch Datenschutzprobleme. Außerdem entstehen schnell Reibungsverluste bei Einrichtungen und Angeboten, die sich auf die gleichen Inhalte und Zielgruppen beziehen usw. Hier wurden bereits die Familien-Service-Büros, die Familienhebammen, die Baby-Besuchsdienste genannt. Aber auch die seit vielen Jahren häufig isolierten und nicht wirklich systematisch eingebundenen Angebote der Familienbildungsstätten wären hier zu nennen.

Hinzu kommt noch, dass sich in einigen Landkreisen und Sozialräumen weitere organisatorische Speziallösungen entwickelt haben. Die Rücksicht auf die historisch gewachsenen Strukturen und politische Vorgaben führten dazu, dass teilweise auch andere Einrichtungen die Funktion von Familienzentrem übernahmen und übernehmen: z.B. Mehrgenerationen-Häuser, Stadtteilzentren, Sozialzentren.

Eine der vorzufindenden Lösungen, nämlich Maßnahmen nach § 16 zur ‚Präventiven Familienförderung' an einem bereits vorhanden Mehrgenerationen-Haus statt am Familienzentrum durchzuführen, kann Vor- und Nachteile haben: Die lebensalterübergreifende Konstruktion (Kinder- und Seniorenarbeit), die systematische Einbeziehung von Ehrenamt und bürgerschaftlichem Engagement (teilweise Aufgaben von Freiwilligenagenturen übernehmend), ihr Angebot einer Plattform für Selbsthilfegruppen, ihre Funktion als zentraler Bürgertreffpunkt im Gemeinwesen usw. sind nicht zu übersehende Vorzüge. Allerdings stehen dem häufig auch Nachteile gegenüber wie die häufig fehlende Kindertagesstätte (und damit das Fehlen des präventiven Schlüsselkonzeptes ‚Early Excellence').

Wenn man aber in ein Mehrgenerationen-Haus eine Kindertagesstätte integriert (wegen des Early-Excellence-Ansatzes), liegen – jedenfalls vom Prinzip her – keine gravierenden Unterschiede zum klassischen Familienzentrum vor. Eine solche Konstruktion kann man sicher als Abweichung vom Idealtypus gut tolerieren.

Im Übrigen darf man sich keine Illusionen machen: Die Mehrgenerationen-Häuser fallen quantitativ kaum ins Gewicht. Wie bereits erwähnt gibt es ca. 450 Mehrgenrationen-Häuser in ganz Deutschland (und diese Dimension wird sich trotz des Förderprogramms auch nicht paradigmatisch ändern). Aber es gibt bereits rund 52.000 Kindertagesstätten. Wenn wir die größte Hebelwirkung erreichen wollen, bleibt uns im Prinzip nur, die Stellschraube Kindertagesstätten bzw. Familienzentren zu nutzen.

Analoge Überlegungen gelten für die großen Sozialzentren (in öffentlicher Verantwortung oder in freier Trägerschaft) oder die Stadtteil- und Kulturzentren. Diese sind wenig geeignet – weil sie einen zu großen Einzugsbereich haben und deshalb im ländlichen Raum auch kaum vorzufinden sind und zum anderen auch zahlenmäßig zu vernachlässigen sind.

Vor dem Hintergrund solcher Grundsatz-Überlegungen könnte sich dann die folgende verallgemeinerte Struktur ergeben:

Das Konzept der Präventiven Familienförderung auf der Sozialraumebene

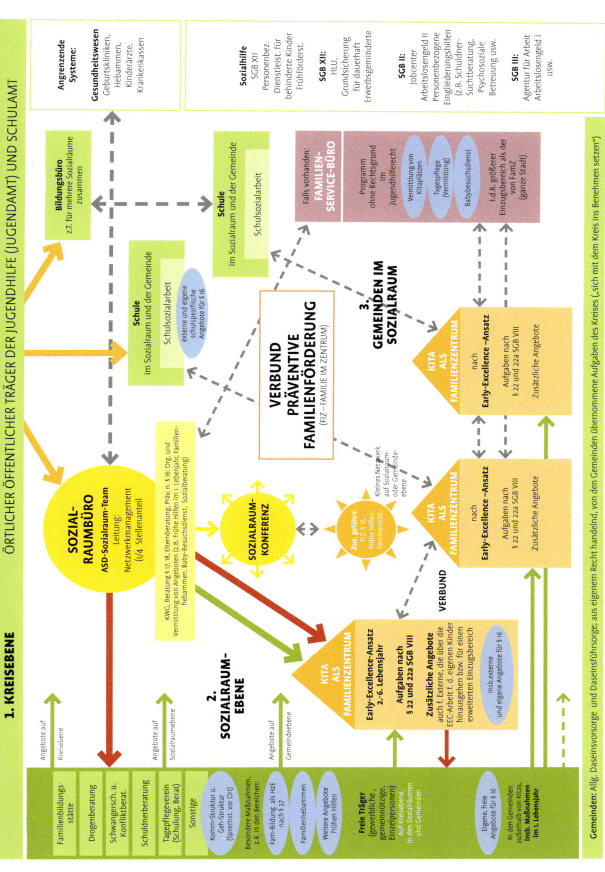

Abb. Nr.19: Organisationsstruktur Präventions- und Bildungskette ‚FiZ – Familie im Zentrum' (Gesamtverantwortung und Netzwerksteuerung im Sozialraum – Strukturvorschlag)

5. Ausreichende förderliche Rahmenbedingungen[100]

5.1 Sicherstellung der erforderlichen Ressourcen auf der sozialräumlichen Ebene

Im Rahmen der Entwicklung eines Rahmenkonzeptes auf der Kreisebene und auch eines Gesamtkonzeptes auf der sozialräumlichen Ebene sind die erforderlichen Rahmenbedingungen und Ressourcen sicherzustellen. Dies sind finanzielle, personelle und räumliche Voraussetzungen für gute ‚Präventive Familienförderung' (z.B. niedrigschwellig zugängliche, dezentralisierte Räume), die im Wesentlichen von der Kreisebene gesichert werden müssen.

Auch eine gut funktionierende Öffentlichkeitsarbeit und systematisches Marketing stellen eine bedeutende Rahmenbedingung und Voraussetzung guter Arbeit im Sozialraum für den Bereich der ‚Präventiven Familienförderung' dar. In Bezug auf die Entwicklung von Instrumenten der Öffentlichkeitsarbeit und des Marketings für die ‚Präventive Familienförderung' in den Sozialräumen (bzw. Samtgemeinden/Städten) – z.B. eigene Websites mit Links z.B. zum ‚Fachinformationssystem Frühe Hilfen'–, muss noch geklärt werden, wo sie im Einzelfall angesiedelt werden – am besten da, wo die Netzwerksteuerung für den Lokalen Aktionsplan ‚Präventive Familienförderung' liegt und ohnehin alle Informationen zusammenfließen, i.d.R. im Sozialraumbüro (ggf. im Familienzentrum oder im Familien-Service-Büro). Auf der passenden Homepage können bequem Links eingerichtet werden, z.B. zum Familienzentrum, Sozialraumbüro – soweit sie nicht selber die Leitfunktion übernommen haben –, aber auch zur Familienbildungsstätte oder zur Erziehungsberatungsstelle.

5.2 Qualifizierungsprogramme

Eine besonders wichtige Rahmenbedingung und Voraussetzung guter Qualität – und damit ein Schlüsselelement von Gesamtstrategien – ist die Professionalität der Fachkräfte. In der Konzeptskizze für die Kreisebene (G 2.2) ist bereits gesagt worden, dass auf Landkreisebene die Konzeptentwicklung und Praxis zur Neuorientierung im Bereich ‚Präventive Familienförderung' (§ 16 SGB VIII/Familienbildung/Frühe Hilfen usw.) für die ASD-Sozialraumteams, aber auch die Leitungen der Familienzentren und Familien-Service-Büros und ggf. auch für Netzwerkpartner und kooperierende freie Träger durch intensive Qualifizierung und Fortbildung zu begleiten wäre (Qualifizierung und Coaching speziell für die Konzeptentwicklung und Praxis auf der sozialräumlichen Ebene zur Erleichterung der Implementation).

Außerdem sollten – z.B. zu ausgewählten Familienbildungskonzepten (Programmen), deren Verbreitung in den Gemeinden aus fachlichen und wissenschaftlichen Gründen gezielt gefördert werden soll – zertifikatsgestützte Trainer- und Moderatorenschulungen durchgeführt werden. Es muss nebenamtliches Personal (auf Honorarbasis), das dann im gesamten Landkreis zur Verfügung steht, akquiriert und ausgebildet werden. Fast alle der wissenschaftlich positiv evaluierten Elterntrainings verfügen über zertifikatsgestützte Trainer- und Moderatorenschulungen. Dies wäre ein hervorragender Ansatz, eigene flexible Personalressourcen für den gesamten Landkreis und für die Sozialräume insb. zur ‚Präventiven Familienförderung' und zu den Frühen Hilfen aufzubauen. Dies hätte sicher nachhaltige Wirkungen, weil die öffentliche Jugendhilfe damit die Programme, deren Verbreitung sie in den Gemeinden fördern will, leichter implementieren könnte.

Aber über diese Maßnahmen hinaus sollten auch direkt in einzelnen Einrichtungen in den strategischen Säulen (Schwerpunkten) Kindertagesstätten (z.B. FuN, Marte Meo, Rucksack) und Schulen (z.B. Family-Programm, GdS-Elterntraining, FAST, FuN, Home-Based-Trainings, Schul-MOVE Eltern, Familien-MOVE) ggf. eigene Schulungen durchgeführt werden. Die Finanzierung könnte durch die fallunabhängigen Mittel, Mittel der Familienzentren oder zusätzliche Mittel des Kreises erfolgen. Hier böte sich die wirklich große Chance, die bisher im Bereich der ‚Präventiven Familienförderung' vernachlässigten strategischen Säulen Kindertagesstätten und Schulen stärker zu integrieren.

---

[100] Erläuterungen zu These 14: aus Teil A. ‚Kurzfassung des Buches': „Es müssen belastbare Mindest-Rahmenbedingungen für die Arbeit auf der sozialräumlichen Ebene vorhanden sein (Sicherstellung der erforderlichen Ressourcen)!"

I. Qualitätskriterien für Gesamtkonzepte zur Präventiven Familienförderung im Ansatz ‚FiZ – Familie im Zentrum'[101]

Leitlinien für die Planung und Umsetzung,

Maßstab für die Beurteilung von Angeboten, Programmen und Maßnahmen

Die folgenden Kriterien wurden gewonnen aus der fachlichen und wissenschaftlichen Literatur (siehe Literaturliste im Anhang), aus Best-Practice-Modellen und Fallstudien im Rahmen diverser Beratungsprozesse. Im Folgenden werden auch die Kriterien für die übergeordnete Kreisebene (bzw. die gesamtstädtische Ebene) genannt. Das geschieht, um sie als strukturierende Hintergrundfolie sichtbar zu machen für die sozialräumlichen Ebene, um die es ja vor allem geht.

1. Qualitätskriterien zum Verhältnis von Kreisebene (bzw. gesamtstädtischer Ebene) und Sozialraumebene

1.1 Starkes politisches Mandat auf der Ebene des Kreises bzw. der kreisfreien Stadt

> Es gibt die strategische Grundsatz-Entscheidung, den Ansatz der ‚Präventiven Familienförderung: FiZ – Familie im Zentrum' als einen wichtigen Schwerpunktbereich der mittel- und langfristigen Politik des Kreises (bzw. der kreisfreien Stadt) festzulegen (Präventive familienfördernde Leistungen und Angebote der Jugendhilfe – unter besonderer Betonung der Allgemeinen Förderung der Erziehung in der Familie, der Familienbildung nach § 16 und der Frühen Hilfen und der Erziehungs- und Bildungspartnerschaften nach 22-22a SGB VIII als Schwerpunkt).

> Es gibt ein Haushaltsvolumen für diesen Bereich, das sich schrittweise auf 10 % - 15 % des Jugendhilfe-Etats bewegt (und damit deutlich über die 0,5 % des Jugendhilfehaushaltes hinausgeht, die aktuell in der Bundesrepublik üblich sind).

> Es ist ein starkes politisches Mandat auf Kreisebene (bzw. der gesamtstädtischen Ebene) für die Entwicklung und Umsetzung eines Rahmenkonzeptes ‚Präventive Familienförderung' (‚FiZ – Familie im Zentrum') vorhanden.

1.2 Ganzheitliches Denken in Gesamtkonzepten und integrierten Handlungsstrategien

> Der gesamte kommunale Planungsprozess im Bereich der Präventiven Familienförderung ‚FiZ – Familie im Zentrum' folgt dem Muster des ganzheitlichen Denkens in Gesamtkonzepten und integrierter Handlungsstrategien.

> Die Gesamtkonzepte folgen dem strategischen Prinzip der ‚Kooperation und Vernetzung'. Sie fördern den Aufbau und die Pflege Lokaler Netzwerke und die Beachtung förderlicher Prinzipien der Kommunikation aller Akteure.

---

[101] Erläuterungen zu These 15: aus Teil A. ‚Kurzfassung des Buches': *„Maßstab und Leitlinie für die Planung und Umsetzung von Angeboten, Programmen und Maßnahmen für die ‚Präventive der Familienförderung' und den Ansatz ‚FiZ – Familie im Zentrum' ist ein systematischer Katalog von Qualitätskriterien!"*
In diese Qualitätskriterien gehen die im Kapitel G 2.1 formulierten Strategischen Prinzipen vollständig ein, erweitern sie aber um zusätzliche Aspekte.

1.3 Strategisches Gesamtkonzept (Rahmenkonzept)

> Der Landkreis (bzw. die kreisfreie Stadt) handelt auf dem Hintergrund einer strategischen Gesamtkonzeption für Prävention und Intervention in der Jugendhilfe insgesamt und der neueren fachlichen und wissenschaftlichen Diskurse proaktiv und innovativ auf hohem Qualitätsniveau.

> Essentials dieser strategischen Gesamtkonzeption sind eine Reihe strategischer Prinzipien:

- Strategisches Prinzip ‚Präventionsvorrang und langfristige Orientierung'
  Gestaltung des Verhältnisses von Prävention und Intervention – langfristige Orientierung und Umsteuerung der Ressourcen

- Strategisches Prinzip ‚Frühe Hilfen'
  Integration der Maßnahmen und Netzwerke für Präventive Familienförderung ‚FiZ – Familie im Zentrum' und der Frühen Hilfen

- Strategisches Prinzip ‚Einheit von Prävention und Bildung'
  Bildungsfunktion der Leistungen und Angebote der Jugendhilfe und Präventionsfunktion aller Bildung

- Strategisches Prinzip ‚Sozialraum- und Lebensweltorientierung'
  Vom großräumigen, zentralistischen Blick zur dezentralen, kleinräumigen Betrachtung – alltagsnahe Settings (unter besonderer Berücksichtigung der Zugänglichkeit und Niedrigschwelligkeit) – siehe dazu auch 2.1 ‚Organisationsformen und Orte' und 2.2 ‚Ausrichtung des Angebotes auf den Sozialraum'

- Strategisches Prinzip ‚Fokussierung und Systematisierung der Konzepte'
  • Konzentration der Angebote und Maßnahmen auf drei zentrale strategische Stützpfeiler von kommunalen Präventions- und Bildungsketten zur sozialräumlichen Präventiven Familienförderung (‚FiZ – Familie im Zentrum'), d.h. institutionelle Profilbildung: Sozialraumbüro des ASD, Kita, Schule
  • Entwicklung von Präventions- und Bildungsketten: Systematischer Aufbau der Maßnahmen, Angebote und Programme

- Strategisches Prinzip ‚Partizipation'
  Beteiligung der betroffenen Zielgruppen und aller relevanten Akteure bei der Konzeptentwicklung und Umsetzung des Ansatzes der Präventiven Familienförderung (‚FiZ – Familie im Zentrum')

> Der Landkreis (bzw. die kreisfreie Stadt) verfügt im Bereich ‚Präventive Familienförderung' über ein Rahmenkonzept. Dieses ergibt einen für die Ebene des Landkreises (bzw. der kreisfreien Stadt) und für alle Sozialräume gleichermaßen geltenden verbindlichen Orientierungsrahmen.

1.4 Gesamtverantwortung für Strategie, Planung, Steuerung bei der öffentlichen Jugendhilfe

> Die rechtliche und inhaltliche Gesamtzuständigkeit liegt beim örtlichen öffentlichen Träger der Jugendhilfe.

> Der Landkreis (bzw. die kreisfreie Stadt) ist sich seiner gesetzlich vorgegebenen Gesamtplanungsverantwortung und der Steuerungsfunktion der öffentlichen Jugendhilfe (§ 79 SGB VIII) für den

Bereich ‚FiZ – Familie im Zentrum' (Präventive Familienförderung) sehr bewusst.[102] Er steuert den Entwicklungsprozess des Gesamtkonzeptes durch eine Lenkungsgruppe.

> Der Landkreis (bzw. die kreisfreie Stadt) sorgt aus übergeordneter Sicht für eine gleichmäßige und gleichwertige Entwicklung zwischen den Sozialräumen und stellt vergleichbare Bedingungen her.

> Der Kreis/die kreisfreie Stadt sorgt für die Sicherung der Fachlichkeit auf auf der Sozialraumebene (siehe Nr. 1.6).

> Der Kreis/die kreisfreie Stadt stellt Leistungen und Angebote zur Verfügung, die wegen der geringen Fallzahlen sinnvoll nur auf der Kreisebene/gesamtstädtischen Ebene vorgehalten werden können.

1.5 Normative Vorgaben (Verwaltungs- und Ausführungsrichtlinien) durch den Landkreis (bzw. die kreisfreie Stadt) und Sicherung der Fachlichkeit

> Der Landkreis/die kreisfreie Stadt veröffentlicht als Steuerungsinstrument Richtlinien (Verwaltungs- und Ausführungsrichtlinien), in denen insb. enthalten ist:
> – das strategische Gesamtkonzept
> – das Rahmenkonzept auf Kreisebene für die Präventive Familienförderung für den gesamten Kreis/die kreisfreie Stadt

> Das Rahmenkonzept enthält:
> – eine Darstellung der verbindlichen fachlichen Qualitätsstandards für die Arbeit auf der Sozialraumebene
> – ein System der Qualitätsentwicklung und -sicherung, der Qualitätskontrolle und Evaluation für die Arbeit in den Sozialräumen[103]
> – eine Klärung des strukturellen Verhältnisses zwischen den öffentlichen Sozialraumbüros, den kooperierenden Familienzentren, Kitas, Schulen und den Familien-Service-Büros usw. und der Definition der Schnittstellen und der entsprechenden jeweiligen Aufgaben und Befugnisse – einschließlich
>   • der Regelung, welche Aufgaben auf der Kreisebene liegen und welche auf der sozialräumlichen Ebene

---

[102] Ausdruck der Gesamtsteuerungsverantwortung können viele Maßnahmen der Koordination und Vernetzung, Strukturierung und Ordnung sein z.B.:
Intern:
Der Landkreis/die kreisfreie Stadt sorgt – falls die Situation das erforderlich macht – ggf. auch durch eine zusätzliche ressortübergreifende Arbeitsgruppe (Steuerungsgruppe, Projektgruppe usw.) – für die Kooperation mit den anderen sozialpolitischen Teilsystemen auf Kreisebene/der gesamtstädtischen Ebene: Kooperation des zuständigen Fachdienstes für Familie, Jugendhilfe (insb. für § 16 – 18 SBG VIII/Familienzentren/ Familienbildung und §22/§ 22a Kita) und Schule (einschl. des Themas Lokale Bildungslandschaften, Bildungsbüros usw.). Dies gilt ebenso für das Sozialamt und die Einbeziehung der Stadtplanung, der Verkehrsplanung, ggf. des Grünflächenressorts, der Kultur, der Bauämter, des Gesundheitsamtes, des Jobcenters usw.
Die Aufgaben dieser Steuerungsgruppe können aber zur Vereinfachung und Verschlankung auch integriert werden in bereits bestehende Steuerungsgruppen, z.B. zu regionalen/lokalen Bildungslandschaften (in Kooperation mit dem Bildungsbüro).
Extern:
Wenn dies erforderlich ist, wird auf Kreisebene/auf der gesamtstädtischen Ebene ein Planungsnetzwerk bzw. Bündnis zum Bereich „FiZ – Familie im Zentrum" (präventive familienfördernde Leistungen und Angebote der Jugendhilfe nach § 16 – 18 - unter besonderer Betonung der Allgemeinen Förderung der Erziehung in der Familie, der Familienbildung und der Frühen Hilfen und der §§ 22 – 22a SGB VIII) eingerichtet. Im Planungsnetzwerk ist ein breites Spektrum an Partnern und relevanten Akteuren vertreten aus dem Bereich „FiZ-Familie im Zentrum" (Präventive Familienförderung), die auf Kreisebene/der gesamtstädtischen Ebene agieren (freie und öffentliche Träger der Jugendhilfe, die Familienverbände, Zivilgesellschaft, Kirchen usw.), die echten Einfluss auf den Prozess haben, d.h. EntscheiderInnen, aber auch wichtige InformationsträgerInnen oder bedeutende InteressenvertreterInnen). Die öffentliche Jugendhilfe ist dann für das Netzwerkmanagement in diesem Bereich zuständig.
Der Kreis/die kreisfreie Stadt ordnet und strukturiert die Vielfalt an Netzwerken und Bündnissen, die bereits auf Kreisebene bzw. gesamtstädtischer Ebene bestehen (Netzwerk frühe Hilfen, Bündnisse für Familien, Arbeitsgemeinschaften nach § 78 SGB VIII, Kriminalpräventive Räte, lokale Bildungslandschaften usw.). Der Kreis/die kreisfreie Stadt versucht, diese Vielfalt zu reduzieren, zu bündeln und Wildwuchs sowie die damit verbundenen Abstimmungsprobleme, Konkurrenzen und Reibungsverluste – aber auch die Überforderung der Akteure, die Ineffektivität und die Ressourcenverluste – einzuschränken.
Der Landkreis/die kreisfreie Stadt sorgt für die Koordination der relevanten Akteure auf der Kreisebene/auf der gesamtstädtischen Ebene.
Das Rahmenkonzept wird im Zuge eines Konzeptionsworkshops (mit ausgewählten relevanten Akteuren, die über die erforderliche Expertise verfügen) entwickelt und über einen Konsultationsprozess – z.B. über eine Anhörung oder eine Konferenz – feinjustiert.

[103] Siehe Abschnitt G 2.1: „Strategisches Prinzip 11: Qualitätsentwicklung und Evaluation (kriteriengesteuerte Qualitätssicherung und Monitoring)"

- des Verhältnisses zu den anderen Kindertagesstätten und Schulen, die sich noch nicht am Verbund beteiligen
- der Kooperation zwischen den verschiedenen Trägern
- der Regelung der Finanzflüsse
– ein verallgemeinertes Muster-Konzept (Verfahren) für die systematische Entwicklung von sozialräumlichen Bedarfsanalysen und die sozialräumlichen Aktionspläne
    - darin enthalten: ein verallgemeinertes Konzept für ein System fokussierender Präventions- und Bildungsketten.
– ein verallgemeinertes Muster-Portfolio (inhaltlicher Angebotsplan, Gesamtportfolio für Leistungen, Angebote, Programme und Maßnahmen zum Bereich Präventive Familienförderung – insb. nach den §§ 16-18 SGB VIII als Orientierungsrahmen für alle Sozialräume gemeinsam
    - In diesem Muster-Portfolio werden ausschließlich nur fachlich anerkannte Programme zugelassen, deren Wirksamkeit auch wirklich nachgewiesen ist (etwa auf der Basis der Datenbank des Landespräventionsrates SPIN)
– eine Darlegung der Rahmenbedingungen (s. Nr. 1.6)
– die formale Absicherung der Förderstrukturen und die Finanzsteuerung usw.

> Der Landkreis/die kreisfreie Stadt achtet darauf, dass auf der Sozialraumebene kontinuierlich Qualitätsentwicklung und Qualitätssicherung betrieben und alle Maßnahmen evaluiert werden (Berichte).

> Der Landkreis/die kreisfreie Stadt sorgt für Ausbau und Sicherung der Fachlichkeit und Professionalität der eigenen Fachkräfte durch gute Ausbildung und Fortbildung – insb. im Zusammenhang der Einführung neuer Konzepte (Change-Prozesse, Durchführung von zentralen Schulungen – für sämtliche Sozialräume gemeinsam).

> Der Landkreis/die kreisfreie Stadt sorgt für die Weiterentwicklung der fachlichen Konzepte, insb. der sozialräumlichen Konzepte:
– Permanenter Abgleich mit dem Fachdiskurs (fachlich abgesicherte Verfahren, fachliche Richtigkeit und inhaltliche Vollständigkeit, innovative Grundorientierung usw.)

1.6 Sicherstellung der notwendigen Rahmenbedingungen auf Kreisebene (bzw. gesamtstädtischer Ebene) und auf sozialräumlicher Ebene

> Ausreichende und sichere Finanzierungsgrundlage

> Ausreichende hauptamtliche Personalressourcen

> Fortbildung (siehe Nr. 1.5)

> Der Aufbau zusätzlicher Personalressourcen für den Landkreis (bzw. die kreisfreie Stadt) und die Sozialräume auf Honorarbasis ist sichergestellt: z.B. durch MultiplikatorInnen- und ModeratorInnenausbildungen (zertifikatsgestützte Qualifizierungen von TrainerInnen und ModeratorInnen zu ausgewählten Konzepten z.B. der „Allgemeinen Förderung der Erziehung in der Familie/Familienbildung")

> Einkauf oder Selbstentwicklung fehlender Konzepte
– Übernahme bewährter Konzepte anderer Städte (Hannover, Monheim, Dormagen, Hamm, Nürnberg): z.B. Rucksack-Programm (Stadtteilmütter), Familienbildung, Marte Meo usw.

> Förderung niedrigschwelliger Raumangebote in den Sozialräumen

> Öffentlichkeitsarbeit, Marketing für Präventive Familienförderung und Familienbildung

2. Qualitätskriterien für die Arbeit auf der sozialräumlichen Ebene

Planung, Steuerung und Vernetzung auf der lokalen Ebene von Sozialraum, Stadt und Samtgemeinde

2.1 Organisationsformen und Orte für den Bereich ‚Präventive Familienförderung' (‚FiZ – Familie im Zentrum') im Sozialraum

Moderne, sozialräumliche Organisationsformen der öffentlichen Jugendhilfe (Sozialraumbüros) – Ausrichtung des Angebotes am Sozialraum[104] – Kooperation mit anderen Einrichtungen, insb. den Kitas und Familienzentren

> Kern des sozialräumlichen Systems ist das Sozialraumbüro des ASD. Hier liegen die entscheidenden Steuerungsfunktionen.

> Der örtliche öffentliche Träger der Jugendhilfe engagiert sich durch den ASD im Sozialraum mit eigenen Maßnahmen direkt im Bereich Präventive Familienförderung (‚FiZ – Familie im Zentrum') – gerade im Bereich der Frühen Hilfen im ersten Lebensjahr von Kindern (auch über Willkommens-Besuche und Weitervermittlung von Angeboten).

> Eine Schlüsselstellung im sozialräumlichen Gesamtkonzept hat die Integration mindestens
>   – einer Kindertagesstätte mit Krippe (als ‚Familienzentrum' und zweiter zentraler Stützpfeiler neben dem Sozialraumbüro des ASD)
>   • Die Krippe ist wegen der Frühen Hilfen nach § 16 unabdingbar.
>   • Die Kita sollte nach dem EEC-Ansatz (Early Excellence) arbeiten.
>   • Die Kita kann – wenn dies konzeptionell bereits angelegt ist – die Mehrgenerationen-Arbeit integrieren.

> Diese Mindestlösung, die in der Startphase sicher realistischer ist, sollte mittel- und langfristig erweitert werden: Möglichst viele Kitas und Schulen (am besten irgendwann alle) werden Mitglied im Verbund und bilden zusammen mit dem Sozialraumbüro den ‚Verbund Präventive Familienförderung'. Verbund bedeutet also nicht einfach Verbund von Kitas, sondern immer den Einschluss des Sozialraumbüros des ASD und die Einbeziehung von Schulen.

> Alle Mitglieder des Verbundes müssen nicht jeder einzeln, sondern nur in ihrer Gesamtheit die Qualitätskriterien des vorliegenden Kataloges erfüllen. Jedes Mitglied kann also angemessene Teilleistungen – auch für die anderen – erbringen. Wenn der Verbund als Ganzes die Kriterien erfüllt, erhalten alle das Qualitätssiegel. Es ist also kein beliebiger Verbund, sondern alle beteiligten Institutionen müssen den Qualitätskriterien für die Präventive Familienförderung genügen und zusätzliche Leistungen erbringen.

> Wenn mehrere Kindertagesstätten beteiligt sind, sollten alle nach dem EEC-Ansatz (Early Excellence) arbeiten. Dieser Teil des Verbundes aller beteiligten Einrichtungen kann sich auch als ‚Familienzentrum' im herkömmlichen Sinne bezeichnen.

> Die Kitas mit EEC-Ansatz als Teil des großen Verbundes realisieren einen relevanten Anteil der Angebote zur Präventiven Familienförderung (insb. im Bereich der Frühen Hilfen, im Bereich der Maßnahmen zur Verbesserung der Vereinbarkeit von Familie/Erziehung und Beruf, bei der Organisation von Erziehungs- und Bildungspartnerschaften, der Familienbildung usw.).

---

[104] Im Folgenden werden zwei Abschnitte aus den NRW-Kriterien für das Gütesiegel Familienzentren integriert und erweitert. Die beiden anderen Abschnitte aus den insgesamt vier NRW-Strukturbereichen werden weiter unten integriert. Der Aufbau nach Basisstrukturen und Aufbaustrukturen (wie später auch in Basisleistungen und Aufbauleistungen) wird *nicht* übernommen, weil die Gesamtleistung ja von einem Verbund erbracht wird und die Aufbauleistungen auf mehrere Einrichtungen verteilt werden. Die NRW-Kriterien für das Gütesiegel Familienzentren unterscheiden vier Leistungsbereiche und vier Strukturbereiche. Jeder der vier Leistungsbereiche und vier Strukturbereiche eines Familienzentrums besteht dort aus Basis- und Aufbauleistungen, für die jeweils Punkte vergeben werden. Um das Gütesiegel zu erhalten, muss eine Einrichtung in jedem Leistungs- und Strukturbereich eine im Gütesiegel festgeschriebene Mindestanzahl von Punkten erreichen.

> Unter bestimmten Bedingungen – z.B. wenn der Sozialraum zu groß ist und nochmals untergliedert werden muss – kann eine Kindertagesstätte des Familienzentrums auch Leitfunktionen und bestimmte Leistungen für die anderen Kindertagesstätten im Sozialraum übernehmen (‚Leit-Kita'), erweiterte Netzwerkfunktionen ausüben und eng mit ihnen kooperieren.

> Das Familienzentrum (als Verbund oder als Einzeleinrichtung) kooperiert eng mit mindestens einer Grundschule im Umfeld, so dass Familien mit Grundschulkindern Angebote nutzen können. Die Kooperation mit mindestens einer Grundschule (intensiv), besser mit allen Grundschulen (flächendeckend, aber weniger intensiv) ist im Bereich der Präventiven Familienförderung zwingend erforderlich.

> In geeigneten Fällen (insb. in sozialen Brennpunkten) kann auch eine einzelne Grundschule erweiterte familienzentrumstypische Arbeit betreiben und möglicherweise auch Leitfunktionen für andere Grundschulen übernehmen.

> Bei größeren Verbundlösungen können auch Sekundarschulen integriert werden. Aus Gründen der anders fokussierten strategischen Grundrichtung (frühe Prävention) ist die Kooperation i.d.R. aber etwas weniger breit.

> Das Sozialraumbüro übernimmt die Gestaltung der Kooperation mit der Schulsozialarbeit (Koordinierung) im Sozialraum – zumindest im Grundschulbereich.

> Das Sozialraumbüro kooperiert eng mit der offenen Jugendarbeit im Sozialraum (bzw. der Gemeinde).

> Das konkrete sozialräumliche Konzept und Angebot (Programm) integriert auch eine Vielfalt weiterer geeigneter Institutionen, Familienselbsthilfe-Initiativen, Mutter-Kind-Gruppen, Elternstammtische usw.

> Die Kooperation aller Einrichtungen ist intensiv, systematisch, dauerhaft und nachhaltig.

> Die Sozialraumbüros übernehmen das Angebotsmonitoring und -controlling und sorgen im Rahmen der sozialräumlichen Jugendhilfeplanung dafür, dass in den Sozialräumen ein qualitativ und quantitativ vollständiges und lückenloses Angebot zum Bereich der Präventiven Familienförderung (‚FiZ – Familie im Zentrum') vorhanden ist. Sie sorgen dafür, dass in den Sozialräumen die erforderlichen, notwendigen und geeigneten Angebote rechtzeitig und ausreichend zur Verfügung stehen (Gesamtangebot).

2.2 Ausrichtung des Angebotes auf den Sozialraum auf der Basis von kleinräumigen Informationen [105]

> Das Sozialraumbüro – aber auch die integrierten Institutionen, insb. die Kitas des Verbundes – verfügen über aktuelle qualitative Informationen über ihr Umfeld (soziale Lage, Wirtschaftsstruktur, Art der Wohnbebauung, Freiflächen/Spielflächen, besondere Stärken und Schwächen).

---

[105] Z.T. übernommen (und verändert) aus: Ministerium für Generationen, Familie, Frauen und Integration des Landes Nordrhein-Westfalen/ Stöbe-Blossey, Sybille/Strotmann, Mareike/Tietze, Wolfgang (2010): Gütesiegel Familienzentrum Nordrhein-Westfalen, S. 18 (Gütesiegel Familienzentren Nr.5). Die dort vorgeschlagenen Kriterien lassen sich zwar im Prinzip übernehmen, passen aber teilweise nicht ganz, weil sie ja ein sehr eingeschränktes Bild von Familienzentrum zugrunde legen (Familienzentrum nur als Kita und ohne Sozialraumbüro), während in diesem Buch ja die *große Verbundlösung ‚Präventive Familienförderung'* favourisiert wird. Die Basisstruktur Nr. 5 wird dort wie folgt eingeleitet: „Der Sozialraumbezug ist ein grundlegendes Merkmal eines Familienzentrums. Zum einen erfordert das Ziel der Niederschwelligkeit ein Angebot von Leistungen in räumlicher Nähe zu den Familienwohnorten, zum anderen soll jedes Familienzentrum sein Angebot an dem besonderen Bedarf seines Umfeldes ausrichten und ein Profil entwickeln, das zu seinem Sozialraum passt. Das heißt, die fachliche Ausrichtung des Familienzentrums muss sich an den Bedarfslagen und Bedürfnissen des Quartiers und seiner Bewohner orientieren, dies betrifft sowohl die Inhalte als auch die Form der Leistungen des Zentrums. Die Kriterien ... zielen darauf ab, dass die Familienzentren sich mit der Situation in ihrem Umfeld auseinandersetzen, sich Daten und qualitative Informationen beschaffen und ihr Angebot dementsprechend planen." Diese Aussagen gelten auch bei der Verbundlösung unter Einschluss des Sozialraumbüros.

> Das Sozialraumbüro – und die integrierten Institutionen, insb. die Kitas des Verbundes – verfügen über Belege und Begründungen, warum ihr Angebot zu den Bedingungen des Umfeldes passt.
> – Sie orgrganisieren einen Teil ihrer Leistungen für Familien im Umfeld, die keine Kinder in Tageseinrichtungen haben.

> Das Sozialraumbüro – und die integrierten Institutionen, insb. die teilnehmenden Kitas des Verbundes – verfügen über eigene Räumlichkeiten in der Tageseinrichtung oder im unmittelbaren Umfeld, in denen Angebote des Verbundes (auch durch Kooperationspartner) durchgeführt werden können, ohne dass es zu wechselseitigen Beeinträchtigungen zwischen diesen Angeboten und der pädagogischen Arbeit in der Tageseinrichtung kommt.

> Das Sozialraumbüro und die integrierten Institutionen des Verbundes verfügen über Daten zur sozialen Lage in ihrem Umfeld (bspw. Bevölkerungsdaten, Einkommen, Anteil von Familien mit Zuwanderungsgeschichte, von Hartz-IV-EmpfängerInnen).

> Das Sozialraumbüro und die integrierten Institutionen, insb. die beteiligten Kitas – kooperieren mit einer Senioreneinrichtung oder mit Gruppen von Seniorinnen und Senioren im Umfeld und organisieren mit ihnen gemeinsame Angebote mit Kindern und SeniorInnen (mindestens einmal pro Halbjahr).

> Das Sozialraumbüro und die integrierten Institutionen – insb. die beteiligten Kitas – kooperieren mit einem Ortsteilarbeitskreis oder einem ähnlichen sozialraumbezogenen Gremium, Treffen finden mindestens zweimal jährlich statt.

> Das Sozialraumbüro und die integrierten Institutionen – insb. die beteiligten Kitas – sorgen dafür, dass ihr Angebot regelmäßig im Hinblick auf den Bedarf des Umfeldes überprüft wird (mindestens einmal im Jahr).

> Zivilgesellschaftliche Strukturen werden genutzt – bürgerschaftliches Engagement
> – ehrenamtliche Familienpaten, Erziehungslotsen, Migrationslotsen, Stadtteilmütter, FamilienbesucherInnen usw.

> Das Sozialraumbüro überprüft regelmäßig die Niedrigschwelligkeit und Zugänglichkeit aller Maßnahmen und ergreift ggf. zusätzliche Maßnahmen zu ihrer dauerhaften Sicherstellung.

2.3 Aufbau einer verbindlichen Zusammenarbeit mit den relevanten Einrichtungen und Diensten [106]

> Das Sozialraumbüro[107] als Zentrale des Netzwerkes verfügt über ein aktuelles Verzeichnis der Kooperationspartner (bspw. Erziehungs-/Familienberatungsstellen, Familienbildungsstätten, Tagespflegevermittlung/-beratung, Integrationsfachstellen), in dem Anschriften, zentrale Ansprechpartner, Aufgaben und Leistungen der Kooperationspartner angegeben sind, und sorgt dafür, dass allen Mitarbeiterinnen und Mitarbeitern die Kooperationspartner und deren Angebote bekannt sind.

---

[106] Deren Tätigkeit den Aufgabenbereich des Sozialraumbüros und der kooperierenden Einrichtungen, insb. der Kitas, berührt.
Basis: Ministerium für Generationen, Familie, Frauen und Integration des Landes Nordrhein-Westfalen/Stöbe-Blossey, Sybille/Strotmann, Mareike/Tietze, Wolfgang (2010): Gütesiegel Familienzentrum Nordrhein-Westfalen: 19 (Gütesiegel Familienzentren Nr.6).
Die Basisstruktur Nr. 5 wird dort wie folgt eingeleitet:
„Familienzentren können ihre Leistungen mit eigenen Ressourcen und in Kooperation mit anderen Tageseinrichtungen, mit Schulen und anderen Partnern erbringen. Sie bündeln für die Gestaltung ihrer Angebote die Kompetenzen und Ressourcen lokaler Kooperationspartner und sorgen für eine kooperative Entwicklung von Angeboten ebenso wie für eine verbindliche Regelung von Zuständigkeiten."
[107] Im folgenden Abschnitt werden zwei Abschnitte aus den NRW-Kriterien für das Gütesiegel Familienzentren integriert und erweitert. Die beiden anderen Abschnitte aus den insgesamt vier NRW-Strukturbereichen werden weiter unten integriert.

> Das Sozialraumbüro verfügt über eine schriftliche Kooperationsvereinbarung mit Institutionen oder Personen für Erziehungs-/Familienberatung oder Anbietern von Familienbildung (oder hat eigene MitarbeiterInnen mit einschlägiger Qualifikation, die Angebote durchführen).

> Das Sozialraumbüro hat die Schnittstellen zwischen sozialräumlichem ASD, dem Sozialraummanagement, den Kitas des Verbundes, der/den Grundschule(n), der Jugendarbeit und der Zentrale des Jugendamtes auf Kreisebene (Stadtebene) und dem Familien-Service-Büro sauber definiert und gestaltet die Kooperation effektiv.

> Das Sozialraumbüro kooperiert mit dem oder stellt die Verbindung her zum Gesundheitswesen (Hebammen. Geburtskrankenhäuser, Kinderärzte, Gesundheitsamt, Krankenkassen), zur Schwangerschafts- und Konfliktberatung usw.

> Das Sozialraumbüro kooperiert mit oder stellt die Verbindung her zu weiteren angrenzenden Systemen wie der Sozialhilfe und der Arbeitsverwaltung, zum Jobcenter usw. (SGB XII: Personenbezogene Dienstleistungen für behinderte Kinder, Frühförderstellen; SGB XII: HLU, Grundsicherung für dauerhaft Erwerbsgeminderte); SGB III: Arbeitslosengeld II, Personenbezogene Eingliederungshilfen – z.B. Schuldner- und Suchtberatung, Psychosoziale Betreuung, berufliche Eingliederungsmaßnahmen; zur Agentur für Arbeit (SGB III: Arbeitslosengeld I, berufliche Eingliederungsmaßnahmen).

> Das Sozialraumbüro verfügt über eine schriftliche Kooperationsvereinbarung mit Institutionen oder Personen für Erziehungs-/Familienberatung und einem Anbieter von Familienbildung (oder hat eigene MitarbeiterInnen mit einschlägiger Qualifikation, die Angebote durchführen).

> Das Sozialraumbüro verfügt über eine schriftliche Kooperationsvereinbarung mit Institutionen oder Personen aus dem Gesundheitsbereich (z.B. Kinderarzt, Zahnarzt).

> Das Sozialraumbüro verfügt über eine schriftliche Kooperationsvereinbarung mit Institutionen, die im Bereich der interkulturellen Öffnung und/oder der Förderung von Kindern und Familien mit Zuwanderungsgeschichte tätig sind (bspw. Integrationsagenturen/-fachstellen, Elternvereine, Migrantenselbstorganisationen).

> Das Sozialraumbüro verfügt über schriftliche Kooperationsvereinbarungen mit weiteren Partnern zur Entwicklung und Durchführung besonderer Angebote.

2.4 Entwicklung lokaler sozialräumlicher Netzwerke für den Bereich Präventive Familienförderung (‚FiZ – Familie im Zentrum')

> Lokale Netzwerke im Sozialraum oder auf der Ebene der Samtgemeinde/Stadt
— Die Sozialraumbüros des ASD (die Sozialraummanagements) beschränken sich auf Sozialraumebene auf sog. ‚Kleine Netzwerke' mit den real agierenden Anbietern von Leistungen, wichtigen Akteuren, Einrichtungen und Stakeholdern des Sozialraums und ggf. vorhandenen sozialräumlichen AG's nach § 78 SGB VIII (im Gegensatz zu den großen Netzwerken auf Kreisebene mit übergeordneten Rollenträgern, Organisations- und Trägervertretern) oder sie nutzen die Sozialraumkonferenz entsprechend als Steuerungsinstrument. Sie richten – wenn erforderlich – ggf. auch eine kleine sozialräumliche Lenkungsgruppe oder Ähnliches ein, in der sie mit den wichtigsten Kooperationspartnern die Weiterentwicklung des Einrichtungsverbundes steuern (mindestens halbjährliche Treffen).
— dennoch wichtig dabei: möglichst das ganze System der sozialen Dienstleistungen im Sozialraum (der Gemeinde) einbeziehen (Gesundheitssystem, Sozialhilfe, Jugendhilfe …).
— Orientierung der Netzwerkarbeit an § 81 SGB VIII und am KKG § 3

> Die Sozialraumbüros des ASD (die Sozialraummanagements) kooperieren – soweit vorhanden – mit den großen Netzwerken auf Kreisebene (bzw. der gesamtstädtischer Ebene), versuchen aber den Netzwerkaufwand in dieser Hinsicht klein zu halten.

> Die Sozialraumbüros (die Sozialraummanagements) versuchen, den Aufwand für Gremiensitzungen und Netzwerktreffen in einem effizienten Verhältnis zu halten und ggf. zu reduzieren, zu bündeln und Wildwuchs sowie Reibungsverluste und Ressourcenverluste, Überforderung der Akteure, also Ineffektivität insgesamt, einzuschränken.

> Es gibt ein funktionierendes, wirkungsvolles Netzwerkmanagement (Steuerung)
>   – ausreichende Verwaltungsressourcen (Netzwerkbüro, Personalanteile usw.), Förder- und Unterstützungsressourcen für das Netzwerkmanagement

2.5 Leitlinien der Angebotsstrukturierung des Verbundes ‚Präventive Familienförderung'

> Fokussierung aller Teilmaßnahmen auf die drei strategischen Stützpfeiler der sozialräumlichen Arbeit: institutionelle Verankerung (intensives „Andocken")[108]. Das konkrete sozialräumliche Konzept und Angebot (Programm) berücksichtigt alle drei Stützpfeiler (Schwerpunkte) der Präventiven Familienförderung im Rahmen von Präventions- und Bildungsketten (sozialräumlicher ASD des Jugendamtes mit freien Trägern – insb. für die Frühen Hilfen und die H.z.E –, die Kindertagesstätten, die Schulen)

> Angebotsplanung, Angebotsmonitoring und -controlling auf der sozialräumlichen Ebene (bzw. Samtgemeinde/Stadt)
>   – Es gibt rechtzeitig ein ausreichendes und vollständiges Angebots-Portfolio mit allen erforderlichen Maßnahmen im Rahmen geeigneter Programm-Muster für die jeweilige konkrete Anforderungssituation.
>   – Es gibt keine Doppelungen und Parallelstrukturen.
>   – Das konkrete Angebots-Portfolio ist aus dem verallgemeinerten Muster-Portfolio aus dem Rahmenkonzept des Kreises abgeleitet und den sozialräumlichen Bedürfnissen maßgeschneidert angepasst.

> Das Angebots-Portfolio differenziert nach
>   – Lebenslage
>   – Altersgruppen, Familienphasen
>   – Zielgruppen
>   • alle relevanten Zielgruppen, Geschlechter, Milieus, Familienformen
>   • einerseits auf alle Familien zielend, anderseits auf besonders belastete Familien und Kinder
>   – Methoden (Methodenmix, Methodenvielfalt)
>   – Themen
>   – Präventionsniveaus

> Sicherstellung eines fachlich angemessenen Präventionsniveaus
>   (Einordnung der notwendigen Maßnahme nach Art der Prävention, um sie später den fachlich richtigen, geeigneten Durchführenden zuordnen zu können)
>   – Universelle Prävention
>   – Selektive Prävention
>   – Indizierte Prävention (teilweise auch schon erste Intervention)
>   – Massiver Eingriff (Intervention i.e.S. – nur über den ASD)

---

[108] Dies bezieht sich auf den Ort der inhaltlichen Angebote. Es ist deshalb kein Widerspruch, dass im Folgenden vor allem das Sozialraumbüro des ASD und die Kita so oft im Mittelpunkt stehen. Dabei geht es dann um die Durchführungs- und Organisationsebene. Und die liegt im Wesentlichen beim ASD und z.T. der Kita als Familienzentrums.

> Ausschließlicher Einsatz nur von fachlich anerkannten Programmen aus dem Rahmenkonzept
> – nur solche Programme und Maßnahmen, deren Wirksamkeit auch wirklich nachgewiesen ist
>   • Kriterien der Datenbank SPIN des Landespräventionsrates, die auf dem CTC-Ansatz („Communities That Care") beruhen
> Angebote und Programme entsprechend den jeweiligen Bedarfslagen vor Ort
> – Es ist geprüft, ob die Angebote und Programme passgenau sind: Sie sind notwendig und geeignet (sozialraum- und zielgruppenangepasst).

2.6 Die Leistungen der kooperierenden Kitas des Verbundes im Einzelnen – das sozialräumliche und gemeindliche Angebots-Portfolio [109]

2.6.1 Das Angebotsportfolio I: Beratungs- und Unterstützungsangebote für Kinder und Familien [110]

Die Kitas des Verbundes halten ein niederschwelliges Angebot der Beratung und Unterstützung von Kindern und Familien bereit. Insbesondere in den Sozialräumen mit großem Zuwanderungsanteil sollte das Angebot für alle interkulturell ausgerichtet sein, d.h. alle Familien sollten sich im Sinne eines interkulturellen Dialogs einbringen und ihren Bedürfnissen entsprechend in den Angeboten wiederfinden.

Die Kitas des Verbundes

> verfügen über ein aktuelles Verzeichnis von Beratungs- und Therapiemöglichkeiten und von Angeboten zur Gesundheits- und Bewegungsförderung in der Umgebung (Erziehungs-/Familienberatung, Frühförderung, Heilpädagogik, Psychotherapie, Ergotherapie, Logopädie, Beratungsstellen für spezielle Fragen wie bspw. Hochbegabung, Selbsthilfegruppen, Sportkurse usw.)

> sorgen dafür, dass mindestens eine Mitarbeiterin oder ein Mitarbeiter auf Fragen der interkulturellen Öffnung spezialisiert ist (nachgewiesen durch Zusatzausbildung oder Fortbildung) und Eltern und Fachkräfte entsprechend berät

> organisieren Eltern-Kind-Gruppen für Familien mit unter dreijährigen Kindern (wenigstens einmal pro Woche) oder können interessierte Eltern an ein entsprechendes Angebot (bspw. einer Familienbildungsstätte, einer Gemeinde oder einer Elterninitiative) im Einzugsgebiet verweisen

> verfügen über ein Konzept, welches sicherstellt, dass bei Bedarf die Vermittlung von Familien zur Erziehungs-/Familienberatung erfolgt und der Beratungsprozess (bspw. durch Gespräche zwischen Erzieherinnen und Erziehern und den Eltern) begleitet wird

> organisieren in Kooperation mit dem Sozialraumbüro eine offene Sprechstunde für Erziehungs-/Familienberatung oder andere in den Alltag der Einrichtungen integrierte Beratungsangebote (mindestens einmal im Monat)

> verfügen über systematische Verfahren zur allgemeinen Früherkennung (Entwicklungsscreening), wenden sie an und kommunizieren darüber mit den Eltern im Sinne von Erziehungs- und Bildungspartnerschaften

---

[109] Im Folgenden wird der Einfachheit halber von der Konstellation ausgegangen, dass es im Sozialraum eine Verbundlösung mit mehreren Kitas gibt, die einen relevanten Teil der Angebote zur Präventiven Familienförderung übernehmen. Diese Lösung ist ja die von uns favourisierte, wenn auch momentan nicht die häufigste. Bei einer einzelnen Kita oder einem – zurzeit ja häufigen – kleinen Familienzentrum i.e.S müssen die obigen Aussagen entsprechend abgewandelt werden.

[110] Ministerium für Generationen, Familie, Frauen und Integration des Landes Nordrhein-Westfalen/Stöbe-Blossey, Sybille/Strotmann, Mareike/Tietze, Wolfgang (2010): Gütesiegel Familienzentrum Nordrhein-Westfalen: 10 f. (Gütesiegel Familienzentren Nr.1)

> verfügen über systematische qualitative Verfahren der Beobachtung, Dokumentation und Planung von Entwicklungsprozessen, wenden sie an und kommunizieren darüber mit den Eltern im Sinne von Erziehungs- und Bildungspartnerschaften

> sorgen dafür, dass die Inanspruchnahme von U-Untersuchungen und die Zusammenarbeit mit KinderärztInnen durch gezielte Maßnahmen gefördert werden.

> organisieren Sprachfördermaßnahmen für Kinder im Alter zwischen vier Jahren und Schuleintritt mit zusätzlichem Sprachförderbedarf, die keine Kindertageseinrichtung besuchen

> organisieren für Kinder der Einrichtungen (ggf. auch mit ihren Eltern) spezielle Kurse oder Projekte zur zusätzlichen Sprachförderung (wobei unter ‚zusätzlich' gezielte Maßnahmen zu verstehen sind, die über Förderung der Sprachfähigkeiten im Alltag hinausgehen)

> verfügen über schriftliche Konzeptionen zur Sprachförderung und/oder Konzepte, in denen die einzelnen Bausteine der interkulturellen Öffnung ausdifferenziert werden

> ermöglichen – unabhängig von einer eventuellen Sprechstunde – individuelle Erziehungs-/Familienberatung in ihren Räumlichkeiten, wobei eine ungestörte Beratungssituation und der Vertrauensschutz gewährleistet werden

> ermöglichen, wenn die Rechtslage dies zulässt, individuelle Therapien (bspw. durch freie Praxen) in ihren Räumlichkeiten oder bieten Kindern die Möglichkeit, während der Öffnungszeiten der Einrichtungen Therapien in Praxen in der unmittelbaren Nachbarschaft zu nutzen

> verfügen über weitere, spezielle Verfahren zur Früherkennung (bspw. Motorik, Lese/Rechtschreibschwächen, Verhaltensauffälligkeiten, Begabungsförderung), wenden sie an und kommunizieren darüber mit den Eltern im Sinne von Erziehungs- und Bildungspartnerschaften

> sorgen dafür, dass eine aufsuchende Elternarbeit (soweit notwendig unter Einbeziehung mehrsprachiger Ansprechpersonen) durchgeführt wird, wobei dies nicht durch das Personal der Tageseinrichtungen geschehen muss

> sorgen dafür, dass mindestens eine Mitarbeiterin oder ein Mitarbeiter auf Fragen der Gesundheitsförderung/Bewegungsförderung spezialisiert ist (nachgewiesen bspw. durch Zusatzausbildung oder Aus-/Fortbildung) und Eltern und Fachkräfte entsprechend berät

> sorgen dafür, dass mindestens eine Mitarbeiterin oder ein Mitarbeiter auf das Thema „Kinderschutz" spezialisiert ist (nachgewiesen bspw. durch Zusatzausbildung, Fortbildung, Mitgliedschaft in einem einschlägigen Arbeitskreis) und als Multiplikatorin oder Multiplikator dient

2.6.2 Das Angebotsportfolio II: Förderung von Familienbildung und Erziehungspartnerschaft [111]

Das Sozialraumbüro und die Kitas des Verbundes

> verfügen über ein aktuelles Verzeichnis von Angeboten der Eltern- und Familienbildung in der Umgebung (bspw. Kurse von Familienbildungsstätten, Volkshochschulen, freie Initiativen, Integrationsfachstellen, Vereine zugewanderter Eltern, …).

---

[111] Ministerium für Generationen, Familie, Frauen und Integration des Landes Nordrhein-Westfalen/Stöbe-Blossey, Sybille/Strotmann, Mareike/Tietze, Wolfgang (2010): Gütesiegel Familienzentrum Nordrhein-Westfalen: 12 f. (Gütesiegel Familienzentren Nr.2). Dort wird dieser Punkt wie folgt eingeleitet: „Das Familienzentrum ist ein Ort der Familienbildung. Es versteht sich als Partner der Eltern und hält ein vielfältiges Angebot der Familienbildung bereit. Das Angebot berücksichtigt die unterschiedlichen Ansprüche verschiedener Familien und stellt sich dem Bedarf entsprechend auf die besonderen Kompetenzen und Bedürfnisse von Eltern mit Zuwanderungsgeschichte ein."

Die Kitas des Verbundes

› organisieren in enger Kooperation mit dem Sozialraumbüro Kurse zur Stärkung der Erziehungskompetenz, die mit Einrichtungen der Familienbildung durchgeführt werden sollen, mit einem Platzangebot für mindestens 20 % aller Eltern der Einrichtung im Jahr; soweit es sich um längerfristig angelegte Kurse von besonderer Qualität handelt, kann die Quote von 20 % auch unterschritten werden

› organisieren in den Tageseinrichtungen regelmäßig offene Elterncafés, die Eltern als Treffpunkt dienen (mindestens einmal im Monat)

› organisieren Elternveranstaltungen (bspw. Elternfrühstücke oder Elternabende mit einem bestimmten Thema) zu pädagogisch wichtigen Themen (mindestens viermal im Jahr)

› organisieren interkulturell ausgerichtete Veranstaltungen und Aktivitäten, die besonders auf die Bedürfnisse von Familien mit Zuwanderungsgeschichte zugeschnitten sind und diese dazu anregen, sich zu beteiligen

› organisieren mindestens jeweils eine niedrigschwellige Aktivität für Erwachsene (einmal im Jahr)

› ermöglichen Eltern, Familienselbsthilfeorganisationen und anerkannten Elternvereinen in den Kitas Treffen, Beratungen oder andere Aktivitäten durchzuführen

› machen Angebote zur Gesundheits- und/oder Bewegungsförderung (Elternkurse, Eltern-Kind-Kurse) (mindestens ein Angebot pro Halbjahr)

› organisieren Deutschkurse für Eltern mit Zuwanderungsgeschichte (mindestens ein Kurs pro Halbjahr)

› organisieren weitere Bildungsmöglichkeiten speziell für Eltern mit Zuwanderungsgeschichte (bspw. Rucksack-Projekt) (mindestens ein Angebot pro Halbjahr)

› machen Angebote speziell für Alleinerziehende (mindestens ein Angebot pro Halbjahr

› machen Angebote für Eltern in den Bereichen Haushaltsführung/Schulden und/oder Arbeitsmarkt- und Berufsorientierung (mindestens ein Angebot pro Halbjahr)

› machen Angebote zur Stärkung der Kompetenz speziell von Vätern (mindestens ein Angebot pro Halbjahr)

› machen Angebote zur Medienerziehung und/oder Leseförderung (Elternkurse, Eltern-Kind-Kurse) (mindestens ein Angebot pro Halbjahr)

› machen musisch-kreative Angebote – z.B. Elternkurse, Eltern-Kind-Kurse (mindestens ein Angebot pro Halbjahr)

› Die Kitas des Verbundes kooperieren in allen diesen Fragen eng mit dem Sozialraumbüro, das einen Teil dieser Leistungen mitfinanziert.

› Sowohl das Sozialraumbüro, als auch die Kitas und Schulen des Verbundes verfügen (im Sinne der Erziehungspartnerschaft) über ein Beschwerdemanagement.

2.6.3 Das Angebotsportfolio III: Unterstützung bei der Kooperation mit der Kindertagespflege[112]

Das Sozialraumbüro und die Kitas des Verbundes

> verfügen über schriftliche Informationsmaterialien zum Thema ‚Kindertagespflege' und legen diese in der Einrichtung aus

Das Sozialraumbüro

> verfügt über Informationen über die Wege zur Vermittlung von Tageseltern in der Kommune (bspw. Jugendamt, Tagespflegevereine, betriebsbezogene Angebote) und kann Eltern entsprechend beraten. Es arbeitet in dieser Hinsicht eng mit dem Familien-Service-Büro zusammen und vermittelt ggf. an dieses weiter.

Die Kitas des Verbundes

> organisieren in jedem Kindergartenjahr Informationsveranstaltungen für Eltern zum Thema Kindertagespflege

Das Sozialraumbüro und die Kitas des Verbundes

> verfügen über eine schriftliche Darstellung des lokalen Angebots zum Thema ‚Kindertagespflege' und legen diese an Orten aus, an denen Familien mit unter dreijährigen Kindern erreicht werden, die noch keine Einrichtung besuchen

> verfügen über Informationen zu Angeboten der Qualifizierung von Tageseltern im Stadtteil/Kreis

Das Sozialraumbüro und die Kitas des Verbundes

> verfügen über Kontakte zu Tageseltern im Stadtteil und binden sie in die Einrichtung mit ein (z.B. durch Einladungen zu Festen, Elternabenden etc.)

Das Sozialraumbüro

> organisiert ggf. die Vermittlung von Kindertagespflegepersonen in enger Kooperation mit dem Familien-Service-Büro

Das Sozialraumbüro und die Kitas des Verbundes

> sorgen dafür, dass eine Mitarbeiterin oder ein Mitarbeiter auf Fragen der Eltern zur Kindertagespflege kompetent eingehen kann (nachgewiesen bspw. durch Zusatzausbildung, Fortbildung oder regelmäßige Treffen mit dem Familien-Service-Büro)

Die Kitas des Verbundes

> ermöglichen einzelnen Tageseltern die Nutzung von Räumen der Einrichtung außerhalb der Öffnungszeiten (Randzeitenbetreuung)

> ermöglichen einzelnen Tageseltern für ihre Betreuungsangebote die Nutzung von freien Räumen der Einrichtung während der Öffnungszeiten (bspw. Kleingruppen für unter Dreijährige)

---

[112] Ministerium für Generationen, Familie, Frauen und Integration des Landes Nordrhein-Westfalen/Stöbe-Blossey, Sybille/Strotmann, Mareike/Tietze, Wolfgang (2010): Gütesiegel Familienzentrum Nordrhein-Westfalen: 14 f. (Gütesiegel Familienzentren Nr. 3). Dort wird dieser Teil wie folgt eingeleitet: „Im Rahmen der kommunalen Strukturen unterstützt das Familienzentrum Familien bei der Nutzung bzw. Vermittlung einer qualifizierten Kindertagespflege. Dazu gehören vor allem die Information und Beratung von Eltern sowohl bezogen auf die Leistungen der Tagespflege als auch über die Vermittlungswege in der Kommune. Außerdem arbeitet das Familienzentrum mit Tageseltern zusammen. Je nach Organisation in der Kommune kann das Familienzentrum auch bei Bedarf und in Abstimmung mit dem zuständigen Jugendamt an der qualifizierten Vermittlung von Tageseltern mitwirken oder diese selbst durchführen."

Das Sozialraumbüro und die Kitas des Verbundes

> verfügen über Kenntnisse (ggf. in Kooperation mit einem Partner) von Tageseltern, die eine Kompetenz für die Betreuung von Kindern mit Behinderungen haben

> verfügen über Kenntnisse (ggf. in Kooperation mit einem Partner) von Tageseltern, die eine interkulturelle Kompetenz haben

Das Sozialraumbüro und die Kitas des Verbundes

> organisieren Treffen zum Austausch zwischen Tageseltern (bspw. Tageselterncafé) (mindestens einmal im Quartal)

> organisieren die Begleitung von Treffen von Tageseltern durch qualifizierte Fachkräfte

> kooperieren mit einem Tagespflegeverein, einer Tagespflegevermittlungsstelle/börse, dem Familien-Service-Büro o.ä. (oder haben eigene Mitarbeiterinnen und Mitarbeiter mit einschlägiger Qualifikation, die Vermittlung und Beratung leisten)

2.6.4 Das Angebotsportfolio IV: Verbesserung der Vereinbarkeit von Beruf und Familie[113]

Die Kitas des Verbundes

> verfügen über Kenntnisse der Bedarfslage von Eltern, indem sie bei der Anmeldung den zeitlichen Betreuungsbedarf von Eltern so abfragen, dass auch Bedarfe erfasst werden, die über die Öffnungszeiten der Einrichtungen hinausgehen

> verfügen über Kenntnisse der Bedarfslage von Eltern mit Kindern in der Einrichtung, indem sie einmal jährlich den zeitlichen Betreuungsbedarf von Eltern so abfragen, dass auch Bedarfe erfasst werden, die über die Öffnungszeiten der Einrichtungen hinaus gehen

> organisieren für Familien, die einen Betreuungsbedarf über die Öffnungszeiten der Einrichtung hinaus haben, eine Beratung und/oder die Vermittlung dieser Betreuung

> organisieren für Kinder der Einrichtung, deren Eltern es wünschen, ein Mittagessen

> organisieren Betreuungsangebote für unter Dreijährige

> organisieren regelmäßig Betreuungsangebote bis mindestens 18.30 Uhr (nach dem Gesetz geförderte Gruppen, Randzeitenangebote von MitarbeiterInnen der Einrichtung oder durch Dritte) (mindestens einmal wöchentlich)

> verfügen über einen Pool von Babysittern zur Vermittlung an interessierte Eltern

> organisieren eine Notfallbetreuung für Kinder, deren Geschwister die Einrichtung besuchen

Die Kitas des Verbundes

> organisieren eine Notfallbetreuung für andere Kinder aus dem Einzugsgebiet der Einrichtung

> organisieren regelmäßig Betreuungsmöglichkeiten am Wochenende (mindestens zweimal im Monat)

> organisieren Betreuungsmöglichkeiten, die auf die zeitlichen Bedürfnisse von Eltern im Schichtdienst ausgerichtet sind

---

[113] Ministerium für Generationen, Familie, Frauen und Integration des Landes Nordrhein-Westfalen/Stöbe-Blossey, Sybille/Strotmann, Mareike/Tietze, Wolfgang (2010): Gütesiegel Familienzentrum Nordrhein-Westfalen: 16 f. (Gütesiegel Familienzentren Nr. 4). Dort wird dieser Teil wie folgt eingeleitet: "Das Familienzentrum unterstützt die Vereinbarkeit von Beruf und Familie durch die Bereitstellung eines bedarfsgerechten Betreuungsangebots. Es ist bestrebt, über das im Gesetz geregelte Standardangebot hinaus Leistungen zu entwickeln, die auf die unterschiedlichen Bedürfnisse verschiedener Familien abgestimmt sind. Dabei wird Wert gelegt auf eine qualitativ hochwertige Bildung, Betreuung und Erziehung, die den Bedürfnissen der Kinder entspricht."

> kooperieren mit Unternehmen und organisieren Betreuungsangebote für die Kinder der Beschäftigten (bspw. Belegrechte, Notbetreuungskontingente, …)

> kooperieren mit der Arbeitsagentur und/oder dem Job-Center – vor allem, um für arbeitssuchende Eltern Betreuungsangebote zu ermöglichen

> organisieren im Bedarfsfall (bspw. Krankheit oder Dienstreise der Eltern) eine häusliche Betreuung

> ermöglichen Eltern und Geschwisterkindern die Teilnahme an Mahlzeiten

Die Kitas des Verbundes

> kooperieren auch in allen diesen Fragen eng mit dem Sozialraumbüro, das einen Teil dieser Leistungen auch finanziert

2.7 Das Angebotsportfolio V: Beratungs- und Unterstützungsangebote des Sozialraumbüros selber

> Das Sozialraumbüro übernimmt die Gestaltung der Kooperation mit der Schulsozialarbeit (Koordinierung) im Sozialraum – zumindest im Grundschulbereich. Dabei geht es um den elternbezogenen und familienfördernden Anteil der SGB VIII-Schwerpunkte:
> – Jugendsozialarbeit nach § 13 SGB VIII
> – Jugendberatung § 11 SGB VIII
> – Elternberatung § 16 SGB VIII
> – Lehrerberatung (als „andere Erziehungsberechtigte" nach § 16 SGB VIII)
> – Jugendarbeit in der Schule § 11 SGB VIII

> Das Sozialraumbüro kooperiert eng mit der offenen Jugendarbeit.

> Das Sozialraumbüro kümmert sich intensiv um die Elternberatung nach § 16 und findet dafür geeignete Organisationsformen und Kooperationsformate.

> Das Sozialraumbüro bietet Beratung nach § 17 und § 18 SGB VIII an.

> Das Sozialraumbüro bietet ggf. Beratung bei der Unterstützung selbstorganisierter Förderung von Kindern an (§ 25 SGB VII).

2.8 Das Angebotsportfolio VI: Beratungs- und Unterstützungsangebote der Schulen des Verbundes

Die Schulen im Verbund sind wichtig, weil sie von allen Einrichtungen die Kinder am längsten betreuen und weil – bei den Sekundarschulen – im betreffenden Biografieabschnitt wichtige krisenhafte Phasen im Jugendleben (Adoleszenz, Pubertät, Übergang zum Beruf usw.) fallen. Außerdem zeigt die empirische Bildungsforschung, dass Kompetenzen, die in der vorschulischen Zeit durch intensive Förderung erworben wurden, sich in der Schulzeit teilweise wieder ‚verflüchtigen' können. Es ist aber völlig verkehrt, Maßnahmen der Präventiven Familienförderung aus den anderen Bereichen einfach zu übernehmen, z.B. wenn man allgemeinen Erziehungskompetenz-Trainings durch Schulen (vielleicht sogar durch LehrerInnen) durchführen ließe (siehe dazu den Abschnitt H. 3.). Es gibt aber genügend eigene, für die Schulen spezifische Programme – etwa die sogenannten ‚Home-Based Elterntrainings', die speziell auf die Schule zugeschnitten sind und das schulische Lernen im Elternhaus unterstützen sollen. Auch die ‚Rucksack-Programme', unter dem Titel ‚Stadtteilmütter' bekannt geworden, die Sprachförderung für migrantische Kinder und Elterntraining inzwischen auch im Grundschulbereich miteinander kombinieren, bilden im Kontext von § 16 in der Schule ein interessantes Angebot.

Die Grundschulen des Verbundes

> betreiben institutionelle, einrichtungsbezogene Elternarbeit im Sinne von Erziehungs- und Bildungspartnerschaften, z.B.:
>> – Erziehungs- und Bildungspartnerschaften als a) Information, b) Abstimmung, Koordination, Austausch, c) Kontaktpflege, soziale Kommunikation (z.B. offene Elterntreffs, Elterncafés), d) Beratung in Lern- und Entwicklungsfragen des eigenen Kindes, e) Elternmitarbeit in der Einrichtung usw., f) Partizipation und Verhandlung i.e.S. (Entscheidungen usw.)
>> – Elterngremien- und Verbände (Bundeselternrat, Landeselternvertretung, Stadtelternrat usw.)
>> – Beschwerdemanagement (geregeltes Verfahren, auch einfache Formen wie Meckerkasten usw.)
>> – Elternarbeit im Brückenjahr
>> – Angebote zur interkulturellen Verständigung
>> – Vater-Kind-Angebote
>> – Leselotsen/Leseförderung
>> – Anbieter-Netzwerk, Elternbildung in Schulen'
>> – Erziehungsvereinbarungen/Erziehungsverträge
>> – Konzepte der Familienfreundlichen Schule (wie z.B. im Bündnis für Familie Nürnberg)
>> – offenes Elterncafé

Die Grundschulen des Verbundes

> führen besondere Maßnahmen zur Vereinbarkeit von Familie und Beruf in der Grundschule durch (siehe unter Nr. 2.6.4)

Die Grundschulen des Verbundes (z.T. auch die Sekundarschule)

> fördern die Qualifizierung von Eltern zu MentorInnen

> bieten schulbezogene Elternkurse – sog. Home-Based-Trainings – an, z.B.
>> – das ‚Family-Programm' (‚Familie schafft Chancen') der Vodafone Stiftung Deutschland (begleitet Familien während des Übergangs von der Kita zur Grundschule und soll Eltern – vorrangig in benachteiligten Stadtteilen – Sicherheit und Selbstverständnis in der Rolle als Lernbegleiter ihrer Kinder geben)
>> – das GdS-Elterntrainings (‚Gesetze des Schulerfolgs' von Adolf Timm und Klaus Hurrelmann) schließt mit dem GdS-Elternführerschein ab
>> – das Programm ‚Schul-MOVE Eltern' (wendet sich an Lehrerinnen und Lehrer, Schulsozialpädagogen und Fachkräfte der Ganztagsbetreuung – Motivierende Kurzintervention bei Eltern im Kontext Schule, Fortbildung in Gesprächsführung mit Eltern)
>> – ‚Familien-MOVE' (bietet ein Forum zur konstruktiven Reflexion des Schulalltags und zum Umgang mit konfliktbelasteten Situationen in der Kommunikation Eltern – Schule)
>> – ‚FAST' (Families and Schools together) – gut evaluiertes amerikanisches Programm für den Bereich der Schule, das auch in Deutschland angeboten wird; in der Version ‚FuN: Familie und Nachbarschaft' weiterentwickelt und insb. für die Arbeit mit migrantischen Familien optimiert
>> – ‚Rucksack'-Programme (‚Stadtteilmütter-Qualifizierungen') – Sprachförderung für migrantische Kinder und Elterntraining als ein interessantes Angebot zu § 16 in der Schule

> setzen Bildungsbegleiter ein

Die Sekundarschulen des Verbundes

> führen institutionelle, einrichtungsbezogene Elternarbeit in der Schule durch: Erziehungs- und Bildungspartnerschaften in der Sekundarschule
>> – Erziehungs- und Bildungspartnerschaften als a) Information, b) Abstimmung, Koordination, Austausch, c) Kontaktpflege, soziale Kommunikation (z.B. offene Elterntreffs, Elterncafés), d) Beratung in Lern- und Entwicklungsfragen des eigenen Kindes, e) Elternmitarbeit in der Einrichtung usw., f) Partizipation und Verhandlung i.e.S. (Entscheidungen usw.)

> fördern Elterngremien- und Verbände usw.
>> – Beschwerdemanagement (geregeltes Verfahren, auch einfache Formen wie Meckerkasten usw.)

> betreiben ein ‚Beschwerdemanagement' (geregeltes Verfahren, auch einfache Formen wie Meckerkasten u.ä.)

> schließen Erziehungsvereinbarungen/Erziehungsverträge ab

> haben Paten-Systeme für die Verbindung zur Berufswelt

> bieten schulbezogene Elternkurse zu phasenbezogenen Themen, insb. auch Kurse und andere Maßnahmen zum Übergang Schule – Beruf an, z.B.
>> – das Familientraining FuN-Programm und weitere Kurse zum Übergang Schule – Beruf
>> – Kurse und Trainings zur Pubertät
>> – Kurse zu schwierigen Erziehungslagen, etwa Kurse nach Haim Omer (Präsenztraining für Eltern)

> haben Angebote zur interkulturellen Verständigung

2.9 Ausreichende förderliche Rahmenbedingungen

2.9.1 Die erforderlichen Ressourcen auf der sozialräumlichen Ebene für die Sozialraumbüros, die Kitas und Schulen des Verbundes und die freien Träger in den Sozialräumen (Samtgemeinden/Städten) sind gesichert

> Personal, Finanzierung (durch den örtlichen öffentlichen Jugendhilfeträger)

> Niedrigschwellige, dezentralisierte Raumangebote (Sozialraum- und Lebensweltprinzip)

2.9.2 Qualifizierungsprogramme

> Teilnahme des kreiseigenen/städtischen Personals an Qualifizierungen und Fortbildung für die Konzeptentwicklung in diesem Sektor

> ggf. auch Teilnahme des Personals der beteiligten freien Träger

> Nutzung der auf Kreisebene ausgebildeten TrainerInnen und ModeratorInnen durch die Sozialraumbüros, die Familienzentren, die kooperierenden Schulen und die freien Träger in den Gemeinden

> ggf. auch eigene Sozialraumschulungen, die direkt an den strategischen Säulen Kindertagesstätten und Schulen angedockt sind

2.9.3 Öffentlichkeitsarbeit, Marketing (Bekanntmachung des Angebotes durch zielgruppenorientierte Kommunikation) [114]

> Das Sozialraumbüro und die Kitas und Schulen des Verbundes
>> – sorgen dafür, dass ihre Angebote bekannt sind – nutzen dabei unterschiedliche Wege und wählen, wo immer dies sinnvoll ist, eine zielgruppen-differenzierende bzw. zielgruppenspezifische Ansprache

> Das Sozialraumbüro und die Kitas und Schulen des Verbundes
>> – verfügen über aktuelle Flyer, Broschüren, Infoblätter, eine eigene Internet-Seite/Homepage und/oder bildhafte Plakate mit Darstellungen ihres Angebots, wobei alle Bestandteile aus ihren Leistungsbereichen berücksichtigt sind
>> – sorgen dafür, dass an einem Aushang (Schwarzes Brett) in den beteiligten Einrichtungen alle aktuellen Angebote des Verbundes ‚Präventive Familienförderung' (alle Leistungen) angekündigt sind
>> – verfügen über eigene E-Mail-Adressen, über die Familien Kontakt aufnehmen und eine schnelle Antwort erhalten können
>> – sorgen dafür, dass Darstellungen ihrer Angebote an unterschiedlichen Stellen ausliegen bzw. ausgehängt werden (bspw. Supermarkt, Kinderarztpraxen, …)

> Der Verbund unterhält ein gemeinsames Internet-Portal

> Der Verbund gibt einmal im Jahr ein gemeinsames Programm (Broschüre, Ordner) mit sämtlichen Angeboten des Verbundes heraus. Grundlage dieses Programms ist eine intensive Abstimmung und eine gemeinsame jährliche Programmplanung

> Das Sozialraumbüro und die Kitas und Schulen des Verbundes
>> – verfügen über Darstellungen ihres Angebots in mindestens einer anderen Sprache
>> – sorgen dafür, dass ihre Angebote über Presseartikel (Printmedien, Radio und Fernsehen) bekannt gemacht werden (mindestens zweimal im Jahr)
>> – sorgen dafür, dass ihre Angebote auf Veranstaltungen im Umfeld präsentiert werden (mindestens einmal im Jahr)
>> – organisieren jeweils einen Tag der Offenen Tür, ein Fest o.ä., – ggf. gemeinsam –, wobei ihre Angebote präsentiert werden (mindestens einmal im Jahr)

2.10 Qualitätsentwicklung und Qualitätssicherung auf der Ebene des Sozialraums (der Samtgemeinde/Stadt):
– Sicherung der Qualität des Angebotes durch Leistungsentwicklung und Selbstevaluation

Das Sozialraumbüro und die Kitas und Schulen des Verbundes arbeiten kontinuierlich an der Weiterentwicklung ihrer Konzepte und ihrer Leistungen sowie der Qualität:

> kontinuierliche Qualitätsentwicklung und Qualitätssicherung aller Konzepte und Maßnahmen, Monitoring und Evaluation

> permanenter Abgleich mit dem Fachdiskurs (fachlich abgesicherte Verfahren, fachliche Richtigkeit und inhaltliche Vollständigkeit, innovative Grundorientierung usw.)

> Sicherung der Qualität des Angebotes durch Leistungsentwicklung und Selbstevaluation

---

[114] Ministerium für Generationen, Familie, Frauen und Integration des Landes Nordrhein-Westfalen/Stöbe-Blossey, Sybille/Strotmann, Mareike/Tietze, Wolfgang (2010): Gütesiegel Familienzentrum Nordrhein-Westfalen: 20 (Gütesiegel Familienzentren Nr. 7)

Das Sozialraumbüro und die Kitas und Schulen des Verbundes

> verfügen über eine schriftliche Konzeption, die eine Darstellung über die Entwicklung zum Sozialraum-Gesamtkonzept und zum Verbund ‚Präventive Familienförderung' und über ihre Angebote enthält

Die Kitas (und Schulen) des Verbundes

> sorgen dafür, dass über Bedarfsabfragen mindestens alle zwei Jahre eine Elternbefragung mit speziellen, auf den Verbund ausgerichteten Fragestellungen durchgeführt wird

> sorgen dafür, dass – über die Zuständigkeit der Leitungen hinaus – mindestens ein Drittel der pädagogischen Fachkräfte der Einrichtung Schwerpunkte in den Leistungsbereichen des Verbundes übernehmen/betreuen (Förderung von Spezialisierung: z.B. Zuständigkeit für Tagespflege, für die Kooperation mit Erziehungs-/Familienberatung)

Das Sozialraumbüro und die Kitas und Schulen des Verbundes

> kooperieren mit der örtlichen Jugendhilfeplanung (mit dem zuständigen Jugendamt), um Informationen über Planungen und Angebote des Familienzentrums auszutauschen

> verfügen über ein System für das Qualitätsmanagement, die Qualitätssicherung und Qualitätsentwicklung, das ihre Aufgabenfelder einschließt, und wenden es an. Der Verbund kooperiert ggf. mit einem örtlichen und/oder trägerspezifischen Arbeitskreis zur Entwicklung von Familienzentren und Sozialraumkonzepten

> sorgen dafür, dass mindestens 30 % der MitarbeiterInnen pro Jahr an Fortbildungen und Fachtagungen zum Thema sozialräumliche ‚Präventive Familienförderung' oder Familienzentrumsarbeit teilnehmen und/oder organisieren entsprechende Inhouse-Fortbildungen mit externen Referentinnen und Referenten

Das Sozialraumbüro kooperiert ggf. mit regionalen Arbeitskreisen zum Fachaustausch und zur Weiterentwicklung des sozialräumlichen ASD-Konzeptes

J. Literatur

Allensbach-Institut für Demoskopie (2008): Familienmonitor (2008). Berlin: BMBFSFJ

AWO-ISS-Studie/Arbeiterwohlfahrt Bundesverband e.V. (Hrsg.) (2005): Zukunftschancen für Kinder. Bonn. siehe auch unter Holz u.a 2005

AWO Nordrhein-Westfalen (2003): ERIK – Erziehungshilfe, Rat und Information im Kindergarten. Projektdarstellung. URL: www.awo-erik.de/(Download am 12.11.2003)

Bäuerle, Wolfgang (1971): Theorie der Elternbildung. Weinheim

Bartscher, Matthias/Boßhammer, Herbert/Kreter, Gabriela/Schröder, Birgit (2010): Bildungs- und Erziehungspartnerschaft. Rahmenkonzeption für die konstruktive Zusammenarbeit mit Eltern in Ganztagsschulen. In: Der GanzTag in NRW. Beiträge zur Qualitätsentwicklung 2010, Heft 18. Münster: Institut für Soziale Arbeit

Beck-Gernsheim, Elisabeth (2000): Was kommt nach der Familie? 2. durchges. Auflage. München: Beck

Bertelsmann Stiftung (Hrsg.) (2008): Null Bock auf Familie? Der schwierige Weg junger Männer in die Vaterschaft. Gütersloh: Bertelsmann

Berg, Annette (2009): Mo.Ki – Monheim für Kinder. Mit konsequenter Präventionsarbeit gegen soziale Benachteiligung der Kinder. Powerpoint-Präsentation. Monheim

Berg, Annette (2011): Mo.Ki – Monheim für Kinder. Vernetzung in Kindertagesstätten im Berliner Viertel/Monheim am Rhein. Powerpoint-Präsentation. Monheim

Bertelsmann Stiftung (2007): Volkswirtschaftlicher Nutzen von frühkindlicher Bildung in Deutschland. Eine ökonomische Bewertung langfristiger Bildungseffekte bei Krippenkindern. URL: http://www.bertelsmann-stiftung.de/bst/de/media/xcms_bst_dms_30351_30352_2.pdf (Download 11.9.2012)

Bertelsmann Stiftung (2007a) (Hrsg.): Kinder- und Jugendbeteiligung in Deutschland. Gütersloh: Bertelsmann-Stiftung

Bertelsmann Stiftung/Heckman, James (2008): Die Dynamik von Bildungsinvestitionen im Lebensverlauf. Warum Sparen in der Bildung teuer ist. Powerpoint-Präsentation. Gütersloh: Bertelsmann Stiftung

Bertelsmann Stiftung (2009): Was unzureichende Bildung kostet. Eine Berechnung der Folgekosten durch entgangenes Wirtschaftswachstum. Online verfügbar unter http://www.bertelsmann-stiftung.de/bst/de/media/xcms_bst_dms_30242_30243_2.pdf (15.12.2009)

Bertelsmann Stiftung (Hrsg.) (2008): Volkswirtschaftliche Potenziale am Übergang von der Schule in die Arbeitswelt. URL: http://www.bertelsmann-stiftung.de/cps/rde/xbcr/SIDC0AFC722-EAE7D516/bst/Gesamtbericht%20Langfassung.pdf (Download am 16.03.2009)

Bleckmann, Peter/Durdel, Anja (Hrsg.) (2009): Lokale Bildungslandschaften. Perspektiven für Ganztagsschulen und Kommunen. Wiesbaden: Verlag für Sozialwissenschaften

BMFSFJ – Bundesministerium für Familie, Senioren, Frauen und Jugend (2012): Familienzeitpolitik als Chance einer nachhaltigen Familienpolitik. Achter Familienbericht. Stellungnahme der Bundesregierung zum Bericht der Sachverständigenkommission an das Bundesministerium für Familie, Senioren, Frauen und Jugend für den Achten Familienbericht „Zeit für Familie. Familienzeitpolitik als Chance einer nachhaltigen Familienpolitik". (Download am 28.4.2012)

BMFSFJ – Bundesministerium für Familie, Senioren, Frauen und Jugend (2009a): Familienreport 2009. Leistungen, Wirkungen, Trends. Broschüre. Berlin

BMFSFJ – Bundesministerium für Familie, Senioren, Frauen und Jugend (2009b): Einstellungen und Lebensbedingungen von Familien 2009. Monitor Familienforschung. Beiträge aus Forschung, Statistik und Familienpolitik. Broschüre. Berlin

BMFSFJ – Bundesministerium für Familie, Senioren, Frauen und Jugend (2006): Bestandsaufnahme und Evaluation von Angeboten im Elternbildungsbereich. Info-Blatt. Bonn

BMFSFJ – Bundesministerium für Familien, Senioren, Frauen und Jugend (2005): Zwölfter Kinder- und Jugendbericht. Bericht über die Lebenssituation von jungen Menschen und die Leistungen der Kinder- und Jugendhilfe in Deutschland. Berlin

BMFSFJ – Bundesministerium für Familie, Senioren, Frauen und Jugend (Hrsg.) (2003): Die Familie im Spiegel der amtlichen Statistik. Bonn

BMFSFJ – Bundesministerium für Familie, Senioren, Frauen und Jugend (2002a): 12. Kinder- und Jugendbericht. Bildung und Erziehung außerhalb der Schule. Berlin

BMFSFJ – Bundesministerium für Familie, Senioren, Frauen und Jugend (2002b): Elfter Kinder- und Jugendbericht. Aufwachsen in öffentlicher Verantwortung. Bericht über die Lebenssituation junger Menschen und die Leistungen der Kinder- und Jugendhilfe in Deutschland. BT-Drucks. 14/81881. Bonn

BMJFFG – Bundesministerium für Jugend, Familie, Frauen und Gesundheit (1990): Achter Jugendbericht. BT-Drucks. 11/6576. Bonn

Böllert, Katrin (1995): Zwischen Intervention und Prävention. Eine andere Funktionsbestimmung Sozialer Arbeit. Neuwied, Kriftel und Berlin: Luchterhand

Böllert, Karin (Hrsg.) (2008): Von der Delegation zur Kooperation. Bildung in Familie, Schule, Kinder - und Jugendhilfe. Wiesbaden: Verlag für Sozialwissenschaften

Borchard, Michael/Henry-Huthmacher, Christine/Merkle, Tanja/Wippermann, Carsten/Hoffmann, Elisabeth (2008): Eltern unter Druck. Selbstverständnisse, Befindlichkeiten und Bedürfnisse von Eltern in verschiedenen Lebenswelten. Eine sozialwissenschaftliche Untersuchung von Sinus-Sociovision im Auftrag der Konrad-Adenauer-Stiftung e.V. Berlin: Lucius

Born, Ronja/Dirscherl, Thomas (2013): Praxisportrait: Gemeinsam liebend gern erziehen lernen: Das Triple P-Gruppentraining. In: Stange, Waldemar et al. 2013: 361

Brixius, Bernd et al. (2005):   (nicht eindeutig zuzuordnen, im EP-Handbuch kein Buch vom Jahr 2005 verzeichnet)

Bronfenbrenner, Urie (1976): Ökologische Sozialisationsforschung. Stuttgart: Klett

Bronfenbrenner, Urie (1981): Die Ökologie der menschlichen Entwicklung. Stuttgart: Klett

Bronfenbrenner, Urie (Ed.) (2005): Making Human Beings Human: Bioecological Perspectives on Human Development. Thousand Oaks, London, New Delhi

Bundesagentur für Arbeit (Hrsg) (2010) Jahresbericht 2009, Nürnberg

Bundesagentur für Arbeit (Hrsg.) (2012): Grundsicherung für Arbeitssuchende. Aufschwung nutzen, Potenziale erschließen. Jahresbericht 2011, Nürnberg. 17

Bundesanstalt für Arbeitsschutz und Arbeitsmedizin (Hrsg.) (2005): Datenbank Tödliche Unfälle – nach Unfallursachen

Bundeszentrale für politische Bildung (2008): Information zur politischen Bildung (2008): Familie und Familienpolitik. Heft 301/4. Quartal 2008. Bonn

Butterwegge, Christoph/Klundt, Michael (2002): Kinderarmut und Generationsgerechtigkeit. URL: https://www.familienhandbuch.de/cms/Kindheitsforschung-Kinderarmut.pdf (Download am 12.09.2012)

Centre for Epidemiology, National Board of Health and Welfare, Stockholm, Sweden (2003). In: The Lancet, Vol. 361, January 25, 2003, Pp. 289-295

Cunha, Flavio/Heckman, James (2007): The technology of skill formation. In: American Economic Review, H. 2. Pp. 31-47

DAK Gesundheitsdaten (2001): DAK-Presseserver 7.5.09.

Detert, Dörte (2007): Gemeinsame Erziehungsverantwortung von Familien und Lehrkräften. Studie zur Kooperationszufriedenheit am Beispiel der Primarstufe in Hannover und Liverpool: Blumhardt

Deutscher Familienverband (2007): Aktionsleitfaden zum Schwerpunktthema 2007. Familienbildung – Stärkung der Familienkompetenz – Hintergrundinformationen – Argumente – Anregungen. Berlin

Deutscher Städtetag (2005): Forum E: Neue Formen der Zusammenarbeit in der Bildungs- und Jugendpolitik. Die Zukunft liegt in den Städten. 33. Ordentliche Hauptversammlung des Deutschen Städtetages, 31.05 – 02.06.2005 in Berlin. URL: http://www.staedtetag.de/imperia/md/content/schwerpunkte/hv2005/10.pdf (Download am 7.10.2010)

Diller, Angelika (2005): Eltern-Kind-Zentren Die neue Generation kinder- und familien-fördernder Institutionen. Grundlagenbericht im Auftrag des BMFSFJ. München: DJI

Diller, Angelika/Schelle, Regine (2009): Von der Kita zum Familienzentrum. Freiburg im Breisgau: Herder

Engelbert, Angelika/Herlth, Alois (2002): Sozialökologische Ansätze. In: Krüger/Grunert (Hrsg.) Handbuch Kindheits- und Jugendforschung. Opladen: Leske und Budrich. 99 – 119

Drosten, Rabea (2012): Familienzentrum – von der Idee zum Konzept. Begleitung und Evaluierung eines partizipativen Implementationsprozesses. Unveröff. Masterthesis. Universität Lüneburg

Duckworth, Angela L./Seligman, Martin E. P. (2005): Self-Discipline outdoes IQ in Predicting Academic Performance. Psychological Science. H. 16. Pp. 939-944

ERIK – Erziehungshilfe, Rat und Information im Kindergarten (2001/2009): Abschlussbericht. Düsseldorf. URL: http://erik.awo-duesseldorf.de/(Download am 21.05.2009)

„ERIK – Erziehungshilfe, Rat und Information im Kindergarten" (2003). Projektdarstellung. www.awo-erik.de/(Download am 12.11.2003)

Europäische Agentur für Sicherheit und Gesundheitsschutz am Arbeitsplatz (Hrsg.) (2006). Geschlechtsspezifische Aspekte der Sicherheit und des Gesundheitsschutzes bei der Arbeit. Eine Zusammenfassende Darstellung. Luxemburg.

Europäische Agentur für Sicherheit und Gesundheitsschutz am Arbeitsplatz (Hrsg.) (2006): Geschlechtsspezifische Aspekte der Sicherheit und des Gesundheitsschutzes bei der Arbeit. Eine Zusammenfassende Darstellung. Luxemburg

Familienbildung-nds (2013): Familien-Bildungsstätten in Niedersachsen. URL: http://www.familienbildung-nds.de/index2.php (Zugriff am 11.01.2013)

Finkelnburg, Antonin (2004): Der betriebswirtschaftliche Nutzen der Kinderbetreuung. In: Henry-Huthmacher (2004): 74 ff.

Münder, Johannes/Meysen, Thomas/Trenczek, Thomas (Hrsg.) (2013): Frankfurter Kommentar SGB VIII. Kinder- und Jugendhilfe. Baden-Baden: Nomos

Frehsee, Detlev (2000): Fragen an den Deutschen Präventionstag. In: DVJJ-Journal. Nr. 167, 1/2000: 65-72

Freund, Thomas/Lindner, Werner (Hrsg.) (2001): Prävention. Zur kritischen Bewertung von Präventionsansätzen in der Jugendarbeit. Opladen: Leske und Budrich

Fritschi, Tobias/Oesch, Tom (2008): BASS-Studie. Volkswirtschaftlicher Nutzen frühkindlicher Bildung. Gütersloh: Bertelsmann Stiftung

Gauss, Detlef (2012): Bildung und Erziehung – Klärungen, Veränderungen und Verflechtungen vager Begriffe. In: Stange, Waldemar et al. (2012): Erziehungs- und Bildungspartnerschaften. Wiesbaden: Verlag für Sozialwissenschaften. 57-66

Gillmann, Barbara (2012): Es fehlen viel mehr Kitaplätze als gedacht. In: Handelsblatt. Nr. 216, 2012, ISSN 0017-7296, S. 9.

Gloger-Tippelt, Gabriele/König, Lilith. (2003): Die Einelternfamilie aus der Perspektive von Kindern. Entwicklungspsychologisch relevante Befunde unter besonderer Berücksichtigung der Bindungsforschung. In: Fegert, Jörg M./Ziegenhain, Ute (Hrsg.) (2003): Hilfen für Alleinerziehende. Weinheim: Beltz. 126-147

Groeger-Roth, Frederick (2010): Wie kann eine effektive Präventionsstrategie auf kommunaler Ebene gefördert werden? In: forum kriminalprävention 4/2010. 4 ff.

Groeger-Roth, Frederick/Hasenpusch, Burkhard/Richter, Britta/Landespräventionsrat Niedersachsen (2011): 1001 Präventionsprogramme. Welches ist für mich? Präsentation auf dem 16. Deutschen Präventionstag in Oldenburg. Hannover: SPIN – Sozialräumliche Prävention in Netzwerken

Hattie, John (2013) : Lernen sichtbar machen. Baltmannsweiler: Schneider Verlag Hohengehren

Hawkins et al. (2009): Results of a type 2 translational research trial to prevent adolescent drug use and delinquency: A test of Communities That Care. Archives of Pediatrics and Adolescent Medicine, 163. Pp. 789-98

Heckman, James J./Masterov, Dimitri V. (2007): The Productivity Argument for Investing in Young Children. Review of Agricultural Economics 20 (3). Pp. 446-493

Heckman, James (2008): Die Dynamik von Bildungsinvestitionen im Lebensverlauf. Warum Sparen in der Bildung teuer ist. Powerpoint-Präsentation. Gütersloh: Bertelsmann Stiftung

Henry-Huthmacher, Christine (Hrsg.) (2004): Jedes Kind zählt. Neue Wege der frühkindlichen Bildung, Erziehung und Betreuung. Zukunftsforum Politik Nr. 58. Sankt Augustin: Konrad-Adenauer-Stiftung

Heitkötter, Martina et al. (Hrsg.) (2009): Zeit für Beziehungen? Zeit und Zeitpolitik für Familien. Opladen & Farmington Hills: Barbara Budrich

Henschel, Angelika/Krüger, Rolf/Schmitt, Christof/Stange, Waldemar (Hrsg.) (2008): Jugendhilfe und Schule. Handbuch für eine gelingende Kooperation. Wiesbaden: Verlag für Sozialwissenschaften

Herrenknecht, Albert (2008): Land-Kindheit im Wandel. Sozialräumliche Veränderungen im Lebensalltag von Kindern und Jugendlichen auf dem Lande. In: Stange 2008b: 127 ff.

Hertzmann, Clyde (2008): Wirkung messen – zielorientiert steuern. Good-practice-Beispiel aus Kanada. Powerpoint-Präsentation. Gütersloh: Bertelsmann Stiftung

Hill, Paul B./Kopp, Johannes (2002): Familiensoziologie. 2., überarb. und erweit. Auflage. Wiesbaden: Westdeutscher Verlag

Hock, Beate/Holz, Gerda/Simmedinger, Renate/Wüstendorf, Werner (2000): Gute Kindheit – Schlechte Kindheit. Armut und Zukunftschancen von Kinder Jugendlich in Deutschland. Abschlussbericht zur Studie im Auftrag des Bundesverbandes der AWO. Frankfurt am Main: ISS

Holz, Gerda/Skoluda, Susanne (2003): Armut im frühen Grundschulalter. Frankfurt am Main: ISS

Holz, Gerda/Richter, Antje/ Wüstendörfer, Werner/Giering, Dietrich (2005): Zukunftschancen von Kindern!? Wirkung von Armut bis zum Ende der Grundschulzeit. Bonn/Berlin

Gerda (2007): Wer fördert Deutschlands sozialbenachteiligte Kinder? Rahmenbedingungen zur Arbeit von Kitas mit Kindern aus sozial benachteiligten Familien Gütersloh: Bertelsmann Stiftung

Holz, Gerda/Schöttle, Michael/Berg, Annette (2011): Fachliche Maßstäbe zum Auf- und Ausbau von Präventionsketten in Kommunen, In: inform 2/2011 S. 3-12, Herausgeber: Landschaftsverband Rheinland (LVR), LVR-Landesjugendamt Rheinland

Holz, Gerda/Stallmann, Ludger/Hock, Beate (2012): frühe Förderung von Anfang an. Der Präventionsansatz von „Lucien null" und die Ergebnisse der Monheim an neue Eltern-Studie. Frankfurt am Main: ISS

Höppner, Birgit (2009): Erziehungskompetenz von Eltern. Zur Notwendigkeit der Unterstützung elterlicher Erziehung durch Familienbildungsmaßnahmen. Dissertation an der Universität Rostock

Honig, Michael-Sebastian (1996): Normative Implikationen der Kindheitsforschung. In: Zeitschrift für Sozialisationsforschung und Erziehungssoziologie 16 (1996): 9 ff.

Honig, Michael-Sebastian/Lange, Andreas/Leu, Hans R. (Hrsg.) (1999): Aus der Perspektive von Kindern? Weinheim und München

Hurrelmann, Klaus/Bründel, Heidrun (2003): Einführung in die Kindheitsforschung. 2., vollst. überarb. Auflage. Weinheim und Basel

ifb – Staatsinstitut für Familienforschung an der Universität Bamberg (2009): Leitfaden zur Familienbildung im Rahmen der Kinder- und Jugendhilfe. ifb-Materialien 9-2009

Jugendamt der Stadt Dormagen (Hrsg.) (2011): Dormagener Qualitätskatalog der Kinder- und Jugendhilfe. Ein Modell kooperativer Qualitätsentwicklung

Rupp, Marina/Mengel, Melanie/Smolka, Adelheid (2009): Leitfaden zur Familienbildung im Rahmen der Kinder- und Jugendhilfe. Bamberg. ifb-Materialien 9-2009

Jugendministerkonferenz (2003): Stellenwert der Eltern- und Familienbildung. TOP 4. Ludwigsburg

Julius, Henri/Prater, Mary Anne (1996): Resilienz. Sonderpädagogik, 26: 228-235

Jurczyk, Karin (2009): Familienzeit – knappe Zeit? Rhetorik und Realitäten. In: Heitkötter, Martina et al. (Hrsg.) (2009): S. 37-66

Keck, Rudolf W./Kirk, Sabine (Hrsg.) (2001): Erziehungspartnerschaft zwischen Elternhaus und Schule – Analysen – Erfahrungen – Perspektiven. Baltmannsweiler: Schneider Hohengehren

Karoly, Lynn A./Greenwood, Peter W./Everingham, Susan S. et al. (1998): Investing in our children. What we know and don't know about the costs and benefits of early childhood intervention. Santa Monica: Rand

Kiefl, Wolfgang (1995): Sie fühlt sich groß, weil sie mehr kann. Die wichtigsten Ergebnisse des Modellprojektes „HIPPY" zur Integration von Aussiedler- und Ausländerkindern und ihrer Familien. Projektbericht. München: DJI

Kiefl, Wolfgang (1996): Sprungbrett oder Sackgasse? Die HIPPY-Hausbesucherin auf dem Weg zur Integrationshelferin. In: Soziale Arbeit 45, 1: 10-17

Kirk, Sabine (2001): Verkehrsformen zwischen Elternhaus und Schule. In: Keck/Kirk (2001): 27 ff.

Koch, Stefan/Fisch, Rudolf (Hrsg.) (2004): Schulen für die Zukunft. Neue Steuerung im Bildungswesen. Baltmannsweiler: Schneider Hohengehren

Krüger, Rolf (2007): Organisation und Finanzierung freier Träger der Sozialarbeit, 2. Auflage. Berlin

Krüger, Rolf/Zimmermann, Gerhard (2006): Hilfen zur Erziehung. Rechtliche Strukturen und sozialarbeiterische Konzepte, 2. vollst. überarb. Auflage. Berlin

Krüger, Rolf/Zimmermann, Gerhard (2005): Gemeinwesenorientierung, Sozialräume, das Budget und der Verlust von Fortschrittlichkeit in der Jugendhilfe In: Störch, Klaus (Hrsg.) (2005): Soziale Arbeit in der Krise. Hamburg. 248-258

Künster, Anne Katrin/Knorr, Carolin/Fegert, Jörg M./Ziegenhain, Ute (2010): Netzwerkanalyse als Chance der Praxisentwicklung und Evaluation im Bereich Frühe Hilfen und Kinderschutz. In: Renner, Ilona/Sann, Alexandra/Nationales Zentrum Frühe Hilfen (Hrsg.) (2010): Forschung und Praxisentwicklung Früher Hilfen. Modellprojekte – begleitet vom Nationalen Zentrum Frühe Hilfen. Köln. 241 ff.

Landespräventionsrat Niedersachsen (2012): Sozialräumliche Prävention in Netzwerken (SPIN): Implementierung des Programms "Communities That Care (CTC)" in Niedersachsen. URL: http://www.lpr.niedersachsen.de/nano.cms/de/Aktivitaeten?XAction=Details&XID=80. (Download am 20.05.2012)

Landesverband-hvhs.de (2013): Der Landesverband. URL: http://www.vhs-nds.de/ und http://www.landesverband-hvhs.de/index.php?menuid=40 (Zugriff am: 11.01.2013)

Lohmann, Anne/Lenzmann, Virginia/Bastian, Pascal/Böttcher, Wolfgang/Ziegler, Holger (2010): Zur Zusammenarbeit zwischen Kinder- und Jugendhilfe und Gesundheitswesen bei Frühen Hilfen – eine empirische Analyse der Akteurskonstellationen. In: Renner, Ilona/Sann, Alexandra/Nationales Zentrum Frühe Hilfen (Hrsg.) (2010): 182 ff.

Layzer, Jean I./Goodson, Barbara D./Bernstein, Lawrence/Price, Christofer (2001): National evaluation of family support programs. Final Report, Vol. A: The meta-analysis. Cambridge: M.A. Abt Associates

Lohre, Wilfried (2004): Selbstständige Schule – Konzept und Profil eines gemeinsamen Projekts des Landes Nordrhein-Westfalen und der Bertelsmann Stiftung. In: Koch/Fisch (2004): 141-152

Lösel, Friedrich (2006): Bestandsaufnahme und Evaluation von Angeboten im Elternbildungsbereich. Abschlussbericht. Hrsgg. vom BMFSFJ. URL: www:bmfsfj.de/docu/eltern bildungsbereich (Download am 7.10.2009)

Lösel, Friedrich (2006): Bestandsaufnahme und Evaluation von Angeboten im Elternbildungsbereich. Abschlussbericht. Erlangen: Universität Nürnberg-Erlangen

Lösel, Friedrich/Runkel, Daniela (2012): Empirische Forschungsergebnisse im Bereich Elternbildung und Elterntraining. In Stange et al. (2012): Erziehungs- und Bildungspartnerschaften. Verlag für Sozialwissenschaft. 265-278.

Lösel, Friedrich/Schmucker, Martin/Plankensteiner, Birgit/Weiss, Mareen (2006): Bestandsaufnahme und Evaluation von Angeboten im Elternbildungsbereich. Berlin: BMFSFJ

Lösel, Friedrich et al. (2013): Praxisportrait: Das EFFEKT-Elterntraining. In: Stange, Waldemar et al. (2013): Erziehungs- und Bildungspartnerschaften. Praxisbuch zur Elternarbeit. 384 ff.

Landespräventionsrat Niedersachsen (Hrsg.) (2009): Communities That Care – CTC. Hannover

Meier, Uta/Preuße, Heidi/Sunnus, Eva Maria (2003): Steckbriefe von Armut. Haushalte in prekären Lebenslagen. Wiesbaden: Westdeutscher Verlag

Meier-Gräwe, Uta (2006a). Jedes Kind zählt – Bildungsgerechtigkeit für alle Kinder als zukunftsweisende Aufgabe einer vorsorgenden Gesellschaftspolitik. Expertise im Auftrag der Bertelsmann Stiftung. Gütersloh: Bertelsmann Stiftung

Meier-Gräwe, Uta (2006b). Jedes Kind zählt – Bildungsgerechtigkeit für alle Kinder als zukunftsweisende Aufgabe einer vorsorgenden Gesellschaftspolitik. Präsentation auf dem 3. Forum Kindheit und Jugend der Bertelsmann Stiftung. Gütersloh und Berlin: Bertelsmann Stiftung

Meier-Gräwe, Uta/Wagenknecht, Inga (2011): Expertise Kosten und Nutzen Früher Hilfen. Eine Kosten-Nutzen-Analyse im Projekt „Guter Start ins Kinderleben". Köln: Nationales Zentrum für Frühe Hilfen

Meier-Gräwe, Uta/Kahle, Irene (2009): Balance zwischen Beruf und Familie – Zeitsituation von Alleinerziehenden. In: Heitkötter, Martina et al. (Hrsg.) (2009): 91-110

Meuser, Michael (2009): Keine Zeit für die Familie? Ambivalenzen involvierter Vaterschaft. In: Heitkötter, Martina et al. (Hrsg.) (2009): 215-231

Mengel, Melanie (2007): Familienbildung mit benachteiligten Adressaten. Eine Betrachtung aus andragogischer Perspektive. Wiesbaden. Verlag für Sozialwissenschaften

Meuser, Michael (2009): Keine Zeit für die Familie? Ambivalenzen involvierter Vaterschaft. In: Heitkötter, Martina et al. (Hrsg.) (2009): 215-231

Meysen, Thomas (2013) : Anhang § 8b, Rn 48. In: Münder, Johannes/Meysen, Thomas/Trenczek, Thomas (Hrsg.) (2013): Frankfurter Kommentar zum SGB VIII. Kinder- und Jugendhilfe. 7. vollst. überarb. Auflage. Baden-Baden: Nomos. 150

Minsel, Beate (2010): Eltern- und Familienbildung. In: Tippelt, Rudolf (Hrsg.) (2010): Handbuch Erwachsenenbildung/Weiterbildung. Wiesbaden: Verlag für Sozialwissenschaften. 865-872

Merkle, Tanja/Wippermann, Carsten (2008): Eltern unter Druck. Selbstverständnisse, Befindlichkeiten, und Bedürfnisse von Eltern in verschiedenen Lebenswelten. Stuttgart: Konrad-Adenauer-Stiftung

MGFFI NRW – Ministerium für Generationen, Familie, Frauen und Integration (2008/2009): Wege zum Familienzentrum Nordrhein-Westfalen. Eine Handreichung, 1058. Düsseldorf: MGFFI

MGFFI NRW – Ministerium für Generationen, Familie, Frauen und Integration (2006/2007): Gütesiegel Familienzentrum Nordrhein-Westfalen. Eine Handreichung, 1041. Düsseldorf: MGFFI

MSFG TH 2006 – Thüringer Ministerium für Soziales, Familie und Gesundheit (2006): Jugend und Familie. 156-159, Kapitel: Fachliche Empfehlungen für Familienzentren in Thüringen vom 15. März 2004. URL: http://www.familie.unijena.de/familie_multimedia/Dokumente/Familie+und+Kind/EA13_Jugend_Familie_Rechtliches+in+Th%D0%83ringen.pdf (Download am 10.08.12)

MASGFF RP 2009 – Ministerium für Arbeit, Soziales, Gesundheit, Familie und Frauen Rheinland-Pfalz (Hrsg.) (2009): Das Haus der Familie im ländlichen Raum – eine Handreichung. URL: http://www.vivafamilia.de/fileadmin/downloads/Haeuser_der_Familien/Handreichung_laendlicher_Raum _2009_Endversion_mit_ISBN.pdf (Download am 15.08.2012)

Müller, Caroline (2011): Kommunale Bildungslandschaften als Entwicklungsraum früher Bildung, Betreuung und Erziehung. Münster, New York, München und Berlin: Waxmann

Münder, Johannes et al. (2006): Frankfurter Kommentar zum SGB VIII: Kinder- und Jugendhilfe. 5. vollst. überarb. Auflage, Weinheim und München: Juventa

Münder, Johannes/Meysen, Thomas/Trenczek, Thomas (Hrsg.) (2013): Frankfurter Kommentar zum SGB VIII. Kinder- und Jugendhilfe. 7. vollst. überarb. Auflage. Baden-Baden: Nomos

Nationales Zentrum für Frühe Hilfen (Hrsg.) (2011): Kosten und Nutzen Früher Hilfen. Eine Kosten-Nutzen-Analyse im Projekt „Guter Start ins Kinderleben". Köln

Nave-Herz, Rosemarie (2002): Familie heute. 2. überarb. und ergänzte Auflage. Darmstadt: Wissenschaftliche Buchgesellschaft

Nickel, Horst/Quaiser-Pohl, Claudia (Hrsg.) (2001): Junge Eltern im kulturellen Wandel. Weinheim und München: Juventa

MSFFGI N – Niedersächsisches Ministerium für Soziales, Frauen, Familie, Gesundheit und Integration (Hrsg.) (2010): Koordinationszentren Kinderschutz. Kommunale Netzwerke Früher Hilfen in Niedersachsen. Zwischenbericht 2010. Hannover

Niedersächsisches Kultusministerium (2013): Zahlen, daten und Fakten zur Kindertagesbetreuung in Niedersachsen. URL: http://www.mk.niedersachsen.de/portal/live.php?navigation_id=30653&article_id=105357&_psmand=8 (Zugriff am 11.01.2013)

OECD – Organisation for Economic Cooperation and Development (2001): Lernen für das Leben. Erste Ergebnisse der internationalen Schulleistungsstudie PISA 2000. Paris: OECD

Pellander, Fritz (2001): Abschlussbericht zum Kooperationsprojekt ERIK – Erziehungshilfe, Rat und Information im Kindergarten. Düsseldorf. URL: http://erik.awo-duesseldorf.de (Download am 21.05.2009)

Peuckert, Rüdiger (2002): Familienformen im sozialen Wandel. 4. überarb. und erw. Auflage. Opladen: Leske und Budrich

Piorkowsky, Michael-Burkhard (2004): Lebens- und Familienentwürfe junger Menschen in sozialen Brennpunkten. In: Regiestelle E&C (Hrsg.): Lebens- und Familienentwürfe in sozialen Brennpunkten.

Prenzel, Manfred et al. (2005): Pisa 2003. Ergebnisse des zweiten Ländervergleichs. Münster: Waxmann

Proksch, Roland (2013): § 16, Rn 7. In: Münder, Johannes/Meysen, Thomas/Trenczek, Thomas (Hrsg.) (2013): Frankfurter Kommentar zum SGB VIII. Kinder- und Jugendhilfe. 7. vollst. überarb. Auflage. Baden-Baden: Nomos. 218 ff.

Proksch, Roland (2013) : § 17, S. Rn 1 -2, 4-6, § 17, S. Rn 1 -2, 4. In: Münder, Johannes/Meysen, Thomas/Trenczek, Thomas (Hrsg.) (2013): Frankfurter Kommentar zum SGB VIII. Kinder- und Jugendhilfe. 7. vollst. überarb. Auflage. Baden-Baden: Nomos: 224 ff.

Renner, Ilona/Heimeshoff, Viola (2010): Modellprojekte in den Ländern. Zusammenfassende Ergebnisdarstellung. Köln: Nationales Zentrum Frühe Hilfen

Renner, Ilona/Sann, Alexandra/Nationales Zentrum Frühe Hilfen (Hrsg.) (2010): Forschung und Praxisentwicklung Früher Hilfen. Modellprojekte – begleitet vom Nationalen Zentrum Frühe Hilfen. Köln: Nationales Zentrum Frühe Hilfen

Rupp, Marina/Mengel, Melanie/Smolka, Adelheid (2009): Leitfaden zur Familienbildung im Rahmen der Kinder-und Jugendhilfe. ifb-Materialien 9-2009. Bamberg

Rupp, Marina/Mengel, Melanie/Smolka, Adelheid (2010): Handbuch zur Familienbildung im Rahmen der Kinder und Jugendhilfe in Bayern. Ifb-Materialien 7-2010. Bamberg

Sacher, Werner (2008): Elternarbeit – Gestaltungsmöglichkeiten und Grundlagen für alle Schularten. Bad Heilbrunn: Klinkhardt

Sacher, Werner (2012) Erziehungs- und Bildungspartnerschaften in der Schule: zum Forschungsstand. In: Stange, Waldemar et al. (2012): 232 ff.

Sann, Alexandra (2010): Bestandsaufnahme Kommunale Praxis Früher Hilfen in Deutschland. Teiluntersuchung 1: Kooperationsformen. Materialien zu Frühen Hilfen 2. Köln. 17 ff.

Schack, Stefan (2007): Netzwerke für Beteiligung Organisieren und Steuern. In: Bertelsmann Stiftung (2007): 247 ff.

Schier, Michaela/Jurczyk, Karin (2007): Familie als Herstellungsleistung in Zeiten der Entgrenzung. In: Aus Politik und Zeitgeschichte 34: 10-16

Schmitt, Christof (2012): Zum Präventionsbegriff und dessen Dimensionen. In: Stange, Waldemar et al. (2012): 40 ff.

Schneewind, Klaus A. (1998): Familienentwicklung. In: Oerter, Rolf/Montada, Leo (Hrsg.) (1998): Entwicklungspsychologie. Ein Lehrbuch. Weinheim: Beltz. 128-166

Schneewind, Klaus A. (1999): Familienpsychologie. 2. überarb. Auflage. Stuttgart: Kohlhammer

Schneewind, Klaus A./von Rosenstiel, Lutz (Hrsg.) (1992): Familie im Wandel. Göttingen: Hogrefe

Schröttle, Monika/Müller, Ursula (2004): Lebenssituation, Sicherheit und Gesundheit von Frauen in Deutschland. Eine repräsentative Untersuchung zu Gewalt gegen Frauen in Deutschland. Studie im Auftrag des BMFSFJ. Berlin

Schymroch, Hildegard (1989): Von der Mütterschule zur Familienbildungsstätte. Entstehung und Entwicklung in Deutschland. Freiburg im Breisgau. Lambertus

Sekretariat der Ständigen Konferenz der Kultusminister der Länder der Bundesrepublik Deutschland (2004): Erziehung als Auftrag von Elternhaus und Schule. Informationen der Länder über die Zusammenarbeit von Eltern und Schule

(Beschluss der Kultusministerkonferenz vom 04.12.2003. URL: www.kmk.org/doc/beschl/Elternhaus_SChule _04_12. pdf (Download am 22.01.2011)

Sell, Stefan (2004): Der volkswirtschaftliche Nutzen der Kinderbetreuung. In: Henry-Huthmacher (2004): 52 ff.

Speichert, Horst (1981): Elternarbeit. In: Petzold, Hans-Joachim/Speichert Horst: Handbuch pädagogischer und sozialpädagogischer Praxisbegriffe. Reinbek bei Hamburg. 125-127

Stadt Nürnberg/Bündnis für Familie (Hrsg.) (2003): Stark durch Erziehung – die Kampagne Erziehung. Nürnberg: emwe

Stadt Nürnberg/Bündnis für Familie (Hrsg.) (2005): Familie und Zivilgesellschaft. Nürnberg: emwe

Stadt Nürnberg/Bündnis für Familie (Hrsg.) (2006): Unsere Kinder – Familie und Schule gemeinsam. Nürnberg: emwe

Stadt Nürnberg/Bündnis für Familie (Hrsg.) (2009): Neue Wege zur Erziehungspartnerschaft: Die familienfreundliche Schule. Nürnberg: emwe

Stange, Waldemar (2013a): Präventions- und Bildungsketten – Elternarbeit als Netzwerkaufgabe. In: Stange, Waldemar et al. (2013): 17 ff.

Stange, Waldemar (2013b): Planen und Steuern von Gesamtkonzepten für Erziehungs- und Bildungspartnerschaften im Rahmen von Präventions- und Bildungsketten. In: Stange, Waldemar et al. (2013): 17 ff.

Stange, Waldemar (2012): Qualitätskriterien für Familienzentren und Gesamtkonzepte ‚FiZ – Familie im Zentrum'. Unveröffentlichtes Manuskript. Lüneburg: Leuphana Universität

Stange, Waldemar (2012a): Erziehungs- und Bildungspartnerschaften – Grundlagen, Strukturen, Begründungen. In: Stange, Waldemar et al. (2012): 12 ff.

Stange, Waldemar (2012b): Elternarbeit als Netzwerkaufgabe. In: Stange, Waldemar et al. (2012): 17 ff.

Stange, Waldemar (2010): Bedarfsanalyse – Planungsverfahren für Maßnahmen, Projekte, Programme in Sozialräumen unterschiedlicher Größe. Unveröffentlichtes Manuskript. Lüneburg: Leuphana Universität

Stange, Waldemar (2008): Partizipation von Kindern und Jugendlichen im kommunalen Raum I. Grundlagen. Beteiligungsbausteine, Band 1. Münster: Monsenstein und Vannerdat

Stange, Waldemar (Hrsg.) (2008a): Partizipation in Kindertagesstätte, Schule und Jugendarbeit. Aktionsfelder – exemplarische Orte und Themen I. Beteiligungsbausteine, Band 5. Münster: Monsenstein und Vannerdat

Stange, Waldemar (Hrsg.) (2008b): Partizipation von Kindern und Jugendlichen in Stadtplanung und Dorfentwicklung. Aktionsfelder – exemplarische Orte und Themen II. Beteiligungsbausteine, Band 6. Münster: Monsenstein und Vannerdat

Stange, Waldemar/Meinhold-Henschel, Sigrid/Schack, Stephan (2008c): Mitwirkung (er)leben. Handbuch zur Durchführung von Beteiligungsprojekten mit Kindern und Jugendlichen. Gütersloh: Bertelsmann Stiftung

Stange, Waldemar/Krüger, Rolf/Henschel, Angelika/Schmitt, Christof (Hrsg.) (2013): Erziehungs- und Bildungspartnerschaften – Praxisbuch: Elternarbeit als Netzwerkaufgabe: Wiesbaden. Springer VS

Stange, Waldemar/Krüger, Rolf/Henschel, Angelika/Schmitt, Christof (Hrsg.) (2012): Erziehungs- und Bildungspartnerschaften. Grundlagen und Strukturen von Elternarbeit. Wiesbaden: Springer VS

Stange, Waldemar/Krüger, Rolf/Henschel, Angelika (2013): ‚FiZ' – Familie im Zentrum. Leitfaden zur Entwicklung von kommunalen Gesamtkonzepten zur Förderung von Familien. Lüneburg

Statistisches Bundesamt (Hrsg.) (2012): Statistiken der Kinder- und Jugendhilfe. Ausgaben und Einnahmen 2010. Wiesbaden

Statistisches Bundesamt Deutschland (2012a): Natürliche Bevölkerungsbewegung. Lebendgeborene nach dem Alter der Mutter. URL: https://www.destatis.de/DE/ZahlenFakten/GesellschaftStaat/Bevoelkerung/Geburten/Tabellen/LebendgeboreneAlter.html (Download am 19.09.2012)

Statistisches Bundesamt Deutschland (2012b): Schwangerschaftsabbrüche. URL: https://www.destatis.de/DE/Zahlen-Fakten/GesellschaftStaat/Gesundheit/Schwangerschaftsabbrueche/Schwangerschaftsabbrueche.html

Statistisches Bundesamt Deutschland (2012c): STATMagazin. Familien mit Migrationshintergrund: Traditionelle Werte zählen. Wiesbaden

Statistisches Bundesamt (Hrsg.) (2012d): Statistiken der Kinder- und Jugendhilfe. Ausgaben und Einnahmen. 2010, Wiesbaden. 39-41

Statistisches Bundesamt (2009a): Statistik der Kinder und Jugendhilfe. Ausgaben und Einnahmen 2007. Wiesbaden

Statistisches Bundesamt (2009b): Verdienste und Arbeitskosten 2008. Wiesbaden

Statistisches Bundesamt Deutschland (Hrwsg.) (2007): Haushalte und Familien. Ergebnisse des Mikrozensus 2007. Wiesbaden

Statistisches Bundesamt (Hrsg.) (2007a): Haushalte und Familien. Ergebnisse des Mikrozensus 2007. Wiesbaden

Statistisches Bundesamt (2007b): Statistik der Kinder- und Jugendhilfe. Hilfen, zur Erziehung außerhalb des Elternhauses. Hilfen am 31.12.2005. Wiesbaden

Statistisches Bundesamt (2007c): Krankenhausstatistik. Diagnosedaten der Patienten und Patientinnen in Krankenhäusern. URL: www.gbe.de (Download am 16.10.2009)

Statistisches Bundesamt (2007d): Vierteljährliche Verdiensterhebung. Fachliche Spezifikation zur Liefervereinbarung für die Datenlieferungen im XML-Format DatML/RAW. Wiesbaden

Statistisches Bundesamt (2003): Kostennachweis der Krankenhäuser 2001. Fachserie 12. Reihe 6.3. Wiesbaden

Statistisches Bundesamt (Hrsg.) (1998): Gesundheitsberichterstattung für Deutschland. Wiesbaden. URL: http://www.gbe-bund.de (Download am 11.11.2009)

Steinbach, Anja (2008): Stieffamilien in Deutschland. In: Zeitschrift für Bevölkerungswissenschaft, Jg.33, H. 2, 153–180.

Stucke, Cordula (2004): Minderjährige Mütter und ihre Kinder. Hilfebedarfe und Hilfeangebote in Hamburg. Hamburg: o. V.

Tan, Dursun (2011): Elternbildung. In: Marschke, Britta/Brinkmann, Heinz U. (2011): Handbuch Migrationsarbeit. 2011. Verlag für Sozialwissenschaften. 169-178

Textor, Martin R. (2009): Bildungs- und Erziehungspartnerschaft in der Schule. Gründe, Ziele, Formen. Norderstedt: Books on Demand

Textor, Martin R. (2007): Familienbildung. In: Ecarius, Jutta (2007): Handbuch Familie. Verlag für Sozialwissenschaften. S. 366-386

Textor, Martin R. (2006): Erziehungs- und Bildungspartnerschaft mit Eltern. Gemeinsam Verantwortung übernehmen. Freiburg im Breisgau: Herder

Textor, Martin R. (2005a): Die Bildungsfunktion der Familie stärken. Neue Aufgabe der Familienbildung, Kindergärten und Schulen? Nachrichtendienst des Deutschen Vereins für öffentliche und private Fürsorge 85 (5): 155-159

Textor, Martin R. (2005b): Elternarbeit im Kindergarten. Ziele, Formen, Methoden. Norderstedt: Books on Demand

Textor, Martin R. (2000): Kooperation mit den Eltern. Erziehungspartnerschaft von Familie und Kindertagesstätte. München: Don Bosco

Textor, Martin R. (Hrsg.) (1998): Hilfen für Familien. Eine Einführung für psychosoziale Berufe. Weinheim und Basel: Beltz. 91-108

Thiersch, Hans (2008): Bildung und Sozialpädagogik. In: Henschel, Angelika et al. (Hrsg.) (2008): 25-38

Vossler, Andreas (2012) Erziehungs- und Familienberatung im Spiegel der Forschung: In: Stange, Waldemar et al. (2012): 255 ff.

Walper, Sabine (2008): Elternbildung heute. Bedarf und Konzepte. (Präsentation). München

Walper, Sabine (2006): Stärkung elterlicher Erziehungskompetenzen. Vorlesungstext (Powerpoint-Präsentation). München

Walper, Sabine (1999): Auswirkungen von Armut auf die Entwicklung von Kindern. In: Lepenies, Anette et al. (Hrsg.) (1999): Kindliche Entwicklungspotentiale. Materialien zum 10. Kinder- und Jugendbericht Band 1. München: DJI

Werner, Emmy E. (2001): The Children of Kauai: Pathways from birth to midlife. In: Silbereisen/Reitzle (2001)

Werner, Emmy E./Smith, R. S. (1992): Overcoming the odds. High risk children from birth to adulthood. Ithaca: Cornell University Press

Werner, Emmy E./Smith, R. S. (1982): Vulnerable but invincible. A study of resilient children. New York: McGraw-Hill

Westphal, Manuela/Kämpfe, Karin (2012): Elternarbeit im Bereich Kita: empirische Forschungsergebnisse. In: Stange, Waldemar et a. (2012): 244 ff.

Wissenschaftlicher Beirat für Familienfragen (2005): Familiale Erziehungskompetenzen – Beziehungsklima und Erziehungsleistungen in der Familie als Problem und Aufgabe. Weinheim und München: Juventa

Wissenschaftlicher Beirat für Familienfragen beim Bundesministerium für Familie, Senioren, Frauen und Jugend (2002): Die bildungspolitische Bedeutung der Familie – Folgerungen aus der PISA-Studie. Schriftenreihe des BMFSFJ, Band 224. Stuttgart: Kohlhammer

Wissenschaftlicher Beirat für Familienfragen beim Bundesministerium für Familie, Senioren, Frauen und Jugend (2002): Stärkung familialer Beziehungs- und Erziehungskompetenzen. Kurzbericht. URL: www.bmfsfj.de/Kategorien/ Forschungsnetz/forschungsberichte,did=28318.html (Download am 01.04.2006)

Wippermann, Carsten/Flaig, Berthold Bodo (2009): Lebenswelten von Migrantinnen und Migranten. In: Bundeszentrale für politische Bildung (2009): Aus Politik und Zeitgeschichte 5/2009. 26. Januar 2009. Beilage zur Wochenzeitung Das Parlament.

URL: http://www.bpb.de/apuz/32229/lebenswelten-von-migrantinnen-und-migranten-pdf (gesichtet am 13.10.12)

Wolkerhof, Marcela von (2003): Das Modellprojekt ERIK (Erziehungshilfe, Rat und Information im Kindergarten). In: Bündnis für Familie (Hrsg.) (2003): Stark durch Erziehung – die Kampagne Erziehung. Nürnberg. emwe. 143 ff.

World Vision Deutschland e.V. (Hrsg.) (2007): Kinder in Deutschland. Frankfurt am Main: Fischer Taschenbuch-Verlag

Wustmann, Corina (2007): Resilienz. In: Fthenakis, Wassilios E. (2007): Auf den Anfang kommt es an. 2. Auflage. Bonn und Berlin: BMBFS. 119-189

Ziegenhain, Ute/Schöllhorn, Angelika/Künster, Anne K./Hofer, Alexandra/König, Cornelia/Fegert, Jörg M. (2010): Werkbuch Vernetzung. Modellprojekt Guter Start ins Kinderleben. Köln: Nationales Zentrum Frühe Hilfen

AutorInnen (Forschungs- und Entwicklungsteam NetzwerG):

Stange, Waldemar – Prof., Dr., Erziehungswissenschaftler

- Professor an der Leuphana-Universität Lüneburg, Fakultät Bildung, Institut für Sozialarbeit und Sozialpädagogik
- Kommunale Partizipation von Kindern und Jugendlichen, Kooperation von Schule und Jugendhilfe, Elternbildung, Elternarbeit, Erziehungs- und Bildungspartnerschaften in Kindertagesstätten und Schulen, Sozialraumanalysen, Entwicklung von Familienzentren, Methodenentwicklung, Fortbildungsdidaktik

Krüger, Rolf – Dipl.-Sozialarbeiter, Sozialoberamtsrat

- Lehrender Sozialarbeiter an der Leuphana-Universität Lüneburg, Fakultät Bildung, Institut für Sozialarbeit und Sozialpädagogik
- Institutionelle Rahmenbedingungen der Sozialen Arbeit, Sozialberatung, Kommunale Jugend- und Sozialpolitik, Jugendhilfe und Schule, Finanzierung der Sozialen Arbeit

Henschel, Angelika – Prof., Dr., Sonderpädagogin

- Professorin an der Leuphana-Universität Lüneburg, Fakultät Bildung, Institut für Sozialarbeit und Sozialpädagogik
- Sozialpädagogik, insbes. Genderforschung, Gewalt im Geschlechterverhältnis, Kinder und häusliche Gewalt, Kooperation von Schule und Jugendhilfe, Lebens- und Problemlagen von Mädchen und Frauen mit Behinderung, Inklusion